Birgitta Stummer

Rhythmisch-musikalische Erziehung

Bewegung erklingt – Musik bewegt

2. Auflage
Wien 2011

MANZ Verlag Schulbuch
www.wissenistmanz.at

Liebe Schülerinnen, liebe Schüler!

Sie bekommen dieses Schulbuch von der Republik Österreich für Ihre Ausbildung.
Bücher helfen nicht nur beim Lernen, sondern sind auch Freunde fürs Leben.

Dieses Arbeitsbuch wurde vom Bundesministerium für Bildung, Wissenschaft und Kultur mit Bescheid vom 19. Dezember 2005, Zahl 5.025/0001-V/9/2005 (für die vorliegende Aktualisierung mit Schreiben des Bundesministeriums für Unterricht, Kunst und Kultur vom 18. Jänner 2011, Zahl 5.025/0014–Präs. 8/2010), zum Unterrichtsgebrauch an Bildungsanstalten für Kindergartenpädagogik, 2. bis 5. Klasse, im Unterrichtsgegenstand Rhythmisch-musikalische Erziehung, und mit Bescheid Zahl 5.025/0046-V/9/2005 (für die vorliegende Aktualisierung mit Schreiben des Bundesministeriums für Unterricht, Kunst und Kultur vom 18. Jänner 2011, Zahl 5.025/0014–Präs. 8/2010) zum Unterrichtsgebrauch an Bildungsanstalten für Sozialpädagogik, im Unterrichtsgegenstand Rhythmisch-musikalische Erziehung, für geeignet erklärt.

Buch-Nr. 125371

Dieses Schulbuch wurde auf der Grundlage eines Rahmenlehrplans erstellt.
Die Auswahl und die Gewichtung der Inhalte erfolgen durch die Lehrerinnen und Lehrer.

Gefördert durch die Kulturabteilung der Stadt Wien, Wissenschafts- und Forschungsförderung.
Printed in Austria
ISBN 978-3-7068-4102-3
Das vorliegende Buch ist auf chlorfrei gebleichtem Papier gedruckt.

Umschlaggestaltung, Layout, Illustrationen, Satz: Kerstin Zipfel (Dipl. Grafikdesignerin)
Fotos: Martin Petraschek-Stummer; weitere Fotos und Zeichnungen: Irmgard Bankl

Vorwort

Welch ein Geheimnis ist ein Kind!
Wer dies je empfunden,
ist den Kindern eng verbunden.
Clemens Brentano

Musik und Bewegung, wesensbildende Elemente der Rhythmik, regen uns an und unterstützen unsere Ausdruckskraft.
Bewegung erklingt, wenn wir sie in Musik umsetzen, Musik bewegt uns, wie es die Kunst der Musen (mousiké) schon im alten Griechenland getan hat.
Die Musen, Töchter von Zeus, dem Göttervater, trösteten die Traurigen, beglückten die Verfolgten und ermutigten die Ängstlichen. Sie erinnerten die Freiheitsliebenden an ihre Pflichten und hielten den Eingebildeten einen Spiegel vor.
Die geheimnisvolle Macht der Musen ähnelt dem Geheimnis, das Kinder in sich bergen. Beide sind unergründlich und anziehend, tröstlich, beglückend und ermutigend.
An uns liegt es, Geheimnisse zu wahren, zu achten und zu nähren.

... für unsere geheimnisvollen Kinder!

Inhaltsverzeichnis

Einführung ... 13

A Grundlagen der Rhythmik ... 15

1 Geschichte der Rhythmik ... 16

1.1 Die Anfänge ... 16

1.2 Heute ... 17

2 Rhythmik fließt ... eine Reise ins Ungewisse? ... 18

2.1 Was bedeutet Rhythmus? ... 18

2.1.1 Rhythmus als Gegebenheit der Natur ... 20

2.1.2 „Menschliche" Rhythmen ... 20

2.1.3 Das Wort „Rhythmik" aus musikalischer Sicht ... 21

2.2 Was ist Rhythmik im Sinne von Rhythmisch-musikalischer Erziehung? ... 22

2.2.1 Einsatz des Phänomens Rhythmus in der Rhythmik ... 22

2.2.2 Anregungen zur Schulung von Rhythmen in Musik und Bewegung ... 26

Spielvorschläge zur Schulung von Rhythmen ... 27

3 Planung von Rhythmik-Einheiten ... 30

3.1 Bildung/Bildungsziele ... 31

3.1.1 Bedeutung der Lehr- und Erziehungsperson im Bildungsprozess ... 31

3.1.2 Bildung in der Rhythmik ... 32

3.2 Lernen/Lernziele ... 33

3.3 Erziehung/Erziehungskompetenzen ... 35

3.4 Prozesswechsel ... 36

3.4.1 Ritual ... 37

3.5 Methodische Hinweise ... 38

3.6 Bestandteile zur Planung einer Rhythmik-Einheit ... 40

B Ziele der Rhythmik ... 43

4 Augen schweigen – Ohren sehen – Füße lenken.
Wahrnehmungssensibilisierung durch Rhythmik ... 44

4.1 Was bedeutet Wahrnehmung? ... 44

4.2 Wozu Wahrnehmungssensibilisierung? ... 45

4.3 Entwicklung von Wahrnehmungsfähigkeit ... 47

4.3.1 Sensomotorik ... 48

4.3.2 Sensorische Integration ... 48

4.4 Förderung von Wahrnehmungsfähigkeiten durch Rhythmik ... 49

Allgemeine Anregungen und Spielvorschläge zur Wahrnehmungssensibilisierung in der Rhythmik ... 50

4.5 Wahrnehmungssysteme ... 52

4.5.1 Das visuelle System ... 53

Spielvorschläge zur Förderung von visueller Wahrnehmung ... 53

4.5.2 Das auditive System ... 55

Spielvorschläge zur Förderung von akustischer Wahrnehmung ... 56

4.5.3 Das taktile System 57

Spielvorschläge zur Förderung von taktiler Wahrnehmung 58

Planung einer Rhythmik-Einheit für Kinder 59

4.5.4 Das kinästhetische System 60

Spielvorschläge zur Förderung von kinästhetischer Wahrnehmung 61

Planung einer Rhythmik-Einheit für Kinder 63

4.5.5 Das vestibuläre System 65

Spielvorschläge zur Förderung von vestibulärer Wahrnehmung 65

4.5.6 Das olfaktorische und das gustatorische System 67

Spielvorschläge zur Förderung von olfaktorischer und gustatorischer Wahrnehmung 67

4.6 Ein Spezifikum: Gehen im Raum 68

Spielvorschläge zum Gehen im Raum 69

4.7 Verkehrserziehung 70

Spielvorschläge zur Verkehrserziehung 71

4.8 Geschlechtssensible Pädagogik 71

4.8.1 Voraussetzungen 72

4.8.2 Reflexion über geschlechtssensible Verhaltensweisen 72

4.8.3 Geschlechtssensible Arbeit im Kindergarten 72

4.8.4 Geschlechtssensible Arbeit in der Rhythmik 74

Spielvorschläge zum Thema geschlechtssensible Pädagogik 74

5 Vorschulking meets Cyberspace. Soziales Lernen durch Rhythmik 75

5.1 Was ist Soziales Lernen? 76

5.2 Wozu Soziales Lernen? 77

5.3 Soziale Fähigkeiten 77

5.4 Altersspezifische Entwicklung von Sozialverhalten 78

5.5 Förderung von sozialen Fähigkeiten und Fertigkeiten in der Rhythmik 79

5.5.1 Gruppen 80

5.5.2 Grenzen 81

Spielvorschläge zum Suchen, Finden und Setzen von Grenzen 84

5.5.3 Konflikte 85

Spielvorschläge, die Konfliktverhalten erweitern 90

Anregungen und Spielvorschläge, die Konflikte thematisieren 91

5.5.4 Reflexion 92

5.5.5 Führen – Folgen 93

Spielvorschläge zum Thema Führen – Folgen 93

Planung einer Rhythmik-Einheit für Jugendliche und Erwachsene 95

5.5.6 Soziales Lernen durch die Mittel der Rhythmik 96

Spielvorschläge zum Sozialen Lernen 97

Planung einer Rhythmik-Einheit für Kinder 101

6 Tempelschlaf sucht Musenkuss – Kreativitätsförderung durch Rhythmik 104

6.1 Was bedeutet Kreativität? – Annäherungen an einen vieldeutigen Begriff 104

6.2 Warum Kreativitätsförderung? 105

6.2.1 Bedingungen für Kreativitätsförderung ... 106
6.3 Merkmale kreativer Persönlichkeiten ... 107
6.4 Kreative Prozesse ... 108
6.5 Kreative Techniken ... 109
6.6 Entfaltung von Kreativität in der Rhythmik ... 110
6.6.1 Entwicklung von kreativen Fähigkeiten und Fertigkeiten durch Rhythmik ... 110
6.6.2 Methoden zur Kreativitätsförderung ... 111
6.6.3 Improvisation ... 112
Spielvorschläge zum Thema Improvisation ... 114
6.6.4 Spiel ... 115
Spielvorschläge zur Förderung kreativer Fähigkeiten und Fertigkeiten ... 118
Rhythmisch-kreative Tänze, Lieder und Geschichten für Kinder ... 121
Planung einer Rhythmik-Einheit für Jugendliche und Erwachsene ... 124
6.7 Ausblick ... 126

C Mittel der Rhythmik ... 127
7 Die Macht der Musik bewegt uns. ... 128
7.1 Was ist Musik? ... 128
7.2 Wozu Musik? ... 128
7.3 Entwicklungsförderung durch Musik ... 130
7.3.1 Musikalisch oder unmusikalisch? ... 131
7.3.2 Musik im Kindergarten ... 132
7.4 Musik in der Rhythmik ... 133
7.4.1 Erwerb von musikalischen Fähigkeiten und Fertigkeiten in der Rhythmik ... 133
Spielvorschläge zur Förderung von musikalischen Fähigkeiten und Fertigkeiten ... 137
Planung einer Sequenz von Rhythmik-Einheiten für Kinder ... 139
7.4.2 Einsatz von Instrumenten ... 141
Spielvorschläge zum Thema Instrumente ... 147
7.4.3 Bewegungsbegleitung ... 149
Spielvorschläge zum Thema Bewegungsbegleitung ... 152
Planung einer Rhythmik-Einheit für Jugendliche und Erwachsene ... 154
Planung einer Rhythmik-Einheit für Kinder ... 156
8 Bewegung erklingt, berührt, beschwingt. ... 157
8.1 Was bedeutet Bewegung? ... 157
8.2 Wozu Bewegung? Aufgaben und Funktionen ... 158
8.3 Entwicklung und Förderung von Bewegung ... 159
8.4 Bewegung im Kindergarten ... 160
8.4.1 Aufgaben und Ziele der Bewegungserziehung im Kindergarten ... 161
8.4.2 Bewegung im Freien ... 161
8.5 Bewegung in der Rhythmik ... 162
8.5.1 Erlangung von Bewegungsfähigkeiten und -fertigkeiten in der Rhythmik ... 163
Spielvorschläge zur Förderung von motorischen Fähigkeiten und Fertigkeiten ... 164
Planung einer Rhythmik-Einheit für Kinder ... 166

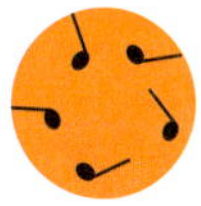

8.5.2 Fortbewegungsarten 169
Spielvorschläge zum Thema Fortbewegung 169
8.5.3 Körperhaltung 170
Spielvorschläge für eine bewusste Körperhaltung 171
Planung einer Rhythmik-Einheit für Jugendliche und Erwachsene 171
8.6 Entspannung 173
8.6.1 Entspannungsverfahren 174
8.6.2 Entspannung in der Rhythmik 175
8.6.3 Verwendung von Entspannungsgeschichten im Kindergarten 178
8.6.4 Voraussetzungen und „Handwerkszeug“ für Entspannungssequenzen 179
Spielvorschläge für Entspannungseinheiten 180
8.6.5 Entspannung in der Natur 183
8.7 Tanz 183
8.7.1 Ursprung und Geschichte 183
8.7.2 Tanz in der Rhythmik 184
Planung einer Rhythmik-Einheit für Kinder 186

9 Musik und Bewegung beleben die Stimme. 188
9.1 Was bedeutet Singen und Sprechen? – Ein kurzer Stimmungsbericht 188
9.2 Wozu werden Singen und Sprechen gefördert? 189
9.3 Entwicklung von Stimme und Sprache 190
9.3.1 Störungen 191
9.4 Faktoren, die Singen und Sprechen unterstützen 192
9.5 Sprechen und Erzählen 194
9.6 Förderung von Stimme und Sprache im Kindergarten 194

9.6.1 Die Kunst des Vorlesens 195
Spielvorschläge zum Aufbereiten von Geschichten 196
9.6.2 „Schlimme“ Wörter 197
9.7 Stimme und Sprache in der Rhythmik 197
9.7.1 Stimmliche und sprachliche Fähigkeiten und Fertigkeiten, die in der Rhythmik erworben werden können 198
9.7.2 Erleben – Erkennen – Benennen 200
Spielvorschläge zur Förderung von Sprache und Stimme 201
9.7.3 Klanggeschichten 205
9.7.4 Das Lied in der Rhythmik 206
Spielvorschläge zur Erarbeitung von Liedern 208
Planung einer Rhythmik-Einheit für Kinder 210
Planung von Rhythmik-Einheiten für Jugendliche und Erwachsene 213
9.7.5 Sprachliche Barrieren? – Interkulturelle Erziehung! 217

10 Ideenflut sucht Spielzeugebbe. Einsatz von Materialien in der Rhythmik 220
10.1 Was ist Material? 220
10.2 Wozu wird Material eingesetzt? Wie soll Material beschaffen sein? 221
10.2.1 Material, „Kind unserer Zeit“ 222
10.2.2 Aufbewahrung 223

10.3 Entwicklungsförderung durch Materialeinsatz 223
10.4 Material in der Rhythmik 225
10.4.1 Fähigkeiten und Fertigkeiten, die durch Material erworben werden können. Wie wird Material eingesetzt? 226
10.4.2 Material verteilen – verwenden – verwahren 227
10.4.3 Materialarten 228
Spielvorschläge zum Thema Material 229
Planung von Rhythmik-Einheiten für Jugendliche und Erwachsene 233
Planung einer Rhythmik-Einheit für Kinder 236

D Spannungsfelder in der Rhythmik 239

11 Raum, Zeit, Kraft, Form – Elemente von Musik und Bewegung 240
11.1 Raum 241
11.1.1 Entwicklungsförderung durch Raumorientierungsvermögen 241
11.1.2 Raumgestaltung im Kindergarten 242
11.1.3 Sensibilisierung durch Raumerfahrung 243
11.1.4 Rhythmik im Freien 243
Spielvorschläge zur Förderung von Raumwahrnehmung 244
11.2 Zeit 245
11.2.1 Entwicklungsförderung durch Zeitwahrnehmung 246
11.2.2 Sensibilisierung durch Zeiterfahrung 246
Spielvorschläge zum Thema Zeiterfahrung 247
Planung einer Rhythmik-Einheit für Kinder 248
11.3 Kraft 250
11.3.1 Entwicklungsförderung und Sensibilisierung durch die Dosierung von Kraft 250
Spielvorschläge zum Thema Kraft 250
11.4 Form 251
11.4.1 Entwicklungsförderung durch die Gestaltung von Formen 252
Spielvorschläge zum Thema Form 252
11.5 Übersicht über die Parameter von Musik und Bewegung 254

12 Die Rolle der Lehr- und Erziehungsperson 255
12.1 Mögliche Beeinflussungsfaktoren von Verhaltensweisen der Pädagoginnen und Pädagogen 255
12.2 Förderliche Verhaltensweisen 255
12.2.1 Fachkompetenzen 255
12.2.2 Persönliche Fähigkeiten 256
12.3 Distanz halten und Glaube, Hoffnung, Liebe entgegenbringen – ein Widerspruch? 257
12.4 Skeptisches zur Rolle von Pädagoginnen und Pädagogen 258

13 Rhythmik zwischen Therapie und Pädagogik 259
13.1 Die Frage nach der Unterscheidung von Therapie und Pädagogik 259
13.1.1 Therapie 259
13.1.2 Pädagogik 260
13.1.3 Therapie – Pädagogik: eine Gegenüberstellung 261

13.2 Rhythmik als therapeutisches Verfahren ... 263
13.3 Rhythmik als pädagogische Arbeitsweise ... 265
13.4 Häufig auftretende Beeinträchtigungen und Behinderungen ... 266
13.4.1 Verhaltensstörungen ... 266
13.5 Hilfestellungen ... 268
13.5.1 Humor als pädagogisches und therapeutisches Prinzip ... 269
13.6 Angrenzende Bereiche an die Rhythmik ... 271
13.6.1 Orff-Schulwerk ... 271
13.6.2 Musikalische Früherziehung ... 272
13.6.3 Musiktherapie ... 272
13.6.4 Motopädagogik/Mototherapie ... 272
14 Kunst ... 274
14.1 Was ist Kunst? ... 274
14.2 Kunst in der Rhythmik ... 274
14.2.1 Gestaltung von Musik in Bewegung ... 275
14.3 Kunst im Kindergarten ... 276

Anhang ... 279
1 Qualitätsüberprüfung ... 280
1.1 Fragebogen zur Feststellung von Unterrichtsqualität ... 280
2 Beobachtungsbogen für Kinder ... 281
2.1 Feststellung von Zufriedenheit während einer Rhythmik-Einheit ... 281
2.2 Beobachtung der eigenen Person ... 282
2.3 Beobachtung der Kinder ... 282
Literatur und andere Medien ... 283
1 Literaturnachweis ... 283
2 Liednachweis ... 284
3 Musiknachweis ... 284
4 Bildnachweis ... 285
Musik- und Literaturempfehlungen, Filme und Internetadressen ... 285
1 Musikempfehlungen ... 285
2 Literaturempfehlungen ... 285
2.1 Rhythmik, Elementare musikalische Erziehung ... 285
2.2 Kindergartenspezifische Fachliteratur ... 285
2.3 Wahrnehmungsförderung ... 286
2.4 Soziales Lernen ... 286
2.5 Kreativitätsförderung ... 286
2.6 Tanz- und Bewegungserziehung ... 286
2.7 Stimme und Sprache, Liederbücher ... 286
2.8 Interkulturelle (Tanz-)Erziehung ... 287
2.9 Einsatz von Material im Kindergarten ... 287
2.10 Rhythmik in der Sonder- und Heilpädagogik ... 287

3 Zeitschriften ... 287
4 Filme ... 287
5 Internetadressen ... 287
Fremdworte: Glossar ... **288**
Stichwortverzeichnis ... **290**
Zur Begleit-CD ... **292**
Mitwirkende ... 292
Konzept ... 292
Beschreibungen der Musikstücke ... 292
Lieder ... 292
Fortbewegung ... 292
Tänze ... 293
Gegensätze ... 294
Entspannung, Ruhe, Ausklang ... 294
Abfolge der Musikstücke auf der Begleit-CD ... 295

Symbolik

Symbole der Kapitel:

Grundlagen

Wahrnehmungs-sensibilisierung

Soziales Lernen

Kreativitäts-förderung

Musik

Bewegung

Stimme

Material

Spannungs-felder

Symbole zur Orientierung:

Spielvorschläge

[•] Spiele für Zwischendurch

*~o Planung von Rhythmik-Einheiten

Zur Vertiefung

Begleit-CD

Musikempfehlung

Literaturempfehlung

Zum Einstieg

Einführung

Wenn Bewegung erklingt und Musik bewegt, wenn unsere Vorstellungskraft Bilder erzeugt und diese handelnd umgesetzt werden, wenn wir unsere Erlebnisse mit anderen teilen und gestalten, dann können wir uns zu kritischen, selbstbewussten, neugierigen Individuen entwickeln.
Wenn wir Tiger schleichen hören und uns der Klang des Urwaldes bewegt, wenn wir uns verwandeln in wendige Affen, geschmeidige Schlangen und mächtige Elefanten, wenn Fortbewegungsarten, Behausungen und Tierschreie gemeinsam gestaltet werden, dann können wir den Rhythmus eines Lebensraumes zum Klingen bringen.

Was bietet dieses Buch an?

Anliegen dieses Buches ist es, **„rhythmische Unterstützung"** zur **persönlichkeitsbildenden Eigenerfahrung** und im **pädagogischen Alltag** anzubieten. **Rhythmik** wird hier **in Theorie und Praxis** dargestellt: **Bewegung erklingt – Musik bewegt** kann angehenden Pädagoginnen und Pädagogen als **Basis- und Nachschlagewerk** für Rhythmisch-musikalische Erziehung dienen, gibt Bestätigung durch das Nachlesen einzelner Problemstellungen und ermutigt zum Reflektieren und Selbstgestalten. **Eine Begleit-CD** mit farbenreich instrumentierter Kunstmusik für Kinder erweitert und ergänzt viele Angebote.
Rhythmik bietet die Möglichkeit, grundlegende Fähigkeiten und Fertigkeiten wie Konzentrationsfähigkeit, Körperbewusstsein, soziale Kompetenz und Kreativität **zu fördern.** Wenn wir unsere Sinne schärfen und somit uns und unsere Umwelt besser wahrnehmen, können wir besser agieren und reagieren. Wer lustvoll Problemlösungskompetenz entwickeln kann, stärkt dabei auch noch das Selbstbewusstsein und die Ausdruckskraft.

Es ginge also schlicht und einfach darum, Kindern Beschäftigungen anzubieten, die ihre Fantasie, ihre Kreativität und ihre Neugier fordern, ihr selbständiges Denken fördern und ihr Selbstwertgefühl stärken. Wetten, dass sich dann die gewünschte „Lesekompetenz" wie von selbst ergeben würde? Und als Draufgabe noch die Rechen-, Naturwissenschafts- und Problemlösungskompetenzen dazu!
Kommentar zur Pisa-Studie von Christine Nöstlinger im Standard vom 8.12.04

An wen wendet sich das Buch?

Zielgruppe sind Rhythmikerinnen und Rhythmiker sowie Personen aus den Bereichen der Kindergarten-, Musik-, Sozial- und Tanzpädagogik. Auch Sozialarbeiterinnen und Sozialarbeiter, Sportstudierende, Eltern und Großeltern finden in diesem Buch wertvolle Anregungen.

Wie sind einzelne Kapitel aufgebaut?

Ein Beispiel: Was bedeutet Kreativität? Entfaltung von Kreativität in der Rhythmik. Rhythmisch-kreative Spielvorschläge.

Die Gestaltung einzelner Kapitel ist so konzipiert, dass verschiedene Begriffe zunächst von **pädagogisch-psychologischen Standpunkten** geklärt werden. Danach erfolgt eine **Auseinandersetzung aus der Sicht der Rhythmik.** Abschluss jedes Kapitels bilden **Spielvorschläge,** die das Thema praktisch vertiefen. Die Ziele der Rhythmik (Wahrnehmungssensibilisierung, Soziales Lernen und Kreativitätsförderung) sowie ihre Mittel (Musik, Bewegung, Stimme/Sprache und Materialien) umfassen weitreichende Themengebiete. Sie werden hier nur insofern angesprochen, als sie für die Rhythmik und die Pädagogik im weitesten Sinne relevant sind.

Erweiterung

Kurzfassung

Texte in der Randspalte bieten Erweiterungen an. Wenn die Texte orange unterlegt sind, können sie als Kurzfassung des nebenstehenden Absatzes verstanden werden.

Spielvorschläge sind mit einem orangen Streifen am Rand des Buches gekennzeichnet.

Rhythmik-Einheiten und **Spielvorschläge,** die hier angeboten werden, sollen nicht 1:1 übernommen werden, sondern **Anregung und Orientierung** sein. Die jeweils stimmigste Form eines Angebotes zu entwickeln, ist erst im direkten Kontakt mit allen unmittelbar Beteiligten möglich. Ziel der hier genannten Praxisbeispiele ist es, Impulse aufzunehmen, Veränderungen vorzunehmen und eigene Ideen zu entwickeln. Aus diesem Grund werden auch mehr Spielvorschläge als Rhythmik-Einheiten angeboten, weil jede Erziehungsperson aufgrund ihrer speziellen Situation selbst entscheiden kann, welche Angebote wie kombiniert werden.

Was ist für die Anwendung in der Praxis zu beachten?

Spielvorschläge werden nicht eingeteilt in Kinderspiele und solche für Erwachsene. Rhythmik spricht das experimentierfreudige, verspielte Kind im Erwachsenen an. Es obliegt jeder Pädagogin und jedem Pädagogen, **auszuwählen, welche Anregungen adäquat sind.**

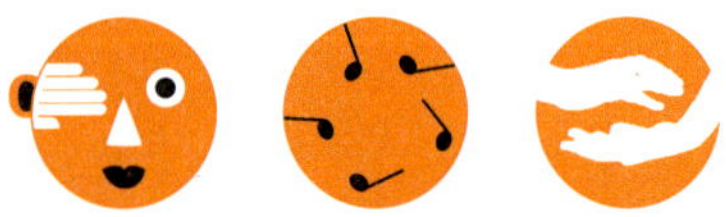

Das Wesen der Rhythmik ist es, mehrere Kompetenzen gleichzeitig anzusprechen. So kann ein Spielvorschlag, der Wahrnehmung sensibilisiert, auch gleichzeitig Soziales Lernen und musikalische Fertigkeiten ansprechen. Je nach Gewichtung wird das Spiel dem Kapitel Wahrnehmungssensibilisierung, Soziales Lernen oder dem der Musik zugeordnet. Die Stärke der Rhythmik ist es, vernetzt zu arbeiten, mehrere Ebenen und Themen gleichzeitig anzusprechen.

Ich wünsche allen Pädagoginnen und Pädagogen sowie allen Teilnehmenden ein lustvolles Auswählen, Experimentieren und Gestalten mit dem breit gefächerten Angebot der Rhythmik!

Birgitta Stummer — Im Mai 2011

Danke! Mein herzlicher Dank gilt meinem Mann Martin Petraschek-Stummer, der mich liebenswürdig und ausdauernd, kreativ und geistreich bei der Erstellung dieses Buches unterstützt hat!

Vielen Dank auch an alle anderen, die mir tatkräftig zur Seite gestanden sind! Elisabeth und Ernst Stummer, Judith Stummer-Kolonovits, Dieter und Klemens Kolonovits, Babsi, Katrin, Simon und Rainer Stepanek, Kerstin Zipfel, Friedrich Keil, Irmgard Bankl, Christa Eggendorfer, Peter Jürgens, Ulrike Weninger, Irene Planer, Natascha Taslimi, Wolfgang Nening, Agnes Engel, Michaela Gmeiner, Susanne Siebert, Christina Kanitz-Pock, Felicitas und Elias Pock, Cordula Bösze, Julia Denk, Maria Frodl, Klaus Gesing, Lukas Ossberger, Rose Radtke, Marius Schebella, Uli Soyka, Rita Krahwinkler, Christian Oswald, Karin, Klara und Gabriel Winge, Dominik Schuck, Elisabeth Oberhammer, Iris Dorfmeister-Klasek, Elsa Klasek, Sara Olsson, Andrea Trink, Simon und Sarah Ouchitachene, Doris Lücking, Angelika Hauser, Eva Tacha-Breitling, Sabine Bardenhofer, Peter Strecha, Johannes Wenk, Mag. Dr. Peter Wehle, Dr. Andreas Kusternig, Univ.-Prof. Dr. Christian-Hubert Ehalt, Prof. Dr. Heinz Lemmermann, Mag. Michaela Brodl, Österreichisches Volksliedwerk Archiv, Prof. Mag. Dr. Bernhard Cronenberg, Pablo Winiger, Margit Sarholz, Werner Meier, Wolfgang Lohmeier, Lynn Miller (Wedgwood Museum, England), Michele de Facchinetti, Ernestine Gaugusch, Christine Bedrac und Tatjana Leschnik, Stefanie Halwachs, Rosa Bankl, Julian Al-Roubaie, Daphne Brunner, Antonia, Irene und Rita Efiannayi, Lena, Luka und Elia Kolonovits, Puma Marx, Jakob Stummer, Paul Wurzer, Sigrid Ilgner-Pacher, Susanne Duit, Nicole Siklos, Barbara Gump, Susanne Müllner, Monica Hanschke, Johannes Bergmann, Dominik Löffler, Berenike Heidecker und alle Schülerinnen und Schüler, die sich kritisch reflektierend mit dem Manuskript von „Rhythmisch-musikalische Erziehung" beschäftigt haben!

A Grundlagen der Rhythmik

1 Geschichte der Rhythmik

Geschichte ist nicht nur das Vergangene, Abgeschlossene, sondern auch das, was aus der Vergangenheit in die Gegenwart hinein wirkt. Zum Verständnis aktueller Prozesse ist es wichtig, Zusammenhänge aus der Geschichte zu verstehen und eventuell auch Anregungen aus der Vergangenheit für die Gestaltung der Zukunft aufzugreifen.
Die Entstehung der Rhythmik reicht in eine Zeit zurück, in der zahlreiche kulturelle und soziale Neuerungsbewegungen entwickelt wurden.

1.1 Die Anfänge

Es gibt auch andere geistige Vordenker der Rhythmik, z.B. Comenius (1592–1670): Er forderte Lehrer auf, die Stoffvermittlung durch die Berücksichtigung aller Sinne zu erleichtern. Pestalozzi (1746–1827) propagierte Lernen mit Kopf, Herz und Hand. (vgl. Jank; Meyer 1991, S. 346)

Rhythmisch-musikalische Erziehung, auch Rhythmik genannt, ist aus der Musikerziehung entstanden und wurde Anfang des 20. Jahrhunderts von dem Musiker und Komponisten Emile **Jaques-Dalcroze** begründet. Zu dieser Zeit wurden in Europa zahlreiche neue Stil- und Ausdrucksmittel entwickelt: Expressionismus, Kubismus, Jugendstil, Ausdruckstanz, 12-Ton-Musik und vieles mehr. Wissenschafter entwickelten die Quantentheorie, die Relativitätstheorie, die Reformpädagogik sowie die Psychoanalyse und die Traumdeutung.
Im „Aufwind" dieser revolutionären Epoche inspirierten die Künste und Wissenschaften einander gegenseitig und es kam zu einer Vernetzung verschiedener Ideen: Rhythmen und musikalische Motive wurden in der Malerei sichtbar, Farben, Licht und Bewegungsmotive wurden in der Musik nachempfunden.

Die Idee einer gegenseitigen Bereicherung, ja sogar einer Einheit, die verschiedenen Künste darstellen zu können, taucht schon vor 2500 Jahren im antiken Griechenland auf. Mousiké wurde die Kunst genannt, die Musik, Tanz und Poesie vereinigte. Als Grundlage dieser Künste wurde der Rhythmus angesehen.

Älteste griechische Darstellung eines Reigentanzes auf einem Krug (Universität Tübingen, Institut für Klassische Archäologie)

Jaques-Dalcroze forderte eine umfangreiche Ausbildung in mehreren musikalischen Disziplinen.

Emile Jaques-Dalcroze war von der Idee der Mousiké begeistert, denn er **vermisste bei seinen Studierenden eine umfassende musikalische Bildung.** Das pädagogische Konzept Jaques-Dalcrozes sah weniger eine Spezialisierung als vielmehr eine Vernetzung einzelner Bereiche wie Harmonielehre, Improvisation und Gehörbildung vor.
Die damals revolutionäre Theorie des Schweizer Musikpädagogen besagt, dass **Bewegung den Menschen bei der Erfassung musikalischer Vorgänge unter-**

stützen kann. Die Schülerinnen und Schüler Dalcrozes erzielten beim Harmonielehreunterricht und am Instrument viel größere Fortschritte, wenn sie Musik mit dem eigenen Körper nachempfinden konnten. Metrum, Takt und Rhythmus wurden exakt in Bewegung umgesetzt, sodass das Gehörte auch sichtbar und spürbar wurde. Die **Fähigkeiten** der Studierenden **sollten sich mithilfe von Körper, Seele und Geist entwickeln** können. Bewegungserziehung kann zum vertiefenden Erleben und Verstehen der Musik führen. Heute hat die Bewegung in der Rhythmik einen größeren Stellenwert und ist nicht mehr ausschließlich „Mittel zum Zweck".

Die Grundidee: Lernen mit allen Sinnen!

Aufgrund von Dalcrozes Erfolgen kam es 1911 zur Errichtung der „Bildungsanstalt für Musik und Rhythmus E. Jaques-Dalcroze" in Hellerau bei Dresden. 1912 entstanden weitere „Lehranstalten" in ganz Europa.
Durch die Umstände zweier Weltkriege wurden zahlreiche Rhythmik-Ausbildungsstätten erschüttert. Es kam auch zum Missbrauch der „rhythmischen Idee" durch den Nationalsozialismus. „Rhythmisch, deutsch, ganzheitlich" sollte der Mensch erzogen werden. (vgl. Leiser in: Richter 1994, S. 78)
Seit 1959 wird an der Akademie (heutige Universität) für Musik und darstellende Kunst in Wien Rhythmisch-musikalische Erziehung unterrichtet. 1962 wurde die Ausbildung zur Kindergartenpädagogin/zum Kindergartenpädagogen auf 4 Jahre ausgedehnt. Rhythmik wurde seither als Freigegenstand angeboten. Seit der Schulreform 1982, in welcher die Ausbildung auf 5 Jahre angehoben wurde, wird Rhythmik als Pflichtfach unterrichtet.

„Ausbreitung" der Lehranstalten für Rhythmik

1.2 Heute

Mittlerweile wird Rhythmik an Bildungsanstalten für Kindergartenpädagogik, an Bildungsanstalten für Sozialpädagogik, in Kindergärten und Volksschulen sowie an Volkshochschulen unterrichtet, sie wird auch in der Sonder- und Heilpädagogik und in der Geriatrie angewandt. Wichtige Fachvertretende sind: Rosalia Chladek, Elfriede Feudel, Brita Glathe, Brigitte Müller und Mimi Scheiblauer. Persönlichkeiten wie Isabella Frohne, Hannelore Krause-Wichert, Reinhard Ring und Eleonore Witoszynskyj tragen bis heute dazu bei, dass die Bedeutsamkeit der Rhythmik in der Pädagogik und in der Kunst verankert bleibt.

Zur Vertiefung:

- Was bedeutet Mousiké?
- Wann und von wem wurde die Rhythmisch-musikalische Erziehung begründet?
- Welche Neuerungen wurden zu dieser Zeit ebenfalls entwickelt?
- Was ist der Kerngedanke von Dalcrozes' revolutionärer Theorie?
- Nennen Sie 5 wichtige Fachvertreterinnen bzw. Fachvertreter aus dem Bereich der Rhythmisch-musikalischen Erziehung!
- Wo wird Rhythmik heute unterrichtet?

2 Rhythmik fließt … eine Reise ins Ungewisse?

Rhythmus bedeutet fließen, strömen.

Rhythmus, griechisch rhein, bedeutet fließen …

Das Plätschern eines Baches lässt uns ähnliche, aber auch sehr unterschiedliche Geräusche vernehmen, je nachdem, an welcher Stelle des Baches wir uns aufhalten. Wohin fließt der Bach? An welchen Ufern wird er entlangtreiben? In welcher Jahreszeit führt der Bach besonders viel Wasser? Welchen Verlauf nimmt er, wenn wir ihm einen Stein in den Weg legen? Wie verändert sich sein Plätschern? So wie sich das Fließen eines Baches ständig verändert, so wandelbar ist auch das Unterrichtsgeschehen. Es hängt ab von der Befindlichkeit der Involvierten, dem zur Verfügung stehenden Raum und den Inhalten, die angeboten werden. Machen wir uns auf den Weg zu einer rhythmischen Reise …

2.1 Was bedeutet Rhythmus?

Einstieg:

- Suchen Sie mithilfe von zwei Fingern Ihren Puls und messen Sie ihn. Wie viele Pulsschläge konnten Sie in einer Minute zählen?
- Versuchen Sie, den Puls eines anderen Gruppenmitgliedes zu messen: Welche Erfahrungen machen Sie dabei?
- Begleiten Sie Ihre Pulsschläge leise auf einem Instrument. Was bemerken Sie?
- Beobachten Sie Ihre Atmung. Versuchen Sie jedoch nicht, sie zu beeinflussen. Begleiten Sie die Ausatmung durch eine leichte Rumpfbeuge nach vorn und richten Sie Ihren Oberkörper bei der Einatmung wieder auf. Eine Beobachtungsperson soll der Gruppe rückmelden, was sie wahrgenommen hat.
- Welche Assoziationen haben Sie zu dem Wort „Rhythmus"?

Rhythmus lässt sich in vielen Grundstrukturen erfassen: in der Sprache („Sprachrhythmus"), in den Tönen (musikalischer Rhythmus), in Farben (Farbrhythmus). Der Maler Kandinsky komponierte mit Formen und Farben.

Bei den oben genannten Experimenten stellt sich heraus, dass Rhythmen nicht immer gleich verlaufen. Mehrere Rhythmen gleichzeitig wahrzunehmen, erfordert ein hohes Maß an Konzentration.

Rhythmus entstammt dem griechischen Wort „rhein", was so viel heißt wie:

- fließen
- herausströmen
- Gleichmaß
- gleichmäßig gegliederte Bewegung
- periodischer Wechsel oder regelmäßige Wiederkehr natürlicher Vorgänge

Hell- und Dunkelkontrast in der Natur

Rhythmus kann aber auch heißen:

- Gliederung des Sprachverlaufes (z.B. Versdichtung)
- dynamische Strukturierung eines Musikstückes

- optische Gliederung eines Werkes in der bildenden Kunst (z. B. durch den Kontrast von hell – dunkel)
- Kontinuität und Wiederholung (Ostinato, Jahreszeiten)
- Regulierung und Orientierung (z. B. durch Wiederholung von rhythmischen Spielen, die zu Ritualen werden)

Ordnung und Gliederung

Rhythmus ist auch „rhytmidso" ähnlich, es bedeutet:

- gliedern
- ordnen
- abwägen
- proportionieren lebendiger Systeme (z.B. rote und weiße Blutkörperchen im Blutkreislauf, unterschiedliche Anordnung der Besiedelung in der Stadt und am Land)

Zur Vertiefung:

- Finden Sie weitere Vorgänge für rhythmisches Geschehen! Welche Phänomene können gegliedert oder geordnet werden?
- Versuchen Sie, ein kurzes Video (mit Naturereignissen) rhythmisch zu vertonen! Das Video kann selbst gemacht sein. Sie können aber auch einen Teil eines Filmes auswählen. Fotografieren Sie rhythmische Phänomene und vertonen Sie die Bilder!

Alles Lebendige pulsiert, knistert, tönt, schallt. Das ganze Universum raschelt, prasselt, surrt und knallt. Wie ein Orchester klingt unser Lebensraum, wenn wir ihn durch unsere Aufmerksamkeit hörbar machen. In dem Film „Touch the Sound" werden rhythmische Phänomene durch Bilder verdeutlicht. Umgekehrt werden Naturereignisse (Brandung, Vogelschwärme …) akustisch dargestellt.

Ein rhythmisches Beispiel: Die (musikalischen) Parameter laut – leise können gegliedert und geordnet werden.

2.1.1 Rhythmus als Gegebenheit der Natur

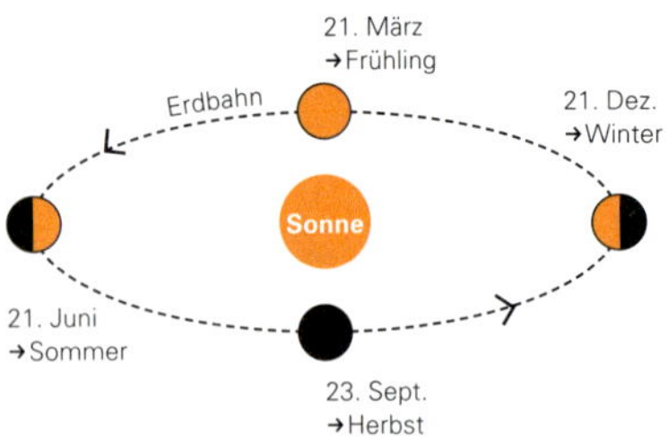

Bahn der Erde um die Sonne (1 Jahr)
→ Entstehung der Jahreszeiten

Rhythmen sind seit jeher strukturgebende **Bestandteile von Vorgängen in der Natur.** Wir können Rhythmen von Tag und Nacht, Ebbe und Flut, Lärm und Stille beobachten. Rhythmen manifestieren sich in den Mondphasen, den Jahreszeiten, in Wetterperioden. Auch in der Ästhetik können Rhythmen beobachtet werden. In der bildenden Kunst werden seit Jahrtausenden rhythmische Elemente in Form von Mustern auf Fliesen, Krügen und Werkzeugen dargestellt. Rhythmus bedeutet Bewegung und Veränderung. Alles Starre verkümmert. Ohne den Wechsel von aktiven Phasen und Erholungszeiten schwinden unsere Lebenskräfte.

2.1.2 „Menschliche" Rhythmen

Rhythmen ereignen sich überall: In den unendlichen Weiten des Universums, aber auch in den winzigen Molekülen unserer Erbsubstanz.

Rhythmen sind unmittelbarer **Bestandteil unseres Lebens.** Schon im Mutterleib haben wir ein rhythmisches „Ur-Erlebnis". Der Herzschlag der Mutter, das Wiegen ihres Ganges, ihre Atmung werden bereits pränatal wahrgenommen. Selbst die Doppelspirale der Erbsubstanz, die als Grundlage alles Lebendigen gilt, weist zwei polare, sich durchdringende Bewegungen auf.

Unsere menschlichen Bedürfnisse sind ebenso polar geprägt: Müdigkeit ist die Folge zu langer Wachheit, auf Spannung folgt Entspannung, wer hungrig ist, strebt nach Sättigung, auf Einatmen folgt Ausatmen. Unser Herz-Kreislauf-System bedarf ebenso rhythmischer Elemente wie Aktivität und Passivität (Anspannen und Entspannen des Herzmuskels). Wir sind geprägt von Biorhythmen wie Verdauung, Atmung, Herzschlag.

Auch unser Bewusstsein wird polar gesteuert. Die linke Gehirnhälfte verarbeitet Informationen logisch und linear, die rechte Gehirnhälfte agiert intuitiv. Unser menschliches Bewusstsein integriert beide Pole.

Der Mensch besteht aus Rhythmen (Atemrhythmus, Menstruationszyklus ...) und **hat das Bedürfnis nach Eigenschaften des Rhythmus** wie Wiederkehr, Ordnung, Entwicklung. **Rhythmen verschaffen** auch **Identität:** Der Pulsschlag jedes Menschen ist unterschiedlich, jeder Sprechrhythmus ist individuell.

Beziehungen unterliegen rhythmischen Abläufen: Nähe – Distanz, Gemeinsamkeit – Individualität, Halten – Loslassen.

Unsere **Emotionen werden durch Rhythmen** besonders intensiv **angesprochen,** da wir Rhythmen nicht nur sehen, sondern auch hören und spüren können: Der Säugling beruhigt sich aufgrund von rhythmischem Wiegen, Schaukeln fasziniert Kinder, rhythmische Musik „fährt" in die Beine.

Jeder Mensch folgt einem individuellen Rhythmus. „Morgenmuffel" haben andere Bedürfnisse als „Nachteulen" oder „Frühaufsteher".

Rhythmisch strukturierte Phänomene sind Grundgegebenheiten der Natur. Der Mensch reagiert darauf sensibel. Ein rhythmisches Ereignis ist niemals Zustand (statisch), sondern immer dynamisches Geschehen (beweglich), es ist Grundbedürfnis des Menschen. Unsere Gesundheit und Lebendigkeit hängt ab von

Ich lebe!
Ich nehme Abschied –
find' zurück,
bin traurig –
und genieß' das Glück,
ersehne, träume, schwebe –
und lebe! ...
... Was auch geschieht,
ich geb' nicht auf:
Ich renn' hinab
und keuch' hinauf
ich nehme und ich gebe.
Verdammt nochmal –
ich lebe!

Gudrun Pausewang

einer geglückten Suche nach Ausgleich, der ständigen Bewegung zwischen den Polaritäten Aktivität und Passivität, Spannung und Entspannung.

2.1.3 Das Wort „Rhythmik" aus musikalischer Sicht

Wer an das Wort „Rhythmik" denkt, assoziiert damit meist Musik. In der Musik werden **Rhythmen** als **Strukturelemente** angesehen. Sie **gliedern die Zeit** (Dauer) **eines Musikstückes in bestimmte Abschnitte.** Weitere Strukturelemente sind Raum, Kraft und Form. In der Musik werden Percussionistinnen und Percussionisten, Schlagzeugerinnen und Schlagzeuger oft auch als Rhythmikerinnen bzw. Rhythmiker bezeichnet. Sie sind allerdings meist keine Musik- und Bewegungspädagoginnen und -pädagogen, sondern Musikerinnen und Musiker, die sich hauptsächlich mit musikalischen Rhythmen auseinandersetzen. Im Folgenden werden Begriffe angeführt, die oft mit „Rhythmus" verwechselt werden:

- **Takt** ist eine wiederkehrende, nach bestimmten Vorgaben gestaltete Einheit (z.B. $^3/_4$-Takt).
- **Metrum:** Gleichmäßige Unterteilung eines Taktes in kleinere Einheiten, meist dem Wert einer Viertelnote entsprechend („Puls", Beat)
- **Ostinato:** Stetig wiederkehrendes Muster, ständig wiederholter Rhythmus
- **Percussion:** Schlag, Stoß, Erschütterung, aber auch Schlagzeug

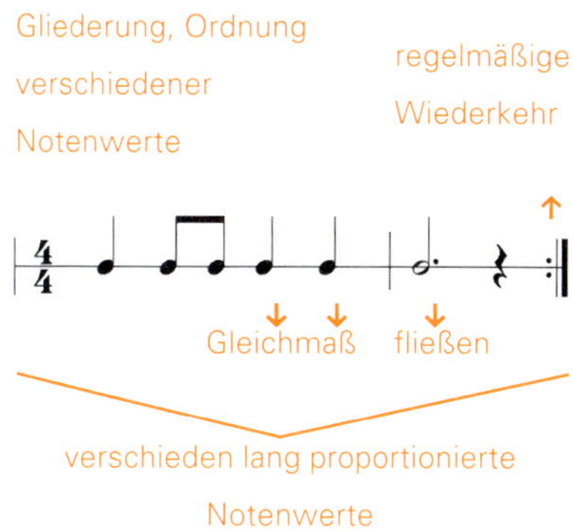

Ein einfacher Rhythmus macht viele rhythmische Phänomene deutlich.

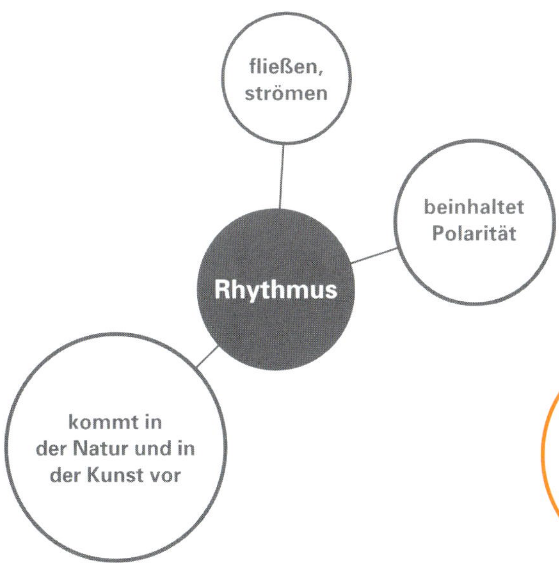

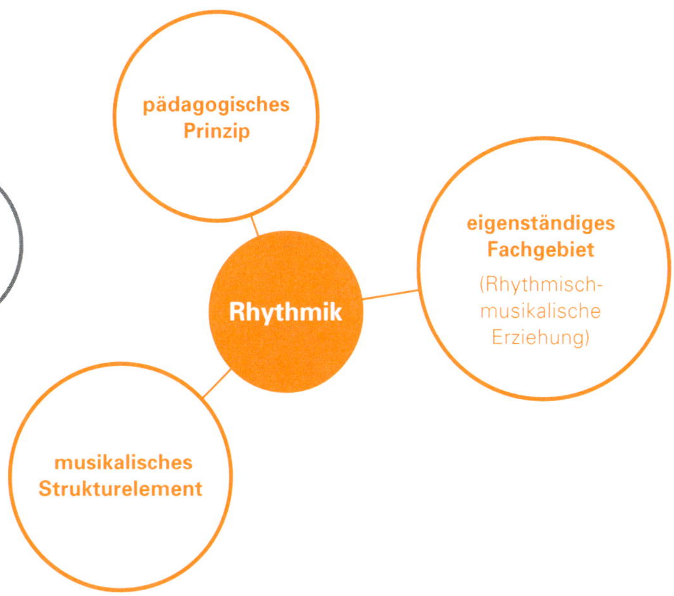

Zur Vertiefung:

- In welchen naturgegebenen Phänomenen sind Rhythmen enthalten? Beschreiben Sie Ihre eigenen Erfahrungen mit rhythmischen Geschehen!
- In welchen Künsten spielen Rhythmen eine strukturgebende Rolle? Welche Bedeutung hat Rhythmik in der Musik?

2.2 Was ist Rhythmik im Sinne von Rhythmisch-musikalischer Erziehung?

Rhythmus ist eine **wesensbildende Eigenschaft von Mensch, Musik und Bewegung** und namengebendes Element der Rhythmisch-musikalischen Erziehung (kurz Rhythmik). Als **pädagogisches Prinzip** hat Rhythmik den Anspruch, menschlichen Bedürfnissen wie dem Wechsel von Spannung und Entspannung nachzukommen. Geistige und körperliche Aktivität unterstützen und bedingen einander.

Rhythmik als pädagogisches Prinzip, aber auch als eigenes Fachgebiet, in dem Musik und Bewegung untersucht werden.

Rhythmik ist auch ein eigenständiges, künstlerisch-pädagogisches Fachgebiet, in dem musikalische und motorische Fertigkeiten erprobt werden können. Die **Mittel** der Rhythmik – **Musik, Bewegung, Stimme** und **Materialien** – ermöglichen handlungsorientierte Erfahrungen, die durch Improvisation erprobt werden. **Ziel** ist es, Erziehungskompetenzen zu fördern, welche **Wahrnehmung sensibilisieren, Sozialverhalten fördern** und die Möglichkeit bieten, **Kreativität zum Ausdruck** zu **bringen.** Rhythmik findet statt, wenn mehrere Mittel und Ziele innerhalb einer Rhythmik-Einheit von Bedeutung sind, wobei Musik und Bewegung immer eine zentrale Rolle spielen.

Musik und Bewegung sind zentral. Sie ermöglichen Wahrnehmungssensibilisierung, Soziales Lernen und Kreativitätsförderung

2.2.1 Einsatz des Phänomens Rhythmus in der Rhythmik

In der Rhythmisch-musikalischen Erziehung wird auf verschiedenen Ebenen gearbeitet.

- Rhythmische Phänomene werden verwendet, um den Bedürfnissen der Menschen nachzukommen und um **pädagogische Prozesse aufzulockern.** Wesentliche Merkmale von Rhythmen (Polarität, Wiederkehr, Kontinuität) sind auch wesentliche Bestandteile der Rhythmisch-musikalischen Erziehung.

Wesentlichste Aspekte der Rhythmik!

- Rhythmen in **Musik und Bewegung** werden aber auch **als Mittel** eingesetzt, **um Erziehungskompetenzen** wie Wahrnehmungssensibilisierung, Soziales Lernen und Kreativität **zu fördern.**
- Rhythmen in **Musik und Bewegung** werden aber auch **als Inhalte** angeboten, **um** musikalische und bewegungsmäßige **Fertigkeiten zu erlangen.**

Rhythmisierung pädagogischer Prozesse

➔ vgl. „Prozesswechsel" S. 36

Isabelle Frohne hat den Begriff des **Rhythmischen Prinzips** geprägt. Sie versteht darunter die **Einbeziehung von uns umgebenden und in uns existierenden Rhythmen in pädagogische Prozesse.** Diese beeinflussen den Menschen und sollen daher auch in der Rhythmik Beachtung finden. Wechsel zwischen Aktivität und Passivität, Spannung und Entspannung werden in einer Rhythmik-Einheit erfahren durch unterschiedliche Angebote mittels Musik, Bewegung, Stimme und Material. (vgl. Frohne 1981, S. 18 f.)

Die Entwicklung jedes Lebewesens vollzieht sich durch ein Wechselspiel von inneren und äußeren Gegebenheiten.

Rhythmisch strukturierte Sinnesphänomene (z. B. Mondphasen) sind Grundgegebenheiten der Natur, auf die der Mensch empfänglich reagiert. Sie entsprechen biologischen Grundbedürfnissen des Menschen (z. B. Spannung – Entspannung). (vgl. Erdmann 1982, S. 35)

Dynamische Balance zwischen unterschiedlichen Polaritäten.

Es gilt als Kunst, eine **„dynamische Balance"** herzustellen zwischen den Bedürfnissen der Teilnehmenden und denen der Lehr- und Erziehungsperson, zwischen individuellen und gemeinschaftlichen Aktivitäten, zwischen Impulsivität und Kontinuität.

Ein rhythmischer Ausgleich wird immer neu angestrebt und bleibt nicht als Zustand bestehen. In diesem Spannungsfeld kann Originalität, Flexibilität und Stabilität hervorgebracht werden. Durch die **Vielfalt an Mitteln,** die zur Verfügung stehen, ist es möglich und wichtig, dass mit den Stärken der Teilnehmenden gearbeitet wird und nicht mit dem, was Unsicherheit erzeugt. Gemeinsame Fähigkeiten werden entdeckt. Davon ausgehend kann die Planung einer weiteren Rhythmik-Einheit vorgenommen werden.

Förderung der Stärken, nicht Bemängelung der Schwächen!

Im handlungsorientierten Unterricht wird gespürt und entdeckt, körperliche Wachheit wird kombiniert mit geistiger Anteilnahme. **Spielräume zwischen Chaos und Ordnung, Führen und Folgen, Eindruck und Ausdruck** stehen zur Verfügung.

Lernen findet **„auf Umwegen"** und durch das Einbeziehen von anderen Gruppenmitgliedern statt. Erfahrungen werden aus mehreren Quellen gespeist. In der Rhythmik besteht die Möglichkeit, durch Aktivität und Imitation viele „Lehrpersonen" zu erleben. Sobald mehrere Menschen in ein Unterrichtsgeschehen eingebunden sind, beginnt die Reise ins Ungewisse, denn jede Person bringt ihre eigenen Erfahrungen und Bedürfnisse mit. **Diese Reise kann als Abenteuer verstanden werden, als Möglichkeit, Überraschungen zu erleben und viele neue Erfahrungen zu machen …**

Erfahrungen können durch Teilnehmende oder durch die Lehrperson, durch Musik, Bewegung oder Material gemacht werden.

Gruppenleiterinnen und Gruppenleiter sind hohen Anforderungen ausgesetzt. An sie wird der Anspruch erhoben, Naturwissenschafterin bzw. Naturwissenschafter, Künstlerin bzw. Künstler, Psychologin bzw. Psychologe und Seelsorgerin bzw. Seelsorger zu sein. Rhythmik kann mit vielfältigen Angeboten unterstützend wirken durch Rhythmik-Einheiten, einzelne Spielvorschläge aus der Rhythmik und durch die **Anwendung des Rhythmischen Prinzips im Alltag.**

Hier geht es um einen Wechsel zwischen Spannung und Entspannung, Aktivität und Passivität, Bewegung im Freien und im Haus, Verwendung von großen und kleinen Materialien, das Ansprechen von Körper und Geist:

Relevanz des Rhythmischen Prinzips in der Kindergartenpädagogik.

- **räumlich:** Aktivitäten im Freien – im Haus, raumgreifende – ortsgebundene Bewegungen
- **zeitlich-dynamisch:** Unterschiedlich lange Bewegungsphasen – Ruhephasen
- **materiell:** Beschäftigung mit großen und kleinen Materialien (Förderung von Grob- bzw. Feinmotorik) – Verzicht auf den Einsatz von Materialien (spielzeugfreier Kindergarten)
- **sensorisch:** Im Tagesverlauf verschiedene Sinne ansprechen
- **geistig:** Kognitive und emotionale Prozesse fördern
- **künstlerisch:** Mittels unterschiedlicher Künste Entwicklungsförderung anstreben

Aneignung von Fähigkeiten durch Musik und Bewegung

Durch die angebotenen Spiel- und Erfahrungsräume mit Musik und Bewegung besteht die Möglichkeit, Erziehungskompetenzen zu fördern. Diese **Fähigkeiten** werden **in jeder Rhythmik-Einheit gefördert** und können **ein Leben lang erweitert** werden. Der Erwerb von Erziehungskompetenzen ist niemals abgeschlossen.

Musik und Bewegung werden als Mittel eingesetzt, um Erziehungsprozesse zu unterstützen.

- **Wahrnehmungssensibilisierung** findet statt, wenn musikalische und motorische Prozesse erlebt, variiert, wiederholt und erweitert werden.
- **Soziales Lernen** im Sinne von **aufeinander hören, einander beachten, miteinander agieren** wird durch Erlebnisse in verschiedenen Gruppenkonstellationen gefördert.
- **Kreative Fähigkeiten** werden durch die Gestaltung von Musik und Bewegung entwickelt, die eigene Ausdruckskraft wird stärker. Somit kann sich das Selbstbewusstsein entfalten im Sinne von sich seiner selbst bewusst sein.

➔ vgl. auch „Kreativitätsförderung" S. 104, „Wahrnehmungssensibilisierung" S. 44 und „Soziales Lernen" S. 75

Die Schulung von musikalischen und körperlichen Fähigkeiten soll zielorientiert, aber ohne Druck geschehen, frei nach dem Motto: „Der Weg – mit allen Umwegen – ist das Ziel."

Aneignung von Fertigkeiten in Musik und Bewegung

Rhythmik versteht sich als pädagogisches Prinzip, das hilft, Lerninhalte (Lernziele wie Lieder, Tänze, Reime, Klanggeschichten) besser aufzunehmen. Es werden zahlreiche Spielvorschläge angeboten, die **körperliche und musikalische Fertigkeiten fordern und fördern.** Auch hier werden polare Beziehungen eingesetzt, um jedem Gruppenmitglied die Möglichkeit zu bieten, sich in einem Spannungsfeld wie laut – leise, hoch – tief oder schnell – langsam zu positionieren. Dabei kann es vorkommen, dass schüchterne Teilnehmerinnen und Teilnehmer sich mittels einer Trommel „lauthals" Gehör verschaffen oder „Dauerredner" durch die Berührung eines Gongs fasziniert schweigen. **Polaritäten,** z.B. laut und leise, **treten in produktive Wechselwirkung.** Je länger in so einem Spannungsfeld gearbeitet wird, umso differenzierter können die einzelnen Qualitäten in Erscheinung treten. Dann gibt es nicht nur laut und leise, sondern auch ganz leise, fast nicht hörbar, sehr laut …

Fertigkeiten, die in der Rhythmik erworben werden können:

- **Grob- und feinmotorische Fertigkeiten**
- **Körperliche Reaktion** auf musikalische Phänomene und somit ganzheitliche Erfassung von Musik
- **Wahrnehmungssensibilisierung** (z.B. Gehörschulung: Identifikation von Klängen)
- **Haltungsschulung**
- **Möglichkeit, in Bewegung,** mit der **Stimme** und mit unterschiedlichen **Instrumenten** zu improvisieren
- **Gestaltungsmöglichkeiten** durch Musik und Bewegung entwickeln (Tanz, Musik, Bild, Text, Collage, Plastik …)
- **Räumliche Fertigkeiten** erlangen: Orientierungsfähigkeit, Resonanzräume erkunden, Unterscheidung von hoch – tief, vorne – hinten, rechts – links
- **Zeitliche Fertigkeiten** erlangen: Förderung des Rhythmusgefühls, Musik und Bewegung zeitlich strukturieren, Unterscheidung von schnell – langsam, kurz – lang
- **Dynamische Fertigkeiten** erlangen: Stärkung und Lockerung der Muskulatur, Förderung von Reaktions- und Koordinationsfähigkeit, Unterscheidung von stark – schwach, laut – leise, schwer – leicht, weich – hart
- **Formale Fertigkeiten** erlangen: Strukturen in Musik, Bewegung, Stimme und Material erkennen und benennen, aber auch gestalten und reflektieren.

Musikalische und körperliche Fertigkeiten können nach dem Erwerb überprüft werden (Tanz, Musikstück …).

Musik und Bewegung werden als Inhalt angeboten, um Fertigkeiten in beiden Bereichen zu erlangen.

Musik und Bewegung als Mittel	**Musik und Bewegung als Inhalt**
a) um Erziehungskompetenzen (Wahrnehmungssensibilisierung, Soziales Lernen, Kreativitätsförderung) zu fördern.	**a)** um musikalische und motorische Fertigkeiten zu erlangen.
b) Der Erwerb von Erziehungskompetenzen ist ein Prozess, der ein Leben lang wirkt, aber nicht nachgeprüft werden kann.	**b)** Diese Fertigkeiten sind meist abprüfbar (Lied, Tanz, Vers) und können eher kurzfristig gelernt werden.

Rhythmik als Einladung zur Erfahrung und Gestaltung von Humanität

Rhythmisch-musikalische Erziehung ermöglicht Erlebnisse in den Bereichen Wahrnehmungssensibilisierung, Soziales Lernen und Kreativitätsförderung. Sie kann uns zu Flexibilität verhelfen, wenn wir durch Improvisation mit Musik, Bewegung und verschiedenen Materalien in geschütztem Rahmen neue

Entdeckungen machen. Wir lernen, rhythmische Geschehen, wie z.B. die eigene Befindlichkeit, unseren Herzschlag, unseren Schlaf- und Wachrhythmus, unsere Bedürfnisse nach Spannung und Entspannung, aber auch rhythmisch-dynamische Gruppenprozesse in uns und um uns herum, genauer, besser wahrzunehmen. So können wir uns leichter zu selbstbewussten, verantwortungsvollen Menschen in einem sozialen Gefüge entwickeln.
Wer sich selbst, seine Mitmenschen und die Natur besser wahrnimmt, kann einfühlsamer handeln, wer kreativer ist, kann leichter Lösungsvorschläge entwickeln, wer angenehme Erlebnisse in der Rhythmik gemacht hat, kann leichter Angenehmes weitergeben. Durch rhythmische Erfahrungen kann Selbstbewusstsein entstehen, das Gewissheit verschafft. Unser Gewissen wird deutlicher spürbar. Ein Gewissen, das Menschen, Tiere und Natur in ihrem rhythmischen Geschehen wahrnimmt, respektiert und achtet und uns unterstützt, ein freudvolles, sinnliches und sinnvolles Leben in unserem sozialen Gefüge zu führen.

Zur Vertiefung:

- Welcher Mittel bedient sich die Rhythmik?
- Was sind ihre Ziele?
- Erstellen Sie Ihre eigene Rhythmik-Definition! Tipp: Beziehen Sie die Ziele und Mittel der Rhythmik in Ihre Definition ein!
- Was bedeutet das Rhythmische Prinzip?
- Welche Fähigkeiten fördern Musik und Bewegung, wenn sie als Mittel eingesetzt werden?
- Welche Fertigkeiten werden gefördert, wenn Musik und Bewegung Inhalte sind?

Es klingen die Töne

Es klingen die Töne erst laut
und dann leis´: klipp-klapp
Es trippeln und trappeln die
Füße im Kreis: tripp-trapp
Jetzt patschen die Hände und
trommeln im Nu, sie schnipsen
und klatschen und reiben dazu,
ritsch, ratsch, ritsch, ratsch,
ritsch, ra-a-atsch, ritsch, ratsch,
ritsch, ratsch, ritsch, ratsch.

nach: „Es klappert die Mühle"
von Ernst Anschütz

Bodypercussion ist nicht zu verwechseln mit Bodypiercing oder Bodypainting!

2.2.2 Anregungen zur Schulung von Rhythmen in Musik und Bewegung

Der menschliche Körper ist unser erstes Instrument. Er steht immer zur Verfügung: Neben unserer Stimme sind es die Hände und Füße, die den Körper und den Raum mittels Klatschen und Stampfen, Schnipsen und Patschen zum Klingen bringen. Wer mit Körperinstrumenten musiziert, erlebt und erfährt Musik direkt am eigenen Leib. Im Mitgestalten zur Sprache, einbezogen in Liedgestaltungen, Bewegungsspiele und Tänze, finden wir unerschöpfliche Anlässe, um mit Körperinstrumenten zu musizieren.
Rhythmusspiele werden durch ihre Kraft und die entstehenden Gemeinschaftserlebnisse von Kindern und Jugendlichen meist lustvoll erlebt. Sie erfordern keine Instrumente und Instrumentaltechnik, wenig Platz und Vorbereitung.

Bodypercussionklänge: Stampfen, Klatschen (verschiedene Arten), Patschen auf die Oberschenkel, Schnipsen, Anspielen von Brustkorb, Wangen, Bauch, Armen, „Schuhplatteln", Experimente mit der Stimme, Zungeschnalzen …

Neben den immer bereitstehenden Körperklängen kann auch auf fast allen Materialien musiziert werden. Es bedarf lediglich einer gewissen Robustheit, Widerstand und Resonanz. Unzählige Materialien können zum Musizieren herangezogen werden: Küchengeräte, Schachteln, Büromaterial, Einrichtungsgegenstände, Rhythmikmaterial, Sportgeräte, Baumaterial … ➔ vgl. „Material" S. 220

Spielvorschläge zur Schulung von Rhythmen

- **Körperklänge:** Der Körper klingt nicht an allen Stellen gleich: Probieren Sie aus, wie Wangen, Bauch, Handrücken klingen. Welcher Klang gefällt am besten? Welcher ist am angenehmsten?
- **Metrum** entwickeln: Einen Platz im Raum suchen und zur Ruhe kommen. Die Leiterin bzw. der Leiter (L) spielt auf einem Rhythmusinstrument ein Metrum. Die Gruppenmitglieder nehmen das Tempo durch leises Schnippen (Stampfen …) auf und bewegen sich im Metrum durch den Raum. Mit der Zeit wird der gemeinsame Puls durch Bodypercussionsounds verstärkt. Im Kreis zusammenkommen, Metrum am Stand weitergehen: Reihum erfolgt eine Sammlung verschiedener Bodypercussionsounds.
- **Rhythmusmassage:** 1 Außenkreis, 1 Innenkreis: Jeweils ein äußeres Gruppenmitglied gibt einen Rhythmus auf dem Rücken eines inneren vor. Die anderen Äußeren übernehmen den Rhythmus. Kinder können im Innenkreis auch auf Sesseln sitzen, somit ist mehr Stabilität gegeben. Die Lehnen der Sessel sollten nach innen schauen, damit der Rücken der Teilnehmenden (TN) frei ist. Wichtig ist auch, dass die Kinder sich zuerst auf sensible Kommunikation konzentrieren, damit die Massage wohltuend ist. Fragen wie: „Ist es dir angenehm?" oder Vorstellungsbilder (sanfter Regen, Sonnenstrahlen, warmer Wind …) können zum Gelingen der Massage beitragen. Bei sozialen Spannungen oder Bewegungsbedürfnissen könnten die äußeren TN nach geraumer Zeit die Plätze tauschen; „eins weiterrücken" oder zwei schnelle Runden um den Innenkreis laufen. Später: Wechsel zwischen Außen- und Innenkreis vornehmen.
- **Weiterentwicklung:** Die erarbeiteten Rhythmen können auf Alltagsgegenstände oder Instrumente übertragen werden. Bei der Formierung von Kleingruppen zur Präsentation einer kurzen Rhythmussequenz können auch kleine Szenen rhythmisch dargestellt werden (Tagesablauf, Bahnhof, In the Bronks, Langeweile, Gruselfilm …). Kinder können sich zu zweit Rätsel ausdenken, die die anderen erraten müssen (z.B. „sanfter Regen"). Besonders reizvoll kann es sein, wenn die Rhythmen auf einem einfachen Aufnahmegerät festgehalten werden.
- **Namensrhythmen** mit Bodypercussionklängen begleiten: Eine Person gibt ihren Namen mit Körperklängen und Stimme an, die anderen wiederholen ihn.
- **Notation:** Erarbeitete Rhythmen können mittels Notenschrift oder Zeichnungen auf Kärtchen festgehalten werden. Durch die Aneinanderreihung verschiedener Kärtchen können „Kompositionen" entstehen.

Spieltätigkeiten beziehen sich auf den eigenen Körper, auf Gegenstände, Tiere, andere Menschen und Situationen. Die Entwicklung von Spielaktivitäten ist verbunden mit Reifung und Entwicklung von Motorik, Wahrnehmung, Kreativität, Denken und Sozialverhalten.

Oft eignet sich Filmmusik (z.B. „Sofa Surfer" aus dem Film „Silentium") zur Untermalung von Bodypercussionsounds. Tracy Chapmans „Give me one Reason to stay here" aus dem Album „New Beginning" kann ebenso eine reizvolle Ergänzung sein.

Auf der CD „Tänze für die Gruppe" (AGB) befinden sich zahlreiche ansprechende Tänze aus aller Welt. „Carnevalito" heißt ein Stück aus Bolivien, das auf dieser CD zu finden ist und einen „Indianerrhythmus" enthält.

Ratz Fatz thematisieren auf ihrer CD „G'sang und G'schwatz" in ihrem Musikstück „GRUUF" die unendlichen Weiten des Rhythmus

- **Tempovariationen:** Eigenes Tempo im Raum suchen, finden, auf andere Tempi achten, ein gemeinsames Tempo finden. Kinder können mit Percussionsinstrumenten begleitet werden, durch die Lehrperson oder ein Kind.
- **Fantasieland:** „In meiner Fantasie gibt es ein Land, in dem sich Menschen so begrüßen: Tschey tschey hi cu ley ba." Dieser Rhythmus kann gepatscht, geklatscht, getrommelt oder gestampft werden. Jedes einzelne Kind wird mit dem Rhythmus begrüßt. Der Rhythmus kann auch auf der Wand, dem Boden, sanft auf dem Kopf oder auf einem anderen Rücken gespielt werden. Außerdem kann es sein, dass jemand diesen Rhythmus hüpft, tanzt, kocht, schleicht … Zur Verabschiedung werden die Kinder gefragt: „Wo soll ich den Rhythmus für dich spielen?"
- **Stille Post:** Sitzkreis oder Schlange: Ein Rhythmus wird auf dem Rücken der vorderen Person gespielt. Es erfolgt eine Weitergabe des Gespürten an das nächste Gruppenmitglied. Was kommt am Ende heraus? Variante: Mehrere TN geben einfache Signale im Kreis weiter: Angenehmes verstärke ich, Unangenehmes wandle ich ab. Wie funktioniert Kommunikation hier? Wie im Alltag?
- **Reaktionsspiel:** Alle Gruppenmitglieder bewegen sich frei im Raum: Bleibt eine Person stehen, bilden alle möglichst schnell einen Kreis. Ein Signal wird reihum „durchgegeben" (klatschen, patschen …). Ist das Signal bei der ersten Person angelangt, bewegen sich wieder alle frei im Raum. Bis das nächste Gruppenmitglied stehen bleibt und alle anderen möglichst schnell einen Kreis bilden …
- **Geheime Botschaft:** Kreis: Ein Rhythmus wird vorgespielt und von jedem Gruppenmitglied einmal weitergegeben. Am Ende erklärt die Erfinderin bzw. der Erfinder, was die geheime Botschaft bedeutet.
- **Rhythmustelefon** (Call and Response): Ein Gruppenmitglied spielt einen Rhythmus vor, die anderen spielen ihn nach. Variante: Nach der gemeinsamen Wiederholung spielt nur die Person den Rhythmus ein drittes Mal, die von der „Vorgebenden" angeschaut wird. Die Solistin bzw. der Solist spielt danach einen neuen Rhythmus vor. Variante: Die Gruppe spielt einen Rhythmus 2 Takte laut, 2 Takte leise. Während der leisen Phase improvisiert eine Person. Variante: Auf ein gemeinsames Zeichen hin, wird ein Break (Pause) gemacht, z.B. 2 Takte lang. Danach spielt eine andere Person das Solo.
- **Wandernder Rhythmus:** Im Kreis: Ein Gruppenmitglied entwickelt einen Rhythmus und spielt ihn so lange, bis eine Nachbarin bzw. ein Nachbar ihn übernimmt. Der Rhythmus wandert von einer Person zur anderen. Später kann der Rhythmus nicht nur reihum weitergegeben werden, sondern auch durch Blickkontakt.
- **Klatschen auf zwei Ebenen:** Zu zweit gegenüber aufstellen: Eine Person klatscht ein Metrum (beat) horizontal, eine andere klatscht vertikal „dazwischen" (off beat).
- **Entwicklung eines mehrstimmigen Rhythmus:** In Kleingruppen wird ein Rhythmus festgelegt. Danach wird er den anderen vorgespielt. Nach vier Takten

Beat und off beat klatschen

setzt jeweils ein neuer Rhythmus ein, bis alle Teilnehmenden mitspielen. Nach einiger Zeit setzt die Gruppe als erste aus, die begonnen hat, einen Rhythmus zu spielen.

- **Rhythmusverwandlung:** Eine Person macht ein Geräusch, einen Rhythmus oder eine Geste und schickt es auf eine bestimmte Weise (laut, leise, vorsichtig, heimlich, wütend, ängstlich, überraschend, angeekelt ...) zu einer anderen Person. Diese empfängt es, wiederholt es und schickt es auf eine neue Art weiter.
- **Bewegungsspiel:** Ein Gruppenmitglied spielt auf einer Trommel, die anderen bewegen sich frei im Raum. Eine andere Person hat ein Rhythmusinstrument. Sobald auf diesem Instrument ein selbst erfundener Rhythmus gespielt wird, bleiben alle Teilnehmenden stehen und spielen den Rhythmus auf Körperinstrumenten mit. Dann erfolgt ein Rollenwechsel an den Instrumenten.
- **Akustisches Chamäleon:** Im Kreis einen Körperklang weitergeben und nach Lust und Laune verändern.

Müller, Elmar: „Das Trommelerlebnisbuch", Klanggeschichten und Rhythmusexperimente. (Don Bosco)

Einen faszinierenden Anreiz zum eigenständigen Erproben von Rhythmen bieten Künstlergruppen, die ihre Kreativität musikalisch, tänzerisch und darstellerisch unter Beweis stellen. Videos oder der Besuch eines solchen „Tanz-Konzertes" ermutigen zum spielerischen Nachprobieren. In den letzten Jahren sind einige Rhythmusgruppen entstanden: Stomp, Tap Dogs, Gumboots, Mambuyana ...

Zur Vertiefung:

- Welche Spielvorschläge sprechen Sie an? Warum?

3 Planung von Rhythmik-Einheiten

Anregung: Teilen Sie sich in Kleingruppen auf: Jedes Team bearbeitet ein Thema dieses Kapitels. Danach bewegen Sie sich (evtl. mit schwungvoller Musik) frei durch den Raum. Auf ein Signal hin treffen einander jeweils 2 Gruppen und tauschen sich aus. Nach ca. 2 Minuten erfolgt wieder Fortbewegung zur Musik. Beim nächsten Stopp tauschen sich wieder jeweils zwei Gruppen aus. Zuletzt erwähnt jede Person in einer kurzen Feedback-Runde, was ihr in Erinnerung geblieben ist.

Kleine Gruppen versprechen effizientes Arbeiten!

Rhythmik-Einheiten dauern unterschiedlich lang: Für Kinder wird, je nach Alter, ein Zeitraum von 25 bis 50 Minuten empfohlen, Jugendliche und Erwachsene benötigen oft eine „Anlaufphase" und können daher 90 Minuten und mehr produktiv sein. Der Name „Rhythmik-Stunde" wäre insofern irreführend, als eine Rhythmik-Einheit selten genau eine Stunde dauert. Das Wort „Einheit" kennzeichnet auch eine zusammenhängende Abfolge von Angeboten. Rhythmik-Einheiten können nur sinnvoll realisiert werden, wenn nicht mehr als ca. 12 Teilnehmende am Geschehen beteiligt sind. Die Durchführung der ersten Rhythmik-Einheiten wird mit ca. 8 Personen empfohlen. Viele Sensibilisierungsprozesse sowie Kreativitätsförderung und Persönlichkeitsbildung können nicht im Rahmen von „Großgruppenanimation" erfahrbar gemacht werden. Die Möglichkeit, auf die Gruppenmitglieder individuell einzugehen, wird immer kleiner, je größer die Gruppe ist.

An dieser Stelle wird ein Appell an die Träger der Kindergarteneinrichtungen gerichtet. Rhythmik-Einheiten können nur mit Teilgruppen durchgeführt werden. Die Betreuung der anderen Teilgruppe von einer zweiten Person muss gewährleistet sein!

Das Rhythmische Prinzip besagt, dass im Rahmen einer Rhythmik-Einheit immer wieder ein Ausgleich von Aktivität und Passivität stattfindet. Bei der Planung einer Rhythmik-Einheit soll **Ausgewogenheit** herrschen **zwischen** der Vermittlung von **sozialen Erfahrungen und** der **Vermittlung von Sachkompetenz, zwischen** Erziehung zur **Autonomie und** Erziehung zur **Solidarität, zwischen kognitiven und affektiven Erfahrungen.** Eine **Gewichtung** erfolgt **nach unterschiedlichen Kriterien:**

- **Situation:** Welches Thema beschäftigt die Gruppe? Welche besonderen Gegebenheiten liegen vor? (Geburtstag, Nachwuchs in einer Familie, Krankheit …)
- **Persönlicher Bezug:** Mag ich das Thema? Kann ich damit etwas weitergeben, das mich selbst begeistert?
- **Bedürfnisse der Involvierten:** Welche Kinder nehmen teil? (Alter, Interessen, Tagesverfassung, soziale, kognitive, motorische Fähigkeiten) Suchen Sie Angebote aus, die Ihnen und den Kindern angenehm sind und Freude bereiten.
- **Langzeitplanung:** Welche Inhalte aus meiner Langzeitplanung möchte ich durch die Rhythmik-Einheit vertiefen?

- **Raum:** Welche Möglichkeiten bestehen? (Bewegungsraum, Gruppenraum, Garderobe …)
- **Material:** Welche Materialien stehen zur Verfügung? (Keine Planung mit Gegenständen, die nicht vorhanden oder erwerbbar sind!)
- **Zeit:** Wann wird die Rhythmik-Einheit durchgeführt? (Vormittag, Nachmittag, kurz nach dem Essen …) Wie lange soll die Rhythmik-Einheit dauern?

Zur Vertiefung:

- Warum ist die Formulierung Rhythmik-Einheit passend?
- Was muss bei der Planung von Rhythmik-Einheiten beachtet werden?

Im Folgenden wird erklärt, auf welchem pädagogischen Hintergrund eine Rhythmik-Einheit aufbaut. Bevor im Unterricht Planungen von Rhythmik-Einheiten reflektiert werden, empfiehlt es sich, zahlreiche praktische Erfahrungen anzusammeln, damit der Praxisbezug den theoretischen Hintergrund „aufhellt".

3.1 Bildung/Bildungsziele

Einstieg: Finden Sie weitere Objekte, die zu dem Verb „bilden" passen!

Bilden können wir Tonfiguren, einen Chor, Vorstellungen … Bilden können sich Wolken, Bläschen, Gruppen …

Bildung ist ein vielschichtiger Begriff. In der Rhythmik **bedeutet** Bildung **Entfaltung** oder **Verwandlung** des Menschen nach all seinen Möglichkeiten. Wissen und Erfahrung werden erworben und stehen als persönliches Vermögen zur Verfügung. **Bildung hat Auswirkungen auf die Persönlichkeit,** denn erst durch Bildung erlangen wir Autonomie. Bildung **soll befähigen zur** Beurteilung und **kritischen Hinterfragung von Sachverhalten,** Institutionen und Organisationen, sie soll **auffordern zur Zivilcourage und Solidarität.**

Wer mehr Bildung hat, kann öfter mitbestimmen!

Bildung kann zu einem Großteil **eigenständig erworben werden.** Je älter wir sind, umso besser können wir uns selbständig fortbilden. Lehrpersonen können Angebote zur Verfügung stellen, was daraus gemacht wird, entscheidet die Schülerin bzw. der Schüler. Das Kind ist sein eigener Lehrmeister, wenn es einen Gegenstand berührt, ihn untersucht und ihn mit allen Sinnen erfahren will.

Bildung kann eigenständig erworben werden, bedarf aber auch der Unterstützung.

3.1.1 Bedeutung der Lehr- und Erziehungsperson im Bildungsprozess

Bildung findet im sozialen Umfeld statt. Menschen jeglichen Alters, aber besonders pädagogisch ausgebildete Personen unterstützen und fördern Bildungsprozesse. Durch ihre **Unverwechselbarkeit** und ihre **Menschlichkeit** sind Lehr- und Erziehungspersonen im Bildungsgeschehen wichtig! **Freude am Forschen und Entdecken,** das **Ernstnehmen von Einwänden** und zahllose, **kreative Hilfestellungen bei der produktiven Weiterentwicklung des Unvollkommenen** können ansteckend sein. Bildung ist niemals abgeschlossen und kann

Ein gesunder Körper hat meist auch einen gesunden Geist.

Phasen von Krisen und Rückschlägen durchlaufen. Die Überwindung von Krisen ist wesentlich für den Prozess der Bildung. Solche Herausforderungen geben uns Entwicklungsmöglichkeiten. Lehr- und Erziehungspersonen können unterstützend beitragen zur Überwindung von Krisen.

→ vgl. „Die Rolle der Lehr- und Erziehungsperson" S. 255

3.1.2 Bildung in der Rhythmik

In der Rhythmik wird **Bildung als ganzheitliche Erfahrung** angesehen, die den Körper mit seinen Sinnen, seinen Emotionen und seinen Verstandeskräften fördert. Rhythmen werden beispielsweise gesehen, gehört, gespürt und dargestellt. Durch diese umfassende Erfahrung können Eindrücke ganzheitlich wahrgenommen werden.

Der **enge Zusammenhang zwischen Psyche (Seele) und Soma (Körper)** wird beispielsweise bei psychosomatisch kranken Menschen deutlich. So kann psychischer Stress Kopfweh oder Verdauungsprobleme auslösen, eine schlechte Befindlichkeit kann zu Hautkrankheiten oder Magengeschwüren führen. Es gibt aber auch positive psychosomatische Wechselwirkungen. Wenn wir verliebt sind, haben wir Herzklopfen, wenn wir uns unser Lieblingsessen vorstellen, läuft uns das „Wasser" im Mund zusammen. Wer sich wohl fühlt, ist meist glaubwürdiger, besser konzentriert und damit leistungsfähiger. Ein Kind, das eine gute Befindlichkeit hat, verkraftet ein aufgeschundenes Knie viel besser als ein Kind, das „einen schlechten Tag hat". Das eine Kind wird sich abputzen und weiterlaufen, während das andere seinen Schmerz nicht so leicht vergisst. Körperliche Erfahrungen unterstützen und bereichern Geist und Seele ebenso wie Geist und Seele unseren Körper anregen können. Ein Beispiel: Wenn wir gemeinsam ein großes Schwungtuch bewegen, spüren wir, wie unsere „Tuchnachbarn" agieren, wir nehmen den Wind, der erzeugt wird, wahr und achten auf die Geräusche, die entstehen. Wir lernen dabei, sensibel und spontan auf Mensch und Material zu reagieren und drücken unsere Befindlichkeit (z.B. durch das Erzeugen sanfter und starker Wellen) aus. Wir entwickeln gemeinsam ein Spiel, ein Erlebnis, eine Gestaltung.

→ vgl. „Angrenzende Bereiche", Stichwort Psychomotorik S. 271

Heitger (1983, S. 118) versteht unter **Bildung** die **Vereinigung von Wissen (Lernen) und Haltung (Erziehung). Bildungsziele werden in der Rhythmik in Lernziele und Erziehungskompetenzen geteilt.** In der Rhythmik wird Wert gelegt auf ein dialogisches Verhältnis zwischen der Lehr- und Erziehungsperson und den Gruppenmitgliedern, zwischen der Aneignung von Wissen (Lernziele) und erzieherischen Werten (Erziehungskompetenzen).

Zur Vertiefung:

- Was bedeutet Bildung?

- Welche Aufgaben hat die Lehr- und Erziehungsperson?
- Welche Bildungsziele gibt es in der Rhythmik?

3.2 Lernen/Lernziele

Lernen kommt ursprünglich aus dem Westgermanischen und heißt einer **Spur nachgehen, nachspüren.**

Etwas **lernen bedeutet, sich mit neuen Inhalten vertraut machen, das Neue als Erweiterung des Selbst ansehen, aus sich und seinem Leben etwas Neues machen, Fertigwerden mit neuen Gegebenheiten.** Es gilt, eine Balance herzustellen zwischen der Veränderung durch das neu Erworbene und dem „bei sich bleiben", der Bewahrung der eigenen Identität.

Balance herstellen zwischen Erweiterung und Bewahrung.

Positive Voraussetzungen für Lernen sind: Neugier, Lust am Experimentieren, Bedürfnis nach Wissen und Erfahrung …

Lernen wird außerdem begünstigt durch pädagogische Kompetenz. Voraussetzung dafür ist das Wohlwollen der Lehrperson, das eine angenehme Atmosphäre schafft. Natürlich kann Lernen auch in bedrohlichen Situationen stattfinden (z.B. Notendruck). Hier werden Informationen allerdings lediglich wegen der Selbsterhaltung gemerkt und nicht aufgrund eines persönlichen Interesses, dem Willen nach Erkenntnis. ➔ vgl. „Die Rolle der Lehr- und Erziehungsperson" S. 255

Lernen ist nachhaltiger, wenn es aus eigenem Antrieb, positiv motiviert entsteht.

Mehrdimensionales Lernen

Gespeicherte Informationen bestehen nicht nur aus dem Lernstoff, sondern auch aus allen dabei mitgespeicherten Wahrnehmungen (z.B. Gerüche, Temperatur, eigene Befindlichkeit). **Angenehme Lernerlebnisse werden leichter im Langzeitgedächtnis behalten,** weil beim späteren Abrufen nicht nur die Informationen erinnert werden, sondern auch die Freude, die beim Lernen empfunden wurde (vgl. Vester 1988, S. 55 ff.).

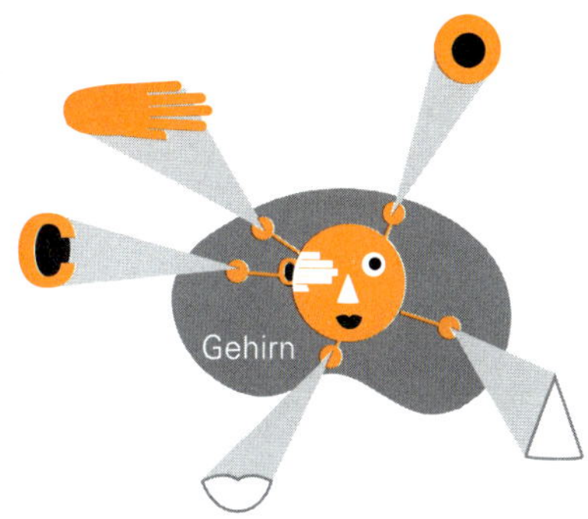

Ein Gegenstand (z.B. ein Instrument), der von vielen verschiedenen Sinnen erfahren wird. Diese Sinne bilden „Verankerungen" im Gehirn.

„Statt nur in Begriffen von Dingen sollten wir auch mit den Dingen selbst arbeiten, mit ihren Wechselwirkungen, mit ihrer Beziehung zur Umwelt. Und sofort würden sich auch die Begriffe im Gehirn nicht nur spärlich, sondern vielfach verankern. Sie würden den visuellen, den haptischen, den gefühlsmäßigen und den auditiven Kanal in gleicher Weise nutzen und dadurch viel stärkere Assoziationsmöglichkeiten bieten als bei einem realitätsfremden Eintrichtern." (Vester 1979/1994, S. 102)

Unser Gedächtnis ist kein lineares Bibliothekssystem, sondern funktioniert mehrdimensional! Der Drang bei Kindern, etwas Neues, Unbekanntes anzufassen, in den Mund zu nehmen, zu „begreifen", zeigt, dass Erfahrungen instinktiv mit dem Körper gemacht werden.

Leichter lernen durch unterschiedliche Reize!

Nach Luc Ciompis **Affektlogik** (vgl. Ciompi 1997) wird davon ausgegangen, dass Emotionen (Affekte) immer gekoppelt sind an kognitive (logische) Prozesse und dass Denken umgekehrt genauso abhängig ist von Emotionen.

Jeder Lernprozess wird durch Bedeutsamkeitserlebnisse in Gang gesetzt. Die

Aneignung von Wissen entsteht dadurch, dass etwas von Bedeutung ist und daher gemerkt wird. Dies kann geschehen aufgrund von emotionalen, sinnlichen, sozialen oder kognitiven Erfahrungen. **Je mehr Erfahrungen gleichzeitig gemacht werden, umso tiefer und länger andauernd ist das Verständnis.**

In der Lernpsychologie wurde festgestellt, dass es verschiedene Lerntypen gibt.

In der Rhythmik werden während eines Angebotes vielfältige Sinneserfahrungen gemacht. Sie sind so unterschiedlich, dass jeder Lerntyp einige Male angesprochen wird.

- **Auditive Lerntypen** merken sich Inhalte besser durch akustische Phänomene wie z.B. Vorlesen.
- **Haptische Lerntypen** eignen sich Wissen durch Berührung an („Be-greifen").
- **Visuelle Lerntypen** müssen Lerninhalte sehen, um sie behalten zu können.
- **Verbal-abstrakte Lerntypen** erfassen Inhalte, wenn sie vorgetragen werden, besonders gut, weil sie eine Begabung dafür haben, theoretischen Gedankengängen zu folgen. Diese Lerntypen können dem Regelunterricht besonders leicht folgen.
- **Soziale Lerntypen** merken sich Inhalte am besten, wenn sie mit anderen lernen („Teamwork"). (vgl. Lahmer 2000, S. 84)

Lernen ist ein hoch individueller Prozess!

Der **Lernrhythmus** jedes Menschen ist ebenso unterschiedlich. Es gibt Menschen, die sich Wissen besser am Abend aneignen, andere lernen leichter am Vormittag. Manche Menschen lernen schnell und vergessen schnell, andere lernen langsam, vergessen jedoch auch nicht so schnell. Durch die vielfältigen Angebote, die in der Rhythmik gemacht werden, wird unterschiedlichen Lernrhythmen Rechnung getragen. Je nach Vorlieben der Gruppe können Konzentrationsphasen zu Beginn, in der Mitte oder am Ende einer Rhythmik-Einheit eingebaut werden.

Lernen ist auch ein schöpferischer und äußerst eigenständiger Prozess. Lerninhalte können zwar von einer Lehrperson vermittelt werden, aber ob ein Gruppenmitglied sie aufnimmt oder nicht, ist ihm überlassen. In der Rhythmik werden kreative Prozesse, in denen die Teilnehmenden eigenständig sein können und sich exponieren, ständig erprobt. Dadurch ist es möglich, Wissen, Emotionen und Verhalten zu kombinieren und somit nachhaltig zu verankern.

Vorschulkinder als „Wissenschafter": Sie wollen wissen, wieso das Wasser vom Himmel kommt, warum Eisen hart ist und wie lange ein Monat dauert.

In der **Elementarpädagogik** hat Lernen einen besonders wichtigen Stellenwert, weil in der Zeit, in der das Kind den Kindergarten besucht, die **Grundhaltung zum Lernen** aufgebaut wird. Zu dieser Zeit sind die Kinder meist experimentierfreudig und neugierig. Es gilt, diese idealen Voraussetzungen für das Lernen wie eine Flamme zu „nähren".

> Erinnert sei auch daran, dass ein Kind jedes Mal, wenn man ihm verfrüht etwas beibringt, das es auch selbst hätte entdecken können, daran gehindert wird, es eigenständig zu finden und infolgedessen vollständig zu verstehen. Piaget in: Krawitz 1997, S. 93

Kindliche Entwicklung geschieht gleichzeitig auf der körperlichen, der geistigen und der seelischen Ebene.

Kindgerechtes Lernen geschieht durch Beobachten, Experimentieren, Nachahmen und Dokumentieren. Lebensnahe Umstände und Themen, die die Kinder selbst vorbringen, sind meist von großem Interesse. In der Rhythmik werden Lernziele als **Fertigkeiten** angesehen. Sie stellen reproduzierbare Inhalte dar, z.B. die Wiedergabe eines Liedes, eines Verses, eines Tanzes …

Zur Vertiefung:
- Was bedeutet mehrdimensionales Lernen?
- Wie kann Lernen durch Rhythmik unterstützt werden?
- Was ist ein Lernziel?

3.3 Erziehung/Erziehungskompetenzen

„Zucht“ und **„Ziehen“** sind etymologisch mit **Erziehung** verwandt und heute negativ besetzt. **„Education“,** das Wort für Erziehung in den romanischen Sprachen, bedeutet Herausführen aus der Abhängigkeit, Unmündigkeit und ist somit anders orientiert als die Wurzel des deutschen Wortes. Bönsch (1994, S. 38) beschreibt Erziehung als Umgang mit Kindern und Erwachsenen, der Werte und Normen, soziale Verhaltensweisen, Regeln und Routinen zu einer wechselseitig akzeptierbaren Lebenspraxis macht, die an Menschenwürde, Achtung vor dem anderen, Interesse am anderen und Orientierung an menschenwürdigen Verhältnissen generell orientiert ist.
Heitger (1983, S. 165 ff.) meint mit Erziehung **helfen, selbstverantwortlich einen Standpunkt beziehen zu können** (...). Erziehung fordert (von der Erziehungsperson) eine fast übermenschliche Askese, nämlich nicht wirken zu wollen: Geduld und Hoffnung zu haben, auch wenn der sichtbare Erfolg sich nicht einstellt. Dieser ist oft erst nach Jahren wahrnehmbar. (Manchmal erinnern wir uns nach Jahren an die Aussage einer Erziehungsperson und erkennen dann erst ihren Wert.) Erziehung bedarf der Bescheidenheit und des Mutes! Gelassenheit, Geduld und möglichst wenig Erwartung können behilflich sein, der Aufgabe der Erziehung gerecht zu werden.

„Mut zur Erziehung“ muss eigentlich heißen „Mut zur Veränderung unseres eigenen Lebens.“
H. v. Hentig

Erziehung zur Selbständigkeit bedeutet, das Wagnis einzugehen, Kinder für die wunderbare, aber auch Schmerz bereitende Welt vorzubereiten und sie dorthin zu entlassen (Ausstattung zur Bewältigung von Lebenssituationen). Erziehung bedeutet, Glaube, Hoffnung, Liebe, aber auch Ehrlichkeit, Kontinuität und Offenheit vorzuleben und Kindern zuzugestehen, auf ihre Art und Weise die Bedeutung dieser Werte zu erfahren.
Erziehungskompetenzen sind bewusst gesetzte Wert- und Normvorstellungen über das Ergebnis von Erziehung. Sie orientieren sich am Wesen des Menschen, an seinen aktuellen Problemen und Bedürfnissen, aber auch an den Werten der jeweiligen Gesellschaft. In der Rhythmik werden die folgenden 3 Bereiche als Erziehungskompetenzen formuliert. ➔ vgl. „Ziele der Rhythmik“ S. 43

Durch Erziehung sollen Menschen erfahren, dass jemand an sie glaubt, dass gehofft wird auf angenehme und förderliche Umstände und Weggefährten. Liebevoll kann Erziehung sein durch das Entgegenbringen von Akzeptanz, Toleranz und Respekt.

Wahrnehmungssensibilisierung

Eigene und fremde Bedürfnisse sowie unsere Umgebung wahrnehmen und darauf körperlich und geistig reagieren, Sinnessensibilisierung lustvoll erleben. Musikalische und motorische Prozesse erleben, variieren, wiederholen und erweitern.

Wer viele sinnvolle Erfahrungen gemacht hat, kann sensibler (re)agieren, sich in andere hineinversetzen!

Selbständigkeit ist die Voraussetzung für die Wahrnehmung von Verantwortung!

Soziales Lernen

Entwicklung von Selbständigkeit, aber auch Anpassung an andere: vormachen – nachmachen, Kritikfähigkeit entwickeln – anderen Toleranz entgegenbringen, sich exponieren – sich zurückziehen. Durch Erlebnisse in verschiedenen Gruppenkonstellationen werden solche Erfahrungen gemacht.

Sich selbst auszudrücken, kann als Bereicherung erlebt werden.

Kreativitätsförderung

Durch die Gestaltung von Musik und Bewegung kann sich das Selbstbewusstsein entfalten, die eigene Ausdruckskraft wird stärker. Es gilt, Begabungen zu erschließen, Veränderungen der Persönlichkeit zu erleben und Freude am Ausdrucksvermögen zu entwickeln.

Prozesshafte Entwicklung von Fähigkeiten

Erziehungskompetenzen werden in der Rhythmik als **Fähigkeiten** angesehen. Sie sind **schwer abprüfbar,** weil Gefühle und Erkenntnisse, die nicht nach außen getragen werden, auch nicht überprüft werden können. (Wir können nicht nachprüfen, wie ein Gegenstand von unserem Gegenüber wahrgenommen wird.) **Erziehungskompetenzen setzen** wertvolle **Prozesse der Persönlichkeitsentwicklung in Gang.** Sie können auch als Schlüsselqualifikationen angesehen werden. Erziehungskompetenz ist der Schlüssel für das Bewältigen von Aufgabenstellungen.

Zur Vertiefung:

- Von welchem Erziehungsverständnis geht die Rhythmik aus?
- Welche Erziehungskompetenzen gibt es in der Rhythmik?
- Warum sind sie schwer abprüfbar?

3.4 Prozesswechsel

Unsere Wahrnehmung und Erlebnisfähigkeit ist abhängig von Kontrasten, nicht von gleichförmigen Zuständen (Gewöhnung an Gerüche, Lautstärke ...). Kleine Veränderungen fördern die Aufmerksamkeit.

Das Rhythmische Prinzip besagt, dass der Mensch der Polaritäten von Spannung und Entspannung, Bewegung und Ruhe, Suchen und Verweilen bedarf. Aus der Lernpsychologie ist bekannt, dass Inhalte besser behalten werden, wenn wir sie als sinnvoll erachten, wenn wir positiv motiviert sind, wenn wir das Neue mit bereits gemachten Erfahrungen verknüpfen können, wenn möglichst viele Sinne angesprochen werden und der Lernprozess abwechslungsreich gestaltet wird. Die Rhythmik arbeitet bereits seit 100 Jahren mit diesen Erkenntnissen. Sie ermöglicht **Lernen durch zahlreiche Sinneserfahrungen,** ein positives Klima durch **Verknüpfung von kognitiven mit emotionalen Inhalten** und durch die Einbeziehung unterschiedlichster Medien. **Prozesswechsel sind Veränderungen im Geschehen** (z.B. vom Konzentrationsspiel zur dynamischen Auflockerung). Sie verschaffen uns **neue Reize** und **erhöhen** so **unsere Aufmerksamkeit.**

Folgende Wechsel können in der Rhythmik vorgenommen werden:

Wechsel der Zielsetzungen – Erziehungskompetenzen:

- **Wechsel der Wahrnehmungskanäle:**
  Beispiel: Auf taktile Erfahrungen erfolgen visuelle.
- **Sozialer Wechsel:** Nach einer Gruppenarbeit kommt es zu Partnerübungen. Oder: Erziehungsperson führt oder gibt Freiraum.
- **Wechsel des Ausdruckes:** Eine Geschichte wird zunächst musikalisch dargestellt, danach wird die Geschichte in Bewegung vorgeführt.

Während einer Rhythmik-Einheit können mehrere Erziehungskompetenzen angestrebt werden. Lernziele werden spärlicher eingesetzt, denn gelernt wird meist nur aus einem Themenbereich. Hier geht es um die Bearbeitung eines Inhaltes auf unterschiedliche Art und Weise (z.B. Erlernen eines Liedes mittels Improvisation über Melodie, Text oder Instrumente).

Wechsel der Mittel:

Zunächst wird Musik eingesetzt, danach oder zusätzlich ein Material, Bewegung oder die Stimme. In der Rhythmik werden meist mehrere Mittel gleichzeitig angewendet!

Wechsel der Parameter, die Musik und Bewegung teilen:

- **Raum:** Zunächst sollen raumgreifende Bewegungen gemacht werden, danach werden Bewegungen auf engem Raum erprobt.
- **Zeit, Tempo:** Wechsel zwischen kurz und lang, schnell und langsam.
- **Kraft:** Besonders bei Kindern sollte auf eine ruhige Phase meist eine Bewegungsphase folgen.
- **Form:** Ein Gruppentanz wird einmal im Kreis, einmal in einer Schlange getanzt.

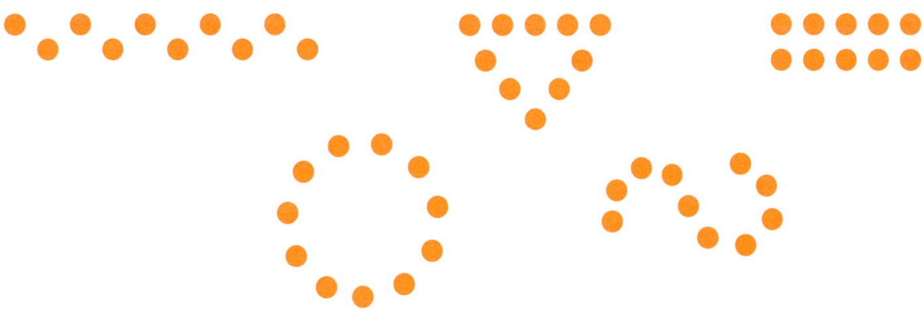

Verschiedene Formen:
Reihen „auf Lücke", Dreieck, Spalier, Kreis, Schlange

3.4.1 Ritual

Seit jeher sind **Rituale** in verschiedene Kulturen eingebettet. Rituale ermöglichen uns, Sicherheit und Bedeutsamkeit zu erfahren. Sie helfen, mit Agression, Trauer und Orientierungslosigkeit umzugehen. Rituale bedeuten Abkürzung und Automatisierung, binden uns in Gewohnheiten ein, entschärfen das Chaos und die Mühen des Alltags. Gerade in der Arbeit mit Kindern ist es wichtig, viele Wiederholungen und ähnliche Situationen zu gestalten, denn besonders junge

Durch Wiederholung kann Veränderung entstehen oder eine Stabilisierung von bisher erworbenen Mustern stattfinden.

Menschen haben ein großes Bedürfnis nach Wiederholung und der daraus resultierenden Geborgenheit. Rituale können Traditionen vermitteln (z.B. Weihnachtsfest), sie können sich aber auch an den Vorlieben der Kinder orientieren, diese ritualisieren und ihnen somit besondere Bedeutung beimessen (z.B. mit dem Lieblingsinstrument der Kinder das Signal zum Zusammenpacken oder Essen geben).

1 26

„Noch einmal!", fordern die Kinder, kurz nachdem die Musik verklungen ist. Im Japanischen haben „üben" und „vertraute Freunde wiedertreffen" sinnverwandte Schriftzeichen.

Kennzeichen von Ritualen: Abhebung vom Alltag (z.B. Feste), wiederholtes Auftreten einer Handlung, Regelhaftigkeit, die Möglichkeit, sich auszuruhen, einzustimmen …

Arten verschiedener Rituale, die nicht nur eine Rhythmik-Einheit, sondern den ganzen Kindergartenalltag strukturieren können: Begrüßung, Verabschiedung, Signale, die ein Spiel oder eine Bewegungsphase einführen oder abschließen (Lied, Spruch, akustisches Signal), Einführung von Raum und Zeit, in der Kinder körperlichen Bedürfnissen wie Bewegung und Berührung nachgehen können, Einführung von Gelegenheiten, in der Fragen beantwortet, Anliegen diskutiert werden können (Kinderkonferenz).

Zur Vertiefung:

- Was bedeutet Prozesswechsel? Welche gibt es?
- Was ist ein Ritual? Wozu kann es sinnvoll sein?
- An welche Rituale erinnern Sie sich persönlich? Welche haben Sie als bedeutsam empfunden?

3.5 Methodische Hinweise

Eine Methode wird als **wählbarer Weg,** als **Vorgehensweise unter mehreren Möglichkeiten** verstanden. (vgl. Niederle 1993, S. 9)

Ermutigung zum Wagnis offener Angebote!

Methodische Hinweise sind Hilfestellungen für Angebote. Sie helfen, Spielvorschläge bei Bedarf zu vaiieren.

- **Unterschiedliche Schwierigkeitsstufen** anbieten (Geräte mit unterschiedlichen Schwierigkeitsgraden, zum Beispiel große und kleine Bälle).
- **Ermutigung durch Erfolg:** Erfolgserlebnisse motivieren mehr als „gutes Zureden". „Erfolgsrezepte" können auf andere Bereiche angewendet werden.
- **Offene Aufgabenstellungen,** bei denen sich die Teilnehmenden in einem vorgegebenen Rahmen aussuchen können, wie sehr sie sich fordern wollen (liebste Fortbewegungsart wählen, mit einem Material beliebige Experimente anstellen).
- **Berücksichtigung situativer Ereignisse:** Störungen haben Vorrang! (Wenn es in einer Gruppe ein akutes Problem gibt, sollte dieses zuerst behandelt werden, bevor andere Themen bearbeitet werden.) Ebenso können aber auch günstige Voraussetzungen genützt werden (z.B. Neugier, Spontanität, Bewegungsfreude)!

- **Freiwilligkeit, Entscheidungsfreiheit:** Nur Handlungen, die das Kind aus freiem Willen tätigt, ermöglichen ihm eine eigenständige Entwicklung.
- **Erlebnisorientiertheit:** Anpassung der Inhalte an die Altersstufe. Bei Kleinkindern z.B. Verwendung von Vorstellungsbildern (verschiedenen Fortbewegungsarten werden unterschiedliche Tiere zugeordnet).
  Ein **Vorstellungsbild** kann unterstützend wirken, weil es auf den Erfahrungen der Gruppenmitglieder aufbaut und damit Neues unterstützt.
  Beispiel: „Schnell wie ein Leopard" oder: Unsere Wirbelsäule besteht aus vielen Wirbeln, die wie bei einer Perlenkette „luftig" übereinander gereiht sind. Die Bandscheiben sind die Knoten zwischen den einzelnen Perlen. Für den aufrechten Gang sollte die „Kette" an einem Faden gehalten werden und nach oben streben. Das bekannte Bild der Kette unterstützt die neue Erfahrung aufrechter Haltung.
- **Veränderbarkeit der Angebote:** Beispiel Willkommenslied: Dieses wird in den ersten 5 Einheiten immer gleich gesungen. Wenn die TN es können, werden Veränderungen vorgenommen. Der Ritualcharakter bleibt, Langeweile wird jedoch vermieden (Varianten durch Tempo, Gestik, Mimik, verschiedene Charaktere [böse, lustig …], Text durch Tierlaute ersetzen, Percussionklänge hinzufügen, Lied in einer Fremdsprache singen …).

Besonders wichtig ist es, den Teilnehmenden größtmögliche Entscheidungskompetenz zuzusprechen!

- **Übergänge:** sind sensible Phasen, die, gut gemeistert, zu einem schönen Verlauf und einer angenehmen Atmosphäre beitragen können (Pubertät, Schuleinstieg …). Stimmungsvoll können Übergänge durch Musik, die Stimme oder ein Material gestaltet werden (➔ vgl. Material verteilen – verwenden – verwahren, S. 227). Am Ende eines Spielvorschlages kann auch der Ort oder die Gruppenkonstellation für das nächste Spiel angekündigt werden. Bsp.: „Wenn die Musik aufhört, treffen wir uns auf dem Teppich und ich erzähle eine Geschichte." Sensitive Übergänge könnten sein: „Alle Kinder, die etwas Rotes anhaben, kommen zu mir." „Wenn ihr einen Klang hört, lauft ihr in eine Ecke." „Wer etwas Weiches am Rücken spürt, geht sich anziehen." Ebenso ist es möglich, dass eine Handpuppe, ein Instrument oder ein Lied durch eine Rhythmik-Einheit führt.

Zur Vertiefung:

- Was ist mit „methodische Hinweise" gemeint?
- Welche methodischen Veränderungen können vorgenommen werden?
- Was ist ein Vorstellungsbild?
- Wie können Übergänge gestaltet werden?

3.6 Bestandteile zur Planung einer Rhythmik-Einheit

Welche Themen wurden schon behandelt? Welche Zielsetzungen beinhalteten diese Themen?

Thema: Worum geht es? Das Thema soll eine Art Überschrift sein. Klärung von Problemstellungen und Zielsetzungen.

Verlauf im Überblick: Hier werden drei wichtige Bestandteile der Rhythmik-Einheit genannt. Es empfiehlt sich eine chronologische Formulierung, eine methodisch sinnvolle Reihung. Die Worte **vom – über – zum** helfen, drei wichtige Bestandteile der Rhythmik-Einheit aufzulisten.

Durch diese 3 wesentlichen „Säulen" der Rhythmik-Einheit (Einstimmung, Entwicklung, Ausklang) sollte sich ein **roter Faden** ziehen (die Spielvorschläge stehen miteinander in Verbindung).

~ Lernziele: Hier werden **Fertigkeiten,** die in der Rhythmik-Einheit gelernt werden, formuliert (z.B. Erlernen eines Tanzes, eines Liedes …). Lernziele werden in der Spalte der Intentionen mit „~" gekennzeichnet!

In einer Rhythmik-Einheit werden mehrere Lernziele und Erziehungskompetenzen vermittelt. Sie sollen hier auch Text genannt werden.

In der Rhythmik-Einheit werden mehrere Lernziele und Erziehungskompetenzen vermittelt. Sie sollen hier auch genannt werden.

° Erziehungskompetenzen: Die TN erlernen **Fähigkeiten,** die schwer abprüfbar sind (Wahrnehmungssensibilisierung, Kreativitätsförderung, Soziales Lernen). Erziehungskompetenzen werden in der Spalte der Intentionen mit „°" gekennzeichnet!

Material: Hier wird festgehalten, welches Material in der Rhythmik-Einheit verwendet wird.

Anzahl: Wie viele Teilnehmende wirken mit?

Alter: Wie alt sind die Gruppenmitglieder?

Uhrzeit: Wann findet die Rhythmik-Einheit statt?

Ort: Wo wird die Rhythmik-Einheit abgehalten? Im Gruppenraum, Bewegungsraum, im Freien …

Verlauf	Intentionen, pädagogische Absichten	Methodische Hinweise
WAS passiert in der Rhythmik-Einheit? Hier wird festgehalten, wie der Ablauf in der Rhythmik-Einheit geplant ist. Dabei sollte eine möglichst genaue Orientierung an den Bedürfnissen der Gruppe vorgenommen werden. Für den Verlauf ist die größte Spalte reserviert. Änderungen können und sollen (je nach Bedürfnis von TN und Leitenden) jederzeit vorgenommen werden, denn **Spontanität** ist in der Rhythmik gefragt! Die Planung von Rhythmik-Einheiten ist trotzdem von größter Notwendigkeit, da ein Thema gut durchdacht sein muss, um es zu vermitteln. Sind erst einmal genaue Vorstellungen vorhanden, kann die Lehrperson bei Bedarf vom Thema abweichen. Grundsätzlich beinhaltet eine Rhythmik-Einheit mindestens drei Phasen: **Einstimmung** (Begrüßung, Einstiegslied, Konzentrationssammlung durch Gespräche, sensitive oder dynamische Erfahrungen, durch ein stimmungsvolles Ritual) **Entwicklung** (Bearbeitung des Themas: Sammlungspunkt zur Besprechung der nächsten Aktivität kann ein Kreis, eine Wand, eine Ecke oder eine Bank sein.) **Ausklang** (Reflexion, Zusammenfassung, Ergebnisformulierung, Feedback, Transfer durch einen letzten, persönlichen Kontakt, die Wiederholung eines Lieblingsspieles, durch ein sensitives Abschiedsritual)	**WARUM** werden die vorliegenden Spielvorschläge angeleitet? In dieser Spalte werden **Zielsetzungen (°~)** formuliert. **Prozesswechsel (*)** werden ebenfalls gekennzeichnet (z.B.: soziale Wechsel, Wechsel der Mittel, Wechsel der Wahrnehmungskanäle).	**WIE** können Veränderungen, Übergänge vorgenommen werden? **WIE** können die TN unterstützt werden? Spielideen der TN einbauen! Bei der Planung einer Rhythmik-Einheit können hier Gedanken über Variationen und Veränderungen von Spielvorschlägen festgehalten werden, z.B. Vorstellungsbilder anbieten! Angebote können mit einer oder zwei Händen, im Stehen, Sitzen oder in Fortbewegung geübt werden, sie können mit der Stimme verstärkt oder durch ein Material erweitert werden. Bei Spannungen unter den TN: soziale Wechsel vornehmen! Bei Unruhe evtl. Bewegungsphase einbauen.

„Roter" Faden, der sich durch eine Rhythmik-Einheit zieht:

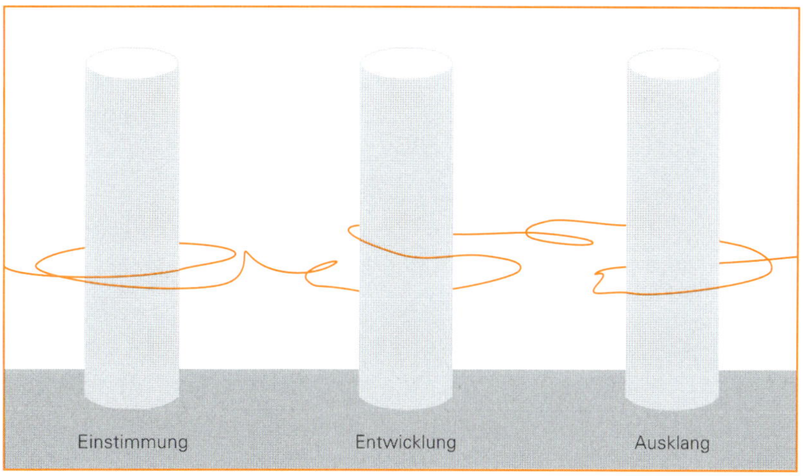

In der Rhythmik werden nicht beliebig Spiele aneinandergereiht! Es geht um die konsequente Behandlung einer Aufgabenstellung! Jedes Angebot umspielt einen wichtigen Aspekt des Themas und trägt zur Vertiefung bei. (Vom Bekannten zum Unbekannten, vom Nahen zum Fernen, vom Einfachen zum Schweren, vom Konkreten zum Abstrakten.)

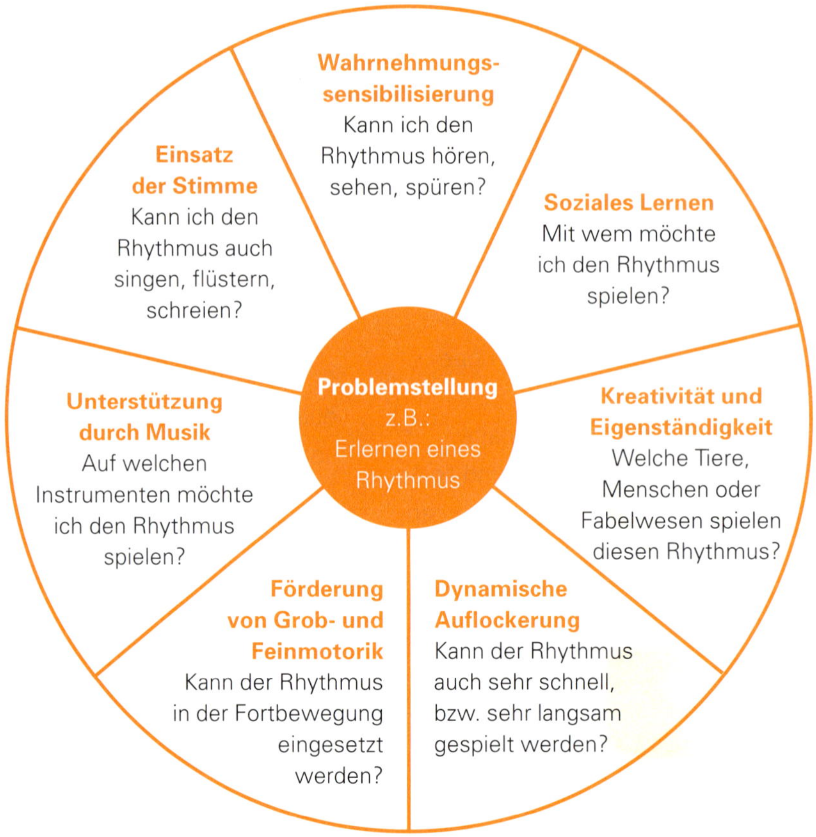

In der Zeitschrift „Entdeckungskiste“ werden einzelne Themen ganzheitlich besprochen, besungen, beschrieben und illustriert. Diese „Fachliteratur für anwendbare Pädagogik“ erscheint fünfmal im Jahr. Jede Ausgabe widmet sich einem speziellen Thema (Ernährung, Licht und Schatten, Formen und Farben, Feste, Leben mit allen Sinnen ...).

Empfehlung zur Herangehensweise: WIE plane ich eine Rhythmik-Einheit?

1. **Thema** und **Zielsetzungen** werden formuliert. Worum geht es? Welche Fähigkeiten und Fertigkeiten sollen angestrebt werden?
2. **Lernziele** und **Erziehungskompetenzen** klären.
3. **Sammlung von Spielvorschlägen** zum Thema (Brainstorming).
4. **Sinnvolle Reihung** der Spielvorschläge (Verlauf fixieren). **Prozesswechsel** sowie **Hinführung zum Ziel beachten!** Wie verläuft der rote Faden? Welche Spielideen können neue Lernziele unterstützen?
5. **Intentionen (pädagogische Absichten)** in der mittleren Spalte **formulieren.**
6. Beschreibung des **Verlaufes im Überblick.**
7. **Methodische Hinweise** überdenken und formulieren.
8. **Material**sammlung aufschreiben.

Zur Vertiefung:

- Nennen Sie Bestandteile zur Planung einer Rhythmik-Einheit!
- Wie soll eine Rhythmik-Einheit geplant werden? Worüber wird zuerst nachgedacht? Was sollte zuletzt fixiert werden?
- Legen Sie ein Thema, eine Problemstellung fest und suchen Sie dazu passende Spielvorschläge. Beziehen Sie alle Ziele und Mittel der Rhythmik mit ein!
- Planen Sie eine Rhythmik-Einheit nach der obigen „Empfehlung zur Herangehensweise“!
- Nennen Sie einen stimmungsvollen Einstieg oder ein sensitives Abschiedsritual!
- Nennen Sie einige Lernziele und Erziehungskompetenzen!

B Ziele der Rhythmik

4 Augen schweigen – Ohren sehen – Füße lenken. Wahrnehmungssensibilisierung durch Rhythmik

Ein Spalier aus Teilnehmenden entsteht in einem großen Raum. Jede Person hält ein Instrument in der Hand, eine „Klangstraße" wird gebildet. Am Beginn dieses Spaliers steht eine Person, die ihre Augen schließt. Sie lässt sich von den Geräuschen, die die Gruppenmitglieder mit ihren Instrumenten erzeugen, führen. Die Füße lenken durch die Klangallee, die Ohren sehen den Weg zwischen den Instrumenten.

Wie durchschreitet die Person das Spalier? Wie lenkt sie ihren Fuß, ist ihr Schritt weich? Was drückt ihr Gesicht aus?

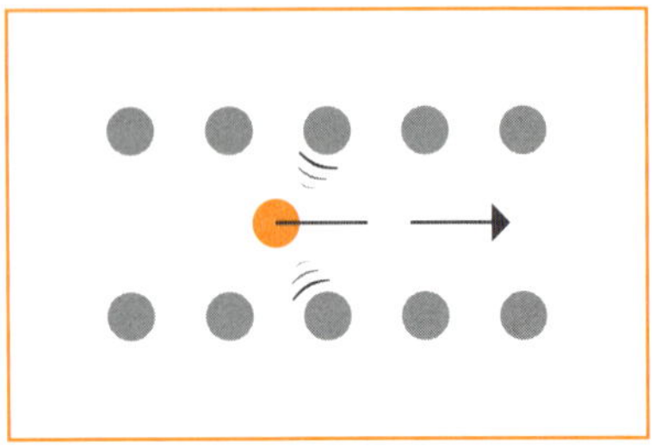

Klangstraße

Der Mensch kann sich erst dann als Ganzes wahrnehmen, wenn seine Sinne miteinander verbunden sind und miteinander kommunizieren. (Hirler 1998, S. 11) **Um mit sich und der Umwelt in Kontakt zu treten, bedarf der Mensch sämtlicher Organe seines Körpers.** In der Rhythmik werden oft Alternativen zum „herkömmlichen" Gebrauch der Sinne gesucht und gefunden. Ein Ball kann **erspürt** und **gerochen** werden, bevor er angeschaut wird, das Spielen auf einer Trommel kann nicht nur gehört, sondern auch **gesehen** und durch die Vibration des Felles **gespürt** werden. **Durch das „Wegschalten" von einzelnen Sinnen** (z.B. Augen schließen) **werden andere Wahrnehmungsorgane intensiver genützt und somit gefördert.** Es besteht sogar die Möglichkeit, dass Funktionen von krankheitsbedingt schwachen Organen durch das Training von anderen übernommen werden. (Gehör- und Geruchssinn eines blinden Menschen sind besonders gut ausgeprägt. Dieser Mensch **sieht** mit Ohren und Nase.)

Zur Vertiefung:

- Was bedeutet: Augen schweigen, Ohren sehen, Füße lenken?

4.1 Was bedeutet Wahrnehmung?

Unter **Wahrnehmung** wird das **Aufnehmen und Verarbeiten von Reizen** verstanden. Wahrnehmung bedeutet auch emotionale Prozesse zu verarbeiten. Veränderte Handlungsweisen aufgrund von Erfahrung werden auf Wahrnehmung zurückgeführt. **Sinnessysteme, Gehirn und Bewegungsapparat sind** an Prozess und Ergebnis des Wahrnehmens **beteiligt.**

Jeder Mensch nimmt **selektiv** wahr, denn die Leistungsfähigkeit der Sinne ist in unserer reizüberfluteten Welt begrenzt. Auch die Informationsaufnahme und Verarbeitung ist beschränkt. Reize, die unsere Aufmerksamkeit erregen, werden am häufigsten wahrgenommen. Wahrnehmung ist **subjektiv** und zweckgerichtet. **Individuelle und soziale Faktoren** lösen Erwartungen aus, die unsere Wahrnehmungsfähigkeit **beeinflussen.**

Handlungsfähig werden wir durch das Auswählen aus der Vielfalt an Angeboten.

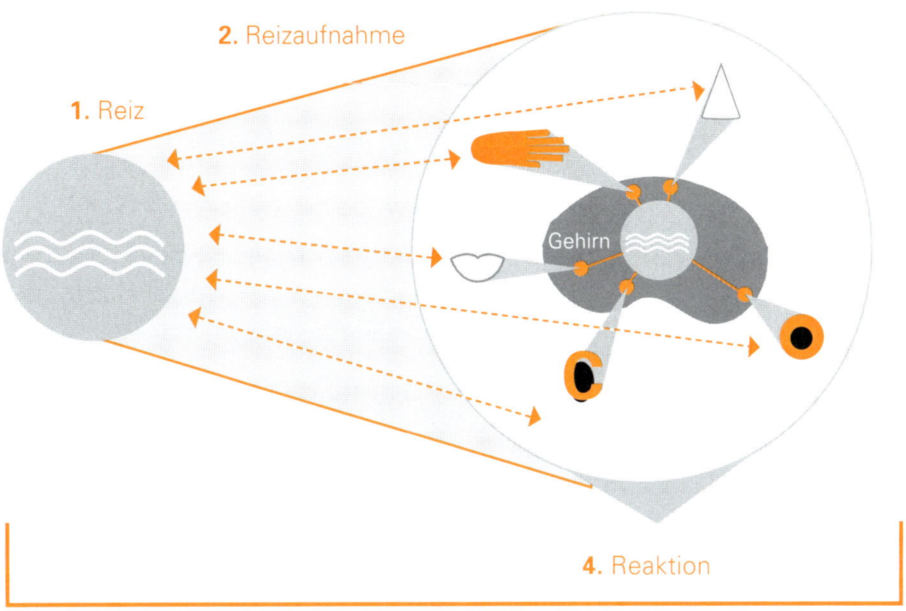

Ein Reiz wirkt auf unsere Sinnesorgane, gelangt ins Gehirn und koppelt sich mit unseren Erfahrungen. Dort wird er verglichen und bewertet und löst schließlich eine Reaktion aus.

Beispiel:

1. Reiz: Wasser
2. Reizaufnahme: Fuß ins Wasser stecken
3. Verarbeitung im Gehirn: Wasser ist angenehm erfrischend.
4. Reaktion: Ins Wasser springen

Meist wirken bei der Wahrnehmung einzelne Sinne zusammen, die **Informationsverarbeitung ist effektiver und umfangreicher, wenn** bei der Aufnahme **mehrere Sinne angesprochen werden.** Genau mit diesem Phänomen wird in der Rhythmik gearbeitet. In jeder Übung, jedem Angebot können mehrere Sinne gleichzeitig erprobt werden.

Zur Vertiefung:

- Was passiert bei dem Prozess der Wahrnehmung?
- Welche Systeme sind beteiligt?
- Wovon wird Wahrnehmung beeinflusst?

4.2 Wozu Wahrnehmungssensibilisierung?

Sinnvolle Sinnlichkeit

Jeder Mensch empfindet es auf seine Art lustvoll, **Sinneseindrücke** wahrzunehmen. Manchmal sind wir entrüstet über eine **Sinnestäuschung,** ein anderes Mal erheitert. Kinder können **sinnbetörend** sein, wenn sie versuchen, uns zu etwas zu überreden, sie lieben es, sich beim Schaukeln einem **Sinnesrausch** hinzugeben, machen gerne **Unsinn** und sind oft erstaunt über den plötzlichen **Sinneswandel** eines Erwachsenen.
Die deutsche Sprache bringt zum Ausdruck, welche Bedeutung den Sinnen zukommt. Zahllose Wortkombinationen zeigen, dass die Sinne ständig an unserem Leben teilhaben.

- **Unser Organismus** benötigt ständig neue Reize. Er **wird durch Gebrauch erhalten und entwickelt, er verkümmert durch Untätigkeit.** Bei einem Versuch in den Vereinigten Staaten wollte man prüfen, wie sich die Nichtbeanspruchung von Organen auf Raumfahrer auswirkt. Das Ergebnis: In einem Raum, in dem Schwerelosigkeit, Dunkelheit, Lautlosigkeit und Erschütterungsfreiheit herrschen, können sich Menschen höchstens 15 Minuten aufhalten. Länger zu verweilen wäre lebensgefährlich!

Der Mensch benötigt Reize, um zu leben!

- Ohne Wahrnehmung wäre unser menschliches Leben unmöglich, denn wir könnten keine Körper- und Umweltreize erfahren. Durch sensibilisierte Wahrnehmung ist es möglich, das **Leben differenzierter, vielschichtiger,** aber auch **intensiver zu gestalten.**
- Durch die Wahrnehmung von sinnlichen Reizen können wir Veränderungen vornehmen, **Neuland betreten** und uns verändern.
- Wahrnehmung ist auch die **Grundlage von Persönlichkeitsentwicklung.** Hier wird geforscht: „Wie ist die Welt zu mir? Wie kann ich zur Welt sein?" Möglichkeiten, mit dem „Innen" und „Außen" umzugehen, werden in einem Prozess des Entdeckens und des Wachsens erfahren. Durch die Bewusstmachung von psycho-physischen Vorgängen soll der Mensch lernen, sich und seine Umwelt besser zu verstehen.

- Eine **vertiefte Wahrnehmung führt zu erhöhtem Lebensgenuss.** Es entsteht ein anderes Lebensgefühl, wenn ich durch einen Park haste, als wenn ich angehalten werde durch den Duft der Blumen, das Zwitschern der Vögel und die Farbenpracht eines blühenden Baumes. Genießen steht im Gegensatz zu Vergeuden, Verschwenden. **Durch Genuss** kann man sich **auf das im Moment Wesentliche konzentrieren.** Das bedeutet auch, dass versucht werden kann, Konsumationsverhalten neu zu betrachten. Beim Einkauf von Lebensmitteln sollte beispielsweise überlegt werden, was benötigt und was aus Konsumgier gekauft wird. Entfaltung der Sinne meint, sich bewusst zu sein, dass jedes Leben(smittel) hervorgebracht, erwirtschaftet und verantwortet werden muss.

Verantwortungsbewusstsein und Eigeninitiative!

Freiheit empfinden durch erhöhte Wahlmöglichkeit!

- Durch sensibilisierte Wahrnehmung besteht die Möglichkeit, den **geistigen Horizont** zu **erweitern.** Eigenschaften, die mir zuvor nicht in den **Sinn** gekommen sind, werden nun bemerkt und tragen bei zu Entscheidungsvielfalt.

> Werden die Pforten der Wahrnehmung gereinigt, erscheint dem Menschen alles, wie es ist: unendlich
>
> W. Blake

- Durch unsere Eigeninitiative können wir selbst bestimmen, welche Reize das Leben spürbar bereichern und erfüllen. Verantwortungsbewusstsein kann nur entstehen, wenn wir nachvollziehen können, welche Folgen Untätigkeit haben kann. Jemand, der sein Leben vor dem Fernseher verbringt, wird sich nur begrenzt wundern können, wenn sich die Fiktion des Fernsehens auf das Leben überträgt und Sucht und Gewalt Einfluss nehmen. **Wer ein großes Spektrum an Erlebnisfähigkeit aufweist, wird** besser **entscheiden können, was dem Leben zuträglich ist** und was es zerstört. Wer selbst viele anregende Erfahrungen gemacht hat, wird sensibel sein für die Erfahrungen anderer. Wer Brutalität erlebt hat, wird eher zerstörerisches Verhalten an den Tag legen.

Suchtbekämpfung und Gesundheit durch Wahrnehmungssensibilisierung

- Der Mensch ist dafür geschaffen, sich über Dinge zu freuen, die die Entwicklung seines Gehirns fördern. Kinder lieben es, geschaukelt, umarmt und hochgenommen zu werden. Sie haben Freude am Springen, Laufen und Tanzen. Aktive und passive Bewegung versorgt das Gehirn mit **sensorischer Nahrung** und **ermöglicht ein freudiges Durchschreiten der Gegenwart.** Dieses Erlebnis kann jeder Mensch ausschließlich selbst durchführen! Niemand kann ihm diese Erfahrungen abnehmen.

Positive Erfahrungen mit dem Körper ermöglichen ein positives Selbstwertgefühl!

- Wahrnehmungssensibilisierung kann als **Voraussetzung von kreativem und sozialem Verhalten** angesehen werden. Sie wirkt Abstumpfung entgegen und macht es möglich, Zusammenhänge zu verstehen.
- Wahrnehmungssensibilisierung ist für Gruppenleiterinnen und Gruppenleiter von enormer Wichtigkeit. Unzählige Reize strömen während eines Tages auf die Erziehungsperson ein. Die Atmosphäre im Raum wird geprägt durch die Befindlichkeit der Kinder, die Verfassung von Pädagoginnen und Pädagogen, durch Gerüche, Farben, Temperatur und Lautstärke. Aus dieser Vielzahl an Reizen gilt es, ständig auszuwählen und angemessene Entscheidungen zu treffen. Sensibilisierte Wahrnehmung hilft, diesen hohen Anforderungen nachzukommen. **Präsenz, Konzentration** und **Aufnahmebereitschaft** können durch Wahrnehmungsübungen gefördert werden.

Wahrnehmung ist trainierbar! Indianer unterscheiden im Amazonasgebiet 300 verschiedene Arten von Grün.
(vgl. Zießler 1995, S. 13)

Zur Vertiefung:

- Nennen Sie weitere Beispiele für die Verwendung von Wörtern, die die Sinne in die deutsche Sprache einbeziehen! Welche Bedeutung haben diese Formulierungen?
- Wozu kann Wahrnehmungssensibilisierung gut sein?

4.3 Entwicklung von Wahrnehmungsfähigkeit

Wahrnehmung und Bewegung stehen in engem Zusammenhang. Nach Kiphard (1980) werden grob 4 Phasen von Entwicklung unterschieden:

Neuromotorik	Sensomotorik	Psychomotorik	Soziomotorik
Reflexe, Koordination	Wahrnehmen, Reagieren	Gefühlsleben, Kognition	Sozialwahrnehmung, Kommunikation
Säuglingsalter	Kleinkindalter	Vorschulalter	Grundschulalter

Jede dieser Phasen ist nicht zu einem bestimmten Zeitpunkt abgeschlossen, sie gehen fließend ineinander über. Trotzdem kann anhand der Einteilung eine Orientierung vorgenommen werden. Je nach Alter und Entwicklungsstadium kann sich die Gruppenleiterin bzw. der Gruppenleiter um adäquate Angebote bemühen, Geräte und Spielvorschläge anbieten sowie die Ideen der Kinder miteinbeziehen.

Wahrnehmung ist Grundvoraussetzung für jegliche Entwicklung.

4.3.1 Sensomotorik

In der Rhythmik wird besonders die sensomotorische Entwicklungsphase gefördert: Ein Kind berührt einen Massageball. Es legt seine Hand aber nicht ruhig auf das Material, sondern es rollt und drückt ihn.
Wahrnehmung und Bewegung, Reiz und Reaktion stehen in unmittelbarem Zusammenhang, sie stimmen sich ständig aufeinander ab. Erfahrungen, die wir wahrnehmen, werden in der sensorischen Rinde im Gehirn gespeichert. Erst durch dieses „Wissen" kann eine Differenzierung der Motorik stattfinden. Bewegungsmöglichkeiten können durch sinnliche Erfahrungen erweitert werden, ebenso kann Wahrnehmung vertieft werden durch Bewegung. Anhand des oben genannten Beispiels soll das Wechselspiel von Sinneseindruck und Bewegung deutlich gemacht werden: Das zunächst zögerliche Verhalten des Kindes („Was ist das für ein komisches Ding?") wird durch die Wahrnehmung verändert. Es bemerkt, dass es angenehm ist, diesen Ball zu drücken. Dadurch ist das Kind motiviert, immer mehr Bewegungsmöglichkeiten herauszufinden. Diese werden durch angenehme Wahrnehmungserlebnisse bestärkt. Das Kind beginnt, mit dem Ball seinen Körper zu massieren. Dabei spielt seine Hand tänzerisch mit dem Material. Sensomotorische Wahrnehmungsschulung wirkt ausgleichend auf die seelisch-geistige Entwicklung eines Menschen und fördert die Konzentrationsfähigkeit.

Wahrnehmungserlebnisse fördern Bewegungsverhalten, Bewegung fördert Wahrnehmungserlebnisse.

In der Rhythmik spielen meist mehrere Prozesse der Sensomotorik zusammen:

- **Audiomotorik** (Hören und Bewegen)
- **Visumotorik** (Sehen und Bewegen)
- **Taktilmotorik** (Spüren und Bewegen)
- **Ideomotorik** (sich etwas Vorstellen und Bewegen)
- Ebenso kann sich Bewegungsverhalten aufgrund von **Gerüchen oder Geschmäckern** verändern.

Zur Vertiefung:

- Beschreiben Sie das Wort Sensomotorik!

4.3.2 Sensorische Integration

Etwas zu integrieren heißt, **unterschiedliche Teile zu einem Ganzen** zusammenzu**bringen.** Sinne, Zentralnervensystem und Gehirn kooperieren, um die vielen Informationen in eine **sinnvolle** Erfahrung zu überführen. **Integration der Sinne bedeutet das Einordnen der Empfindungen, um sie gebrauchen zu können.** (vgl. Ayres 1998)
Die sensorische Integration, die sich beim Bewegen, Reden und Spielen vollzieht, ist die Grundlage für komplexere sensorische Integrationen wie z.B. Lesen und Schreiben. Wenn ein Kind in den ersten sieben Jahren viele Möglichkeiten hatte, seine Sinne „zu ordnen", wird es ihm später leichter fallen, geistige und soziale Fähigkeiten zu erlernen.

Durch die vielfältigen **sinnlichen** Angebote, die in der Rhythmik gesetzt werden, besteht die Möglichkeit, dass das Kind je nach Bedürfnis verschiedene Sensibilisierungsangebote aufnimmt und erlebt.

Beispiel: In der Anfangsphase einer Rhythmik-Einheit werden unterschiedliche Vorschläge gemacht: Klettern auf der Sprossenwand, Klavier spielen, Laufen. Jedes Kind entscheidet für sich, was es machen möchte, was es gerade braucht, um die Reize, die geboten werden, optimal zu verarbeiten.

Jeder Mensch braucht „sensorische Nahrung", um zu leben, um sich entwickeln zu können. Jedes Mal, wenn ein Kind etwas ausprobiert, werden unzählige Verknüpfungen im Gehirn vorgenommen. Einige davon werden gespeichert. Wenn sie bald darauf wiederholt werden, so verstärken sich die Verknüpfungen und werden gemerkt.

Zur Vertiefung:

- Was bedeutet sensorische Integration?

4.4 Förderung von Wahrnehmungsfähigkeiten durch Rhythmik

In der Rhythmik wird Wahrnehmung auf vielfältige Art gefördert:

- **Soziales Lernen** kann Wahrnehmungsfähigkeit unterstützen: Wer viel wahrnimmt, kann differenzierter agieren und reagieren. Wenn wir **genau hinschauen, hinhören und spüren,** erlangen wir **mehr Informationen.** Durch **aufmerksame** Wahrnehmung können wir einander **besser verstehen.**
- **Kreativitätsförderung** unterstützt Wahrnehmungsfähigkeit: Je vielfältiger wir einen **Gegenstand einsetzen,** je kreativer wir mit ihm umgehen, umso mehr sensorische Reize können wir erfahren und im Gehirn abspeichern. Kreativität erweitert unseren Wahrnehmungshorizont.
- Die Wahrnehmung von **Musik** macht uns **sensibel für akustische Eindrücke,** sie bewegt uns und fordert uns auf, zu reagieren.
- Durch differenziertes Bewegungsverhalten erlangen unsere Muskeln, Sehnen und Gelenke mehr sensorische Nahrung.
- Wenn wir auf unsere Stimme hören, unsere Stimmung erspüren, oder sehen, wenn jemand schlechter Stimmung ist, reagieren wir sensibel. **Differenziertes Wahrnehmen von Stimmungen erhöht unsere Sensibilität.**

Im Kapitel Wahrnehmungssysteme werden die speziellen Fähigkeiten und Förderungsmöglichkeiten jedes Sinnesorganes beschrieben.

Zur Vertiefung:

- Wie können durch die Ziele und Mittel der Rhythmik unsere Wahrnehmungsfähigkeiten gefördert werden?

Allgemeine Anregungen und Spielvorschläge zur Wahrnehmungssensibilisierung in der Rhythmik

Grundsätzlich sollten **Wahrnehmungssequenzen** für Kinder **nicht zu lange** durchgeführt werden und sich abwechseln mit Bewegung, sozialem Lernen und dem Einsatz von Material. Durch den **Wechsel von Spannung und Entspannung,** Ruhe und Dynamik besteht die Möglichkeit, dass **Wahrnehmungsvorgänge** immer wieder **konzentriert geübt** werden können. Viele Spielvorschläge sind in der Rhythmik so konzipiert, dass möglichst wenige Wartezeiten entstehen. (Einbindung von mehreren Kindern in Vorgänge wie Austeilen und Wegräumen)

Unsere Sinne sollten täglich vielfältig stimuliert werden!

Wahrnehmungssensibilisierung soll **kontinuierlicher Bestandteil** von Rhythmik-Einheiten sein. Ebenso ist es zielführend, sie als Fixpunkt in den Kindergartenalltag aufzunehmen.

In Renate Zimmers „Handbuch der Sinneswahrnehmung" (Herder) finden sich zahlreiche Empfehlungen zur ganzheitlichen Arbeit mit Kindern. Sabine Hirlers „Wahrnehmung durch Rhythmik und Musik" (Herder) bietet viele Anregungen zur theoretischen und praktischen Auseinandersetzung mit Sinneswahrnehmungen.

Gerade bei Sensibilisierungsprozessen ist es wichtig, dass Kinder entscheiden können, ob sie mitmachen oder nicht! Unsensibel durchgeführte Wahrnehmungssequenzen können leicht Grenzübertretungen mit sich bringen und sind somit abzulehnen. **Erlebnisräume können nur erforscht werden, wenn sich die Teilnehmenden freiwillig dazu entscheiden.** Die Spiele des Lauschens, Berührens, Riechens sollten in einer Atmosphäre der **Geborgenheit** stattfinden. Im Vordergrund steht das Geschehenlassen, die Bereitschaft, **etwas an sich heranzulassen,** um damit auch Kontakt zum eigenen Körper aufzunehmen.

Wenn sich in einer Gruppe Unruhe ausbreitet, hört man oft: „Die brauchen Bewegung!" „Die müssen sich austoben!" Natürlich ist es wichtig, dass Kinder vielfältige Bewegungserfahrungen machen, angesichts des Bewegungsmangels in vielen Großstädten ist es aber gar nicht möglich, den Bewegungsdrang der Kinder kurzfristig zu stillen. Oft hilft **statt** des **„Austobens"** auch eine **„Öffnung der Wahrnehmungskanäle".** Ein differenzierter Einsatz der Stimme macht es der Gruppenleiterin bzw. dem Gruppenleiter möglich, Aufmerksamkeit zu erregen:

Eine Abwandlung von „Stille Post"

- **Wahrnehmungskreis:** Etwa 10 Teilnehmende stehen in einem Kreis: Wer Lust hat, gibt ein taktiles oder akustisches oder visuelles Signal am Rücken, an der Hand, am Arm oder vor dem Gesichtsfeld eines benachbarten Gruppenmitgliedes weiter. Wenn dieser Person das Signal gefällt, verbreitet sie es, wenn nicht, wandelt sie es ab oder gibt es gar nicht weiter. Das Spiel kann für Kinder so eingeführt werden, dass die Erziehungsperson zunächst Reize vorgibt. Wer will, macht sie nach (Grimassen, komische Geräusche, animalische Gestik, angenehme Berührungen ...). Allmählich werden Bewegungen, die die Kinder unbewusst machen, von der Gruppenleitung aufgenommen und verstärkt bzw. nachgemacht. Somit erlangen diese Bewegungen Bedeutung, momentane Bedürfnisse werden thematisiert. Wichtig ist, dass den Kindern und ihren unbewussten Bewegungen der nötige Respekt entgegengebracht wird. Es geht darum, die Bedürfnisse der Kinder aufzugreifen und nicht, sie bloßzustellen, sie etwa beim Nasenbohren „zu ertappen". Jugendliche oder

Erwachsene können bei diesem Spiel auch die Augen schließen. Wenn jemand nicht mitspielen möchte, können außerhalb des Kreises Beobachtungen angestellt werden.

- **Zwei Wege:** Zwei Kinder bauen mittels verschiedener Gegenstände einen Weg. Dann geht ein Kind diesen Weg, das andere begleitet es, jedoch ohne über die Hindernisse zu gehen. Danach Wechsel: Wie fühlt sich der Weg mit, wie ohne Material an? Wer bestimmt das Tempo?
  Variante: Das begleitende Kind beobachtet das andere und macht bei jedem Schritt des Kindes selbst einen Schritt. Die Erzieherin bzw. der Erzieher kann die Schritte zur Unterstützung akustisch begleiten.
- **Perspektiven:** Die Teilnehmenden bewegen sich frei im Raum. Von der Gruppenleiterin bzw. dem Gruppenleiter werden verschiedene Gegenstände ausgeteilt. Diese sollen heimlich (schnell, stolz …) weitergegeben werden. Allmählich versucht jedes Gruppenmitglied, einen passenden Gegenstand bei sich zu behalten. In einer Gesprächsrunde wird begründet, warum welches Material attraktiv ist. In einem Kreis sollen die einzelnen Gegenstände platziert werden. Es entsteht ein Gruppengebilde. Dieses kann von einer selbst gewählten Perspektive (konkret oder abstrakt, bunt oder einfärbig) skizziert werden.

Wahrnehmungsperspektiven sind unterschiedlich!

- **Gestaltung eines Wahrnehmungsparcours:** Dauer: ca. 2 Stunden, sinnvoll für Menschen ab ca. 10 Jahren. Die Gruppe wird in zwei gleich große Teile geteilt. Eine Hälfte verlässt den Raum, die andere gestaltet mit allen zur Verfügung stehenden Geräten und Gegenständen einen Wahrnehmungsparcours, eine „Erlebnisstraße" für die Abwesenden. Beim Bau dieser Erlebnislandschaft sind der Kreativität keine Grenzen gesetzt. Wichtig ist lediglich die **Sicherheit der Teilnehmenden** (Verzicht auf den Bau von instabilen Türmen, kein rutschiger Untergrund …). Während im Raum gebaut wird, fertigen die Gruppenmitglieder draußen einen Plan an: Wie soll unser Wahrnehmungsparcours aussehen?
  Ist die Erlebnislandschaft im Raum erstellt, gehen die Gruppenmitglieder hinaus und fragen ihre Partnerin bzw. ihren Partner, **wie sie geführt werden wollen.** Der Raum soll nun mit geschlossenen Augen erkundet werden. Wichtig ist, dass in diesem aufregenden Moment Ruhe und Konzentration herrscht. Manche Menschen wollen fest an der Hand oder am Arm gehalten werden, andere ziehen es vor, sich frei fortzubewegen. In diesem Fall soll nur durch einen sanften Händedruck vor einem Hindernis gewarnt werden. Meist ist am Gesichtsausdruck der Teilnehmenden zu erkennen, ob mehr Sicherheit, also mehr Betreuung nötig ist, ob sich jemand wohl fühlt oder ob der Umgang zu fürsorglich ist. Die Person, die die Augen offen hat, widmet der anderen Person ihre ganze Aufmerksamkeit. Ständig wird abgewogen, wie viel Hilfe benötigt wird.
  Wann die Augen geöffnet werden, entscheidet jede „blinde" Person für sich. Zeitgefühl, Emotionen und Raumwahrnehmung können verändert wahrgenom-

Der „Schutzengel" hat ein hohes Maß an Bereitschaft bei einem Mindestmaß an tatsächlichem Eingreifen!

Wenn jemand seine Augen nicht schließen will oder immer wieder blinzelt, so sollte das akzeptiert werden. Wichtig ist, dass die Teilnehmenden sich wohl fühlen, ob sie nun sehen oder nicht.

Ausschnitte aus einem Reflexionsgespräch: „Der Raum war so groß!" „Ich fühlte mich so ausgeliefert, wenn auch gut betreut." „Das Schaukeln war unheimlich lustig!"

men werden durch das Schließen der Augen. Daher muss jede Person selbst entscheiden, wann es genug ist. Bevor die vormals „Blinden" nun einen Wahrnehmungsparcours für ihre Kolleginnen und Kollegen aufbauen, ist es wichtig, dass eine ausgiebige **Reflexion** stattfinden kann. Duch das „Wegschalten" des Gesichtssinnes entsteht oft ein starkes Mitteilungsbedürfnis, das interessante Erlebnisse mit sich bringt.

Oft erinnern sich Menschen durch Erfahrungen, die mit geschlossenen Augen gemacht werden, an Kindheitserlebnisse. Raum, Zeit, Emotionen und soziale Kontakte werden in der Kindheit auch meist anders wahrgenommen. Das „Wegschalten" der Augen kann eine Rückbesinnung auf die frühe Kindheit bewirken, in der Spüren und Hören wichtiger waren als das Sehen. Durch das Durchschreiten eines Wahrnehmungsparcours haben angehende Gruppenleiterinnen und Gruppenleiter die Möglichkeit, selbst in die Rolle des Kindes zu schlüpfen.

Fällt nach der Reflexion noch einmal ein Blick auf den Parcours, so wird dieser Blick andere Empfindungen hervorbringen als zu Beginn des Experimentes. Die gemachten Erfahrungen bereichern uns und machen aus einer „Aneinanderreihung von Gegenständen" ein ganzheitliches Erlebnis. **Sensibilisierung heißt auch, scheinbar Bekanntes anders, differenzierter, wahrzunehmen.**

Zur Vertiefung:

- Was muss bei Angeboten zur Wahrnehmungssensibilisierung beachtet werden?

4.5 Wahrnehmungssysteme

Verschiedene Bereiche unseres Körpers können unterschiedliche Reize wahrnehmen:

Wahrnehmung ist ein ganzheitlicher Prozess! Wenn wir beispielsweise Wasser wahrnehmen, können wir es sehen, riechen, spüren, hören und schmecken.

Fernsinne:

- **Visuelles System** (Augen)
- **Auditives System** (Ohren)

Nahsinne:

- **Taktiles System** (Haut)
- **Kinästhetisches System** (Muskel- und Gelenksrezeptoren)
- **Vestibuläres System** (Gleichgewichtsorgan im Innenohr)
- **Gustatorisches System** (Zunge)
- **Olfaktorisches System** (Nase)

4.5.1 Das visuelle System

In der deutschen Sprache gibt es zahlreiche Hinweise auf die Bedeutung des Sehsinnes: jemandem schöne Augen machen, klar sehen, übersichtlich, jemanden aus den Augen verlieren, jemanden durchschauen, sich ein Bild machen, den Überblick bewahren, etwas wie seinen Augapfel hüten …

Wahrnehmungsfunktionen

Der Sehsinn oder auch **Gesichtssinn** ist das am meisten gebrauchte Sinnesorgan. Über ihn erlangen wir mehr als 75 % aller Informationen aus der Umwelt. Das visuelle System **ermöglicht** uns nicht nur das **Sehen,** sondern auch die **Aneignung von Bewegungskoordination** (z.B. Auge-Hand-Koordination) und **konkret anschauliches Denken** (z.B. Vorstellungsvermögen in der Geometrie).
Eine Sensibilisierung des Sehsinnes bewirkt, dass wir Menschen, Objekten **mehr Aufmerksamkeit schenken, sie genauer beobachten, entdecken** und somit **genauere Informationen erlangen** können.
Große Entwicklungssprünge im Bereich der visuellen Wahrnehmung ereignen sich zwischen dem 3. und 5. Lebensjahr. Je anregender die Umgebung ist, umso mehr Reaktionen werden herausgefordert. Rhythmik versteht sich auch als ästhetische Erziehung. Im Gestalten von Raum, Bewegung und Material werden ständig neue, visuelle Sinnesreize geschaffen.
➔ vgl. „Kunst" S. 274

Gruppenleiterinnen und Gruppenleiter können mit einem geschulten Sehsinn über Geschehnisse in der Gruppe „wachen", Verletzungen vorbeugen, aber auch vertrauensvoll beobachten.

Spielvorschläge zur Förderung von visueller Wahrnehmung

Vorteile durch visuelle Wahrnehmungssensibilisierung

- **U-Bahn-Verfolgungs-Spiel:** Die Teilnehmenden bewegen sich frei im Raum. Jede Person verfolgt heimlich eine andere. Sie weiß andauernd, wo sich ihr „Opfer" befindet, auch wenn sie nicht ununterbrochen in ihrer Nähe ist. Fühlt sich ein Gruppenmitglied verfolgt, dreht es sich blitzschnell zu der Person, die sie verdächtigt und schaut sie fest an. Diese dreht sich weg und sucht nach einem neuen „Opfer".
- **Rot-Gelb-Grün:** Alle Teilnehmenden bewegen sich zur Musik im Raum. Wenn die Musik stoppt, treffen sich diejenigen, die etwas Rotes, Gelbes oder Grünes anhaben. Varianten: Streifen, gleiche Haarfarbe, ähnliche Größe, Augenfarbe … Variante: Dieses Spiel kann auch im Kreis durchgeführt werden: „Alle Kinder mit Sommersprossen kommen in die Mitte!"
- **Bunte Bälle:** Ein roter Ball wird gerollt, ein gelber geprellt, ein blauer geworfen. Dieses Spiel kann im Stehen, Gehen oder Laufen durchgeführt werden.
- **Farbassoziationen:** Was ist deine Lieblingsfarbe? Welche Farbe löst welches Gefühl aus? Können Farben auch in Bewegung oder durch Musik dargestellt werden? (Vorstellungsbilder wie feuerrot, schneeweiß oder sonnengelb machen Farbassoziationen konkreter.)

Bauer, Jutta:
„Die Königin der Farben"
(Beltz), Weinheim, Basel 1998

- **Farbenjagd:** Eine Fängerin bzw. ein Fänger ruft eine Farbe. Wer diese Farbe nicht berührt (am eigenen Körper, bei einem anderen Gruppenmitglied, an einem Gegenstand), kann gefangen werden.

13

Beermann, Breucker, Grönig: „Tänze für 1001 Nacht", Buch und CD (Ökotopia), Münster 1996 (Track 5)

- **4 Bilder – Reise um die Welt:** In einem Rondo werden neben einem immer wiederkehrenden Teil verschiedene Stimmungen (Farben) musikalisch beschrieben. Die einzelnen Teile werden angehört, danach können Farben zugeordnet werden. Mittels Tüchern, Bällen, Bändern oder Ähnlichem wird die Musik dargestellt. Die Gruppenmitglieder können einzelne Farben auch malen, mit Vorstellungsbildern besetzen (Meer, Sonne, Feuer …) und diese mit Musikinstrumenten umsetzen.
- **Spiel mit Formen:** Seile, Tücher oder Steine in verschiedenen Formen auflegen, andere Formen nachbauen, umstrukturieren oder sie auf ein Blatt Papier zeichnen. Ebenso können beliebige Gegenstände nach ihrer Größe oder Farbe geordnet werden. Wie klingt ein Kreis? Wie ein Dreieck?
- **Körpermemory:** Ein Kind verlässt den Raum, die anderen finden sich zu zweit zusammen und vereinbaren paarweise eine Bewegung (klatschen, stampfen, auf einem Bein stehen, hockerln …). Danach positioniert sich jedes Kind irgendwo im Raum. Wenn das Kind von draußen wieder eintritt, fordert es die Gruppenmitglieder einzeln auf, ihre Bewegung zu machen. Die Paare, die erkannt werden, setzen sich nebeneinander auf den Boden.

14

Meyerholz, Ulrike und Reichle-Ernst, Susi: „Heisse Füsse Zaubergrüsse" (Zytlogge), Bern 1998 (Glühwürmchentanz, Track 5)

- **Spiel mit Taschenlampen:** Sich selbst (evtl. liegend), andere Menschen oder Gegenstände beleuchten. Wo gefällt mir das Licht am besten? Wohin fällt der Schatten? Lichtpunkte können einander fangen, jemand anderem einen Weg zeigen, in Kleingruppen kann eine Lichtgestaltung zur Musik entstehen (Glühwürmchentanz). Im Winter kann auch einmal am Nachmittag ein Spaziergang mit der Taschenlampe durch den Garten oder das Stadtviertel gemacht werden. Was sieht hier anders aus als untertags?
- **Blitzlichter:** Eine Person („Kamera") schließt die Augen und wird von jemand anderem („Fotografin") durch den Raum geführt. Auf ein Signal hin werden die Augen kurz geöffnet. Es entstehen verschiedene „Fotos". Der Abstand der „Kamera" zum Objekt kann unterschiedlich sein.
- **Taschenspiegel:** Jede Person versucht, verschiedene im Raum versteckte Gegenstände zu finden. Die visuelle Orientierung erfolgt über den Blick in den Spiegel.
- **Ausschnitte:** Ein Tuch verdeckt beinahe zur Gänze einen Gegenstand. Wer errät, was es ist?
- **Entdeckungsspaziergang:** Die Gruppenleitung nennt 3 Dinge, die während eines Spazierganges entdeckt werden sollen. Wer als erster die Gegenstände gesehen hat, darf die nächsten 3 Dinge nennen.
- **Leintuchspiel:** Die halbe Gruppe verlässt mit einem Leintuch den Raum. Eine Person wirft sich das Leintuch über und kommt wieder herein. Die Gruppenmitglieder im Raum sollen an der Art, wie sich „das Leintuch" bewegt, herausfinden, wer darunter ist.

Zur Vertiefung:

- Welche Wahrnehmungsfunktionen hat das visuelle System?
- Wann entwickelt sich der Gesichtssinn besonders stark?

4.5.2 Das auditive System

In der deutschen Sprache gibt es zahlreiche Formulierungen, die die Wichtigkeit des Hörens thematisieren: mit jemandem auf derselben Wellenlänge sein, unerhört, ich bin ganz Ohr, gehorchen, erhören … Diese Formulierungen machen deutlich, wie wichtig das Hören ist, um zu kommunizieren.

Gehör- und Tastsinn sind die ersten Wahrnehmungssysteme, die sich beim Embryo entwickeln. Im Uterus können wir bereits Herzschlag, Stimme, Atmung und Verdauungsgeräusche der Mutter hören und spüren. Der Hörsinn ist auch der letzte intakte Sinn, bevor wir in Ohnmacht fallen oder sterben.

Ständige Lärmbelästigung verursacht Stress!

Heute sind wir oft einer breiten Lärmkulisse ausgesetzt. „Abschalten", jemandem ungeteilte Aufmerksamkeit schenken, wird dadurch immer schwerer.

Akustische Wahrnehmungssensibilisierung bewirkt eine **bessere Verarbeitung von Reizen, genaueres Zuhören** und daher **bessere Verständigung,** die Fähigkeit, gezielt **wegzuhören, um uns abzugrenzen** (Konzentrationsförderung), differenziertes **Richtungshören, Überwachung des eigenen Sprechens** (und Singens), **Wortschatzerweiterung** sowie eine **Vertiefung individueller Erlebnisse** durch persönliche Höreindrücke (das Hören unserer Lieblingsmusik bewegt uns).

Vorteile durch akustische Wahrnehmungssensibilisierung, Wahrnehmungsfunktionen

Zwischen Hören und Sprechen besteht ein enger Zusammenhang. Das auditive System gibt Rückmeldung über die Sprache und ermöglicht eine Korrektur. Mund und Ohren liegen nahe beieinander, sodass bei Zahnschmerzen oft auch Ohrenschmerzen auftreten können. Ebenso herrscht ein enger Zusammenhang zwischen Gleichgewichtssinn und Hörsinn. Beide sind im Ohr verankert und durch einen Nerv miteinander verbunden.

Starke akustische Reize führen zum Verlust des Gleichgewichtes.

Akustische Reize – auditive Wahrnehmung

Der Hörsinn hat zwei Bezeichnungen: akustisch und auditiv. Diese beiden Begriffe haben unterschiedliche Bedeutungen: Akustik ist die Lehre von den Schallverhältnissen. Physikalische Reize können als akustische Reize bezeichnet werden. Die anatomischen Grundlagen des Hörvorganges und die physiologischen Prozesse werden als auditiv bezeichnet. So kann von auditiver Wahrnehmung und von akustischen Reizen gesprochen werden.

In der Rhythmik steht das Hören oft im Mittelpunkt einer Handlung. Es geht um das Hinhören, Zuhören, Lauschen und Achtsamsein. Diese Wahrnehmungsvorgänge erfordern ein hohes Maß an Konzentration. In der Rhythmik wird das Hören oft durch Bewegung und Sprache erprobt, wundersame Geräusche und Klänge können auch in der Stille erzeugt und angehört werden. So werden Lieder beispielsweise gehört, gesungen, gesummt, gepfiffen, gespielt und getanzt.

➜ vgl. „Stimme/Sprache" S. 197

Spielvorschläge zur Förderung von akustischer Wahrnehmung

- **Klangstraße:** Die Teilnehmenden formen eine Allee aus Klangbäumen. Eine Person lässt sich mit geschlossenen Augen von den Klängen durch das Spalier führen. Nur die zwei Klangbäume, die in der „Marschrichtung" der gehenden Person am nächsten sind, sollen Geräusche machen.
  Variante: Das Spalier wird verlängert: Wenn die „blinde" Person vorbeigegangen ist, gehen die „Bäume" an das Ende der Straße und verlängern sie. Diese Aktion bedarf aber einer gut entwickelten Raumvorstellung. Einfacher ist die „Auto-Wasch-Straße" (→ vgl. „Taktile Wahrnehmung" S. 58), da dort unmittelbar Körperkontakt vorgenommen wird, während in der Klangstraße Töne eingesetzt werden, die sehr differenziert gespielt werden müssen, um die Person mit geschlossenen Augen nicht „in die Irre" zu führen.

Hier wird konzentriertes „Hin- und Weghören" geübt.

- **Variante der Klangstraße („Entleinspiel"):** Zwei Gruppenmitglieder bewegen sich hintereinander durch die Klangstraße. Die erste Person hat ein Instrument in der Hand und spielt kontinuierlich Töne darauf. Sie selbst konzentriert sich aber nur auf die Klänge, die von den Klangbäumen zu hören sind. Hinter der ersten Person geht eine zweite (das „Entlein") und folgt dem Klang der vorderen. Wichtig ist, dass die „Entenmutter" ein Instrument verwendet, dass sich deutlich von den Instrumenten des Spaliers unterscheidet.

In Dorothée Kreusch-Jacobs Lied „Bin ganz Ohr" wird auf poetische Art und Weise zum Zuhören und Stillsein eingeladen.

- **Geflüsterte Namen:** 2 Gruppen stehen einander gegenüber: Ein Kind flüstert den Namen eines Kindes aus der anderen Gruppe und setzt sich. Das aufgerufene Kind flüstert nun ebenfalls einen Namen aus der gegenüberliegenden Gruppe und setzt sich zu dem ersten Kind. Dieses Spiel eignet sich als Einstieg in eine Rhythmik-Einheit (Bildung eines Kreises).
- **Reaktionsspiel:** Die Teilnehmenden bewegen sich frei im Raum: Hören sie ein bestimmtes Signal, so bilden sie blitzschnell einen Kreis. Danach wieder freie Fortbewegung. Bei einem anderen Signal bilden sie eine Schlange, 2 Gruppen oder eine Straße … Vor dem Spiel werden die jeweiligen Formen zu den Signalen ausgemacht. Diese Übung kann auch als Vorbereitung für einen Tanz gemacht werden, in dem verschiedene Formen (Kreis, Schlange …) vorkommen.
- **Liedersuche:** Zu dritt ein Lied vereinbaren, Augen schließen und sich im Raum verteilen. Schließlich mit geschlossenen Augen singend langsam zueinander finden.
- **Lieder-Tore:** Jeweils zwei Gruppenmitglieder bilden mit ihren Händen ein Tor. Sie singen zusammen ihr Lieblingslied. Eine Person schließt die Augen und versucht, die Tore zu finden und durch sie hindurchzugehen.
- **„Hörverfolgung":** Einige Gruppenmitglieder sitzen mit geschlossenen Augen im Raum. Andere bewegen sich mit einem Instrument (oder durch stimmliche Begleitung oder mit einem Stein, der geklopft wird) langsam durch den Raum. Die Personen, die sitzen, versuchen die anderen zu hören und zeigen mit dem Finger dorthin, wo sie die Geräusche vermuten.

- **Sicherheitskreis:** Eine „blinde" Person befindet sich in der Mitte eines Menschenkreises. Sie bewegt sich frei. Der Kreis bewegt sich mit, er soll immer im gleichen Abstand zur Person in der Mitte bleiben. Bevor diese einem Gruppenmitglied im Kreis zu nahe kommt, wird sie durch ein sanftes Summen gewarnt.
- **Klänge in der Natur:** Begeben Sie sich an einen Ort im Freien, setzen Sie sich dort für einige Minuten ruhig hin und lauschen Sie. Welche Klänge konnten Sie hören? Jede Person nennt einen Klang oder ein Geräusch, das besonders eindrücklich war.

Zur Vertiefung:

- Welche Wahrnehmungsfunktionen hat das auditive System?
- Mit welchen Sinnesorganen steht es in Verbindung?

4.5.3 Das taktile System

Die Haut ist das größte Organ des Körpers, auch ihr Nervenzentrum ist im Gehirn am stärksten verankert. Kein anderes Material ist so weich, elastisch, straff und wasserdicht. Die Haut dient als Grenze und Verbindung zwischen innen und außen, als Kontaktorgan und Hülle.

Die Sprache des Tastsinnes ist die früheste aller Sprachen. Für die Entwicklung eines Kindes ist Berührung von essentieller Bedeutung. Physisches und psychisches Wachstum ist abhängig von liebevoller Berührung.
Die **Schulung** des taktilen Systems erfolgt **über** die **Berührung mit dem Boden, mit Geräten, mit einem Gruppenmitglied oder mit dem eigenen Körper.** Dabei können **Oberfläche** und **Form, Konsistenz** und **Temperatur, Druck** und **Gegendruck** festgestellt werden.
Taktile Wahrnehmungssensibilisierung bewirkt die Fähigkeit, unterschiedliche **Eindrücke** zu **differenzieren** und zu **verbalisieren,** ein **Gespür** zu **entwickeln für andere,** aber auch **auf eigene Empfindungen** zu **achten.**

Kinder haben ein großes Bedürfnis, ihre taktilen Wahrnehmungsfähigkeiten zu erweitern. Sie lieben es, ihre eigene und fremde Haut zu spüren, zu berühren, sich anzulehnen. Auch Erwachsene erleben taktile Reize oft als angenehm, aufregend oder entspannend. In der Rhythmik werden vielfältige Möglichkeiten angeboten, um das **Berühren** zu ermöglichen und damit zum **Begreifen** zu gelangen.
→ vgl. „Sprache: Erleben – Erkennen – Benennen" S. 200

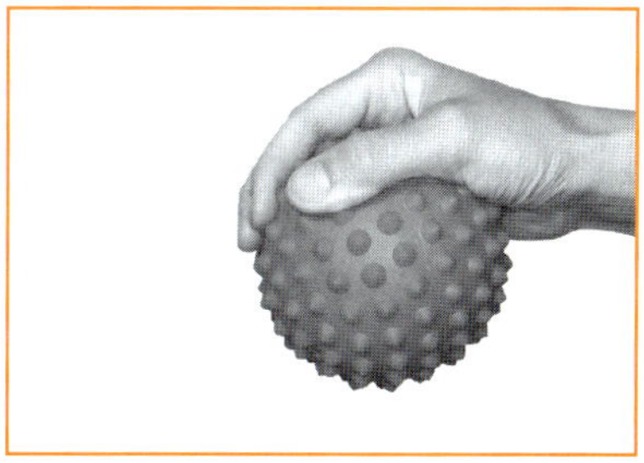

„Das will ich sehen!", ruft ein Gruppenmitglied und greift den Massageball an. Berührung trägt wesentlich bei zum Kennenlernen von Gegenständen.

Wahrnehmungsfunktionen

Taktile Wahrnehmungssensibilisierung durch andere Personen oder Materialien: Der eigene Körper kann beispielsweise durch Instrumente in Schwingung versetzt werden.

Spielvorschläge zur Förderung von taktiler Wahrnehmung

- **Auto-Wasch-Straße:** Jede Person sucht sich einen Gegenstand (z.B. Bälle, Schwämme, Klanghölzer ...) aus, mit dem sie das „Auto" gerne waschen möchte. Dann wird ein Spalier geformt (sitzend oder stehend). Das Auto stellt sich in die Einfahrt und fährt langsam durch die Straße. Im Vorbeifahren wird es gewaschen. Das „Putzen" kann auch von Geräuschen begleitet werden. Am Ende der Straße legt das „Auto" den Rückwärtsgang ein, es wird beim Zurückfahren „poliert". Einfacher ist es für Kinder, das Spalier einzuhalten, wenn am Boden eine Markierung vorgenommen wurde.
- **Tastpool:** 2 Gruppen legen Gegenstände in jeweils eine Kiste und decken sie zu. Die Gegenstände sollen von der jeweils anderen Gruppe erspürt und danach aufgezählt werden.
- **Decken-Auto:** Sich gegenseitig auf einer Decke durch den Raum befördern.
- **Taststraße:** Barfuß über verschiedene Gegenstände gehen. Wo verweile ich gerne, wo nicht? Assoziationen zum Erlebnis aufschreiben bzw. zeichnen. Variante für Kinder: Jedes „Raubtier" sucht sich eine Höhle. Wer mag, baut mit der Leiterin bzw. dem Leiter Wege von einer Höhle zur anderen. Die Tiere gehen zunächst mit offenen Augen über die Taststraße, dann versuchen sie, den Weg auch „blind" oder im abgedunkelten Raum zu finden.

An unseren Füßen befinden sich die Endpunkte von vielen Meridianen (Energieleitsysteme), die den Körper und seine Organe mit Energie versorgen. „Belebte" Füße verhelfen uns zu einem Wohlgefühl im ganzen Körper.

- **Raumerkundung:** Zwischen zwei akustischen Signalen sollen möglichst viele warme (kalte, harte, weiche, runde, spitze ...) Stellen im Raum gefunden werden.
- **Zeichenrätsel:** Ein Kind malt einem anderen ein einfaches Zeichen auf den Rücken. Um welches Zeichen handelt es sich?

24

- **Massage:** In einem Korb werden unterschiedliche Gegenstände (Bälle, Klanghölzer, weiche Schlägel, stabile Trommeln, Seile ...) bereitgestellt. Jede zweite Person sucht sich ein Material aus und massiert eine andere. Taktile Wahrnehmung ist nicht an jeder Körperstelle gleich: Wie fühlt sich das Material am Rücken an, wie in der Hand? Erweiterung: eine „Massage"-Empfindung durch einen Klang ausdrücken (weich, spitz, hart ...).

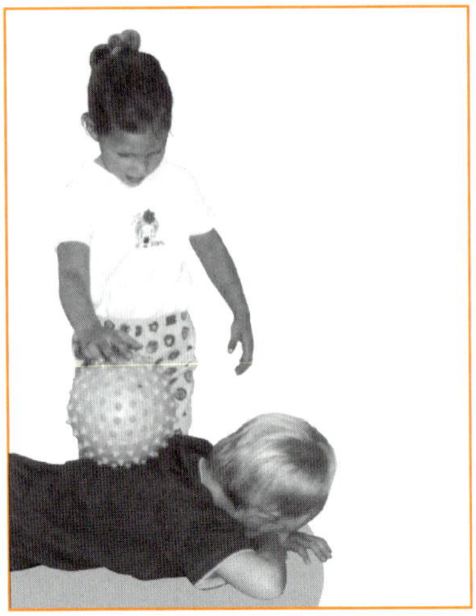

- **Massagekarussell:** 1 Innen- und 1 Außenkreis: Jede äußere Person massiert eine innere mit einem Gegenstand. Auf ein Signal hin gehen die Teilnehmenden des Außenkreises zur jeweils nächsten Person im Innenkreis weiter. Wenn sie an ihrem Ausgangspunkt angelangt sind, wechseln Außen- und Innenkreis. (Dieses Spiel hat meine geschätzte Kollegin Irmgard Bankl erfunden!)
- **Fußerlebnis:** Im Freien: Mit nackten Füßen in eine Farbschale eintauchen und verschiedene Formen auf eine Tapetenbahn „malen". Am Ende der Bahn steht ein feuchter Lappen zum Abwischen. „Gemalt" werden kann auch im feuchten Sand.
- **Wasserspiele:** Im Sommer sind sämtliche „Spritz- und Planschspiele" lustvoller Bestandteil von Sensibilisierungsangeboten. Sie machen eine veränderte Wahrnehmung der Haut möglich. (Umleeren von Gefäßen, Geschirr waschen, mit Wasser und Erde „kochen", Badespielzeug von zu Hause mitbringen, mit

Kübeln „Wasserspiele" inszenieren, in denen Wasser rauscht, plätschert, gluckert, tröpfelt, rieselt, sprudelt, fließt ...)
➔ vgl. „Raum – Zeit – Kraft – Form; Rhythmik im Freien" S. 243

- **Windböe:** Einige Gruppenmitglieder liegen unter oder auf einem großen Schwungtuch und wünschen sich einen sanften oder einen starken Wind. Die Personen, die das Tuch am Rand halten, bewegen es je nach Wunsch sanft oder stark. Wer möchte, musiziert entsprechend dazu.
➔ vgl. „Material Schwungtuch" S. 230
- **Jemand Zweiten finden:** Jede Person bekommt einen Gegenstand und verdeckt ihn durch ihren Körper. Zur Musik bewegen sich alle frei im Raum. Stoppt die Musik, sollen die Teilnehmenden durch Tasten herausfinden, welche Person denselben Gegenstand hat (von jedem Gegenstand gibt es zwei Stück). Variante: Gegenstände sind in undurchsichtigen Plastiksackerln versteckt.
- **Tastwand:** Für einen Elternabend können die Kinder eine Tastwand erstellen. Am einfachsten ist es, wenn eine Sprossenwand mit verschiedenen Gegenständen behängt wird. Die Eltern sollen die Wand blind erforschen und die Gegenstände, die sie gespürt haben, aufschreiben oder aufzeichnen. Wer erinnert sich an die meisten Gegenstände?

Schnicke, schnacke, streichle deine Backe.
Schnicke, schnarm, jetzt den Arm.
Schnicke, schnie, bitte das Knie.
Schnicke, schnals, kitzle deinen Hals.
Schnicke, schnase, tippsle auf die Nase.
Schnicke, schnuh – jetzt ist Ruh.

4

Im Folgenden wird eine Rhythmik-Einheit zur Sensibilisierung der taktilen Wahrnehmung beschrieben:

Planung einer Rhythmik-Einheit für Kinder

Thema: Sensibilisierung der taktilen Wahrnehmung
Verlauf im Überblick: Vom Experimentieren mit selbständig gewählten Materialien über deren Wiedererkennung unter einer Decke bis hin zum Spüren einer Form am Rücken gelangen.
~ **Lernziele:** Neue Materialien kennenlernen, vorsichtiger Umgang mit dem Material.
° **Erziehungskompetenzen:** Taktile Sinnessensibilisierung, Soziales Lernen: aufeinander achten, warten, Kreativitätsförderung: Experimentieren mit unterschiedlichen Materialien vornehmen.
Material: Decke, Noppenball, Chiffontuch, Seil, Stofftier, Sandsäckchen, Ball, Polster, Jonglierkeule, Reifen, Tastdominoteil, Handpuppe „Frau Luftighauch", Massagegerät „Knuddliwu", Klingelkugel, festes Tuch, Handtrommel
Einzelne Teile aus der Rhythmik-Einheit können zwischendurch im Kindergartenalltag wiederholt werden!

8

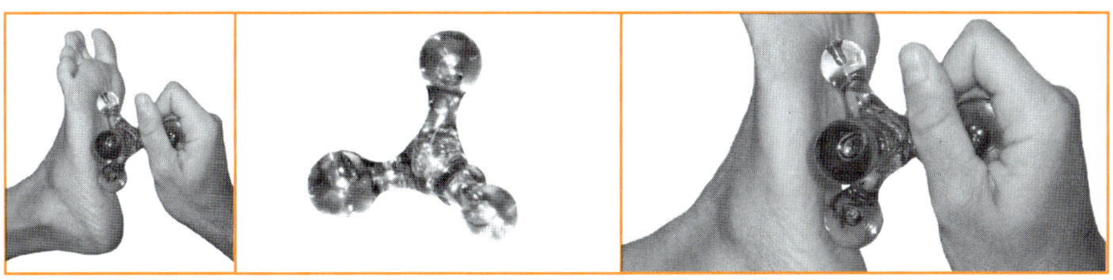

„Knuddliwu"

Verlauf	Intentionen,	Methodische Hinweise
1. Begrüßung: Mit welchem Körperteil möchtest du „Hallo" sagen?	* Einstieg o Körperteile spüren ~ Körperteile benennen	Angenehme Atmosphäre schaffen
2. Verschiedene Materialien im Raum verteilen: Zur Musik laufen, ohne die Gegenstände zu berühren. 8	* Dynamischer Wechsel o Soziales Lernen: aufeinander achten ~ Geschicklichkeit schulen	Evtl. zuerst eine Bewegungsphase ohne Materialien. Vorsicht auf andere Kinder und Gegenstände.
3. Ein Material aussuchen und damit experimentieren. Jedes Kind erfindet mit seinem Material ein Geräusch.	* Sozialer Wechsel o Kreativitätsförderung, Hörsinn fördern	Kann das Material auch klingen? Einzelne Kinder bestärken, loben.
4. Alle Gegenstände unter eine Decke legen und vorsichtig „umrühren": Eigenes Material wiedererkennen. Neuerliche Experimentierphase mit Geräuschen. Evtl. Gestaltung einer Klangwolke.	* Sozialer Wechsel o Tastsinn schulen o Akustische Wahrnehmungssensibilisierung	Ein Kind nach dem anderen. Evtl. „eigenes" Material hervorziehen und noch einmal damit experimentieren.
5. „Autowaschstraße": Das „Auto" wird mit den Materialien, die die Kinder ausgesucht haben, gewaschen.	o Tastsinn und Kinästhesie schulen * Dynamischer Wechsel	So vorsichtig sein, wie ihr selbst auch behandelt werden wollt. Manche „Waschpfeiler" tönen beim Putzen.
6. Abschluss: Leiterin/Leiter „malt" jedem Kind die Form seines Materials auf den Rücken.	~ Form erkennen und benennen o Taktile Wahrnehmung und Kinästhesie fördern * Sensibilisieren, sensitiver Ausklang	Falls das Kind die Form nicht erkennt, mit dem Geräusch, das dazu gefunden wurde, helfen.

Zur Vertiefung:
- Welche Wahrnehmungsfunktionen hat das taktile System?
- Wovon ist psychisches und physisches Wachstum abhängig?

4.5.4 Das kinästhetische System

Schließen Sie die Augen und verändern Sie die Haltung Ihres Armes. Das kinästhetische System teilt Ihnen mit, in welcher Lage sich Ihr Arm befindet.

Während der Tastsinn uns Informationen über äußere Reize vermittelt, teilt uns der kinästhetische Sinn (Muskel- oder Lagesinn) mit, in welcher Lage sich unsere Muskeln, Sehnen und Gelenke befinden.
Alle Muskeln, Gelenke und Sehnen sind mit Rezeptoren ausgestattet. Unter Rezeptoren werden Sensoren verstanden, die Reize aufnehmen können. Diese Rezeptoren nehmen Informationen über die Lage unseres Körpers auf und leiten sie an das Gehirn.

Vorteile durch kinästhetische Wahrnehmungssensibilisierung, Wahrnehmungsfunktionen

Das kinästhetische System gibt uns **Auskunft über den Spannungszustand von Muskeln und Sehnen** und über **Stellungsveränderungen von Körperteilen** zueinander. Durch die Förderung des kinästhetischen Systems werden **räumliche Anordnungen von Körperteilen erkannt** und **muskuläre Spannungszustände verändert. Grob- und Feinmotorik werden geschult. Lustbetontes Experimentieren mit dem Körper** wird ermöglicht, **Raumorientierung, Konzentrationsvermögen, Sozialverhalten** und **intellektuelle Leistungsfähigkeit** werden erhöht.

Im Kontakt mit einem Material (Seil, Schwungtuch …) ist der Körper ständig am „Ausloten": Wie muss ich mich verhalten, damit das Material gespannt, locker, hoch, tief, klein, groß … ist?

Bei der Bewusstwerdung der kinästhetischen Wahrnehmungen geht es darum, **fühlen** zu lernen, **ob einzelne Teile des Körpers gespannt oder locker sind** und **in welcher Stellung oder Lage sie sich befinden.** Das kinästhetische System sollte durch vielfältige Angebote unterstützt werden, denn „geschickte" Kinder (mit gut ausgebildeter Kinästhesie) finden sich in ihrer Umgebung besser zurecht und werden auch von ihrer Umwelt besser angenommen.

Eine Lehr- und Erziehungsperson, die sich gewandt, in aufrechter Haltung durch die Gruppe bewegt, wird von den Kindern automatisch imitiert und gibt unbewusst Anregungen zur Erprobung von effizientem und gesundem Bewegungsverhalten.

In **jeder** Rhythmik-Einheit werden Angebote zur kinästhetischen Wahrnehmungserweiterung gesetzt! Es geht darum, den Körper durch den Kontakt mit anderen Menschen, mit Material und Raumgegebenheiten besser zu spüren und somit ein differenziertes Körpergefühl zu erlangen.

Spielvorschläge zur Förderung von kinästhetischer Wahrnehmung

- **Kraxelparcours:** Wir bauen gemeinsam einen Hindernisparcours (evtl. Einbeziehung von Vorstellungsbildern: z.B. „Dinosaurierland"). Alle zur Verfügung stehenden Materialien können eingesetzt werden. Wichtig ist, darauf zu achten, dass die „Bauwerke" sicher und stabil sind. Danach: Experimentierphase durch den Parcours. Später: Fortbewegung zur Musik zwischen den Gegenständen. Stoppt die Musik, ruft eine Person: „Alle Kinder zur Bank!" Ein anderes Kind überlegt sich, wohin es nach dem nächsten Stopp gehen soll. Die Musik startet, wenn sich das Kind etwas ausgedacht hat. Variante: Wenn der Parcours mehrmals aufgebaut wurde, können beim Erstellen Anweisungen gegeben werden: „Wer mag den längsten Stab holen? Wer das kleinste Tuch …?" Wichtig ist, dass nach dem Spiel gemeinsam weggeräumt wird. Durch das Tragen, Ziehen und Ordnen von Gegenständen wird das kinästhetische System auch geschult.

→ vgl. Wahrnehmungsparcours, S. 51

- **Körperzeichnung:** „Wer zeichnet einen Arm, eine Hand, den Kopf … eines Kindes?" Die Zeichnungen werden danach zusammengeklebt. Ist der Mensch, der entstanden ist, so groß wie ein Kind?
- **Führungspunkte:** Eine Person wird von einer anderen geführt. Einmal an der Hand, einmal an der Schulter, dann vorsichtig am Kopf … Was verändert sich? Was ist angenehm?

- **Mattenrolle:** Eine Matte wird durch 2 bis 3 Reifen zu einer Rolle geformt. Was kann damit gemacht werden?
- **Fliege – Kuh:** Ein Kind spielt die Fliege, ein anderes die Kuh. Wenn sich die Fliege (mit einem Finger) auf die Kuh setzt, schüttelt sich die Kuh genau dort, wo die Fliege sitzt. Diese fliegt zur nächsten Kuh.
- **„Elefantenmaschine":** Die Gruppenmitglieder stellen sich ganz eng zusammen und bilden eine „Elefantenmaschine". Langsam und trötend bewegt sie sich fort. Wird es einer Person zu eng, ruft sie „Puff" und die Maschine explodiert und verteilt sich in alle Himmelsrichtungen. „Was für eine Maschine können wir noch bauen?"
- **Statuen:** Ein Gruppenmitglied stellt sich in einer „Statuenposition" auf, ein anderes verändert die Statue. Variante: Die Skulptur wird verändert, solange Musik gespielt wird. Verklingt die Musik, gehen die „Museumsbesucher" durch den Raum und schauen sich die veränderten Statuen an. Setzt erneut Musik ein, wird eine andere Statue verändert. Variante: Eine Gruppe „baut" mit den anderen Gruppenmitgliedern ein Gebilde.
- **Magnetische Körperteile:** Freie Bewegung zur Musik. Stoppt die Musik, wird ein Körperteil genannt, der schnell mit dem Boden in Berührung gebracht werden soll. Variante: Der Körperteil soll an den einer anderen Person „andocken".
- **Körperformen:** Die Kinder liegen auf einer ausgerollten Tapetenrolle. Die Umrisse ihres Körpers werden nachgezeichnet. Der Körper kann von den Kindern ausgemalt werden.
- **Tigertanz:** Das folgende Lied eignet sich, um einzelne Körperteile kennenzulernen („schütteln ihren Kopf, tippsen auf die Nase, strecken ihre Zehen ..."). Ebenso kann das Lied als Willkommenslied eingesetzt werden. Zu Beginn einer Rhythmik-Einheit können Raumerfahrungen gemacht werden. Der letzte Takt wird einige Male wiederholt, dann stimmt die Gruppenleitung die nächste Strophe an. Aus dem „Tigertanz" kann auch ein „Dinotanz" werden. Das Wort Tiger wird in dem Fall durch Dino ersetzt. Variante: Jedes Kind wünscht sich für „seine" Strophe sein Lieblingstier.

21

Statuen

Zum Schütteln einzelner Körperteile eignet sich auch ein Lied auf der CD von Ratz Fatz – „G´sang und G´schwatz" (15: Das Lied vom Schütteln)

Tigertanz

Text und Musik: Birgitta Stummer

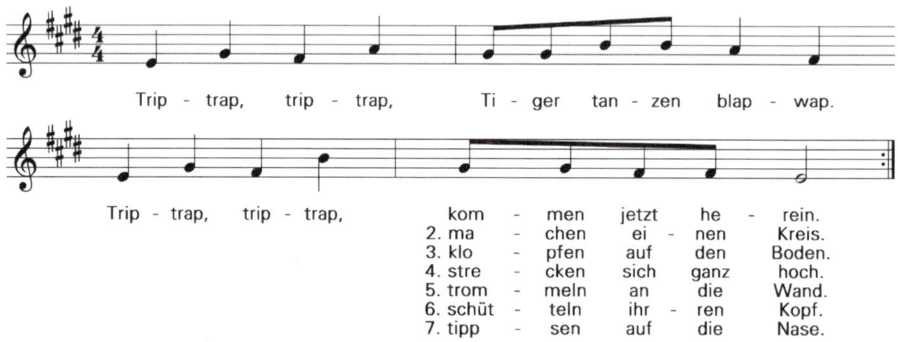

In der folgenden Rhythmik-Einheit geht es um Körpersensibilisierung, um die verstärkte Aufmerksamkeit auf einzelne Körperteile und ihre Benennung:

Planung einer Rhythmik-Einheit für Kinder

*~°

Thema: Verschiedene Körperteile spüren und benennen.
Verlauf im Überblick: Vom dynamischen Aufwärmen verschiedener Körperteile über einen Schütteltanz bis hin zum bewussten Spüren und Benennen von Körperteilen.
~ Lernziele: Körperteile benennen, Schütteltanz lernen: einzelne Körperteile bewegen und koordinieren, musikalische Strukturen erkennen, Bedürfnisse verbalisieren.
° Erziehungskompetenzen: Kinästhetische Wahrnehmung sensibilisieren: Körperteile bewusst wahrnehmen.
Material: 1 Matte od. Decke, 1 CD-Player, 3 bis 5 verschiedene Instrumente (Bewegungsbegleitung), „Schütteltanz", Massagegerät: Knuddliwuh

11

Verlauf	Intentionen, pädagogische Absichten	Methodische Hinweise
1. Begrüßung mit verschiedenen Körperteilen.	°*~ Einstieg in das Thema ° Kennenlernen	Stimmlich Ruhe und vertraute Atmosphäre schaffen.
2. Verschiedene Fortbewegungsarten ausdenken: - Bauch am Boden - 1 (2) Arm(e), 1 (2) Bein(e) am Boden - möglichst wenige Körperteile am Boden	* Dynamischer Wechsel ° Dynamische Koordinationsschulung ~ Benennung der Körperteile	Vorgabe von einigen Bewegungsarten, dann sollen die Kinder Anregungen geben. (Bewegungsbegleitung!)
3. Welche Körperteile können ausgeschüttelt werden?	~ Körperteile verbalisieren und spüren, Vorbereitung auf den Tanz	Das Schütteln kann mit der Stimme begleitet werden.
4. Ein Reifen wird in die Mitte des Raumes gelegt: Laufen zur Musik: Bei Stopp soll ein vorher bestimmter Körperteil im Reifen positioniert werden.	* Dynamische Auflockerung ~ Geschicklichkeit, Thema verbalisieren ° Rücksicht auf andere Kinder nehmen	Jedes Kind darf einen Körperteil vorschlagen. Evtl. mehrere Reifen zur Verfügung stellen.
5. Kreis: Schütteltanz 1x im Sitzen anhören, dabei Schüttelbewegungen ausprobieren. Später soll der Schütteltanz in Bewegung gestaltet werden.	* Neues Medium ~ Musikalische Strukturen erkennen, Tanz gestalten	Zunächst immer denselben Körperteil ausschütteln. 11 Melodieteil: mitsingen oder im Kreis gehen

6. Jedes Kind wünscht sich einen Körperteil, den die Gruppenleitung dem Kind ausschüttelt.	✱ Dynamischer Wechsel ○ Bedürfnisse verbalisieren, taktile Reize genießen ~ Erworbenes Wissen anwenden	
7. 2 Kinder liegen in der Mitte eines Kreises und wünschen sich Körperteile, die „ausgeklopft" werden sollen.	✱ Sozialer Wechsel ○ Soziales Lernen (behutsamer Umgang miteinander, Geduld)	Stimmliche Begleitung zum „Ausklopfen". Falls nötig: Auslockerung – alles schütteln.
8. Verabschiedung mit „Knuddliwu".	✱ ○ Sensibler Ausklang	Welchen Körperteil soll Knuddliwu berühren? Während der Berührung: „Knuddliwu, Sabine, Knuddliwu"

Der Körper ist mein Haus. In ihm verbringe ich mein ganzes Leben!

„Ich bin doch keine Zuckermaus" heißt ein Buch mit CD, das bei mebes und noack erschienen ist. Es enthält ansprechende Lieder zum Ja- und Neinsagen, zum Hüten und Lüften von Geheimnissen.

Aufgeklärte Kinder sind geschützte Kinder.

Im Rahmen dieser Rhythmik-Einheit kommt es immer wieder zu Fragen, die die Sexualität der Kinder betreffen. Diese Fragen gilt es, zu beantworten! Auch Geschlechtsteile sind Körperteile! Diese Rhythmik-Einheit kann einen wesentlichen **Beitrag zur Sexualerziehung** leisten, in der es um einen **selbstbestimmten und lustvollen Umgang mit dem eigenen Körper** geht.

Kinder sollen erfahren, dass jeder **Körper liebens- und schützenswert** ist und **Gefühle geäußert werden dürfen und sollen.** Der Wunsch nach Zärtlichkeit, Wohlbefinden, Geborgenheit, Erregung und Befriedigung, nach Wissen um körperlich-seelische Vorgänge setzt nicht erst in einem bestimmten Lebensjahr ein. Er ist in unterschiedlichsten Ausprägungen immer da, wo Babys, Kinder, Jugendliche und Erwachsene sind.

Bewusste Gefühlswahrnehmung und Zärtlichkeit fördern das Selbstbewusstsein von Kindern. Dabei sollte klargestellt werden, dass nicht jede Berührung in jedem Moment angebracht ist und **dass ein Kind nur von Personen berührt werden darf, die es sich selbst aussucht.** Kinder, die gelernt haben, über ihre Gefühle und ihren Körper zu sprechen, sind weniger häufig von Missbrauch betroffen, als solche, die nicht ausdrücken, was sie mögen und was nicht.

Zur Vertiefung:

- Wie wird das kinästhetische System noch genannt?
- Welche Wahrnehmungsfunktionen hat es?

4.5.5 Das vestibuläre System

Ebenso wie das auditive System ist auch der Gleichgewichtssinn im Ohr angesiedelt. An der Gleichgewichtserhaltung sind jedoch mehrere Bereiche beteiligt. Wie unsicher fühlen wir uns doch, wenn wir auf den Zehenspitzen stehen und die Augen schließen! Das vestibuläre System ist sehr komplex. Es teilt uns mit, ob und **in welche Richtung wir uns bewegen** und **in welcher Position zur Schwerkraft wir uns befinden.** Ständig werden die neuesten Informationen von den Rezeptoren im Innenohr zur Verarbeitung an das Gehirn weitergegeben. Gleichgewichtsschulung bewirkt umfassende **Koordinationsmöglichkeiten,** die **Haltekräfte gegen die Schwerkraft** werden verstärkt.

Wahrnehmungsfunktionen

In den ersten fünfzehn Lebensmonaten ist der Vestibularapparat sehr aktiv. Das Kind lernt, sein Gleichgewicht im Liegen, Sitzen, Stehen und in der Fortbewegung auszuloten.

Wenn sich jemand **im Gleichgewicht** befindet, stehen Spannung und Entspannung des Körpers in einem ausgewogenen Verhältnis zueinander. Seelische Spannungen wirken sich auch oft körperlich aus! **(Seelisches Gleichgewicht)** In der Rhythmik werden zahlreiche Angebote zur Erprobung des Gleichgewichtssinnes gemacht. Im Ausloten des eigenen Gewichtes, im Balancieren über wackelige Untergründe, im vielfältigen Erleben der eigenen **Gewichtigkeit** sollen die Gruppenmitglieder lustvolle Erfahrungen mit ihrer Körperlichkeit machen. Dabei können „Leichtgewichte" lernen, ihre Kräfte so einzusetzen, dass sie sich stark und schwer fühlen, Personen mit Übergewicht können von der Gruppe getragen, gezogen oder geschoben werden und somit kurzfristig „schwerelos" sein. (Nimm´s nicht so schwer!)

Spielvorschläge zur Förderung von vestibulärer Wahrnehmung

- **Balanceakt:** Die Kinder holen Geräte, auf welchen sie balancieren wollen. Wo möchte ich Unterstützung? Wo kann ich krabbeln, wo auf den Zehenspitzen gehen? (Evtl. mit Vorstellungsbildern verknüpfen: Seiltänzerin bzw. Seiltänzer, ungeschickter Clown, stolzer Gepard ...)
- **Run and Stop:** Die Kinder bewegen sich besonders schnell zur Musik. Stoppt die Musik, bleiben die Kinder blitzartig stehen und verwandeln sich in einen unbeweglichen Stein. Die Leiterin bzw. der Leiter geht durch die „Steinwüste" und stellt fest, wie hart diese Steine sind.
- **Trampolin:** Am Ende einer Rhythmik-Einheit lieben es viele Kinder, einige Sprünge am Trampolin zu machen. Während ein Kind springt, kann das Thema der Einheit wiederholt, das Lied gesungen, der Spruch gesprochen werden. Oder: „Welche Musik wünschst du dir?", wird das Kind, das zum Springen drankommt, gefragt. Vorlieben der Kinder werden erkannt, während Gleichgewicht und Muskulatur scheinbar beiläufig angeregt werden.

„Lastwagen"

„Pendelkreis"

- **Lastwagen:** Auf ein Kind werden so viele Sandsäckchen gestapelt, wie es transportieren möchte. Der Lastwagen setzt sich in Bewegung (evtl. auch mit musikalischer Unterstützung).
- **Pendelkreis:** Eine Person steht in der Mitte und bewegt sich wie ein verkehrtes Pendel. Die Gruppenmitglieder im Kreis lassen das „Pendel" zunächst nur sehr wenig ausschlagen. Immer 2 Gruppenmitglieder fangen die Person in der Mitte auf. Das Pendel „schlägt" zunächst vorwärts-rückwärts, danach auch seitwärts aus. Im Kreis stehen alle in Schrittstellung, fangen das Pendel sanft auf und federn es zu zwei anderen Personen. Diese kommen dem Pendel wieder sanft entgegen ... Wichtig ist, dass das Pendel sich steif wie ein Holzbrett macht, damit es gut hin- und herschwingen kann. Sollte das Pendel die Spannung eines Brettes nicht zustande bringen, kann es unterstützt werden, indem eine Person die Mitte des Pendels sanft berührt. (Schutzfunktion, aber auch bessere Wahrnehmung der Mitte, die angespannt werden muss.) Wer möchte, kann in der Mitte die Augen schließen. Nach einiger Zeit: Wechsel.
- **Labiler Untergrund:** Einige Personen bewegen sich (gehen, rollen, krabbeln) auf einem Fallschirmtuch, das von den Gruppenmitgliedern am Rand des Tuches mittels Wellenbewegungen auf- und abgeschwungen wird. Ein anderer labiler Untergrund entsteht, wenn eine Matte auf Tennisbälle gelegt wird. Vorsicht! Rutschgefahr!
- **Schaukeln und Fortbewegen** auf Rollbrettern, Dreirädern und Rollern regen das Gleichgewichtsorgan an! Balancierscheiben fordern die Geschicklichkeit ebenso heraus.

Im Folgenden wird ein bewährtes, österreichisches „Schaukellied" genannt. Dabei wird ein Kind bei den Füßen und an den Armen gehalten und geschaukelt. Im letzten Teil wird das Kind sanft hingelegt („weggeworfen").

Müller, Müller, Sackerl

Volksgut

Zur Vertiefung:

- Wo ist das vestibuläre System angesiedelt?
- Mit welchen Systemen steht es in engem Kontakt?
- Welche Wahrnehmungsfunktionen hat es?

4.5.6 Das olfaktorische und das gustatorische System

In unserer (menschlichen!) Welt wird vorrangig der optische, akustische und taktile Sinn gefordert. (Sommer 2000)
Während das Auge in der immer schnelleren und rational denkenden Gesellschaft mehr und mehr Bedeutung erlangt, werden **Geruchs- und Geschmackssinn** immer weniger eingesetzt. Die Thematisierung von Gerüchen und Geschmäckern **beschränkt sich fast ausschließlich auf den privaten Bereich.** Menschen, Gegenstände, Räume zu riechen kann sehr persönliche Gefühle hervorrufen. Durch den Geruchssinn stehen wir in ständiger Verbindung mit unserer Umwelt. Obwohl der Geschmackssinn besonders sinnlich und lustvoll erlebt werden kann, wird er selten thematisiert. Auffallend ist, dass beim Riechen und Schmecken die Gestik stark eingesetzt wird. Auch daran ist zu erkennen, dass diese Eindrücke sehr persönlich sind.

Geruche sind im Gedächtnis stark verankert und können persönliche Erinnerungen hervorrufen!

Angenehme Düfte können Wohlbefinden erzeugen, uns aufmuntern, erfrischen, beruhigen, uns betören oder eine gemütliche Atmosphäre schaffen. Der Geruchssinn soll uns **warnen vor gefährlichen Gasen und Nahrungsmitteln,** aber auch **Genuss hervorrufen durch wohlriechende Düfte.** Oft werden auch Partnerinnen und Partner unbewusst nach dem Geruchssinn ausgesucht. Das Immunsystem eines Menschen, den man „riechen" kann, ist kompatibel mit dem eigenen Immunsystem und maximiert somit die Möglichkeit, gesunde Nachkommen zu zeugen. Der Geschmackssinn sollte wie der Geruchssinn **Nahrung auf ihre Verträglichkeit testen** und **beim Verzehr hochwertiger Lebensmittel Wohlbehagen erzeugen.**

Wahrnehmungsfunktionen

In der Rhythmik und im Kindergartenalltag kann eine Sensibilisierung dieser Sinne so vorgenommen werden, dass im geschützten Rahmen persönliche Erfahrungen durch Riechen und Schmecken gemacht werden. Die Aufnahme von Nahrungsmitteln sollte dabei thematisiert werden. Essen kann als zweckvolle, lustvolle Tätigkeit vermittelt werden. Kinder sollten lernen, den **Duft und Geschmack von frischen Nahrungsmitteln zu erkennen, zu unterscheiden und wertzuschätzen.** So wird das Wohlbefinden verstärkt. Vergeudung und Verschwendung von Lebensmitteln und die Tatsache, dass nicht alle Menschen genug zu essen und zu trinken haben, könnte im Rahmen eines Gespräches ebenfalls thematisiert werden.

Geruchs- und Geschmackssinn hängen eng zusammen! Eine Erkältung hindert uns nicht nur an der Nasenatmung, sondern auch daran, differenziert zu schmecken.

Gerüche und Geschmäcker lösen Gefühle und Assoziationen aus und regen somit unsere Fantasie an. Diese Tatsache kann Ausgangspunkt für persönliche Gespräche und darstellerische Aktivitäten sein.

Spielvorschläge zur Förderung von olfaktorischer und gustatorischer Wahrnehmung

- **Gruppeneinteilung:** Jede Person erhält einen Duft. (Wattebausch oder Filmdose mit Gewürzen ...) Insgesamt gibt es nur zwei (oder drei oder vier, je nach gewünschter Gruppenzahl) verschiedene Gerüche. Alle Personen mit demselben Duft sind Mitglieder einer Gruppe.

- **Watteduft:** Unterschiedliche Düfte auf Wattebäusche verteilen. Woran erinnert welcher Geruch?
- **Taschentücher:** Im Raum sind Taschentücher mit verschiedenen Duftnoten versteckt. (Von jedem Duft gibt es mehrere Taschentücher.) Die Gruppenmitglieder suchen die Taschentücher und reihen die Gerüche nach ihrem persönlichen Belieben. Hier stellt sich meist heraus, wie subjektiv Geruchswahrnehmung ist.
- **Lieblingsduft:** Jedes Kind bringt seinen Lieblingsduft in den Kindergarten mit und erklärt, warum es diesen Geruch so gerne mag. Woran erinnert dieser Duft die anderen Kinder?
- **Geschichten:** Das Erzählen von Geschichten wird anregender, intensiver, wenn die Gerüche des Ortes, an dem die Geschichte spielt, mit einbezogen werden. (Tannennadeln, Blumen, Nahrungsmittel …)
- **Kosterei:** Verschiedene, ähnliche Lebensmittel blind erschmecken (z.B. Obst- und Gemüsesorten, Brot und Kuchen …). Danach Eindrücke aufzeichnen.
- **Kochen:** Gemeinsame Zubereitung von gesunden Lebensmitteln wie Obstsalat oder Gemüsehäppchen
- **Exotik:** Jedes Kind kann eine seltene Frucht in den Kindergarten mitbringen, darüber erzählen und sie mit den anderen verzehren.

Zur Vertiefung:

- Welche Wahrnehmungsfunktionen haben Geruchs- und Geschmackssinn?
- Welche Bewegungen sind bei Menschen, die etwas riechen oder schmecken, zu beobachten?

4.6 Ein Spezifikum: Gehen im Raum

Das menschliche Wesen unterscheidet sich von den Tieren unter anderem durch den aufrechten Gang. Bei den ersten geglückten Gehversuchen von Kindern können wir zunächst erstaunte und dann glückliche, ja sogar stolze Gesichter beobachten.

„Gehen regt den Geist an!", meinte schon der Philosoph Friedrich Nietzsche und kreierte die kompliziertesten Gedankengänge während seiner Spaziergänge.

Ein entspannter Mensch bewegt sich anders fort als ein Mensch, der sich ständig Stress aussetzt.

> Dieses Wagnis erlebt jedes Kind, wenn es den ersten Schritt tut; denn dann muss es lernen, sich fallen zu lassen, ohne zu fallen. Jeder Schritt ist ein Fallen, und jeder weitere Schritt ein aufgefangener Fall. Kückelhaus 1979, S. 39

Schon der Begründer der Rhythmik, **Emile Jaques-Dalcroze,** leitete seine **grundlegenden Bewegungsvorstellungen** aus dem **Gehen** ab. Er bemerkte, dass seine Schülerinnen und Schüler Rhythmen klatschenderweise besser erfassen konnten, wenn sie sich im dazu passenden Metrum fortbewegten. Er verstand das Gehen als eine Art **Grundübung für Tempo-, Takt- und Rhythmusaufgaben.** Heute wird **der Gang** eines Menschen als **etwas Ureigenes** und seine Persönlichkeit Ausmachendes angesehen. Unsere Befindlichkeit, sogar manche Charak-

tereigenschaften können durch die Art, wie wir uns fortbewegen, nach außen treten.
In unserer meist **„bewegungsfeindlichen" Umgebung** sind wir versucht, den **aufrechten Gang** zu **vernachlässigen.** Der Körper richtet sich nur schwer auf, wenn wir den ganzen Tag im Sitzen verbringen. Haltungsschäden, Rückenprobleme und schmerzhafte Fehlstellungen der Beine sind die Folge. **Bewegung** sowie unterschiedliche **akustische, taktile und olfaktorische Eindrücke regen** die Wirbelsäule und unseren Stützapparat **an, sich aufzurichten.**
Gehen ist für uns Menschen eine alltägliche, **eine gebräuchliche,** eine **gängige Bewegung.** Als Einstieg in eine Rhythmik-Einheit ist das Gehen geeignet, weil der Mensch gerade aus dem Alltag kommt. Er wird also **dort abgeholt, wo er sich befindet.** Eine gelungene Einstimmungsphase lässt die Gruppenmitglieder die Mühen des Alltages vergessen und **stimmt** sie wie ein Instrument auf das Folgende ein.

Wenn wir aufgrund eines Geräusches aufhorchen, richtet sich unser Körper automatisch auf.

Das Gehen beginnt wie eine **Alltagsbewegung** und wird **durch verschiedene Angebote verändert.** Die Teilnehmenden werden aufgefordert, ihre **Aufmerksamkeit bewusst auf sich bzw. andere zu lenken.** So wird **aus der Alltagsbewegung eine Sensibilisierungsübung.**

Wege entstehen beim Gehen.
Jank/Meyer 1991, S. 333

Was das alltägliche Gehen für Erwachsene ist, ist für Kinder das Laufen. Gleichförmige Bewegungen entsprechen ihnen weniger als ungleichförmiges Laufen und Anhalten. Sämtliche Spielvorschläge, die mit **Gehen im Raum** (GIR) beschrieben werden, können für Kinder mit **Laufen im Raum** (LIR) „übersetzt" werden.

GIR = Gehen im Raum
LIR = Laufen im Raum

Spielvorschläge zum Gehen im Raum

- **Eigenwahrnehmung sensibilisieren:**
  + GIR, Aufmerksamkeit auf die eigenen Schritte, auf die Haltung und Atmung lenken.
  + „Geht durch den Raum, in alle Ecken, so langsam wie möglich, noch langsamer, plötzlich ganz schnell, langsam und schnell im Wechsel, ganz leise, schnell und leise, langsam und sehr laut, rückwärts, seitwärts, in zwei Gruppen." (Diese oder eine ähnliche Bewegungsfolge kann auch von einem Gruppenmitglied angeleitet werden!)

- **Wahrnehmung auf andere lenken, Konzentration fördern:**
  + GIR, Aufmerksamkeit auf Geräusche lenken, die von anderen gemacht werden.
  + GIR, im Metrum einer Musik. Variante: Versuchen Sie, dieses Metrum zu umgehen (z.B. durch Hinken, Torkeln, Rollen …).
  + GIR, im Metrum einer Musik. Taktart herausfinden, Rhythmus dazu klatschen, patschen, schnipsen, stampfen.

Varianten für Kinder (LIR): In eine Richtung, in die andere Richtung, in verschiedene Richtungen, ohne jemand anderen zu berühren, über Hindernisse, zu zweit …

+ GIR, rasch möglichst viele Hände schütteln (hektisch, freundlich, höflich ...).
+ GIR, den anderen die Zähne zeigen.
+ GIR, einander auf die Schultern klopfen.
+ GIR, während des Gehens möglichst viele andere Personen im Blickfeld haben.
+ Alle Gruppenmitglieder bis auf eines stehen im Raum. Diese Person bewegt sich fort. Bleibt sie stehen, muss sofort eine andere Person starten.

Erhöhung der Aufmerksamkeit durch abrupte Stopps.

- **Stopp- and Go-Spiele:** Hier kann die Fortbewegung durch Musik begleitet werden. Stoppt die Musik, stoppt auch die Fortbewegung. Wenn das Gehen nicht musikalisch begleitet wird, werden die Stopps durch ein optisches, akustisches oder taktiles Signal vermittelt.
  + GIR, bleibt eine Person stehen, stoppen alle. Geht ein Gruppenmitglied los, bewegen sich wieder alle fort. Variante: Wer als Erste bzw. Erster losgeht, bestimmt die Fortbewegungsart.
  + GIR zur Musik. Stoppt die Musik, wird eine Form (zwei Kreise, vier Reihen ...) gerufen, die möglichst schnell umgesetzt werden soll.
  + GIR, bei einem Signal möglichst schnell nach Sternzeichen geordnet aufstellen (eignet sich als Kennenlern-Spiel).
  + GIR, bei einem Signal mit den Füßen wie angewurzelt stehen bleiben und trotzdem möglichst viele andere Personen berühren.
  + GIR zur Musik, stoppt diese, schnell auf einen Sessel, eine Sprossenwand ... klettern.
  + Planetenspiel: GIR, einander ausweichen, wie Planeten, die sich abstoßen. Bei Stopp Abstände überprüfen. Durch ein Signal werden die Planeten „umgepolt" und ziehen sich an. Möglichst schnell eng aneinander vorbeibewegen, ohne zusammenzustoßen.
- **Kreissuche:** GIR mit geschlossenen Augen: allmählich einen Kreis bilden. Die Augen erst öffnen, wenn im Raum keine Geräusche mehr zu vernehmen sind.

Zur Vertiefung:

- Wodurch kann unser aufrechter Gang unterstützt werden?
- Wieso kann es sinnvoll sein, zur Einstimmung in eine Rhythmik-Einheit Fortbewegungsarten anzuleiten?

4.7 Verkehrserziehung

Angesichts der ständig wachsenden Verkehrsdichte und den damit verbundenen Herausforderungen ist es wichtig, dass Kinder über das Verkehrsgeschehen informiert werden. Kinder sollen Erfahrungen sammeln über Situationen, die im Verkehr jeden Tag geschehen, und sich dadurch sicher auf der Straße bewegen. Die sonst so erfrischende Spontanität und Impulsivität der Kinder kann im Straßenverkehr gefährlich sein. Es gilt, Gefahren abschätzen zu lernen und Achtsamkeit zu üben. In der Rhythmik werden Fähigkeiten und Fertigkeiten

erworben, um Voraussetzungen für verantwortungsbewusste Verkehrsteilnehmerinnen und -teilnehmer zu schaffen.
Durch **Wahrnehmungssensibilisierung** können Geschehnisse genauer beobachtet und gehört werden. Gefahren sind somit leichter erkennbar.
Reaktions- und Konzentrationsvermögen helfen, besser und adäquat zu reagieren. **Geschicklichkeit** kann gefährliche Situationen „entschärfen" (z.B. geschicktes Fallen). → vgl. Spielvorschläge zur visuellen (S. 53), akustischen (S. 56), kinästhetischen (S. 61) und vestibulären (S. 65) Wahrnehmungssensibilisierung

Spielvorschläge zur Verkehrserziehung

- **Erkennen von Farben und Formen:** Alle bewegen sich zur Musik frei im Raum. Stoppt die Musik, wird eine Form oder eine Farbe gezeigt. Bei jeder Form bzw. Farbe soll eine andere Aktion ausgeführt werden. (Viereck: zu viert zusammengehen, Blau: auf Zehenspitzen bewegen …)
- **Geräusche orten:** Die Kinder bewegen sich frei im Raum zur Musik. Stoppt die Musik, schließen alle ihre Augen. Ein vorher bestimmtes Kind macht Geräusche. Die anderen Kinder sollen dorthin zeigen, woher die Geräuschquelle kommt.

„Das schnelle Lied" von Fredrik Vahle handelt von Ferdinand mit seinem „großen, roten, schnellen Superauto" und Emma Nolte, die einen starken Traktor fährt. Ferdinand hat einen Unfall …

- **Gefährliche Situationen zeichnen** und darüber reden.
- **Straßen und Verkehrszeichen** mit Seilen bauen und mit Rollbrettern oder „zu Fuß" begehen. Wer spielt den Polizisten und regelt den Verkehr? Was ist erlaubt? Worauf muss geachtet werden?
- **Einsatzfahrzeuge nachspielen:** Welches Signal macht welches Einsatzfahrzeug? Was machen „normale" Verkehrsteilnehmerinnen und -teilnehmer, wenn ein Einsatzfahrzeug hinter ihnen fährt? Umsetzung in Bewegung, Darstellung der Einsatzfahrzeuge mit der Stimme.
- **Gleichgewicht üben:** Bälle unter eine dicke Matte legen und somit einen beweglichen Untergrund herstellen: Wo kann ich mich anhalten, damit ich im Bus oder in der Straßenbahn nicht stürze?

Zur Vertiefung:

- Suchen Sie bei den Spielvorschlägen zur visuellen, akustischen, kinästhetischen und vestibulären Wahrnehmungssensibilisierung nach weiteren Angeboten für Verkehrserziehung!

4.8 Geschlechtssensible Pädagogik

Geschlechtssensible Pädagogik ist darauf ausgerichtet, **Handlungsspielräume** von Männern und Frauen, Mädchen und Buben zu **erweitern.** Die Verschiedenheit von Menschen soll in einem lebendigen Prozess reflektiert werden. Dabei geht es um die Sensibilisierung für Ähnlichkeiten und Unterschiede von Menschen. Geschlechtssensible Pädagogik versucht, männliche und weibliche Anteile in einer Person zu entdecken und zu vereinen.

Verhaltensmöglichkeiten erweitern

Geschlechtssensible Pädagogik ermöglicht beiden Geschlechtern, **Rollenbilder aus der Vergangenheit zu überdenken und zu hinterfragen. Sie kann ermutigen zum Ausprobieren von neuen** und ungewöhnlichen **Handlungen.** Geschlechtssensible Pädagogik soll jeden Tag gelebt werden, damit Sensibilisierung stattfinden kann.
Gleichberechtigung bedeutet, alle Menschen **„gleich unterschiedlich“** zu **behandeln,** ihnen je nach individuellen Bedürfnissen entgegenzukommen.

4.8.1 Voraussetzungen

Chancengleichheit von Männern und Frauen wird von Menschenrechtsorganisationen und demokratischen Systemen gefordert.

- Geschlechterrollen haben ihren Ursprung in unserer Kultur. Diese gesteht einem Geschlecht mehr Macht zu als dem anderen.
- Geschlechterrollen unterliegen einer beständigen Entwicklung.
- Verhältnisse zwischen den Geschlechtern sind veränderbar.

4.8.2 Reflexion über geschlechtssensible Verhaltensweisen

Bewusst machen eigener Erfahrungen und Haltungen, Zeit nehmen für die Auseinandersetzung mit individuellen Rollenbildern.

An den Rollen, die wir selbst vorleben, können sich Kinder orientieren:
- Reflexion der eigenen Vorstellungen von Geschlechterrollen: Welche Erfahrungen als Mädchen/als Bub haben mich geprägt? Womit habe ich als Kind gerne gespielt? Worauf war ich stolz? Worunter habe ich gelitten? Gibt es in meiner Erinnerung ein Erlebnis, das mir bewusst machte, dass ich ein Bub/Mädchen bin?
- Was erwarte ich von Mädchen/Buben?
- Wie kommuniziere ich mit Männern/Buben/Frauen/Mädchen?
- Werden Männer und Frauen von mir unterschiedlich behandelt (gegrüßt, beachtet, respektiert)?
- Welche Eigenschaften gelten als „männlich“, welche sind „typisch weiblich“? Können wir „einfach Mensch“ sein? Welche weiblichen Seiten schätzen Sie als junge Frau an sich? Welche männlichen Seiten wollen Sie als junger Mann bewahren? Welche typisch geschlechtsspezifischen Eigenschaften können durch Ungewöhnliches verändert werden?

4.8.3 Geschlechtssensible Arbeit im Kindergarten

Der Kindergarten definiert sich als familienergänzende Bildungseinrichtung. Meist ist er das erste außerfamiliäre Lernfeld für Kinder. Als solcher ist er ein wichtiges Erfahrungsfeld zur **Erprobung von zwischenmenschlichen Beziehungen** und **Plattform für kulturellen Austausch.** Im Kindergarten geht es um eine **Förderung der individuellen Begabungen, unabhängig von Geschlecht und sozialer Herkunft.** Geschlechtsspezifische Rollenbilder in Familie, Schule und Medien sollen thematisiert werden.

Im Folgenden werden Anregungen und Fragestellungen zur geschlechtssensiblen Arbeit im Kindergarten formuliert:

- **Anrede:** Welche Formulierungen werden für Mädchen bzw. Buben gewählt? Werden Buben und Mädchen manchmal auch extra angesprochen? Welche geschlechtsneutralen Formulierungen werden ausgewählt?
- Gibt es **geschlechtsspezifische Arbeitsteilung?** Welche Vor- und Nachteile entwickeln sich dadurch?
  Beispiel: Nicht selten kommt es vor, dass Pädagoginnen Mädchen bewusst oder unbewusst als Verbündete beanspruchen. Sie setzen sie als „Helferinnen" gegen Unordnung und Unruhe, die oft von Buben ausgeht, ein. Solche Verbündeten werden von den Kindern nicht geschätzt und untergraben Solidarität und Toleranz in der Gruppe. Welche Verhaltensweisen festigen Rollenklischees? Welche stellen sie infrage?
- **Zuwendung:** Fordern Mädchen und Buben dasselbe Maß an Aufmerksamkeit? Wie werden „untypische" Mädchen und Buben behandelt?
- **Auswahl von Lerninhalten:** Welche Themen sprechen Buben an, welche sind für Mädchen besonders interessant? Wie können Inhalte, die besonders interessant für ein Geschlecht sind, auch für das andere Geschlecht bedeutungsvoll aufbereitet werden? Einerseits bewusste Trennung von Mädchen und Buben, etwa, wenn ein Geschlecht große Wissensvorsprünge hat. Andererseits aber bewusste Zusammenführung der Geschlechter, um voneinander zu lernen. (Themenbereiche: kochen, tanzen, musizieren, werken, bauen …)
- **Fragen:** Kinder einbeziehen: Wollen Mädchen mit Buben spielen? Wollen Buben mit Mädchen spielen? Warum nicht? Warum schon?
- **Auswahl von Kinderbüchern:** Welche Rollen spielen Männer und Frauen, Mädchen und Buben in den Büchern? Werden Mädchen und Buben auch in Rollen gezeigt, die den jeweils anderen Geschlechtern zugeschrieben werden? Werden auch reale Lebenssituationen (Alleinerziehende, „Patchwork"-Familien, Bewohnerinnen und Bewohner von Pflegeheimen …) gezeigt? Werden Männer auch im Haushalt und Frauen in Führungspositionen dargestellt? Wie wird Sprache eingesetzt? (Zum Beispiel: Arbeiter, Bürger … oder arbeitende Menschen, Bürgerinnen und Bürger …)
- **Collagen, Zeichnungen:** Kinder fragen, welche Vorstellungen sie von Beruf und Familie haben.
- **Recherche:** Kinder fragen ihre Großeltern, welche Unterschiede früher zwischen Mädchen und Buben gemacht wurden.
- **Elternarbeit:** Eltern (vor allem aus anderen Ländern) bei passender Gelegenheit nach Sitten, Bräuchen und Rollenverteilung fragen (→ vgl. „Sprachliche Barrieren? – Interkulturelle Erziehung!" S. 217). Eltern mit ungewöhnlichen Berufen einladen.

Gibt es geschlechtsspezifisches Spielzeug?

Das Bundesministerium für Bildung, Wissenschaft und Kultur bietet Broschüren zum Thema geschlechtssensible Pädagogik für jede Zielgruppe an!

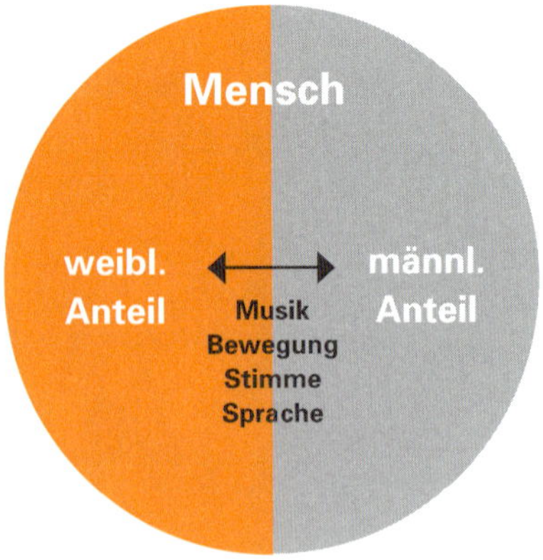

Förderung des männlichen und weiblichen Anteils in uns mittels Musik, Bewegung, Stimme, Material

4.8.4 Geschlechtssensible Arbeit in der Rhythmik

Das Rhythmische Prinzip besagt, dass Leben nur im Wechsel von Spannung und Lösung, Aktivität und Passivität ausgeglichen gestaltet werden kann. Geschlechtssensible Pädagogik will **Dualismen bewusst machen:** Frau – Mann, innen – außen, Tag – Nacht, sanft – stark, schnell – langsam, rational – emotional, laut – leise ...

In der Rhythmik besteht die Möglichkeit, die **eigene Vielfalt** zu **erfahren** und neue, andersartige Standpunkte kennenzulernen. So kann beispielsweise Musik laut oder leise, rational oder emotional, schnell oder langsam gestaltet werden. Es besteht die Möglichkeit, mittels Musik, Bewegung, Stimme und Material die **eigenen männlichen und weiblichen Anteile zu entdecken, wahrzunehmen und zu formen.**
(Im Kapitel „Raum, Zeit, Kraft, Form – Elemente von Musik und Bewegung" werden viele Dualismen wie hart – weich, laut – leise ... beschrieben.)

Spielvorschläge zum Thema geschlechtssensible Pädagogik

- **Zu zweit:** Eine Person bewegt sich, die andere spiegelt ihr Gegenüber. Später wird versucht, gegenteilige Bewegungen zu finden.
- **Zukunft:** Wie stellen Sie sich Ihre Zukunft vor? Skizzieren Sie Ihre Visionen. Welche „Rolle" wollen Sie spielen?
- **Weitergeben:** Ein Gegenstand wird sanft, wild, vorsichtig, unvorsichtig, schüchtern, souverän weitergegeben. Wie werden die einzelnen Handlungsweisen interpretiert?
- **Beziehungslandkarte:** Jedes Gruppenmitglied zeichnet ein Netz von Beziehungen, in dem es selbst Mittelpunkt ist. Wie nahe stehen die einzelnen Persönlichkeiten? In dem Netz sollen keine Namen genannt werden, es wird lediglich mit 2 Farben gearbeitet: Eine Farbe für männliche Bezugspersonen, eine für weibliche.

- **Dualismus:** Zwei unterschiedliche Musikstile sollen in Bewegung interpretiert werden. „Welchen Stil empfinden Sie als ‚weiblich', welchen als ‚männlich'?"

Zur Vertiefung:

- Welche Ziele hat geschlechtssensible Pädagogik?
- Wie kann die Rhythmik geschlechtssensible Pädagogik unterstützen?
- Welche Vor- und Nachteile haben Mädchen bzw. Buben im Kindergarten?

5 Vorschulking meets Cyberspace. Soziales Lernen durch Rhythmik

Unsere heutige Lebenswelt wird durch immer schnellere Veränderungen und Entwicklungstendenzen beeinflusst. Formulierungen wie Informationsgesellschaft, Medien-Freizeit-Kultur und Computerzeitalter weisen darauf hin, was zunehmend an Bedeutung gewinnt. Durch den technischen Fortschritt sind wir einander so nahe gerückt, dass wir Informationen binnen kürzester Zeit austauschen können.

Durch die globale Vernetzung und die dadurch verfügbare, unüberschaubare Menge an Informationen verändert und erweitert sich unsere Gesellschaft immer schneller. Das bewirkt eine Zunahme an Komplexität in allen Lebensbereichen, Änderungen im Berufsleben und in der Freizeit. Kleinere Familienstrukturen sowie eine Wandlung von traditionellen Wertvorstellungen entstehen und fordern Flexibilität, Anpassungsfähigkeit und eine gefestigte Persönlichkeit. Wenn wir lernen, Informationen auszuwählen, zu teilen, zu verwerten und in unser Leben zu integrieren, dann können wir sie als Bereicherung und Ergänzung wahrnehmen.

Balance und Verbindung herstellen zwischen virtueller und selbst entwickelter Fantasie, zwischen Berieselung und Eigenverantwortlichkeit, zwischen Gemeinschaft und Individuum, zwischen dem Beobachten von Helden und einer heldenhaften Eigeninszenierung.

Kinder sind oft flexibler und anpassungsfähiger als Erwachsene. Bereits die Vorschulkinder bewegen sich problemlos im virtuellen Raum und entdecken per Mausklick die unendlichen Weiten des Cyberspace. Diejenigen, die dort am weitesten kommen, am längsten surfen, am einsamsten spielen, werden zu den Kings der neuen Generation.
Nicht alle Entwicklungen unseres Zeitalters sind negativ! Bewundernswert erscheint die Auffassungsgabe und Flexibilität der Vorschulkings. Außer den Entscheidungen, die per Mausklick getroffen werden, sollte die Welt aber auch spürbar, begreifbar, konkret erlebbar sein.
In der Rhythmik werden Angebote gemacht, die uns auffordern, unsere Angelegenheiten selbst in die Hand zu nehmen.

Zur Vertiefung:

- Welche (sozialen) Fähigkeiten sollten unsere Vorschulkings haben?

(vgl. dazu Elschenbroich Donata: „Weltwissen der Siebenjährigen" [Goldmann] 2001)

5.1 Was ist Soziales Lernen?

Kein Mensch kann aus sich heraus geboren werden, alleine wachsen und gedeihen. Wir brauchen andere Menschen, um das Menschsein zu erfahren. Und andere Menschen brauchen uns.

Sozial bedeutet: Die menschliche Gemeinschaft betreffend, der Allgemeinheit nutzend, menschlich, wohltätig, hilfsbereit.
Der Mensch ist ein soziales Wesen. Um sich entwickeln zu können, muss er mit anderen Menschen zusammenleben. Sozialverhalten ist uns nicht angeboren. Wir müssen erst lernen, wie wir uns anderen gegenüber verhalten sollen.
Soziales Lernen wird verstanden als Modelllernen oder Imitationslernen. Vorbilder und Verhaltensweisen werden beobachtet, nachgeahmt und somit erfahren. (vgl. Illichmann 1990, S. 193) Soziales Lernen ist ein lebenslanger Prozess, in dem es gilt, die Balance zu halten zwischen Freiheit und Zwang, zwischen Individuum und Gesellschaft, zwischen Anpassung und Eigenständigkeit.

Interaktion kann auch mit „Zwischen-Handlung" oder „Wechselwirkung" übersetzt werden.

Soziale Interaktion bezeichnet die wechselseitige Beeinflussung von Individuen und Gruppen in Bezug auf ihre Einstellungen und Handlungen.
Kommunikation bedeutet, dass eine Gruppe Zeichen und Symbole verwendet, über die eine gemeinsame Verständigung angestrebt wird. Ein Sender schickt eine Nachricht an einen Empfänger. Die Verständigung hat stattgefunden, wenn die gesendete Nachricht weitgehend mit der empfangenen übereinstimmt. Jede Kommunikation hat eine Inhalts- und eine Beziehungsebene. Ebenso enthält eine Mitteilung einen verbalen und einen nonverbalen Anteil.

Nur 30 % jeglicher Kommunikation laufen über die Sprache! Kleinkinder verstehen nur 7 % der Informationen aufgrund der Wortinhalte. Alle anderen Informationen werden nonverbal vermittelt.

Nonverbale Kommunikation wird über den Tonfall der Stimme, über Lautstärke, Betonung, Sprechgeschwindigkeit, Aussprache, Blickverhalten, Mimik, Gestik, Geruch, räumliche Distanz, Berührung, Körperhaltung und Kleidung mitgeteilt.
Es sind also gleichzeitig mehrere Übertragungskanäle an der Kommunikation beteiligt. In der Rhythmik werden mittels Bewegung, Musik, Stimme und Materialien mehrere Kommunikationskanäle gleichzeitig gefördert und gefordert.

Kommunikation kann visuell, akustisch, taktil, kinästhetisch, vestibulär, olfaktorisch oder gustatorisch stattfinden.

Körpersprache, ein Teil der nonverbalen Kommunikation, macht die Verbindung zwischen Körper und Seele deutlich. Viele Gefühlsregungen werden bewusst oder unbewusst körperlich angezeigt (Erröten, „Strahlen", Kopf hängen lassen …). Wenn die Gruppenleitung es schafft, Körpersignale sensibel aufzunehmen, kann Wesentliches erfahren werden über den Gemütszustand eines Gruppenmitgliedes.
Persönlichkeit zeigt sich in der Art und Weise, wie ein Mensch sich verhält, Ereignisse erlebt, seine Eigenschaften und Einstellungen äußert. Als Persönlichkeitsentwicklung werden langfristige Veränderungen dieser Merkmale bezeichnet.

Zur Vertiefung:

- Versuchen Sie, das Wort sozial mit eigenen Worten zu beschreiben!
- Welche Begriffe sind für das Soziale Lernen von Bedeutung?

5.2 Wozu Soziales Lernen?

- **Aufgrund des gesellschaftlichen Wandels** besteht die Notwendigkeit, uns **mittels sozialer Kompetenzen** in der sich immer schneller verändernden Welt **zurechtzufinden.**
- Soziale Kompetenzen bilden die **Grundlage für eine offene, konstruktive, lebendige und kritische Lebensgestaltung.**
- **Die ersten sozialen Erfahrungen eines Menschen beeinflussen sein Verhalten** zu anderen Menschen.
- **Affektiv-soziale Verhaltensweisen beeinflussen das Leben** einer Gruppe **mehr** und tiefgehender **als intellektuelle Prozesse.**
- **Probleme,** zu deren Lösung eine große Vielfalt von Können und Wissen erforderlich ist, **können in einer effizient arbeitenden, sozial geschulten Gruppe besser gelöst werden** als von Einzelpersonen.
- Einer Kindergartenpädagogin bzw. einem Kindergartenpädagogen sollte die **Bedeutung von sozialen Prozessen aus der Reflexion eigener Erfahrung bewusst sein. Soziale Entwicklungen** sind an Reifungsprozesse gebunden und nehmen daher **viel Zeit** in Anspruch. Durch diese Erkenntnis fällt es leichter, Zeit und Geduld für die Förderung von Sozialverhalten aufzuwenden.

Zur Vertiefung:

- Wozu Soziales Lernen? Nennen Sie 3 Gründe!

5.3 Soziale Fähigkeiten

Formulierungen sozialer Fähigkeiten sind stark an den kulturellen Hintergrund einer Gesellschaft gebunden. Die hier genannten Erziehungskompetenzen sind im Zusammenhang mit dem europäisch-christlichen Kulturraum zu sehen, erheben angesichts der Vielfalt sozialer Fähigkeiten aber keinen Anspruch auf Vollständigkeit.

- **Wahrnehmung:** In Ruhe beobachten (können), zuhören und abwarten können, sich eigener und fremder Bedürfnisse und Wünsche bewusst werden, eine Gruppe wahrnehmen, nonverbale Verhaltensweisen beobachten, die Leistung anderer erkennen und wertschätzen.
- **Selbst- und Mitbestimmung:** Aufbau eines positiven Selbstbildes, einen Platz haben und einnehmen, sich etwas Gutes tun, der Welt gegenüber offen sein, sich im richtigen Moment einbringen oder zurücknehmen können, Geduld, Durchhalte- und Durchsetzungsvermögen, Handlungsinitiativen entwickeln, Verantwortung dafür übernehmen, Spielregeln beachten.
- **Kooperation:** Kontaktfreudigkeit, auf gemeinsame, wünschenswerte Ziele hinarbeiten, Freude am Investieren in ein Ziel entwickeln, Rücksicht nehmen, Schwächere integrieren, Erfolg und Misserfolg teilen, sich selbst und anderen vertrauen, Kritikfähigkeit, Fairness, Kompromissfähigkeit, Toleranz, Solidarität.

Wie transportieren wir moralische Urteilsfähigkeit? Bildung, Erfahrung und Ehrlichkeit helfen, Meinungen zu bilden.

- **Einfühlungsvermögen:** Anteil nehmen (Empathie), Gefühle anderer respektieren, jemanden oder etwas verschonen, pflegen, achten, sich auf andere einstellen, Einsicht in soziale Zusammenhänge aus der eigenen und aus fremder Sicht herstellen können.
- **Frustrationstoleranz:** Mit Misserfolgen umgehen lernen, eigene Fehler zugeben können, Abbau von Hemmungen und Ängsten, Konfliktfähigkeit.
- **Kommunikation:** Wünsche und Gefühle mitteilen, Anliegen argumentieren und diskutieren, Erwartungen deutlich formulieren.

Zur Vertiefung:

- Nennen Sie konkrete Beispiele, in welchen soziale Fähigkeiten von Bedeutung sind!

5.4 Altersspezifische Entwicklung von Sozialverhalten

Beziehungsgestaltung ist immer auch Selbstgestaltung, da alle Kontakte in Bezug auf die eigene Person und ihre Vorlieben und Bedürfnisse gestaltet werden.

Bereits unmittelbar nach der Geburt zeigt das Kind, dass es kommunikationsfähig ist. Es horcht, schaut, spürt, reagiert auf Kontakte und kann in anderen Gefühle hervorrufen. Im Verlauf der ersten Lebensjahre wird durch die Kommunikation mit Bezugspersonen das eigene Selbst entdeckt.

Im Kindergarten ist jedes Kind stärker auf sich selbst angewiesen als zu Hause. Die Lehr- und Erziehungsperson ist nicht in dem Maß für jeden verfügbar wie die Eltern. Der Bezug zu Erwachsenen tritt im Kindergarten allmählich in den Hintergrund. Eine **Vielzahl von Eindrücken erhält das Kind über andere Kinder.** Diese Erfahrungen werden immer wichtiger.

Nur wer autonom handeln darf, kann auch Verantwortung übernehmen!

Während Kleinkinder noch jeden akzeptieren, der mit ihnen spielt, ist es für Kinder mit 3 bis 4 Jahren zunehmend wichtig, **Freunde selbst auszuwählen.** In der Rhythmik wird die Möglichkeit geboten, Gefühle, die im sozialen Kontakt entstehen, auszudrücken. Dabei werden **nicht immer positive Verhaltensweisen** an den Tag gelegt. Jüngere werden aus dem Spiel von Älteren ausgeschlossen, Langsamere werden verspottet. Im Vorschulalter lieben es die Kinder, sich zu messen, zu bewerten, zu vergleichen. So lange niemand Schaden erleidet, sollten diese Verhaltensweisen **ausgelebt werden dürfen,** um natürliche Kräfte wahrzunehmen und mit ihnen umzugehen. Durch rhythmische Spielvorschläge, die das Sozialverhalten fördern, entdecken Kinder, dass sie einerseits Wahlmöglichkeiten haben (mit welcher Partnerin bzw. mit welchem Partner möchte ich mich messen?), andererseits auch interessante Spielmöglichkeiten gefunden werden können, wenn sie mit Kindern zusammen sind, die nicht ihrer ersten Wahl entsprochen haben.

Kinder brauchen Kinder! Ebenbürtige Partnerinnen bzw. Partner sind für ihre Entwicklung wichtig!

Über die Haltung der Lehr- und Erziehungsperson kann vermittelt werden, dass **jedes Kind** als **gleichwertiges Mitglied** mit unterschiedlichen Kompetenzen und Verantwortlichkeiten respektiert wird. Auseinandersetzungen mit Menschen, die andere Ausdrucksmöglichkeiten haben, sollten als Bereicherung und

Erweiterung der eigenen Persönlichkeit angesehen werden. → vgl. „Stimme/ Sprache: Sprachliche Barrieren? – Interkulturelle Erziehung!" S. 217

Grenzen wir speziell im elementaren Bildungsbereich einzelne Kinder aus Begabungs- oder Qualifikationsgründen aus, dann schmälern wir das Potenzial der Gesellschaft. Eliten bilden sich nicht durch Aussieben, sondern indem sich aus einem breiten Spektrum immer wieder neue Begabungskombinationen herauskristallisieren. (vgl. Neira Zugasti, Schweizer Rhythmik-Zeitschrift 6/2002, S. 16)

Zur Vertiefung:

- Welche sozialen Verhaltensweisen sind für Kindergartenkinder üblich?

5.5 Förderung von sozialen Fähigkeiten und Fertigkeiten in der Rhythmik

Soziales Lernen wird in der Rhythmik auf vielfältige Weise gefördert:

- Durch **Wahrnehmungssensibilisierung** wird genaues Hinhören, Sehen und Spüren unterstützt. Informationen können besser aufgenommen und verarbeitet werden. Dadurch entwickeln sich umfassendere Kommunikationsmöglichkeiten.

- Soziales Lernen wird gefördert, indem die Teilnehmenden zu **kreativen** Problemlösungsprozessen angeregt werden. Wer viele Lösungsmöglichkeiten entwickeln kann, ist flexibler im Kontakt zu anderen.

- **Musik** unterstützt Soziales Lernen, weil wir durch sie lernen, zuzuhören, aufeinander zu reagieren und einander zu beachten.

- Durch **Bewegung** lernen wir, flexibel, elastisch, beweglich in Kontakt zu anderen zu treten. Wir erfahren aber auch Standfestigkeit, Geschicklichkeit und Ausdauer.

- Unsere **Stimme und Sprache** verdeutlichen unsere Ausdruckskraft. Klare Artikulation und ein bewusster Stimmeinsatz helfen uns, Bedürfnisse und Wünsche anschaulich zu machen und somit verständlich zu kommunizieren.

- In der Auseinandersetzung mit **Material** erfahren wir, kreativ, aber auch behutsam und sorgfältig mit Gegenständen umzugehen. Materialien können beobachtet, geteilt, verborgt werden, aber auch in Besitz genommen oder vor anderen versteckt werden.

Im Folgenden werden einzelne Begriffe, die für Soziales Lernen relevant sind, beschrieben und in Bezug auf Rhythmik untersucht.

Zur Vertiefung:

- Wie können soziale Fähigkeiten und Fertigkeiten durch Rhythmik erworben werden?

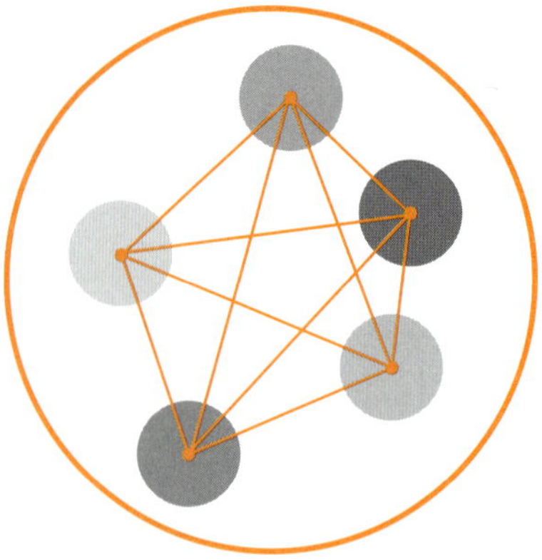

5.5.1 Gruppen

Die Gruppe ist eine Einheit, die mehr ist, als die Summe ihrer Teile. **Innerhalb einer Gruppe ereignen sich Prozesse, die die einzelnen Mitglieder** in ihren Wahrnehmungen, Gefühlen, Einstellungen und Wertvorstellungen **beeinflussen.** Eine Gruppe hat meist gemeinsame Interessen und handelt danach, wobei es natürlich auch Unterschiede innerhalb des Gefüges gibt.
Unterschiede zwischen Menschen sind etwas Natürliches. Dass diese Unterschiedlichkeit jedem von uns zugute kommen kann, wird im gruppenpädagogischen Verfahren der Rhythmik im geschützten Rahmen einer vertrauten Gemeinschaft erprobt.
Unter **Gruppendynamik** versteht man das **Kräftespiel innerhalb einer Gruppe.** Für die Beobachtung und Reflexion von gruppendynamischen Prozessen wird in der Rhythmik viel Zeit verwendet.

➤ Beispiel Improvisation mit Instrumenten: Die Teilnehmenden sitzen in einem Kreis und suchen sich ein Instrument aus. Bei einer Gruppengröße von 12 Teilnehmern sollen immer 5 Personen experimentieren. Wer improvisiert oft/selten? Wer bemüht sich um die Einhaltung der Regeln? Wer stört?

Sozialformen

Rhythmik-Einheiten können sinnvoll durchgeführt werden, wenn 6 bis 12 Teilnehmende in die rhythmischen Angebote involviert sind. Bei weniger als 6 Personen kommt es vor, dass der soziale Aspekt der Rhythmik in den Hintergrund gerät und eine Individualförderung vorrangig wird. Beteiligen sich mehr als 12 Personen an einer Rhythmik-Einheit, können nicht mehr alle Gruppenmitglieder gefordert und gefördert werden.

Je nach Gruppengröße erleben sich die Teilnehmenden in unterschiedlichen sozialen Gefügen.

In der Rhythmik werden verschiedenste Spiele **alleine, zu zweit, in Kleingruppen** sowie in der **Teilgruppe** durchgeführt. Die **einzelnen Sozialformen stehen gleichwertig nebeneinander.**
Während einer Rhythmik-Einheit entstehen zahlreiche verschiedene Gruppenkonstellationen. Aufgabe der Lehr- und Erziehungsperson ist es, sorgfältig auszuwählen, für welches Angebot welche Gruppengröße passend ist. Die Gruppenmitglieder haben die Möglichkeit, in der Zusammenarbeit mit anderen immer wieder neue Beziehungsaspekte zu erleben. **Für die Entwicklung des Kindes ist es wichtig, in verschiedenen Gruppenformationen tätig zu sein** und sich in unterschiedlichen Rollen zu erleben.

Rollen

Flexibilität erlangen durch verschiedene Rollenspiele

Innerhalb einer Gruppe übernehmen die einzelnen Personen unterschiedliche Rollen. Die **Grundqualifikation einer Rollenübernahme** bezieht sich auf die **Fähigkeit, eine Situation aus der Perspektive einer anderen Person betrachten zu können. Je mehr Gelegenheit ein Kind zur Rollenübernahme hat, umso** schneller und **besser kann es** andere Verhaltensweisen kennenlernen und **sich in andere Personen einfühlen.**

Im Handlungsfeld der Rhythmik wird erfahren, welche verbalen und nonverbalen Protestformen von wem beachtet, ignoriert oder bestraft werden und welche Verhaltensweisen Zuspruch finden.

Das Rollenspiel als Erprobung von Verhalten.

Oft ziehen Pädagoginnen bewusst oder unbewusst typisch weibliches Verhalten (Kooperation, bevorzugtes Spiel an einem geschützten Ort in Kleingruppen, Spiele des Behütens und Bewahrens) dem typisch „männlichen" (ausgelassenes Toben, Kräftemessen, raumgreifende Bewegungen) vor. Diese Haltung ist verständlich, da die meisten Pädagoginnen Sympathien für ihr eigenes Geschlecht empfinden. Das Verhalten der Mädchen ist dem Verhalten der weiblichen Pädagogin ähnlicher und somit besser nachvollziehbar. Buben, die meist weniger Identifikationspersonen in ihrem Umfeld haben als Mädchen, können ihre „weiblichen" Seiten jedoch besser entdecken, wenn sie auch „männlich" sein dürfen.
➔ vgl. „Geschlechtssensible Pädagogik" S. 71

Plädoyer für Wildschweinjagd und Lkw-Rallye!

Zur Vertiefung:

- Was ist eine Gruppe?
- Welche Sozialformen werden in der Rhythmik erprobt?
- Welche Fähigkeiten können durch Rollenspiel erworben werden?

5.5.2 Grenzen

Grenzen sind Thema im Berufsalltag, in der Familie, im Freundeskreis, in der Kunst, in der Politik, in der Technik. Sie sind wichtiger Bestandteil unseres Lebens.

Ein **achtsamer Umgang mit Grenzen** ist erstrebenswert. Dafür ist ein **Abstecken** der eigenen und ein **Abtasten** von anderen Grenzen unerlässlich. So unterschiedlich wie die Menschen selbst sind, so verschieden sind auch ihre **Revieransprüche.** Sie sind **abhängig von den involvierten Personen, Rahmenbedingungen und Zeit.**

Grenzverletzungen treten in sozialen Systemen häufig auf. Die deutsche Sprache veranschaulicht diese Tatsache durch Redewendungen wie: jemandem zu nahe kommen, bis ins Herz treffen, bis auf die Knochen blamiert sein, unter die Haut gehen, in die Schranken verweisen.

Wer für alles offen ist, kann nicht ganz dicht sein!

Um die eigenen **Grenzen** deutlich zu machen, muss man sie **kennen, aber auch darauf verweisen.** Bei Unterwanderungsversuchen muss klar Position bezogen werden. Auch wenn Grenzverletzungen erst im Nachhinein deutlich werden, soll die Person, die die Grenze überschritten hat, zu einem späteren Zeitpunkt darauf hingewiesen werden. **Konsequenz** ist hier von großer Notwendigkeit. Die Grenzen der anderen müssen ebenso geachtet werden wie die eigenen. Oft gibt uns unser Körper ein Signal, das auf eine Grenzverletzung hinweist (Schweißausbruch, rot werden, Krankheit ...). Diese Signale sind unbedingt ernst zu nehmen!

Abgrenzungen vornehmen

Fall' aus deiner Rolle, dann rollst du aus der Falle!

Abgrenzung vornehmen durch das „Bei-sich-Sein".

Als Lehr- und Erziehungspersonen befinden wir uns ständig im Kontakt mit sehr vielen Kindern. Diese fordern beinahe ununterbrochen Aufmerksamkeit. Räumliche, zeitliche und personelle Gegebenheiten schränken oft die eigenen idealistischen Vorhaben ein. In einer Situation, in der alle diese Reize auf uns einströmen, vergessen wir oft, dass eine ganz wesentliche Komponente in diesem System noch nicht erwähnt wurde. Die **eigene Person!** Wie kann ich mich einbringen mit meinen Fähigkeiten, mit meinen Vorlieben? Wie kann ich mich abgrenzen gegenüber vielen unerfüllbaren Forderungen von Kindern, Eltern, Kolleginnen und Kollegen?
Gleichartigkeit, Übereinstimmung, Einigkeit und Zusammengehörigkeit sind Bedürfnisse, die jeder Mensch in hohem Maße hat. Meist ist es nicht hilfreich, Vergleiche (etwa zwischen Kolleginnen und Kollegen) anzustellen, es kann aber **nützlich** sein, **die eigenen Vorlieben einzubringen** und das Umfeld daran teilhaben zu lassen. Kinder profitieren davon, egal, ob die Lehr- und Erziehungsperson ihre Lieblingsgeschichte erzählt, ihr Lieblingslied singt oder Fotos von einer besonders schönen Reise mitbringt. Abgrenzungen können vorgenommen werden, durch das **„Bei-sich-Sein"**, durch das Einbringen der eigenen Person, aber auch durch eine schlichte Absage, ein klares **Nein.**

Kinder setzen Grenzen – Kindern Grenzen setzen

Wer Grenzen setzt, muss auch Kindern zugestehen, Grenzen zu setzen!

Kinder sollen lernen, ihre Wünsche, Ängste und somit ihre Grenzen offen auszusprechen. **Abgrenzen heißt nicht ausgrenzen.** Anliegen sollen formuliert werden können, ohne dass eine Aussonderung die Folge ist. Grundprinzip ist eine auf Gleichheit beruhende Übereinkunft.
„Unsere Kinder wollen als uns Gleiche anerkannt werden, nicht an Größe, Geschicklichkeit und Erfahrung, sondern in ihrem Recht und ihrer Fähigkeit, selbst zu entscheiden, statt einer höheren Macht nachzugeben." (Dreikurs, Grey 2002, S. 36)

Kritik an einer Handlung meint nicht Kritik an einer Person. Kinder müssen auch dann als Person angenommen werden, wenn sie Grenzen überschritten oder Regeln verletzt haben. Nur so ist es ihnen möglich, Bereitschaft zu Veränderungen zu zeigen. Im Handeln, durch Versuch und Irrtum, durch eigenständiges Tun, erleben Kinder Grenzen.

Kinder lernen Grenzen zu ziehen, wenn Erwachsene ihnen vorleben, wie sie Grenzen setzen.

Kinder sind, trotz vieler Bemühungen um klare Regeln seitens der Erwachsenen, beim „Austesten" von Grenzen oft beharrlich. Nicht aus Bosheit, sondern weil sie es genau wissen wollen, weil Wiederholung in ihrem Leben an sich eine wichtige Rolle spielt. **Grenzen konsequent zu ziehen, fordert ein großes Maß an Überblick, guter Befindlichkeit, Geduld und Liebe.**
„Grenzen zu ziehen ist ein Mittel, um Eigenständigkeit zu dokumentieren. Grenzen machen den Unterschied zwischen Ich und Du, Nähe und Distanz, Vertrautem und Nicht-Vertrautem." (Rogge, 1995, S. 45)
Grenzen erleichtern es Kindern, Standpunkte zu finden, sich zu orientieren.

Übersichtlichkeit ermutigt zum Mitgestalten, z.B. beim Aufräumen die ersten 3 Minuten mithelfen, um „Schneisen zu schlagen".
Grenzen zu ziehen heißt nicht, sie für alle Zeiten zu setzen. **In Abhängigkeit zur kindlichen Entwicklung** sollen Grenzen beweglich bleiben. Ebenso beweglich und bewegt können Erwachsene Kindern gegenübertreten. Kinder wollen nicht von „Übermenschen" erzogen werden. Menschen, die Fehler machen, sie eingestehen, sich entschuldigen, werden als Personen angesehen, auf die die Kinder menschlich reagieren.

Distanz und Nähe bedingen sich gegenseitig. Wann der richtige Zeitpunkt für Distanz zu einem Menschen und wann Nähe angebracht ist, muss in jedem Fall neu entschieden werden. Viele der hier behandelten Inhalte sind bekannt. Absicht der Thematisierung ist eine Sensibilisierung, um die **Bereitschaft zur aktiven Auseinandersetzung** mit der Thematik **aufrechtzuerhalten.** Die eigenen Grenzen zu kennen und benennen zu können, ist eine notwendige Voraussetzung für jede pädagogische Tätigkeit und ein lebenslanger Lernprozess, der im Kontakt mit unserer Umwelt stattfindet.

Zur Vertiefung:

- Wie viel Nähe und wie viel Distanz benötigen Sie persönlich in einem Gespräch? Sind Ihre Bedürfnisse personenunabhängig?
- Wie können Abgrenzungen vorgenommen werden?
- Was muss dabei beachtet werden?

Grenzen setzen durch die Ziele und Mittel der Rhythmik

Bewegungsaufgaben und Sensibilisierungsübungen sprechen meist auch das Thema Grenzen an.

In der Rhythmik erleben wir Körper, Geist und Seele als Ganzheit. Wir bewegen uns, setzen unsere Sinne ein, treten in Interaktion. Wenn wir uns bewegen, besteht die Möglichkeit, dass wir uns selbst und unsere Grenzen beweglich erleben. **Ein flexibler Körper hat oft auch einen flexiblen Geist.**
Durch die **Wahrnehmungssensibilisierung,** die in der Rhythmik stattfindet, entsteht ein besseres Körpergefühl, das uns früher **erkennen** lässt, **wann unsere Grenzen erreicht sind.**
Kreativitätsförderung unterstützt Problemlösungskompetenz, die im täglichen Abstecken von Grenzen gefragt ist. Oft entwickeln Menschen durch eine Grenze auch erst Strategien, die sie ohne die Grenze nicht gefunden hätten. Sie nähern sich an einen Widerstand an, sie umspielen ihn, sie entwickeln Handlungen innerhalb der Grenze. (Beispiel: Welche Bewegungsmöglichkeiten gibt es, wenn ein Bein bewegt wird? Was kann man alles tun, wenn man sich nur auf bestimmten Linien im Raum fortbewegt?)

Kreative Problemlösungskompetenz entwickeln aufgrund von Grenzen.

Die Methode der Rhythmik geht von den Stärken der Menschen aus. Sie spricht die Kompetenzen der Gruppenmitglieder an und arbeitet mit ihnen. (Liebe zur Musik, Bewegungsbegeisterung, Kreativitätsförderung mittels Materialien ...)

Somit wird Selbstvertrauen gefördert. Durch Gestaltungsprozesse wird ebenso Selbstvertrauen gestärkt, das zur klaren Definition von Grenzen erforderlich ist.

Grenzen erfahren durch Anwendung des Rhythmischen Prinzips

In Erziehungsprozessen spielen **Konflikt und Harmonie, Nähe und Distanz** eine wichtige Rolle. Das Rhythmische Prinzip geht davon aus, dass der Mensch Bedürfnisse nach Spannung und Entspannung, Nähe und Distanz, Eigenständigkeit und Gemeinschaft hat. Diese Struktur der Polarität und des Ausgleiches bietet einen breiten Rahmen an, der den Bedürfnissen der Beteiligten nachkommt.

Mein Verlangen nach Ruhe hat in der Rhythmik ebenso Platz wie das Verlangen eines anderen nach Dynamik. Führung übernehmen und anderen somit **Grenzen setzen, soll von jedem Gruppenmitglied ausprobiert werden.** Wertschätzung und Akzeptanz der Gruppenmitglieder sind Voraussetzung für einen demokratischen Führungsstil und für das Suchen, Finden und Setzen von Grenzen.

Zur Vertiefung:

- Welche Möglichkeiten bietet die Rhythmik für das Wahrnehmen und Setzen von Grenzen?

Spielvorschläge zum Suchen, Finden und Setzen von Grenzen

- **Abstände:** Freie Fortbewegung im Raum: Eine Person A stoppt, die anderen bleiben auch stehen und gehen so nahe zu A, wie es ihnen angenehm ist.
- **Rot-Blau:** Freie Fortbewegung im Raum: Alle Roten berühren die Blauen, so wie es ihnen Spaß macht. Die Blauen dürfen die Roten nicht berühren. Später wird gewechselt.
- **Zwischenräume:** Die Roten stehen im Raum und stellen Skulpturen dar. Die Blauen bewegen sich in den Zwischenräumen, ohne die Figuren zu berühren. (Unterschiedliche Musik löst hier unterschiedliche Reaktionen aus: Wilde Musik bewegt die Teilnehmenden anders als sanfte.)
- **Musikalische Grenzüberschreitung:** Zwei Gruppen: Eine Gruppe musiziert, die andere versucht, durch musikalische Mittel zu stören.
- **Grenzen übermalen:** Ein großer Streifen Papier wird am Boden ausgerollt. Auf ihm werden so viele Felder eingezeichnet wie Gruppenmitglieder. Wie werden diese Grenzen gestaltet? Variante: Jede Person malt in ihrem Feld, solange Musik gespielt wird. Stoppt die Musik, wandern alle ein Feld nach rechts und zeichnen dort weiter.

→ Weitere Spielvorschläge, die das Thema Grenzen behandeln, können im Abschnitt taktile Wahrnehmungssensibilisierung auf S. 58 nachgeschlagen werden.

5.5.3 Konflikte

Experiment:

Zu zweit Rücken an Rücken setzen. Eine Person hat einen Gegenstand in der Hand und beschreibt ihn einem anderen Gruppenmitglied. Dieses zeichnet das auf, was ihm beschrieben wird.
Anregung: Jeder Gegenstand existiert zweimal. (Je zwei Paare arbeiten mit dem gleichen Gegenstand.) Danach Wechsel. Beschreibung eines neuen Gegenstandes von der Person, die gezeichnet hat.
Welche Ähnlichkeiten bzw. Differenzen hat der Gegenstand mit der Zeichnung? Gibt es bei den Zeichnungen, die das gleiche Objekt darstellen, Gemeinsamkeiten?
Variante: Mehrere Musikstücke werden kurz angespielt und sollen von den Teilnehmerinnen und Teilnehmern beschrieben werden. Gibt es Übereinstimmungen oder sind die Wahrnehmungen eher unterschiedlich?

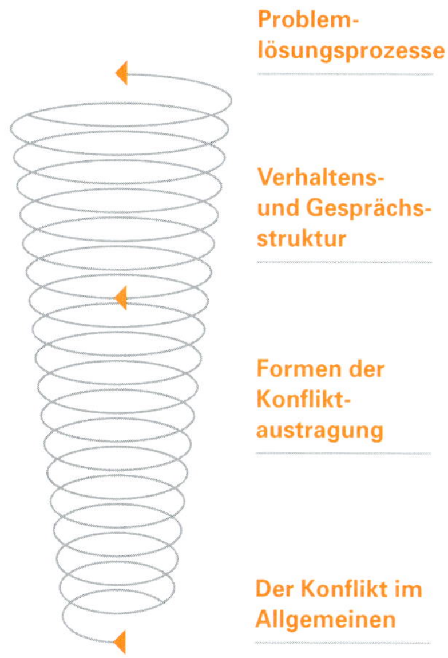

Konflikte treten in allen sozialen Gefügen auf. In der Rhythmik besteht die Möglichkeit, Kontroversen **spielerisch** zu bearbeiten. Oft wird die Problematik somit durch eine gewisse Leichtigkeit aufgelockert. Viele Auseinandersetzungen können allerdings schwer durch Spiele geklärt werden. Störungen können daher auch in der Rhythmik besprochen werden. Im Folgenden wird ein **Leitfaden** zur Lösung von Konflikten angeboten:

Der Konflikt im Allgemeinen

Der Begriff

Das Wort Konflikt entstammt dem lateinischen **conflictus** und bedeutet Zusammenstoß, Zwiespalt, (Wider-)Streit.
In Konfliktsituationen wird angenommen, dass die beteiligten Personen Standpunkte oder Interessen haben, die entweder voneinander abhängig sind oder einander ausschließen.

Konfliktparteien

treten auf in der Familie, zwischen Hausparteien, in der Arbeit, in Freundschaften, zwischen Schülerinnen und Schülern, politischen Parteien, Großkonzernen, Religionen, Staaten …

Bestimmungsmerkmale von Konflikten

- Die Konfliktparteien besitzen ein Minimum an Kontakt und gegenseitiger „Sichtbarkeit".
- Es bestehen unterschiedliche Werte, Auffassungen und Ziele.
- Die Verhaltensweisen der Parteien sind darauf ausgerichtet, der jeweils anderen Partei zu schaden bzw. sie zu beherrschen.

Inhalte von Konflikten

- Kommunikative Störungen (Missverständnisse, Vorurteile, Dominanzstreben)
- Wert- und Normdifferenzen (unterschiedliche Auffassung über Treue, Freiheit etc.)

Konflikte können entstehen, wenn Menschen Partei ergreifen, Macht ausüben, Gehorsam verweigern, nicht nachgeben, wenn Pluralität nicht zugelassen wird oder Wertvorstellungen aufeinanderprallen.

Formen der Konfliktaustragung

Die Konfliktbehandlung kann in **verbaler Interaktion** erfolgen, durch argumentativen Austausch, Verwendung von Überredungstechniken oder durch Wegrationalisierung der Überzeugungen des Gegenübers. Durch **nonverbale Kommunikation** kann ebenso vermittelt werden, dass ein Konflikt besteht. Eine andere Stufe der Austragung erreicht der Konflikt durch **gewaltlosen Widerstand** (Streik). Alternative Lebensformen, Subkulturen und Sekten bekunden, dass sie mit der Gesellschaft nicht einverstanden sind. Hier besteht ein latenter Konflikt. Gewaltsame Formen wie Folter und **Krieg** bilden die brutalste Form der Konfliktaustragung.

Reale Begleiterscheinungen

Psychische Kraft, Ausdauer und Stehvermögen sind wichtig, um in einem Konflikt zu bestehen. Gefühle wie Angst, Hoffnungslosigkeit, Zweifel und andere Leidensempfindungen können bei der Austragung eines Konfliktes auftreten. Diese Erlebnisse beinhalten eine Reihe von persönlichkeitsbildenden Lernerfahrungen.

Die Erkenntnis, dass jeder Mensch, trotz offensichtlichster Unterschiede, dem anderen ähnelt und übereinstimmende Wünsche und Bedürfnisse hat, kann bei aller Anstrengung hilfreich sein.

Zur Vertiefung:

- Welche Ursachen für Konflikte sind Ihnen bekannt?
- Beschreiben Sie Gefühle, die Sie in Konfliktsituationen beobachtet haben!

Verhaltens- und Gesprächsstrukturen

Bei einer lösungsorientierten Austragung eines Konfliktes sollte die Grundvorstellung der Symmetrie verfolgt werden. Die Kommunikation kann auf Gleichheit und Gegenseitigkeit ausgerichtet werden.

Verhandlungsgrundsätze:

- Freiwilligkeit der Parteien, die Bereitschaft, sich eigenverantwortlich auf einen Prozess zur Lösungsfindung einzulassen.
- Signalisieren, dass ein Gespräch gewünscht wird.
- Ausreichend Zeit nehmen.
- Deutlich und langsam sprechen, jedoch nicht endlos.
- Positive Atmosphäre schaffen: Verständnis, Wertschätzung, Echtheit und „aktives Zuhören" entgegenbringen.
- Akute Konflikte vor chronischen bearbeiten.
- Störungen haben Vorrang: Persönliches vor Sachlichem besprechen.
- Störungen in Wünsche umformulieren.
- Optimistisch sein, Orientierung an der Zukunft.

- Verantwortungsgefühl bekunden.
- Auch bei Angriffen sachlich reagieren.
- Verbindliche Formulierungen: zuerst nachdenken, dann sprechen.
- Ansichten in Ich-Botschaften ausdrücken.
- Übereinstimmungen und Unterschiede klar formulieren, durch gezieltes Fragen Klarheit verschaffen.
- Höflichkeit fordert zur Entsprechung auf.
- Probleme, Wünsche und Bedenken der anderen akzeptieren:
  Wer Schwierigkeiten hat, muss offenbar welche machen.
- Spannungen aushalten.

> Ich habe einfach die Energie genommen, die man zum Schmollen braucht, und einige Bluesstücke geschrieben.
>
> Duke Ellington

Zur Vertiefung:

- Finden Sie für jeden Verhandlungsgrundsatz ein Beispiel!
- Welche nonverbalen Signale konnten Sie bei Konflikten beobachten?

Problemlösungsprozesse

1. Eine Möglichkeit des Einstiegs bietet die **Clustering-Methode.** (vgl. Schneider 1996, S. 9 f.) Rund um ein Kennwort werden in einem Assoziationsprozess Ideennetze geknüpft. Jeder Einfall wird (anonym) auf eine Karte geschrieben und nachher gemeinsam geordnet. Während des gemeinsamen Strukturierens entsteht meist bereits ein Gespräch.
   Eine andere Möglichkeit bietet eine nonverbale Skalierung. Hier werden Fragen gestellt, die es zu beantworten gilt: „Wie betroffen fühlen Sie sich in diesem Konflikt?" (Die, die sehr stark betroffen sind, versammeln sich in einer Ecke, die, die wenig betroffen sind, in einer anderen, Unbeteiligte in einer weiteren Ecke.) „Wie lange sind Sie schon betroffen?" (eine Woche, einen Monat, ein Jahr, mehr als ein Jahr), „Wie groß ist Ihre Bereitschaft für Problemlösungsprozesse?" (sehr groß, groß, gering, nicht vorhanden). Dieser Einstieg bietet ein großes Maß an Transparenz, verbale Äußerungen können aufgeschoben werden, durch Bewegung beziehen alle einen Standpunkt.
2. Definition des Problems
3. Sammlung möglicher Lösungsvorschläge, Formulierung von Wünschen
4. Diskussion: Entscheidungen treffen, Lösungsvorschläge aussuchen und Konsequenzen für das eigene Verhalten ziehen.
5. Realisierung: Verantwortlichkeiten und Richtlinien festlegen, Aufgaben verteilen.
6. Beurteilung des Erfolgs: Falls das Problem nicht gelöst wurde, werden neue Ansatzmöglichkeiten gesucht. Eine Verurteilung der Beteiligten ist für den Lösungsprozess nicht dienlich. (vgl. Bönsch 1994, S. 19 f.)

Clustering-Methode

Das Ergebnis eines Problemlösungsprozesses bedeutet nicht notwendigerweise, dass das Resultat Harmonisierung oder Versöhnung ist. Es sollte aber eine Klärung des Konfliktes und eine für alle mögliche Umgangsform mit dem Konflikt stattfinden.

Im Chinesischen gibt es zwei Schriftzeichen für Konflikt. Eines bedeutet auch noch Krise, das andere Chance.

Konflikte liegen vor, wenn **Wahlmöglichkeiten** bestehen, **Entscheidungen** möglich sind und **Handlungsvarianten** existieren.

Konfliktbewusstsein erlaubt uns, frei, selbstverantwortlich und autonom Entscheidungen zu treffen und Handlungen zu setzen. Die selbst bestimmte Handlungsweise und das Eintreten in eine soziale Interaktion, bei der man einem Konfliktpartner in einer Weise begegnet, die sich auch für ähnliche, künftige Situationen empfiehlt, kann im Idealfall ein Potenzial freisetzen, das eine neue Umgangsform mit Konfliktsituationen bewirkt.

> Musikalisches: Ein Mensch, will er auf etwas pfeifen, darf sich im Tone nicht vergreifen.
>
> Eugen Roth

Konflikte im Kindergarten

In jedem System, in dem viele Menschen miteinander in Kontakt treten, gibt es Konflikte. Der Kindergarten kann dabei nicht ausgenommen werden.

Konfliktpotenziale:

- **Gruppengröße:** Kooperatives Verhalten ist in Kleingruppen häufiger möglich als in Großgruppen. Geteilten Gruppen kann die Lehr- und Erziehungsperson eher gerecht werden.
- **Räumliche Enge:** Konflikte unter Kindern häufen sich, wenn zu wenig Platz vorhanden ist. In der kalten Jahreszeit gibt es mehr Konflikte als in der warmen. Exkursionen zu nahe gelegenen Institutionen (Feuerwehr, Bildungsanstalten für Kindergartenpädagogik, Altersheim ...) ermöglichen neue Spielräume.

Nicht für alles muss sofort eine Lösung gefunden werden!

→ vgl. „Bewegung im Freien" S. 161

- **Ausgrenzung von Minderheiten:** Fehlende Integration kann das „Fass zum Überlaufen" bringen. Unterlegen und schwach zu sein, muss Kindern zugemutet werden. In einem sozialen System sollte es aber auch eine tatkräftige Interessenvertretung geben!
- **Unstimmigkeiten im Team:** Konkurrenz statt Kooperation lähmt die Zusammenarbeit. Gespräche nach den oben genannten Verhandlungsgrundsätzen werden empfohlen.

Zur Vertiefung:

- Welche Konfliktpotenziale konnten Sie bereits beobachten? Finden Sie konstruktive Handlungsvorschläge!

Körperliche Konfliktbewältigung von Kindern

Konflikte werden im Vor- und Grundschulalter **nicht rational gelöst.** Körperliche Auseinandersetzung mit Aggression beinhaltet Ausdrucksmöglichkeiten. Über körperliche Bewegung kann dem Kind eine gedankliche Verarbeitung ermöglicht werden. „Kindliche Aggression ist mit innerer und äußerer Bewegung verknüpft, solch dynamische Kraft dient der Ausbildung der eigenen Identität." (Rogge 1995, S. 133)

Das lateinische Wort aggredi hat zwei Bedeutungen: positiv formuliert meint es „herangehen", seine negative Bedeutung ist „angreifen".

Zur Austragung von Konflikten, zum Ausleben von Aggression und Bewegungsmangel können immer wieder „Raufmöglichkeiten" angeboten werden. Speziell

Buben, die im Kindergarten darunter leiden, dass es für sie wenige bis gar keine Identifikationspersonen gibt, schätzen solche „männlichen" Angebote. Bedürfnisse nach lauten, wilden, raumgreifenden Bewegungen sind existent und können nicht „wegrationalisiert" werden. Sie müssen erprobt werden, um Rollenflexibilität zu erfahren und männliche sowie weibliche Anteile auszuleben.

Für eine „Rauferei" müssen die Kinder zunächst nach Regeln befragt werden, die es einzuhalten gilt. Sie werden bei Bedarf von der Gruppenleitung ergänzt:

- Einander nicht weh tun.
- Nur auf der Matte raufen (Eindämmung von Verletzungsgefahr, Spielfeldbegrenzung).
- Kein Beißen, Kratzen, Zwicken, Würgen oder Treten
- Wenn ein Kind „Stopp" ruft, muss das andere Kind sofort aufhören zu raufen.
- Der Kampf beginnt mit einer Begrüßung und endet mit einer Verabschiedung: Die Kinder reichen sich die Hände und schauen einander in die Augen.

Positive Auswirkungen der „Raufereien":

- Kraft, Widerstand, Geschicklichkeit und Mut werden erprobt.
- Ein respektvoll ausgetragener Kampf kann befreiend wirken und zu einem fairen Konfliktverhalten führen.
- Entwicklung von Regelbewusstsein
- Mädchen haben die Möglichkeit, sich in einem traditionell männlich besetzten Terrain zu behaupten. (Mädchen sind im Kindergartenalter meist genauso stark wie Buben!)

Obwohl das Raufen ein wichtiges Mittel zur Erweiterung von Konfliktverhalten darstellt, empfiehlt es sich, bei starken emotionalen Streitigkeiten zunächst einmal das Gespräch zu suchen, damit die erhitzten Gemüter ein wenig „abkühlen".

> Aggression als produktive Kraft will weg vom Erreichten, dient dazu, Unbekanntes bei sich selbst und anderen zu entdecken.
>
> Jan-Uwe Rogge (1995)

Kognitiv orientierte Unterstützung bei der Bewältigung von Konflikten

Kinder möchten bei Entscheidungsprozessen eingebunden werden. Sie können so Mut für eigene Wahlmöglichkeiten entwickeln und Verantwortung für ihre Handlungen übernehmen.

Die **Wirklichkeit,** in der wir leben, **soll** uns **Maßstäbe und Grenzen setzen, nicht** die oft **scheinbar willkürliche Macht,** das moralische Urteil einer Person. Die Gegenwart steht im Vordergrund. Konflikte können durch Teilhabe an der Entscheidung sowie durch gemeinsame Verantwortung gelöst oder verstanden werden. Mitarbeit kann gewonnen statt gefordert werden. Das Maß an persönlicher Glaubwürdigkeit entscheidet oft über den Respekt, der uns entgegengebracht wird.

Dreikurs, Grey: Kinder lernen aus den Folgen (Herder) 2002

Das Erziehungssystem in Japan sieht eine große Wertschätzung von Kleinkindern vor. Kinder werden als wunderbare Erweiterung der Zukunft angesehen. Im Kindergarten wird eine **deutliche Zurückhaltung der Gruppenleitung** vorgenommen. Die „Unordnung", die dadurch oft in der Gruppe entsteht, wird als

Wert angesehen, denn die Kinder haben so die Möglichkeit, sich frei auszuleben. Konflikte werden nicht hauptsächlich durch die Erziehenden, sondern auch durch andere Kinder gelöst. Somit wird Einsicht in die Notwendigkeit sozial verantwortlichen Verhaltens gegeben. Die **Autorität der Gruppenleitung** wird **durch sparsame Anwendung** gestärkt. (vgl. Elschenbroich 1996) Vergeltung und Strafe scheinen wenig erfolgreiche Erziehungsstrategien zu sein, vor allem deshalb, weil keine erfahrbare Einsicht vollzogen wird. Unsere Kinder benötigen vielmehr Ruhe, Geduld, Gesprächsbereitschaft, Sicherheit sowie ehrlichen und liebevollen Kontakt. Für eine Annäherung empfiehlt sich Augen- und oft auch Körperkontakt, Klarheit und Prägnanz in der Sprache. Ich- Botschaften („Ich ärgere mich!") vermeiden den Anschein, dass etwas Allgemeingültigkeit hat („Das tut man nicht!").

Zur Vertiefung:

- Welche Möglichkeiten gibt es, Kinder bei der Bewältigung von Konflikten zu unterstützen?

Konfliktbewältigung in der Rhythmik

In der Rhythmik besteht die Möglichkeit, durch Musik und Bewegung **kreative, dynamische Ausdrucksmöglichkeiten für Konflikte zu finden.** Jedes Angebot, in dem Körperkontakt, räumliche Distanz, kraftvolle Bewegung oder szenische Ausdrucksmöglichkeiten erprobt werden, kann Konfliktverhalten erweitern. Durch Sensibilisierung und Soziales Lernen entsteht Bereitschaft zur Auseinandersetzung. Konflikte werden oft nonverbal (z.B. musikalisch oder szenisch) thematisiert.

Spielvorschläge, die Konfliktverhalten erweitern

- **Experimente mit Instrumenten:** Auf einer Decke liegen verschiedene Instrumente bereit. Die Kinder können sie vorsichtig ausprobieren und danach wieder zurücklegen, um ein anderes Instrument zu erproben. Welche Geräusche und Klänge gefallen mir am besten? Versuchen wir, Instrumente **einzeln** vorzuspielen. Kann ich „Lieblingsinstrumente" auch anderen „borgen"? Was machen wir, wenn die Experimente für eines der Kinder zu laut werden?
- **Nur 5:** Jedes Gruppenmitglied hat ein Instrument. Es sollten höchstens 5 Personen musizieren. Beobachtungsaufgabe: Wer spielt oft? Wer selten? Wer „kontrolliert", ob die Regeln eingehalten werden?
- **Dirigieren:** Wer möchte zeigen, ob die Gruppe laut (sich groß machen) oder leise (die Dirigentin bzw. der Dirigent macht sich klein) spielen soll? Welches Zeichen soll „Stopp" bedeuten?
- **Senden – Empfangen:** Zwei Gruppenmitglieder stehen sich in geringem Abstand gegenüber. Eine Person sagt in normaler Lautstärke ein Wort. Die andere wiederholt es. Wurde das Wort richtig wiedergegeben, so gehen die beiden einen Schritt auseinander. Nun spricht der vorige „Empfänger" ein Wort aus, die andere Person wiederholt es.

- **Rücken an Rücken:** Zwei Kinder sitzen Rücken an Rücken am Boden. Ihre Arme sind eingehakt. Nun versuchen die Kinder, gemeinsam aufzustehen. Gelingt das, kommt ein drittes, ein viertes Kind hinzu.

Anregungen und Spielvorschläge, die Konflikte thematisieren

Bei akuten Konflikten kann ein Angebot aus der Rhythmik Auslöser für Diskussionen sein. Nonverbale Kommunikation kann jedoch nicht immer ein Gespräch ersetzen! Deshalb sollte bei Bedarf auch während einer Rhythmik-Einheit Zeit für ein klärendes Gespräch gefunden werden.

- **Zeichnung** von Gefühlszuständen mittels einer Farbe oder einer Metapher.
- **Musikalischer Konflikt:** Jede Person sucht sich ein Instrument aus. „Wie kann ich mit diesem Instrument stören, wie kann ich etwas Schönes spielen?“ Einige Gruppenmitglieder setzen sich in eine vorher ausgemachte „Störecke“, die anderen setzen sich in eine „Musizierecke“. Jetzt wird musiziert und gestört. Erfahrungsaustausch, Wechsel.

In Frederik Vahles Lied „Hau mich nicht“ geht es um Alternativen zum Hauen, Beißen und Kratzen.

- **Material einsetzen:** Gibt es einen Gegenstand im Raum, der mein Gefühl repräsentieren kann?
- **Positionen:** Jedes Gruppenmitglied sucht sich eine Position im Raum, die ihr in Bezug auf die anderen angenehm ist. Variante: Um einen Standpunkt besser zu verstehen, können auch die Plätze getauscht werden.
- **Fragen:** In der Mitte eines Kreises steht ein Gegenstand. Rund um dieses Zentrum werden die Gegenstände der Gruppenmitglieder positioniert. Je näher mein Gegenstand an dem in der Mitte steht, umso mehr Zustimmung drücke ich aus. Die Fragen, die nun gestellt werden, beziehen sich auf Inhalte des Konfliktes. („Fühlen Sie sich beteiligt?“, „Wie belastend ist der Konflikt für Sie?“, „Wie groß ist Ihre Bereitschaft für Problemlösungsprozesse?“ …)

- **Kinderkonferenz:** Probleme, die in einer Gruppe entstehen, werden besprochen. Die Kinder geben Anregungen für Lösungsmöglichkeiten. Wichtig ist, dass die Gruppe nicht zu groß ist, damit die Beteiligten zu Wort kommen. In einer Kinderkonferenz dürfen Meinungen geäußert, aber nicht bewertet werden. Ein „Erzählstein“ oder ein „Sprachpodest“ vermittelt, dass immer nur eine Person spricht, nämlich die, die den Erzählstein in der Hand hält oder am Podest steht. Hilfestellungen, um eine Unterhaltung in Gang zu bringen: „Was mache ich, wenn …“

5.5.4 Reflexion

Immer wieder innehalten und auf verbale und nonverbale Signale achten.

einanderzudrehen

einanderzudrehen und
aufeinandereinstellen

ineinandergreifen und
einandermitteilen

miteinanderdrehen und
voneinanderlösen

auseinanderkreisen und
einanderzudrehen

aufeinandereinstellen und
ineinandergreifen

einandermitteilen und
miteinanderdrehen

voneinanderlösen und
auseinanderkreisen

einanderzudrehen und

Eugen Gommringer

Jeder Mensch sollte wenigstens einmal in seinem Leben fünfzehn Minuten lang berühmt gewesen sein.

Andy Warhol

Erinnerungsfähigkeit ist die Voraussetzung jedes Lernens.

Um im Alltag eine zufriedenstellende Lebensperspektive zu erlangen, ist es wichtig, Regeln, Routinen, Ge- und Verbote, Anstrengungen und Verweigerungen zu hinterfragen, zu reflektieren. Die Frage nach dem Guten und Bösen, nach dem Richtigen und Falschen wird somit zu einer Dauerfrage, die unser Leben begleitet.

Um eine **Optimierung von Bildungsqualität** zu erzielen, bedarf es der **Planung** und der **Reflexion.** Unter **Reflexion** ist die **rückblickende und kritische Betrachtung von Bildungsarbeit** zu verstehen. In der Reflexion sollen Motive, Argumente und Handlungen überprüft und hinterfragt werden, um Entwicklungen besser zu verstehen und somit mehr Entscheidungsfreiheit über neue Wege zu erhalten. Aus der Reflexion ergeben sich neue Planungsaspekte, Impulse und Ideen. (vgl. Hartmann 2000, S. 97)

Eine auf Gleichheit beruhende Beziehung (symmetrisches Verhalten) beinhaltet auch die Möglichkeit, einander gegenseitig Rückmeldungen zu geben. In der Rhythmik wird Wert auf symmetrisches Verhalten gelegt. Die Gruppenmitglieder sollen die Möglichkeit haben, ihrem Alter entsprechend Erfahrungen mit sich, der Gruppe und der Lehr- und Erziehungsperson zu reflektieren.

Im Kindergarten sind die meisten Kinder zu jung für Reflexionsgespräche. Sie vertiefen sich hingebungsvoll in ein Spiel, das Abstraktionsvermögen, darüber zu reflektieren, wird erst im Grundschulalter entwickelt. Um trotzdem herauszufinden, ob und wie Kinder durch eine Rhythmik-Einheit (oder ein anderes Angebot) angesprochen werden, befindet sich im Anhang dieses Buches ein Beobachtungsbogen. Für Jugendliche oder Erwachsene besteht die Möglichkeit, mittels eines Fragebogens im Anhang anonymes Feedback zum Rhythmik-Unterricht zu geben.

Reflexion im Kindergarten

Eine Möglichkeit, mit Kindern zu reflektieren, ist, die Eltern zu bitten, ein **„Ich-als-Kind-Buch"** (vgl. Elschenbroich 2001, S. 159 f.) anzulegen. In diesem Buch werden Fotos, Zeichnungen und Eintragungen über Fragen, Bemerkungen und Wünsche festgehalten, die das Kind getätigt hat. Kinder lieben es, in diesem Buch zu blättern und sich aus dem Blickwinkel der Erwachsenen zu sehen. Allmählich verwandelt sich dieser Blick in Selbstreflexion.

Reflexionsvermögen kann auch gefördert werden, wenn im Kindergarten ein **Spiegel** in der Höhe der Kinder angebracht wird. Somit können sich die Kinder mit ihrer Erscheinung beschäftigen und **wahrnehmen, wie die anderen sie sehen.**

Erleben und Verbalisieren von Emotionen ist wichtiger Bestandteil der Rhythmik. Im folgenden Würfelspiel geht es darum, dass jedes Gruppenmitglied zu Wort kommt und über einen Teilaspekt der Rhythmik-Einheit reflektiert.

➢ Die Teilnehmenden würfeln, zu welcher Frage aus dem Katalog sie Stellung nehmen.

- Haben mich die Inhalte dieser Einheit angesprochen? Was war wichtig? Was war weniger wichtig?
- Wo konnte ich mich besonders gut einbringen? Wie beschreibe ich meine eigene Aktivität während der Rhythmik-Einheit?
- In welchen Phasen konnte ich auftanken? Was war „zäh"? Was war neu?
- Wie kann ich Inhalte und Methoden weiterverwerten? Was war hilfreich für die Praxis?
- Was fehlt mir nach dieser Rhythmik-Einheit noch zu diesem Thema?
- Welche anderen Themen würden mich interessieren?

  Variante: Jede Person sucht eine Frage aus, zu der sie Stellung nehmen will.

Andere Möglichkeiten, zu reflektieren:

- Schreiben Sie die drei wichtigsten positiven und die drei wichtigsten negativen Aspekte einer von Ihnen erlebten Rhythmik-Einheit auf!
- Legen Sie ein Tagebuch an, um Beobachtungen, Gedankensplitter, Ideen und Erfahrungen aufzuschreiben. Das spätere Nachlesen bringt Überraschungen!

Zur Vertiefung:

- Was bedeutet Reflexion?
- Welche Möglichkeiten der Reflexion kennen Sie?

5.5.5 Führen – Folgen

Die **Initiative** zu **ergreifen** – **sich anzupassen** sind **Verhaltensweisen, die unser tägliches Leben bestimmen.** Das Prinzip **Führen – Folgen kommt in einer Rhythmik-Einheit auf mehreren Ebenen zum Vorschein.** Impulse werden von der Lehrperson, aber auch von Teilnehmenden gegeben, einmal ist die Musik das dominante Mittel, dann wieder die Bewegung, manchmal soll vor allem die Wahrnehmung angesprochen werden, dann geht es wieder primär um Soziales Lernen. Der Wechsel von Sich-Entfernen und Wiederannähern wird in zahlreichen rhythmischen Spielen inszeniert. Jedes Spiel, das mit Bewegung und räumlicher Entfernung zu tun hat, beinhaltet ein Führen und ein Folgen. Auch in der Musik geht es darum, zuzuhören, um Initiative zu ergreifen oder um sich anzupassen. Das Wechselspiel von **Führen – Folgen ist eine wichtige Kommunikationsform und in der Rhythmik Unterrichtsprinzip.**

Das Rhythmische Prinzip beinhaltet Polaritäten: Führen – Folgen, Annähern – Entfernen, sich exponieren – sich zurücknehmen.

Spielvorschläge zum Thema Führen – Folgen

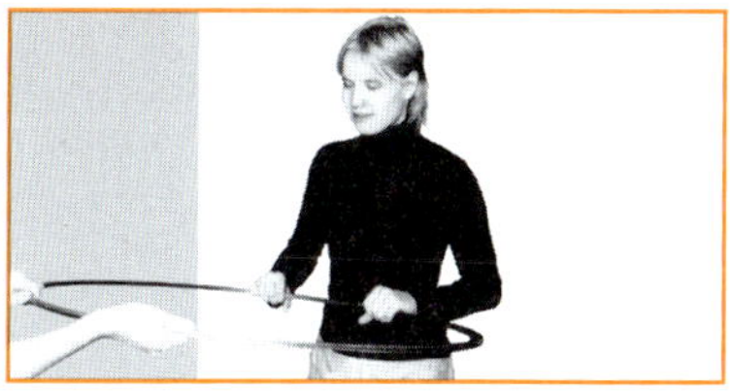

- **Reifenwanderung:** Ein Gruppenmitglied stellt sich in einen Reifen und schließt die Augen. Die andere Person führt es durch sanften Reifenkontakt in den Raum.
- **Lockruf:** Die Vogelmutter gibt ein Geräusch vor, das ihr Kind besonders gut kennt. Dann schließt das Kind die Augen und folgt seiner „Mutter". (Arme vor dem Körper ausstrecken, damit ein Zusammenstoß mit anderen Personen ver-

mieden werden kann.) Diese Übung kann zunächst auch mit offenen Augen gemacht werden. Prinzipiell ist es auch möglich, dass die Führung auch spontan wechselt. Dann folgt die Mutter für einige Zeit dem Kind.

- **Pferdchenspiel:** Zu zweit: Ein Kind steht in einem Reifen (oder ist von einem Seil umgeben), das andere Kind steht hinter dem „Pferd". Zunächst steuert das Kind, das den Kutscher spielt. Variante: Das eigenwillige Pferd zeigt dem Kutscher, wo die saftigsten Wiesen sind. Variante: Je nach Musik handelt es sich um ein zahmes oder ein temperamentvolles Pferd.
- **Spiegel:** Eine Person macht eine Bewegung vor, die andere versucht, sie genau nachzumachen. Dies kann zunächst zeitversetzt, später gleichzeitig geschehen. Wie muss ich mich bewegen, damit mir mein „Spiegelbild" folgen kann? Variante: Wechsel von Spiegel und Spiegelbild: Solange die Musik spielt, führt die eine Person, beginnt eine neue musikalische Phrase, führt die andere Person. Variante: „Spiegelungen" können auch mithilfe eines Materials durchgeführt werden. Beispiel: Ein Reifen wird von einer Person bewegt, das „Spiegelbild" bewegt den Reifen mit.
- **Verfolgung:** Ein Gruppenmitglied folgt einem anderen. Wenn sich das „Opfer" umdreht, wechseln die Rollen. Das „Opfer" nimmt nun die Verfolgung auf.
- **Reihe:** Eine „Menschenschlange" bewegt sich durch den Raum. Bis auf das letzte Gruppenmitglied haben alle die Augen geschlossen. Von der hintersten Position aus wird die Schlange mittels verbaler Anweisungen geführt.
- **Schattentanz:** Zu zweit: 5 Minuten lang ist eine Person Schatten einer anderen. Die führende kann sich aussuchen, ob sie raumgreifende Bewegungen machen will oder ob sie die Beobachtungsgabe des anderen Gruppenmitgliedes durch kleine Bewegungen herausfordert. Danach Austausch und Wechsel. Welche Gefühle entstehen, wenn Beobachtungen sofort umgesetzt werden sollen? Wie ist es, jemandem zu folgen?
- **Blickkontakt:** Freie Fortbewegung im Raum, stoppt die Musik, bleiben alle stehen. Mittels Blickkontakt eine andere Person suchen. Setzt die Musik wieder ein, bewegen sich alle weiter. Immer wissen, wo die Partnerin bzw. der Partner ist, ohne sich ständig umzuschauen.
- **Kreis:** Die Gruppe steht im Kreis. Sobald eine Person eine Bewegung macht, machen die anderen sie nach.

Prinzipiell muss die geführte Person nicht das tun, was ihr angeboten wird! Sie kann den Vorschlag aufgreifen oder ablehnen!

Zum Führen und Folgen eignen sich auch langsame Sätze aus Mozarts Klarinettenkonzerten.

3

Führen und Folgen durch einzelne Bewegungen der Gruppenmitglieder:

Zur Vertiefung:
- Wie wird Führen und Folgen in der Rhythmik eingesetzt?
- Warum ist Führen und Folgen in der Rhythmik Unterrichtsprinzip?

Im Folgenden wird eine Planung einer Rhythmik-Einheit für Jugendliche oder Erwachsene zum Thema Führen – Folgen angeboten:

Zum Führen und Folgen eignet sich auch folgende Musik: Penguin Cafe Orchestra: „Live" (Virgin EG Records), 1988 (Besonders Track 1 und 13)

21 24

Planung einer Rhythmik-Einheit für Jugendliche und Erwachsene

Thema: Führen – Folgen
Verlauf im Überblick: Von verschiedenen kleinen Sequenzen des Führens und Folgens mit offenen und geschlossenen Augen über eine Reflexions- und Entspannungsphase bis hin zum Führen und Folgen eines Gruppenmitgliedes gelangen.
~ **Lernziele:** Konzentrationsschulung, Verantwortung übernehmen.
° **Erziehungskompetenzen:** Soziales Lernen: Aufeinander achten, kooperieren, Wahrnehmungssensibilisierung: Fremde und eigene Bedürfnisse beachten, Kreativitätsförderung: Unterschiedliche Formen des Führens und Folgens entwickeln.
Material: Decken, Seile, Pölster, Tücher, Reifen, Korkteller, Musik, Stifte, Papier

Verlauf	Intentionen, pädagogische Absichten	Methodische Hinweise
1. **Freie Fortbewegung** im Raum, Aufrichtung wahrnehmen. Variante: Ein kurzes Stück mit einer anderen Person gehen.	* Einstieg ° Wahrnehmungssensibilisierung	Fußsohlen, Becken, Rücken, Schädeldecke wahrnehmen.
2. **Freie Fortbewegung** im Raum, Hände von anderen Gruppenmitgliedern schütteln. Variante: Sich mittels Handkontakt ein kurzes Stück führen lassen.	* Auflockerung ° Sozialer Kontakt, Einführung in die Thematik	Wer führt wen?
3. **Freie Fortbewegung** im Raum, mit geschlossenen Augen: Auf ein akustisches Signal hin wird ein Kreis gebildet. Steigerung: Gemeinsam (im Kreis) fortbewegen.	* Wechsel der Wahrnehmungskanäle ~ Konzentrationsschulung ° Wahrnehmungssensibilisierung, Soziales Lernen	Minimale Fortbewegungsgeschwindigkeit. Augen werden dann geöffnet, wenn kein Geräusch mehr zu hören ist.
4. **Entspannungsphase:** a) Rückenlage: Auflageflächen, Aufrichtung spüren (im Liegen, im Stehen vorstellen). b) Evtl. Knie zur Brust, Beine, Hüftgelenke senken. c) Erinnern an Erlebnisse, bei denen ich geführt habe oder wo ich gefolgt bin: Was möchte ich verändern?	* Dynamischer Wechsel ° Entspannung, Wahrnehmungssensibilisierung ~ Erste kognitive Auseinandersetzung mit dem Thema	Wo habe ich schon „Führen und Folgen" erlebt? Im Alltag, in der Rhythmik: Führen und Folgen mittels Instrumenten, mit der Hand, mit Material.

5. Aufstehen: mit geschlossenen Augen einzelne Körperteile bewegen.	* Dynamischer Wechsel ° Lockerung, Kreislauf in Schwung bringen, Spaß an Bewegung entwickeln.	Zehen, Füße, Beine … alle Körperteile dehnen, kreisen, strecken … + Musik! 24
6. Kurze, verbale Reflexionsphase: Wo habe ich Führen – Folgen erlebt?	* Kognitiver Wechsel ~ Phänomen beschreiben.	
7. Zu zweit: verschiedene Materialien zur Verfügung stellen: Die Person, die geführt wird, sucht aus, ob, und wenn, mit welchem Material sie geführt werden will.	* Sozialer Wechsel ° Sozialkontakt, Kreativitätsförderung: Wie kann die geführte Person unterstützt werden?	Material oder Hand- oder „Tanzhaltung". Auf Mimik (Befindlichkeit) der geführten Person achten. Evtl. Musik leise dazu spielen. 21
8. Reflexion: Unterschied zwischen Führung mit Material und Körper? Instrumente? Unterschied offene Augen – geschlossene Augen?	°*~ Emotionaler und analytischer Austausch	Transfer in den Kindergarten: Spieldauer viel kürzer, Vorstellungsbilder einsetzen! Wenige Kinder werden gleichzeitig geführt.
9. Gemeinsam ein Bild von dem Weg anfertigen, der gegangen wurde. Danach wird getauscht: Die geführte Person übernimmt die Führung. Danach erfolgt eine Reflexion. Zuletzt geht eine Person den Weg, den sie geführt hat. Der/Die Geführte musiziert dazu.	*~° Gemeinsame Abschlussgestaltung	Welche Farbe wird gewählt? Ist der Strich dick oder dünn, klar oder verworren? Evtl. Wege im Raum nachgehen.

Zur Vertiefung:

- In welchen Lebenssituationen kann das Prinzip Führen – Folgen beobachtet werden?

5.5.6 Soziales Lernen durch die Mittel der Rhythmik

Rhythmik heißt auch Wahrnehmen und Gestalten von Begegnungen.

Eine Möglichkeit für Soziales Lernen liegt in den Mitteln der Rhythmik. Musizieren, Improvisieren, Tanzen, Gestalten von Texten und Bauwerken fördert die Fähigkeit zuzuhören, aber auch mitzuspielen, hervorzutreten aus der Gruppe, sich zurückzunehmen, Initiativen zu ergreifen oder abzuwarten.

Über die Mittel der Rhythmik ist es möglich, eine **offene, ehrliche Kommunikation** zu erproben. Körpersprache oder Musikstücke „lügen" nicht, sie treten aus unserem Innersten hervor. Trotzdem ist nonverbale Kommunikation vieldeutig, kann subjektiv interpretiert werden und eröffnet somit Handlungsspielräume.

Ein Beispiel: Ein Schritt, den ich in die Richtung meines Partners oder meiner Partnerin setze, kann Verschiedenes bedeuten: Zuneigung, Neugier, Kurzsichtigkeit … Je nachdem, welche Intention der Schritt hat und wie er interpretiert wird, wird die Kommunikation fortgeführt. Spielvorschläge zur nonverbalen Kommunikation können das **körperliche Ausdruckspotenzial** bewusst machen und **erweitern.**

Erwerb von Führungskompetenzen durch die Mittel der Rhythmik

Musik und Bewegung sind keine Wundermittel, sie sind Medien der Verständigung und des Austausches. Sie bergen viele kommunikative Elemente in sich. So kann beispielsweise Musizieren als lohnenswerte Kommunikationsmöglichkeit angesehen werden. Musik stellt andere Kontakte her als Sprache.
Materialien dienen dazu, Begegnungen herzustellen, die weniger direkt sind als Körperkontakt. So entsteht beispielsweise bei einem Handkontakt mehr Nähe, als wenn zwischen den Händen ein Seil oder ein Tuch gespannt ist. Material kann Nähe herstellen, ohne dass jemand anderem zu nahe getreten wird. Wenn die Konzentration auf das Material gerichtet wird, kann Kontakt leicht stattfinden. Durch die Nähe zu anderen Menschen sehen, spüren und riechen wir mehr von einander. Je nachdem, welches Material eingesetzt wird, kann es verbindend wirken oder Distanz schaffen.
Mit unserer Stimme treten wir in Verbindung zueinander, wenn wir gemeinsam sprechen, singen, musizieren, auf derselben (Schall-)Wellenlänge sind.

Spielvorschläge zum Sozialen Lernen

- **Gruppenimprovisation:** Auf verschiedenen Instrumenten spielen die Gruppenmitglieder eine 4-taktige Phrase. Diese wird ständig wiederholt (Ostinato). Wenn das Ostinato von allen gekonnt wird, wird nach jedem Durchgang eine 4-taktige Pause gemacht. Hier hat jede Person die Möglichkeit, zu improvisieren. Wer wann drankommt, wird nicht abgesprochen. Beobachtungsauftrag: Wer bringt sich oft ein? Wer nicht? Welche Gefühle entstehen bei der Improvisation?

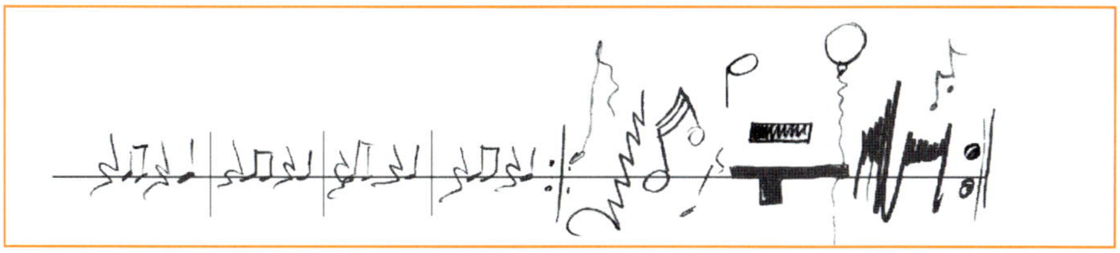

4 Takte Rhythmus, 4 Takte Improvisation.

- **Tiere:** Erprobung von Rollenverhalten durch „Als-ob"-Spiele: „Welches Tier möchtest du sein? Welche Musik soll ich für dieses Tier spielen?" Begleitung durch Orff-Instrumente oder durch eine CD. Variante: Ein Kind flüstert der Gruppenleitung seinen Tierwunsch ins Ohr. Zur Musik bewegt sich nun das „Tier", alle anderen machen es ihm nach. Wenn die Musik zu Ende ist, wird geraten, um welches Tier es sich gehandelt hat. Die Person, die das Tier erraten hat, darf das nächste Tier vorgeben.

23

Pflegende Tätigkeiten sind für die motorische, kognitive und emotionale Entwicklung des Kindes wichtig! Sie steigern auch sein Selbstwertgefühl.

Im „Karneval der Tiere" von Camille Saint-Saens werden Vögel musikalisch dargestellt.

3

- **Materialspaziergang:** Im Raum wurden verschiedene Gegenstände verteilt. Die Gruppenmitglieder bewegen sich dazwischen. Auf ein akustisches Signal hin sucht jedes Gruppenmitglied eine Partnerin bzw. einen Partner. Nun wird die Fortbewegung zu zweit weitergeführt. Bei den folgenden akustischen Signalen suchen die Teilnehmenden eine andere Person aus. Variante: Jedes Paar sucht sich sein Lieblingsmaterial aus und setzt es spielerisch während des Spazierganges ein.
- **Vogelnest:** Die Kinder sitzen zu zweit in einem Reifen. Wenn Musik gespielt wird, verlässt ein „Elternteil" das Nest (Futtersuche). Das andere Kind bewacht die auszubrütenden Eier. Wird die Musik leiser, kommt der Elternteil von der Futtersuche zurück. Wenn die Musik wieder lauter wird, begibt sich das andere Kind auf Futtersuche.
- **Sandsäckchen-Versteinerung:** Auf den Köpfen der Gruppenmitglieder liegt jeweils ein Sandsäckchen. Fällt beim Transport eines herunter, bleibt diese Person wie versteinert stehen. Ein anderes Gruppenmitglied hebt das Säckchen auf und legt es wieder auf den Kopf der/s Stehenden. Das eigene Säckchen soll nicht herunterfallen.
- **Schulterklopfen:** Dieses Spiel eignet sich vor allem für große Gruppen. Alle Gruppenmitglieder stehen im Raum. Ein Kind läuft los und signalisiert einem anderen Kind durch Schulterklopfen, dass es auch mitlaufen kann. Jedes laufende Kind kann ein anderes durch Schulterklopfen zum Mitlaufen animieren. Welche Zeichen außer dem Schulterklopfen können noch gemacht werden?
- **Das eigene Haus:** Jedes Kind wählt einen Reifen aus und sucht einen geeigneten Platz im Raum. Von diesem „Haus" aus entfernen sich die Kinder, solange Musik gespielt wird. Endet die Musik, kehren alle „heim". Variante: „Wer möchte mich in meinem Haus besuchen?"
- **Reifennot:** Jedes Kind hat einen Reifen. Wird Musik gespielt, bewegen sich alle frei im Raum. Bei einem Musikstopp finden sich alle in ihren Reifen wieder. Nach einigen Wiederholungen nimmt die Gruppenleitung einen Reifen weg. (Wichtig ist, dass der Reifen eines Kindes ausgesucht wird, das mit dieser Frustration zurechtkommt.) Wenn die Musik aus ist, kann diskutiert werden, was nun zu tun ist. Wird eine Lösung von den Kindern gefunden (die vorhandenen Reifen teilen), können während der Musik immer mehr Reifen weggenommen werden. Zuletzt versuchen wir alle zusammen, einen Körperteil in einem einzigen Reifen zu positionieren.
- **Star:** Eine Person verlässt den Raum, die anderen machen sich einen „Star" aus. Dieser darf Bewegungen vormachen, die die anderen nachmachen. Nach kurzer Zeit kommt die Person, die draußen war, wieder herein und muss versuchen herauszufinden, wer die Bewegungen vormacht. Variante: Die Verhaltensweisen (Bewegung, Mimik, Gestik) des Stars werden kopiert. Sie werden aus dem Gedächtnis reproduziert, ohne vorgemacht zu werden. Wer ist der Star?

- **Reihenfolge:** Alle Kinder sitzen auf der Bank. Die Lehr- und Erziehungsperson spielt flotte Musik. Die Kinder setzen sich der Reihe nach in Bewegung. Wenn alle laufen, setzt sich das Kind, das zu laufen begonnen hat, auch wieder als erstes auf die Bank.
- **Inselhüpfen:** Mithilfe von drei Teppichfliesen bewegen sich zwei Gruppenmitglieder gemeinsam „am Meer“ von Matte (Insel) zu Matte. Was passiert, wenn sich zwei Gruppen zusammenschließen?
- **Tausendfüßer:** Die Enge, die beim vorigen Angebot entstehen kann, ist eine gute Vorübung für den „Tausendfüßer“: Alle Kinder versuchen, gemeinsam unter eine Matte zu kriechen und diese zu transportieren. Ohne zu sprechen versuchen sie, sich in eine Richtung fortzubewegen.

„14-Füßer“

- **Gemeinsames Bauen:** Die Gruppenmitglieder haben sich paarweise Gegenstände ausgesucht. Nun bauen sie zu zweit auf einem Tuch ein Bild.
- **Abwechslung:** 2 Gruppenmitglieder stehen sich gegenüber: Eine Person beginnt in einem bestimmten Tempo zu klatschen. Die andere versucht, das Tempo klatschend zu übernehmen. Es darf aber immer nur eine Person klatschen. Variante: Eine Person geht im Raum, wenn die andere zu gehen beginnt, stoppt die erste.
- **Begrüßung:** GIR, einander freundlich, ärgerlich, zögerlich, heimlich ... die Hände schütteln.
- **Formen:** Mit einem Seil stellt eine Gruppe ohne zu sprechen verschiedene Formen dar (Kreis, Viereck ...). Eine Person steht daneben und zeichnet die Formen auf. Kinder dürfen zur besseren Kommunikation die Sprache verwenden!
- **Schwungtuch:** Sämtliche Spiele, die mit diesem Material gemacht werden, müssen in Kooperation mit den anderen Gruppenmitgliedern gemacht werden, denn das große Tuch kann nur in Bewegung gebracht werden, wenn alle mitmachen.

➔ vgl. Spielvorschläge zum Thema Material S. 229

Zur Vertiefung:

- Wie kann Soziales Lernen durch die Mittel der Rhythmik erprobt werden?

Kleinkinder und ihre Eltern erleben gemeinsam Musik und Bewegung in Maria Seeligers: Das Musikschiff.

In der folgenden Rhythmik-Einheit geht es zwar auch um Gehörbildung und Kreativität, das Gemeinschaftserlebnis steht für die Kinder aber im Vordergrund. Die nun folgende Geschichte bildet den Rahmen der Rhythmik-Einheit. Dieses Angebot eignet sich auch für eine Eltern-Kind-Rhythmik-Einheit.

Das Taschentuch der Riesin

Vor langer, langer Zeit lebte einmal eine Riesin. Sie war unvorstellbar groß. Ihre Augen waren so groß wie Suppenteller und ihr Lieblingstaschentuch war so groß wie ein Bettüberwurf für zwei.

An einem schönen Morgen, die Sonne war gerade aufgegangen, beschloss die Riesin einen Spaziergang im Wald zu machen. Der Morgentau lag noch auf den für die Riesin so kleinen Blättern, doch wenn sie sich anstrengte, konnte sie hören, wie die Tropfen zu Boden fielen.

An einer Lichtung angekommen, setzte sie sich auf einen Stein und lauschte dem Wind.

Als sie sich nach einer Weile auf den Heimweg machte, bemerkte sie nicht, dass ihr Lieblingstaschentuch auf der Lichtung geblieben war. Da lag also nun das große, weiße Ding auf dem Waldboden. Die Vögel zwitscherten und wunderten sich. Sie kannten die Riesin und hatten auch keine Angst vor ihr, denn die Riesin war freundlich. Aber dieses weiße Ding machte die Vögel stutzig.

Nun kamen auch andere Tiere in die Nähe des großen, weißen Taschentuchs. Als erster beschloss der mutige Dachs, unter das Taschentuch zu kriechen. Einmal rundherum und dann verschwand er unter dem Tuch.

„Scheint ihm zu gefallen, denn er kommt gar nicht mehr hervor. Ich krieche auch hinunter", sagte das Eichhörnchen.

Einmal rundherum, dann rief das Eichhörnchen: „Darf ich zu dir kommen?" „Natürlich!", rief der Dachs, „Platz für alle!"

Da wurde auch das Rotkehlchen neugierig. Es hüpfte einmal um das Taschentuch herum und verschwand wie die anderen Tiere. Dann fragte das Ameisenkind: „Darf ich zu euch kommen?" „Natürlich!", riefen das Eichhörnchen, das Rotkehlchen und der Dachs, „Platz für alle!"

Nun wuchs auch das Interesse von dem großen Rehbock. Er marschierte gemächlich einmal um das Taschentuch herum und verschwand wie die anderen Tiere.

Inzwischen war es schon ein bisschen eng unter dem Taschentuch geworden, aber die Tiere rückten bereitwillig zusammen, als der Fuchs näher kam. Einmal rundherum und dann fragte er: „Darf ich zu euch kommen?" „Natürlich!", riefen Dachs, Rehbock, Eichhörnchen, Rotkehlchen und Ameisenkind, „Platz für alle!"

Zu guter Letzt war da noch die Schlange. Auch sie wollte sich zu ihren Freunden gesellen. Als die Tiere sie hörten, riefen sie, ohne gefragt worden zu sein: „Platz für alle!"

Als es Abend geworden war, war es unter dem Taschentuch der Riesin ziemlich eng, aber dafür umso gemütlicher. Die Tiere beschlossen, die Nacht gemeinsam zu verbringen. In der Nacht strich der Wind sanft über das Taschentuch. Die Tiere rückten noch enger zusammen.

Als die ersten Sonnenstrahlen am nächsten Morgen auftauchten, kamen die Tiere verschlafen hervorgekrochen. Es schien, als ob jedes Tier wartete, bis der richtige Zeitpunkt gekommen war, um hervorzukommen und sich zu verabschieden. Natürlich auch von seinem Unterschlupf, dem Taschentuch der Riesin.

Die Tiere in der Geschichte sollten von den Kindern selbst ausgesucht werden, damit eine Identifikation mit den Waldtieren (oder Dschungeltieren) besser möglich ist. Das Taschentuch der Riesin könnte bereits im Vorfeld der Rhythmik-Einheit erzählt worden sein, damit die Kinder nicht zu langen Wartezeiten (vor allem unter dem Tuch) während Erklärungen ausgesetzt sind. Sollte das Erlebnis unter dem Tuch zu aufregend sein, kann sich die Gruppenleitung für kurze Zeit zu den Kindern setzen.

Planung einer Rhythmik-Einheit für Kinder

*~°

Thema: Das Taschentuch der Riesin
Verlauf im Überblick: Vom Einstieg in eine Geschichte über die gemeinsame Erarbeitung von Klängen aus der Geschichte bis zum Gemeinschaftserlebnis unter dem Tuch gelangen.
~ **Lernziele:** Instrumente an ihrem Klang erkennen, Instrumente benennen.
° **Erziehungskompetenzen:** Soziales Lernen: Gemeinsames Entwickeln einer Geschichte, einander Platz machen, sich in einer Geschichte exponieren, warten lernen, Kreativitätsförderung: Vorstellungsbilder entwickeln und realisieren.
Material: verschiedene Orff-Instrumente, großes Tuch

Diese Rhythmik-Einheit könnte mittels des Buches „Komm, sagte die Katze" erweitert bzw. variiert werden.

Verlauf	Intentionen, pädagogische Absichten	Methodische Hinweise
1. Begrüßung: Heute erzähle ich euch eine Geschichte von einer Riesin; alle Riesen begrüßen sich so: Sitzkreis: Beine lang, Zehen berühren sich.	*° Einstieg, Begrüßung	Riesen haben große Füße! Zart sein, damit niemand verletzt wird.
2. Geschichte: unvorstellbar große Riesin, Spaziergang im Wald, Sonnenaufgang, Tautropfen, Wind (mit Instrumenten), Riesin vergisst Taschentuch.	* Instrumente werden eingeführt. ° Veranschaulichung der Geschichte durch die instrumentale Unterstützung	
3. Experimentierphase: Verschiedene Tiere lebten im Wald: Jedes Kind sucht ein Tier und ein passendes Instrument aus.	* Die Instrumente sind nun für die Kinder verfügbar. ° Kreativitätsförderung ~ Adäquate Bewegungsbegleitung	Bei einer Eltern-(oder Schüler-) Kind-Rhythmik-Einheit werden die Instrumente zunächst von den Kindern gespielt. Dann musizieren die Erwachsenen, die Kinder bewegen sich dazu.
4. Tuch ausbreiten: Bei großem Bewegungsdrang: Experimente mit dem Tuch durchführen. Danach: Wollt ihr die Geschichte mit der Riesin selbst spielen?	* Dynamische Auflockerung	
5. Die Tiere des Waldes waren neugierig, marschierten 1 Mal um das Taschentuch herum und krochen dann darunter.	* Dynamischer Wechsel ° Verarbeitung der Geschichte, sich in der Fortbewegung exponieren.	Ein Kind nach dem anderen. Während die „Tiere" sich bewegen, werden sie mit den entsprechenden Instrumenten begleitet.

6. Gemütlichkeit unter dem Taschentuch, Wind streichelte die Tiere.	* Dynamischer Wechsel ° Zur Ruhe kommen, Wahrnehmungssensibilisierung.	Evtl. Hilfe von Schülerinnen bzw. Schülern oder Eltern erbitten.
7. Am Morgen weckt sie wer? Welches Tier kam zunächst hervor, welches dann ...?	~ Klangrätsel: Akustisches Erinnerungsvermögen schulen. ° Kooperation unter dem Tuch: Welches Tier wird von den Instrumenten gerufen?	Instrumente signalisieren, wann welches Tier hervorkommen soll.
8. Geschichte ist aus: Könnt ihr hören, welche Tiere zum Abschluss auf das Taschentuch gerufen werden?	~ Erkennen die Kinder ihre Tiergeräusche? ° Gruppenerlebnis auf dem Tuch	Tiere können nun noch einmal am Tuch toben. Die jeweiligen Instrumente „rufen" die Tiere.
9. Verabschiedung: Alle Tiere sitzen am Tuch und stecken, wie zur Begrüßung, die Zehen zusammen.	*° Sensitiver Ausklang	Variante: Die Instrumente „sagen", welches Tier sich zuerst umziehen geht ...

> Die Tiere sind die Kindheit des Menschen.
> Elias Canetti

Abschließend noch eine Rhythmik-Einheit für Kinder, die für eine Gruppe konzipiert wurde, welche Schwierigkeiten hatte, Entscheidungen zu treffen:

*~°

In Camille Saint-Saens „Karneval der Tiere" wird Meeresmusik („Aquarium") gemacht. In diesem Stück sind große und kleine Wellen zu hören.

2

Planung einer Rhythmik-Einheit für Kinder

Thema: Meer (Soziales Lernen: Entscheidungen treffen, Verantwortung übernehmen, präsent sein)
Verlauf im Überblick: Vom gemeinsamen Schaffen eines Vorstellungsbildes (Meer) über eine „behutsame Schifffahrt" bis hin zur Reflexion des Vorstellungsbildes durch Darstellung in Bewegung
~ Lernziele: Informationen über das Meer sammeln, Lied kennenlernen, Körperhaltungen imitieren.
° Erziehungskompetenzen: Soziales Lernen: Entscheidungen treffen, Verantwortung übernehmen, Kreativität fördern: Vorstellungsbilder entwickeln.
Material: Reifen, verschiedene Instrumente, Trommel, Meereslied oder Meeresimprovisation (etwa: „Die Wellen rauschen übers Meer, lalalalala ..."), Oceandrum

Verlauf	Intentionen, pädagogische Absichten	Methodische Hinweise
1. Kreis: „Wer war schon einmal am Meer?“ Was gibt es dort zu sehen?	* Einstieg ~ Materialsammlung	Variante: Oceandrum mit geschlossenen Augen hören: Woher kommt dieses Geräusch?
2. Vorstellungsbilder in Bewegung umsetzen.	* Dynamischer Wechsel ~ Vorschläge machen. ~ Bewegungsverhalten fördern: Körperhaltungen imitieren.	Welches Instrument passt zu welchem Vorstellungsbild?
3. Kreis: Reifen werden ausgeteilt: Jedes Kind fährt in seinem Boot auf dem Meer, solange die Leiterin singt. Variante: Wer mag zu zweit in einem Boot fahren? 	* Neues Medium ° Verantwortung übernehmen, aufmerksam zuhören.	Solange die Reifen ausgeteilt werden, summt die Leitung eine Melodie. Die Kinder suchen für sich und den Reifen einen schönen Platz aus. Meereslied oder Meeresimprovisation singen. Vorsicht! Kein anderes Boot berühren!
4. Zu zweit: Führen und Folgen mit dem Reifen, während die Gruppenleitung singt (wer will, schließt im Reifen die Augen – Bootsfahrt bei Nacht).	* Sozialer Wechsel ° Soziale Kompetenz entwickeln: Vertrauen – Verantwortung übernehmen. ~ Sich im Raum orientieren.	Wie viele Boote sollen sich zunächst aufs Meer wagen? (Besondere Vorsicht, weil manche Kinder die Augen geschlossen haben.)
5. Reifen sind im Raum verteilt: Laufen, solange getrommelt wird: Bei Stopp verwandeln sich die Kinder in ihrem Reifen in einen Seestern, eine Muschel …	* Dynamische Auflockerung ~ Wechsel von verschiedenen Körperspannungen ~ Wiederholung der genannten Vorstellungsbilder, Entscheidungen treffen.	Kinder in ihren Posen bestaunen, berühren. Nachdem ein Vorstellungsbild dargestellt wurde, wird das nächste von einem Kind vorgeschlagen: Dann erst laufen.
6. Abschluss: Was soll ich dir auf deinen Rücken malen?	*~ Wiederholung ° Soziales Lernen: Entscheidungen treffen, Wahrnehmungssensibilisierung	Seestern, Muschel, Boot ...

Erweiterungsmöglichkeit: Mit einem großen Fallschirmtuch (Schwungtuch) können viele Experimente im und um das Meer angestellt werden: • Große oder kleine Wellen erzeugen • Verschiedene Fortbewegungsarten am und unter dem Tuch ausprobieren: Welche Tiere bewegen sich am und im Wasser? • Welche Instrumente können diese Tiere begleiten? • Bootsfahrt mit dem Reifen auf dem Tuch (Umsetzung eines Meeresliedes).

6 Tempelschlaf sucht Musenkuss – Kreativitätsförderung durch Rhythmik

Im antiken Griechenland begaben sich die Menschen zum Götterberg Olymp, wenn sie auf einen kreativen Einfall hofften. Der Tempelschlaf im Palast des heiligen Berges sollte die gewünschte Eingebung bringen. Neun Musen, Schutzgöttinnen der Künste und Töchter von Zeus, dem Göttervater, umhüllten den Berg mit Gesang, Tanz und Spiel. Von einem Musenkuss während des Tempelschlafes erwünschte man sich einen kreativen Gedanken. Muße bedeutet die Gelegenheit, etwas tun zu können: Muße tun in unverplanter Zeit, im Spiel, im Tanz, Amüsement erlangen durch eine anregende Musik. In dieser scheinbar entbehrlichen Zeit ist es möglich, Gedanken ausreifen zu lassen, durch spielerisches Fantasieren einen Einfall zu erhalten.

In der Rhythmik besteht die Möglichkeit, in Muße etwas zu tun, Gedanken intuitiv auszudrücken, der Fantasie freien Lauf zu lassen. Der Tempelschlaf ist erlaubt und erwünscht, die Musen küssen dann ganz von selbst …

Tanzende Musen (mit freundlicher Genehmigung des Wedgwood Museums Trust, Staffordshire, England)

6.1 Was bedeutet Kreativität? – Annäherungen an einen vieldeutigen Begriff

Einstieg: Zeichnen Sie auf ein Blatt 20 Kreise und versuchen Sie, innerhalb von zwei Minuten möglichst viele Gegenstände zu malen, die als Grundform einen Kreis haben. (Orange, Rad …) Welche Möglichkeiten konnten Sie finden? Welche anderen originellen Ergebnisse fanden die anderen Gruppenmitglieder?

Fantasie ist bei allen Wahrnehmungen, Plänen und Handlungen beteiligt!

Creare, lateinisch (er)schaffen, erzeugen, gebären, lässt erkennen, wie vielseitig der Begriff verwendet wird. Zeichnet sich Kreativität hauptsächlich durch die Vielfalt von Bestimmungskriterien aus? Lahmer (2000, S. 110) versteht unter **Kreativität** die **Fähigkeit, neuartige Einfälle und originelle Lösungen zu produzieren.**

Kreativität – eine Eigenschaft einzelner Persönlichkeiten oder Merkmal jedes Individuums?

Kann Kreativität von jedem Menschen hervorgebracht werden oder waren ausschließlich Genies wie Einstein, Picasso oder Mozart kreativ? Viele Pädagoginnen und Pädagogen sind der Meinung, dass Kreativität ein Prozess ist, innerhalb dessen **jedes** Individuum durch seinen Körper oder ein Medium sein ureigenstes Wesen ausdrückt. Das Ergebnis teilt anderen etwas über das Individuum mit. Howard Gardner, Wissenschafter und Kreativitätsforscher, ist der Meinung, dass ein Mensch nur kreativ ist, wenn er, wie Einstein oder Mozart, eine Domäne, ein ganzes System verändert.

Jeder Mensch ist kreativ. Unterschiedlich ist das Maß an schöpferischem Potenzial.

Wer ist kreativ? Wer nicht? Wodurch kann Kreativität erlangt werden? In der Pädagogik wird davon ausgegangen, dass es, je nach Potenzial, **verschiedene Stufen von Kreativität** gibt. Schöpferische Kraft kann sich demnach in einer Kinderzeichnung äußern oder auch in der Entwicklung bahnbrechender Ideen, in der Schaffung neuer Systeme. Egal, auf welcher Ebene fantasievolle Tätigkeit stattfindet, **Kreativität** kann als **Problemlösungskompetenz** angesehen

werden, **die das Selbstvertrauen stärkt und** außerdem in ihrer Funktion als zweckfreie Gestaltungsmöglichkeit **unser Leben bereichert.**
Intelligenz wird im Zusammenhang mit Kreativität oft erwähnt. Was bedeutet Intelligenz? Ist sie mit Kreativität gleichzusetzen? Nach Lahmer (2000) kann Intelligenz eine Voraussetzung für Kreativität sein. Intelligente Menschen sind nicht automatisch kreativ, ebenso wie Kreative nicht intelligent sein müssen. Für eine sehr hohe Kreativität ist Intelligenz jedoch eine Voraussetzung.
Kreativität entstammt sowohl der Intelligenz, dem kognitiven Denken, **als auch dem Unbewussten,** dem intuitiven Denken und Handeln. Der kreative Anteil der Intelligenz äußert sich durch systematisches, kritisches, abwägendes Vorgehen, er ist eifrig und konsequent, sensibel geleitet durch das ästhetische Empfinden. Dagegen leitet uns das Unbewusste intuitiv, ist kaum fassbar, unteilbar. Jeder Augenblick hat seine ureigenste Stimmung, kann selten beschrieben werden und ist unwiederholbar. Die gewünschte **Verzauberung,** die Eingebung, die man sich während eines kreativen Vorganges erhofft, hat immer etwas Irrationales, Geheimnisvolles. (vgl. Gutjahr 1996, S. 135 ff.)

> Wenn du mit anderen ein Schiff bauen willst, so beginne nicht, mit ihnen Holz zu sammeln, sondern wecke in ihnen die Sehnsucht nach dem großen, weiten Meer.
>
> Antoine de Saint-Exupéry

Kreativität ist eine Mischung aus bewussten Fertigkeiten und unbewussten Fähigkeiten.

Zur Vertiefung:

- Wie definieren Sie Kreativität?
- Aus welchen menschlichen Potenzialen wird Kreativität entwickelt?

6.2 Warum Kreativitätsförderung?

Den Auftakt zum Wettrennen um die Erforschung der Kreativität gab ein technisches Ereignis, nämlich die Entsendung des Sputniks (1957) ins Weltall. Der Bedarf an kreativen Wissenschaftlern brachte Staat und Industrie vor allem in Amerika dazu, psychologische Untersuchungen zum Thema Kreativität zu finanzieren und zu fördern. Dieser Beginn stand unter dem Motto: Um als Nation zu überleben, muss das Individuum kreativ sein. Kreativität hat auch in der heutigen wachstumsorientierten Gesellschaft einen beachtlichen Stellenwert, denn sie hat die gleiche Etikettierung wie der Markt und seine Produkte: Unsere Ansprüche auf Neues, auf Einzigartiges, auf Veränderung entsprechen unseren Vorstellungen von dem „Zauberwort" Kreativität.

- Da die Ausbildung der **Gehirnstruktur im Alter von 17 oder 18 Jahren weitgehend abgeschlossen** ist, empfiehlt es sich, bereits die **Kreativität von Kleinkindern zu fördern,** um neben der linken, rational denkenden Gehirnhälfte auch die rechte, affektiv agierende Gehirnhälfte zu fördern.
- **Kreative Prozesse unterstützen die kognitive sowie die sozial-moralische Entwicklung** eines Kindes. Die Erfahrung eigener Kreativität fördert **den Aufbau eines positiven Selbstbildes,** ermöglicht **Erfolgserlebnisse** und das **Bewusstsein unverwechselbarer Identität.** Den Anforderungen unseres Lebensalltages werden wir eher gerecht, wenn durch Kreativität **Problemlösungskompetenz** erwiesen wird, gleichzeitig aber auch **Autonomie und**

Das kindliche Wachbewusstsein ist offen für neue Wahrnehmungen und abenteuerliche Ideen. Erwachsene erleben dieses kindliche Maß an Kreativität oft nur in einer Art Dämmerzustand, an der Grenze zum Schlaf, zwischen Traum und Wirklichkeit.
(vgl. Goleman; Kaufman; Ray 1998, S. 65)

Die Grundlage der Kreativitätsförderung ist die Ermutigung zum Staunen, zum Fragen, zum Hinterfragen und zum Experimentieren, zur Sacherfahrung sowie zum Glauben an die eigene Kreativität.
(vgl. Braun 1999, S. 109)

Selbststeuerung unter Beweis gestellt werden. Kreativität ist Lebensgestaltungskompetenz. **Kreativ sein bedeutet eigenständig sein!**

Phasen, in denen mehr Disziplin und Anpassung von Menschen verlangt wird, werden begleitet von einer Abnahme an schöpferischen Leistungen.

- Es lohnt sich, Kreativität und somit Problemlösungskompetenz zu fördern, weil wir in ein Leben voller **verschiedenster Anforderungen und Aufgaben** hineinwachsen, auf deren Details wir nicht vorbereitet werden können. Das soziale und gesellschaftliche Zusammenleben wandelt sich so schnell, dass sich die Anforderungen von morgen heute kaum andeuten und damit auch nicht erahnen lassen.

6.2.1 Bedingungen für Kreativitätsförderung

> Der Ursprung jeglicher Fantasie ist die Lebenskraft!
>
> Samuel Taylor Coleridge

Es ist leichter, Kreativität durch eine Veränderung äußerer Bedingungen zu fördern als durch den Versuch, das Individuum zu kreativem Denken anzuregen. Folgende Parameter können kreative Prozesse begünstigen:

- **Ich-Stärke:** Menschen, die sich wohl fühlen und selbstbewusst sind, können Neues leichter aufnehmen. Sie verfügen über mehr „Speicherplatz".

Abwägen und selbst entscheiden.

- **Beziehung:** Vertrauensvolle Kontakte sind Grundlage für die Entfaltung von Kreativität. Eigeninitiative für solche Kontakte soll bestärkt werden.
- **Freiheit:** Menschen brauchen Bereiche für sich: Orte, Gespräche, Geheimnisse, Rückzugsmöglichkeiten. Selbsttätigkeit erzeugt Selbständigkeit!

Wechselwirkung statt Isolierung

- **Gruppe:** Kreative Einfälle Einzelner regen andere Menschen an. Handlungen, die in der Gemeinschaft entstehen, können wieder Einzelne anregen.
- **Zeit:** Jeder Mensch muss selbst entscheiden, wie viel Zeit, wie viele Wiederholungen (Vertiefung) und Varianten er braucht, um sich mit einem Material, einem Thema zu beschäftigen.
- **Angebote:** Sie sollen zum eigenständigen Experimentieren anregen, Neugier und Interesse erhalten bzw. wecken.
- **Umgebung:** Eine abwechslungsreiche Umgebung regt die Kreativität an. Je mehr Eindrücke wir speichern, umso größer ist die Chance, aus diesen Gedanken neue Ideen zu entwickeln. Wer mehr erlebt und aufnehmen kann, hat meist mehr Einfälle.

Zur Vertiefung:

- Wozu Kreativitätsförderung? Nennen Sie 3 Begründungen!
- Welche Bedingungen unterstützen Kreativität? Könnten diese Faktoren auch für Wahrnehmungssensibilisierung und Soziales Lernen gelten?

6.3 Merkmale kreativer Persönlichkeiten

> You may say I'm a dreamer,
> but I'm not the only one.
>
> John Lennon, Imagine

Der Pionier der Kreativitätsforschung J.P. Guilford hat folgende Fähigkeiten genannt, durch die sich eine kreative Persönlichkeit auszeichnet: **Psychische Gesundheit** und **Ich-Stärke, vitales Energiepotenzial, vielseitige Interessiertheit, Zugänglichkeit für Empfindungen und Emotionen und die Fähigkeit, verschiedene Lösungen** für ein Problem **in Betracht zu ziehen.** (vgl. Pimmer 1995, S. 25 f.) Weitere Faktoren, die die Kreativität günstig beeinflussen, beschreibt Guilford so:

- **Problemsensibilität** als die Fähigkeit, nicht nur Probleme zu lösen, sondern auch gängige Verhaltens- und Denkweisen hinterfragen zu können.
- **Frustrationstoleranz** als die Fähigkeit, Enttäuschungen und Missverständnisse zu ertragen, ohne zu resignieren.
- **Flüssigkeit und Originalität** als die Fähigkeit, auf spielerische Weise eine Fülle von ungewöhnlichen Einfällen, Ideen, Symbolen und Assoziationen zu einer Aufgabenstellung produzieren zu können.
- **Flexibilität** als die Fähigkeit, Denk- und Verhaltensweisen ändern zu können und Probleme von verschiedenen Seiten aus zu betrachten.
- **Beurteilungskraft** als die Fähigkeit, Ideen zu überprüfen, nach Qualität und Angemessenheit zu unterscheiden und gegebenenfalls zu verändern.
- **Kontinuität** und **Durchhaltevermögen** als die Fähigkeit, sich intensiv und unbeirrbar mit einer Aufgabe zu beschäftigen. (vgl. Guilford/Hoeptner 1992)

Flüssig im Sinne von im Fluss sein, „Ideenfluss", „Gedankensprudel".

Kreative Personen vereinen widersprüchliche Extreme in sich – sie bilden keine gemeinsame Einheit, sondern eine individuelle Vielheit.

Csikszentmihalyi beschreibt eine Bandbreite an gegensätzlichen Eigenschaften, die kreative Menschen miteinander verbinden können:

Psychische Energie <> Entspannung | Sensibilität <> Risikobereitschaft | Klugheit <> Naivität | Disziplin <> Spielerisches | Fantasie <> Realitätssinn | Extraversion <> Intraversion | Demut <> Stolz | „männliches" <> „weibliches" Rollenverhalten | Intensität von Leiden <> Freude | konservativ <> rebellisch | leidenschaftlich <> objektiv (vgl. Csikszentmihalyi 1997 in : Braun 1999, S. 85)

Während der Entwicklung kreativer Persönlichkeit entsteht gleichzeitig ein Prozess der Anpassung an die jeweiligen situativen Bedingungen des Lebens. Aber es entwickelt sich auch die Ausprägung eines unverwechselbar eigenen Profils. Dieses macht den Menschen trotz aller Anpassung einzigartig.

Kreative Menschen sind anpassungsfähig, aber auch eigenständig.

Zur Vertiefung:

- Über welche der genannten Eigenschaften verfügt Ihr persönliches, kreatives Potenzial?
- Welche Verhaltensweisen betrachten Sie als NICHT kreativ?

6.4 Kreative Prozesse

Die etymologische Wurzel von Produkt **(pro-ducere = hervorbringen, herausziehen)** veranschaulicht den kreativen Prozess. Neuartiges wird aus Bestehendem, aus einem Fundus oder Hintergrund **herausgezogen.** In der Kreativitätsforschung werden im Allgemeinen 5 Phasen der Problemlösung beschrieben.

Wahrnehmungsprozesse unterstützen Kreativität.

> Die Mutter der Musen am Tempelberg war Mnemosyne, die Erinnerung. Sie verfügte über einen enormen Bewusstseinsschatz. Alle wahrgenommenen Erfahrungen schlummern in unserem Bewusstsein. Sie werden bedeutsam, wenn dieser Schatz gesucht wird durch scheinbare Untätigkeit, beiläufiges Herumspielen, aber auch durch zielgerichtete Erforschung. Somit entsteht ein Wechselspiel von unbewusster und bewusster Auseinandersetzung mit einem Thema.

- **Vorbereitung:** **Am Anfang steht** ein Problem oder **eine Spannung** – der oft unbestimmte Wunsch, etwas zu bewegen. **Der Mensch ist bereit, sich einer Aufgabe zu stellen.** Diese Phase kann sehr lange dauern. Sie ist arbeitsintensiv, weil Grundlegendes gelernt werden muss. Ideen, Gedanken, Informationen werden gesammelt. Das Sammeln ist geprägt von der Haltung des Suchens. **Durch das Interesse wird die Wahrnehmung sensibilisiert und schafft eine breite Basis für eine Vielfalt an möglichen Lösungen.** Wahrnehmungsprozesse bilden eine ideale Voraussetzung für kreatives Verhalten. Um zu einer sinnvollen Auffassung von Umweltreizen zu gelangen, muss der Wahrnehmungsprozess selektiv, deutend und zusammenhangbildend sein. „Zunächst heißt schöpferisches Gestalten suchen, horchen, entdecken, ausprobieren. Keine noch so gut gemeinte pädagogische Anleitung sollte diesen Erfahrungsprozess abkürzen." (Kreusch-Jacob 2002, S. 10)
- **Inkubation** wurde in der Antike der **Tempelschlaf am Götterberg** Olymp genannt. Unter Inkubation versteht man auch die **Bebrütungszeit von Vogeleiern** oder den **Abschnitt zwischen der Ansteckung und dem Ausbruch einer Krankheit.** Alle drei Bilder veranschaulichen die zweite Phase des kreativen Prozesses. Die geistige Auseinandersetzung in der Inkubationsphase wird willentlich, aber auch unbewusst gesteuert. Dieser Suchvorgang ist ein Dialog zwischen Fantasie und Wahrnehmung, zwischen Erfindung und Erkenntnis, zwischen Eingebung und Spekulation. Mögliche Lösungen werden versucht, modifiziert, verglichen, überprüft und wieder verworfen. In dieser Phase sind Frustrationstoleranz, Risikobereitschaft, Vertrauen in die eigenen Fähigkeiten und nonkonformes Verhalten dienlich.
- **Entscheidung, Einsicht, Geistesblitz:** In kreativen Prozessen sind die Momente der Eingebung aufregend, vielversprechend. Sie sind Fundstücke, die sich aus dem Dialog von Fantasie und Wahrnehmung herauslösen.
- **Überprüfung:** Durch die Bewertung eines Produktes wird festgestellt, ob das Werk Anerkennung bei der kreativen Person und seiner Umgebung findet. Benötigt wird dazu Kompetenz und ein geeignetes Verfahren.
- **Produktion:** Die Idee wird selbstkritisch ausgearbeitet, geringfügig verändert, produziert und präsentiert. **Kreative Prozesse sind erst dann abgeschlossen, wenn sie realisiert worden sind.**

Kreative Lösungen setzen eine gründliche Kenntnis des Gegenstandsbereiches voraus!

> „Wenn du es nicht in deinem Inneren findest, wo willst du danach suchen?"
>
> Konfuzius

Der gesamte kreative Prozess mit seinen ineinander übergehenden Phasen **ist nicht linear** zu sehen, sodass ein Schritt notwendigerweise auf den vorhergehenden aufbaut. Er ist eher mit einer **spiralförmigen Entwicklung** gleichzusetzen. Oft müssen einige Schritte zurück gemacht werden, um wieder weiter voranzukommen. Der kreative Prozess wird von jedem Menschen individuell gestaltet, Kreativität hängt von der Persönlichkeit, dem Thema und der Situation jedes Menschen ab.

In Daniela Brauns Handbuch Kreativitätsförderung (Herder) finden sich umfassende Informationen zu Theorie und Praxis der Kreativitätsförderung.

Zur Vertiefung:

- Wie verlaufen kreative Prozesse?
- Nennen Sie Situationen, in denen Sie selbst kreativ waren!

6.5 Kreative Techniken

Brainstorming

Die von Osborne in den 40er-Jahren des zwanzigsten Jahrhunderts entwickelte Methode des Brainstormings kann mit Menschen ab 4 Jahren praktiziert werden: Der berühmte „Gehirnsturm" kann allein oder in der Gruppe angewendet werden. Er verläuft in zwei Phasen:

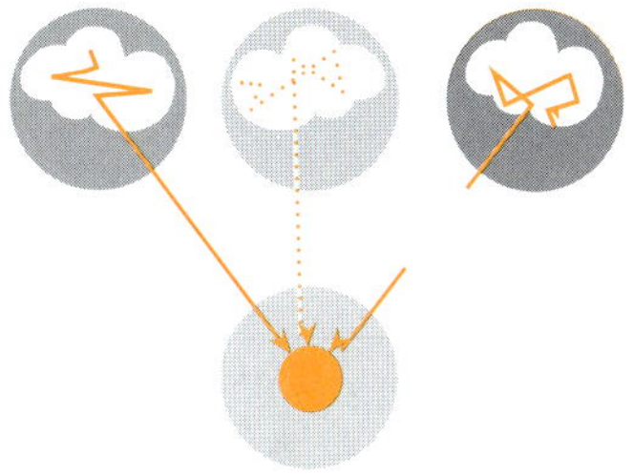

1. Grünlichtstufe: Hier geht es darum, möglichst viele Begriffe zu einem Thema zu finden. Die Problemstellung kann schon einige Tage vor dem Brainstorming bekanntgegeben werden, um bereits in der Aufwärmphase bewusst oder unbewusst behandelt zu werden. Eine Schriftführerin bzw. ein Schriftführer schreibt kommentarlos alles, was gehört wird, auf. Innerhalb von 15 bis 20 Minuten sollen möglichst viele unterschiedliche Ideen genannt werden, ohne dass eine einzige kritisiert wird.

Jede Idee ist erlaubt! Zunächst: Quantität vor Qualität.

2. Rotlichtstufe: Hier geht es darum, die Ideen aus der ersten Phase zu sortieren, zu analysieren und realisierbar zu machen.

Aufzählen von Eigenschaften

Diese Methode wurde von Crawford 1954 erfunden und 1967 von Davis/Manske/Train weiterentwickelt. Möglichst viele Eigenschaften eines Problems werden aufgezählt. Dadurch werden Problemstellungen und somit auch ihre Lösungsmöglichkeiten erweitert. In der Stoffsammlung werden Bereiche angesprochen, die sonst gar nicht in Erwägung gezogen worden wären.

Mit einer Aufzählung können Anfangsschwierigkeiten bewältigt werden: Die Auswahl aus der Liste erfolgt persönlich und erweitert das Gestaltungspotenzial.

Ein Beispiel: Kinder wollen Katzen zeichnen, wissen aber nicht genau, wie sie das machen sollen.

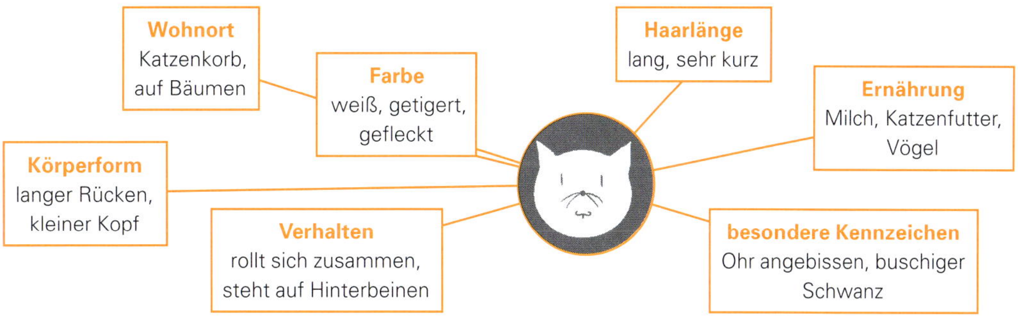

Checklisten

Damit lassen sich systematisch Verfremdungsreihen aufbauen:

- Fügen Sie etwas hinzu oder ziehen sie etwas ab.
- Verändern Sie die Farbe.
- Variieren Sie das Material.
- Arrangieren Sie die Teile anders.
- Verändern Sie die Gestalt.
- Verändern Sie die Größe, modifizieren Sie den Aufbau oder den Stil.

(vgl. Seitz 2001, S. 112–123)

Kreativität beinhaltet Polaritäten: hell – dunkel, hart – weich, viel – wenig, rund – eckig, groß – klein …

Zur Vertiefung:

- Welche kreativen Techniken bevorzugen Sie? Warum?

6.6 Entfaltung von Kreativität in der Rhythmik

In der Rhythmik werden Musik, Bewegung, Stimme/Sprache und Material gestaltet und verknüpft; interpretiert wird alleine, zu zweit und in der Gruppe. Es geht darum, eigene Ideen und Geschmacksrichtungen zu entdecken, auszudrücken und ihre Relevanz zu argumentieren.

Die oben genannten Techniken zur Kreativitätsförderung werden in der Rhythmik ebenso angewendet:

Brainstorming: z.B. wenn ein neues Thema eingeführt wird.

Eigenschaften von Materialien werden in der Rhythmik nicht nur aufgezählt, sondern mit allen Sinnen erlebt und in Reflexionsphasen festgehalten.

Checklisten: Verfremdungsreihen können beim Improvisieren mit Instrumenten oder in der Bewegung entstehen. Zum Beispiel Klangerzeugung: Klänge können verlängert oder verkürzt, lauter oder leiser gespielt werden, auf andere Instrumente übertragen werden oder in unterschiedlichen Räumen klingen. Kreativitätsförderung findet aber noch auf anderen Ebenen statt. **Mut, Ausdauer, Freude an kreativer Tätigkeit** und eine hohe **Frustrationstoleranz** werden in der Rhythmik gefordert und gefördert. Erst wenn diese Faktoren in einer günstigen Konstellation zueinander stehen, kann sich der Mensch frei fühlen und kreativ sein.

Positive Verstärkung und Würdigung! Der kreative Erwachsene und sein Verhalten sind das Leitbild für die Entfaltung der Kreativität beim Kind.

6.6.1 Entwicklung von kreativen Fähigkeiten und Fertigkeiten durch Rhythmik

In sozial geschulten Gruppen treten weniger Spannungen auf, die Entwicklung von kreativen Experimenten rückt in den Vordergrund.

- In der Rhythmik wird ein vieldimensionaler Unterricht angeboten, der Kreativitätsförderung möglich macht. **Unterschiedliche Gruppenstrukturen** (Partner-, Einzel- und Gruppenarbeit) fordern und fördern sozialen Zusammenhalt, **schaffen Freiraum für individuelle Bedürfnisse** und **laden zum Experimentieren ein.** Die Gruppenmitglieder können sich zu zweit, alleine oder in Kleingruppen auf kreative Prozesse einlassen. Ein **flexibler und demokratischer Führungsstil** trägt zu einem Klima bei, in dem ohne Erwartungsdruck gehandelt werden darf. → vgl. „Soziales Lernen" S. 76

- **Sensibilisierung,** eine wichtige Voraussetzung für kreative Problemlösungskompetenz, wird in der Musik- und Bewegungserziehung gefördert. Die Sinne können durch verschiedene „Wahrnehmungssensationen" geschärft werden.

➔ vgl. „Wahrnehmungssensibilisierung" S. 44, „Kreative Prozesse" S. 108

- Die **Mittel der Rhythmik, Musik, Bewegung, Stimme und Material bieten viel Freiraum zum Entdecken, Erfinden und Darstellen.** Bewegung zur Musik kann synchron, als Kontrapunkt oder assoziativ erfolgen. **Parameter, die Musik und Bewegung teilen** (Zeit, Raum, Kraft, Form) können unter entsprechender Anleitung **vergrößert, verkleinert, verfremdet, geteilt, verändert und verstärkt werden.** Neue Verbindungen entstehen und regen zur Weiterentwicklung an. Beispiel: Führen Sie eine beliebige Bewegung aus. Machen Sie diese schneller, langsamer, größer, kräftiger, mit anderen Körperteilen ...

Passiver Konsum ist nicht annähernd so lohnend wie aktive Gestaltung!

Wichtig scheint es, eine große Auswahl an Möglichkeiten der Kreativitätsförderung zu kennen und individuell auf die Gruppe bzw. die Person abzustimmen. Einige förderliche Maßnahmen zur Kreativitätsförderung sollen nun beschrieben werden:

6.6.2 Methoden zur Kreativitätsförderung

Experimentieren

Experimentieren ist jene Art von Aktivität, bei der Versuche im Umgang mit Gegenständen, Menschen und auch mit sich selbst angestellt werden, um zu Erfahrungen und Erkenntnissen zu gelangen. Natürlich gibt es ethische und moralische Grenzen des Experimentierens, nämlich in all jenen Bereichen, wo das eigene oder fremdes Wohl beeinträchtigt wird. Im positivsten Sinn ermöglicht der **experimentelle Umgang mit den Phänomenen der Welt eine Erweiterung von Erfahrung** und Erkenntnis. Durch die Anleitung zum Experimentieren können die Gruppenmitglieder angeregt werden, verschiedene Versuche anzustellen, die neue Gestaltungsmöglichkeiten zum Vorschein bringen. In der Rhythmik wird mit Musik, Bewegung, Stimme und Material experimentiert. Im Rahmen einer Experimentierphase besteht die Möglichkeit, einzelne Kinder zu beobachten, Ängstliche zu ermutigen, Schwache zu unterstützen, Vorlaute in die Welt der kleinen Dinge zu führen und dafür zu sorgen, dass diese Kinder positive Erfahrungen über ihre Fähigkeiten machen.

Beispiel: Suchen Sie sich einen Gegenstand aus und unternehmen Sie damit Dinge, die Ihnen angenehm sind. Aus „Versuch und Irrtum" entwickelt sich ein Spiel.

Entdecken

Das **Entdecken** von Ereignissen in der Lebensumwelt **geschieht über die verschiedenen Sinneswahrnehmungen.** Miteinander kombiniert, führen diese Wahrnehmungen zu Erkenntnissen, die Neugier befriedigen und Wissen erweitern. Außerdem bereiten solche Entdeckerfähigkeiten große Freude und Lust, denn das „Geheimnis" wird selbständig gelüftet und bringt somit Stolz über die erbrachte Leistung hervor.

Welche Entdeckungen konnten Sie mit dem Gegenstand machen?

Verändern und Verfremden

Welche Handlungen vollzogen Sie mit dem Gegenstand, die seinen ursprünglichen Zweck entfremdeten? (Beispiel: Ball nicht nur rollen und werfen, sondern ihn auch als Polster, Massagegerät, „Gesprächspartnerin/Gesprächspartner“ … verwenden.)

Die Erfahrung von **Veränderbarkeit** ist wichtig und **dient der Erkenntnis, dass unsere Lebensumwelt beeinflussbar und gestaltbar ist. Der Mensch** kann sich durch diese Erfahrung als **aktiv gestaltendes Individuum** ansehen. Wo Varianten vorgenommen werden, können ungewöhnliche Ergebnisse erzielt werden. Verfremdung kann angewendet werden, indem z.B. Alltagsgegenstände in einem ungewöhnlichen Zusammenhang verwendet werden oder Dialoge durch Kommentare, Musik, Bewegung oder absurde Kostümierung unterbrochen werden. Der Schriftsteller Bertold Brecht wollte in den 30er-Jahren des zwanzigsten Jahrhunderts durch Verfremdung Anerkanntes hinterfragen und die Widersprüchlichkeit gesellschaftlicher Strukturen bloßlegen. Durch Verfremdung können Veränderungen hervortreten, die Denkprozesse neu in Gang setzen.

Erfinden

Das Erfinden ist ein Vorgang, der in der Fantasie geboren wird. Gedanken und Ideen können durch die Sprache, die Musik, die Bewegung in der Gruppe oder alleine hervorgebracht werden. Das Erfinden bereichert unser Leben.

Darstellen

Versuchen Sie, eine kleine Szene mit Ihrem Gegenstand zu gestalten.

Darstellen ist jene Aktivität, durch die Gedanken, Gefühle, Fantasien und Ideen für andere erkennbar zum Ausdruck gebracht werden. Eine Erzählung kann Erlebtes oder Erdachtes darstellen. Eine Verkleidung, Musik oder ein bestimmter Körperausdruck können die Rolle und Verhaltensweise eines anderen Wesens darstellen. (vgl. Braun 1999, S. 115–131)

Zur Vertiefung:

- Wie wird Kreativität in der Rhythmik gefördert?
- Welche Methoden werden angewandt?
- Variationsprinzip: Entwickeln Sie einen rhythmischen Spielvorschlag. Stellen Sie sich vor, der Spielvorschlag ist zu leicht oder zu schwer für die Gruppe, mit der Sie arbeiten. Machen Sie das Spiel leichter und schwerer. Tragen Sie den anderen Gruppenmitgliedern das Ergebnis vor und kopieren Sie Ihre Ideen für die anderen. So entsteht eine Sammlung von Spielvorschlägen, die leichter und schwerer angeboten werden können.

Tiere darstellen oder spielerisch verändern

6.6.3 Improvisation

> Improvisation ist die Feier des Augenblicks.
> Derek Bailey

Improvisation, vom lateinischen **improvisus** abgeleitet, bedeutet **nicht vorhergesehen, unvermutet.** Unvermutetes Handeln, nicht vorhersehbare Geschehnisse ereignen sich in unserem Leben permanent. Viele unserer Tätigkeiten werden improvisiert, entstehen spontan, im Moment. **Improvisation fordert auf zum beweglichen Reagieren auf Bedingungen, die im Augenblick gegeben sind.** Sie ist Ausdruck der Erfahrung eines Menschen. Gewohnheiten können spontan erkannt und variiert werden.

Improvisation ist gekennzeichnet durch das Spiel mit dem Unbekannten, Unvorhergesehenen. Der Spielprozess ist ebenso maßgeblich, wie die Persönlichkeit der Teilnehmenden. Was durch Musik, Stimme und Material spielerisch erfahren wird, kann im Alltag bereichern. Flexibilität, Offenheit, Intuition, Mut und Toleranz werden durch Improvisation thematisiert und im geschützten Rahmen erprobt. Die Ziele der Rhythmik (Wahrnehmungssensibilisierung, Soziales Lernen, Kreativitätsförderung) sind Bedingung für eine gelungene Improvisation. Wer in unterschiedlichen Gruppenkonstellationen sensibel und kreativ agiert und reagiert, wird offen sein für das Wagnis des Lebens.

Änderung ist der Motor der Improvisation.

Es gibt verschiedene **Arten der Improvisation:**

- Improvisation mit Material, Bewegungsimprovisation, vokale oder instrumentale Improvisation. Jeweils **ein Medium steht im Vordergrund,** andere können als Hilfsmittel dienen. Hier besteht die Möglichkeit, Aufgaben unterschiedlich zu lösen. Bewegung mit einem Tuch kann raumgreifend und dynamisch oder meditativ und langsam sein. Jedes Gruppenmitglied findet durch die Improvisation eine adäquate Lösung.
- Improvisation, in der **Beziehung** eine Rolle spielt (Dialoge, Ablösespiele, Spiele mit Nähe und Distanz).
- **Gebundene** Improvisation (beschränkter Tonraum bzw. beschränktes Bewegungsmaterial, bestimmte Melodie bzw. bestimmte Bewegungsfolge) – kann gut für die Erschließung von Themen (Kennenlernen einer Tonleiter) verwendet werden.
- **Gelenkte oder freie** Improvisation: Gelenkt durch Person, mündliche bzw. schriftliche Vorgaben über ein Thema oder freies Tanzen, Spielen oder Singen ohne Vorgabe.
- **Zweckfreie oder zielorientierte** Improvisation: Improvisation aufgrund von Freude am eigenen Ausdruck oder als Vorbereitung für eine Gestaltung.

Improvisation bewegt sich immer im Spannungsfeld von Ordnung und Chaos, Spannung und Entspannung.

Musik, Bewegung und Sprache können vielfältig variiert werden. Ein Wort, eine Bewegung oder eine Melodie, kann hoch, tief, schnell, langsam, laut, leise gesprochen werden.

Vgl. S. 254

Improvisation bedeutet spontanes Suchen und Finden, Komposition hingegen legt gereifte, konzentrierte Ergebnisse fest.

Die Improvisation, das spontan erfinderische Verhalten spielt in der Rhythmik eine wichtige Rolle. Im mehrdimensionalen Unterricht ist es möglich, alle zur Verfügung stehenden Instanzen in einen kreativen Prozess miteinzubeziehen. **Bewusstsein, Gedächtnis, Instinkte und Unbewusstes wirken in der Improvisation zusammen.** Im komplexen Prozess eines gruppendynamischen Geschehens geht es darum, die Ausführungen anderer mitzuempfinden und eigene Ideen zu gestalten. Es gilt, **Balance herzustellen zwischen der Versenkung in die eigene schöpferische Kraft und der Wahrnehmung anderer.** Dem Rhythmischen Prinzip folgend bewegt sich Improvisation zwischen unterschiedlichen Polaritäten: Offenheit – Abgrenzung, Handeln – Geschehen lassen, Lust – Angst, Risiko – Sicherheit, Struktur – Chaos, Spannung – Entspannung.

Balance entwickeln zwischen Denken, Fühlen und Handeln, zwischen Hervortreten und Zurücknehmen, zwischen Eindruck und Ausdruck.

Das Entdecken, das Fehlermachen, das Lernen und das Gestalten gehören zusammen. In jeder Improvisation werden **Regeln aufgestellt.** Diese können **umspielt, variiert, erweitert, umgeworfen und erneuert** werden. Es gibt **kein „Richtig"**

Improvisation ist dem Augenblick gewidmet, sie ist unwiederholbar und kann nur auf technischen Geräten (Digitalkamera, Video ...) festgehalten werden.

Scheinbar unbeabsichtigte Zufälle oder „Fehlleistungen" beeinflussen unsere Fantasie und sind willkommene Anlässe für neue Impulse.

Spielen Sie einen Klang, wiederholen Sie ihn, verwenden Sie ein anderes Instrument, spielen Sie ihn lauter, langsamer. Entwickeln Sie eine kurze Tonfolge, verändern Sie diese …

Essenzielle Fertigkeiten wie der Erwerb der Sprache und die Fähigkeit, sich fortzubewegen, vollziehen sich beim Kleinkind über zahllose Versuche, über lustvolle Experimente, über Improvisation.

und kein „Falsch". Es gibt effektvolle und kräfteraubende, gewollte und ungewollte Impulse. Improvisation nützt Abweichungen und „Fehler" produktiv. Um Originalität zu erlangen, müssen ungewöhnliche Lösungen erlaubt sein.
Ausgangspunkt für Improvisation können alle Mittel der Rhythmik sein: Ein **Musikstück,** eine festgelegte Bewegungsfolge, ein **Tanz,** ein **Lied,** ein **Material,** eine **Bild- oder Textvorlage. Während der Improvisation** können **Wiederholungen, Kontraste, Instrumenten- oder Materialwechsel** vorgenommen werden. Ebenso besteht die Möglicheit, **stärker** oder **schwächer, langsamer** oder **schneller** zu improvisieren. Motive oder Themenstellungen **können vergrößert** oder **verkleinert und neu zusammengesetzt werden.**
Für Kinder bildet die **Improvisation** einen **guten Einstieg, um erste Erfahrungen mit Instrumenten, Liedern, Materialien und Tänzen zu machen.** In der Improvisation wird gespielt, nicht geübt, **Ausdrucksfähigkeit und Eigenständigkeit werden erprobt.**

Es entspricht nicht dem Alter eines Kindergartenkindes, zu üben, Lieder rein und fehlerfrei wiederzugeben. Die Zeit bis zur Schulreife soll die Möglichkeit bieten, mit der Sprache, mit Musikstücken, in Bewegung und mit Materialien zu experimentieren, zu improvisieren, lustvoll oder versunken vor sich hinzuträllern, Geräusche oder Bewegungen zu entdecken.
Praktische Hinweise: In der Rhythmik ist es üblich, ohne Noten zu musizieren. Es erleichtert den **Kontakt zu anderen Gruppenmitgliedern** und macht **spontanes Handeln** besser möglich. Auch bei der Bewegungsimprovisation, die in der Rhythmik erprobt wird, entfällt die Konzentration auf gelernte Schrittmuster, die **Interaktion** mit anderen Gruppenmitgliedern, aber auch die **Aufmerksamkeit für das eigene Ausdrucksvermögen erlangt mehr Bedeutung.** Improvisation ereignet sich im Moment, die Gegenwart ist wesentlich.
Wichtig für eine Improvisation, die bewusst im „Hier und Jetzt" durchgeführt wird, ist ein klarer Anfang, der aus absoluter Stille hervortritt, und ein Ende, dem spannungsvolle Ruhe nachfolgt.

Zur Vertiefung:

- Nennen Sie ein Ereignis in Ihrem Leben, bei dem Sie improvisiert haben!
- Welche Formen der Improvisation gibt es?
- Wie kann Improvisation unseren Alltag bereichern?
- Welche Möglichkeiten bestehen, wenn während einer Improvisation „Fehler" gemacht werden?
- Nennen Sie Beispiele für Ausgangspunkte einer Improvisation!
- Warum ist Improvisation kindgerecht?

Spielvorschläge zum Thema Improvisation

- **4-Takte-Improvisation:** Ein viertaktiger Rhythmus wird von der Gruppe gemeinsam gespielt, danach erfolgt eine viertaktige Improvisation. Oftmalige Wiederholung des Wechselspieles zwischen Rhythmus und Improvisation.

- **Lückentänze:** Ein Teil des Tanzes wird vorgegeben, ein zweiter wird für freie Improvisation bereitgestellt. Ein Rondo eignet sich besonders für einen Lückentanz. Der Teil, der immer wiederkehrt, wird durch eine Schrittfolge fixiert, während die anderen Teile frei dargestellt werden.
- **Rhythmische Echospiele:** Solo-Tutti-Spiele zwischen Gruppenleitung und Ensemble auf Instrumenten oder mittels Bodypercussion, im Stehen, Sitzen oder in der freien Fortbewegung. Zunächst spielen die Gruppenmitglieder das, was die Gruppenleitung spielt, als Echo nach. Später können die „Antworten" frei gestaltet werden.
- **Experimentieren mit tragbaren Instrumenten:** Gespielt werden kann im Kreis, in der Fortbewegung, gleichzeitig, der Reihe nach oder es spielt nur eine bestimmte Anzahl an Personen (z.B. 5 in einer 10-köpfigen Gruppe – die Anzahl bleibt gleich, die Teilnehmenden wechseln sich ab).
- **3 Schlangen:** 3 Gruppen bewegen sich zur Musik. Die erste Person jeder „Schlange" gibt eine Bewegung vor, die anderen machen sie nach. Stoppt die Musik, wechselt der „Kopf" der Schlange. Er läuft zum Ende der Schlange, denn nun zeigt die nächste Person in Form des Schlangenkopfes eine Bewegung vor.
- **Elefanten:** Die Kinder werden aufgefordert, möglichst viele Varianten für laute Fortbewegungsarten zu finden. Automatisch wird auch die Möglichkeit leiser (etwa, wenn es für ein Kind zu laut wird), langsamer und schneller Fortbewegung einbezogen. Durch eine Aufgabenstellung ergeben sich viele Lösungen.
- **Gestaltung von Hobbys:** Jedes Gruppenmitglied denkt sich eine Bewegungssequenz aus, die es gerne macht. Die Bewegungen können wiederholt, vergrößert, verkleinert, verlangsamt oder mit mehr Krafteinsatz gemacht werden. Dann sucht jede Person ein Instrument aus, das die Bewegungen unterstützen könnte. Ein anderes Gruppenmitglied begleitet die Bewegungen.
- **Entspannungsgeschichte:** Die Hälfte der Gruppe liegt bequem am Bauch, die andere Hälfte sitzt bei jeweils einem liegenden Gruppenmitglied. Jede sitzende Person sagt (der Reihe nach) einen Satz, der am Rücken der Liegenden angenehm umgesetzt werden kann. (Beispiel: Noppenball; Geschichte: Ein Igel wandert über eine Wiese, wärmt sich in der Sonne, trifft einen Freund …) Im Anschluss daran findet eine Reflexion darüber statt, was als angenehm empfunden wurde, und die Gruppenmitglieder wechseln die Positionen.

11 13

Miriam Makebas „Pata Pata" eignet sich ebenso für einen „Lückentanz". Kreis: Teil A: vorgegebene Schrittfolge, Teil B: Improvisationsteil. Hier können beispielsweise die Plätze durch den Kreis bewegend getauscht werden.

(Makeba, Miriam: „Pata Pata" [Warner Music], 1999)

3

20

6.6.4 Spiel

Zu jeder Zeit und überall auf der Erde wird und wurde gespielt. Jedes Volk verfügt über eigene Spiele, jedes Zeitalter bringt neue Spiele hervor. Die Spiele einer Gesellschaft spiegeln ihre Kultur, ihre Bedürfnisse und ihre Krisen.

Spiel als Aktivität im Umgang mit sich selbst, mit Menschen, Tieren und Objekten der Umwelt **fördert und ermöglicht kreative Prozesse, unterstützt schöpferisches Denken, Fantasie und Imagination** und regt zu Problemlösungsprozessen an, die neu und ungewöhnlich sind. Schöpferische Potenziale werden

> Das Spiel ist der Jubel über das Mögliche!
>
> Martin Huber

Spiel als Metapher des Lebens

dann freigelegt, wenn durch die Tätigkeit Selbstverwirklichung vorgenommen werden kann. In Freispielphasen besteht die Möglichkeit, den eigenen Bedürfnissen nachzukommen. Jede(r) Einzelne stellt je nach Bedarf dynamische oder ruhige, dichte oder weniger dichte Experimente an.

Im Spiel wird probierend und verwerfend, tastend und entdeckend ein Thema in seinem Reichtum an Aspekten erschlossen.

Spiel fördert aber nicht nur **schöpferische Kräfte.** Es **unterstützt** auch **die Entwicklung von kognitiven, sprachlichen, sozialen, emotionalen und motorischen Fähigkeiten.** Im Spiel wird somit eine Auseinandersetzung mit der eigenen Person und ihrer Umwelt erprobt. Spiel dient der **Entladung und Umwandlung von Energie,** als **Abreaktion und Befreiung von Ängsten** und kann **Erholungswert** haben.

Im Spiel gelangen Kinder früher zu planendem Handeln als außerhalb des Spiels. Dies geschieht auch deshalb, weil die Ernsthaftigkeit des Alltags im Spiel nicht gegeben ist, es existieren weniger Einschränkungen.

Merkmale des Spiels

- **„Zweckfreiheit":** Der Zweck ist die Freude, kein Ziel, das das Spiel beenden soll. Der Ausgang des Spieles ist ungewiss. Verlauf und Ende sind von Spaß und Überraschung gekennzeichnet.
- **Freiwilligkeit:** Selbstbestimmung, Eigeninitiative
- **Konzentration:** Im Mittelpunkt steht die Gegenwart, das, was gerade erlebt wird.
- **Wechsel von Spannung und Lösung** kennzeichnen das Spiel.
- **Wiederholbarkeit:** Jede Person entscheidet selbst, wie viele Wiederholungen zur Festigung notwendig sind.
- **Spielregeln,** aber auch **Spontanität:** Balance halten zwischen Freiraum und Orientierungsmustern.

Spielraum ermöglicht die Äußerung von Gefühlen. Spiel stellt die aktuelle kindliche Wirklichkeit dar, reflektiert sie und verstärkt die Identität.

Das Spiel bietet die Möglichkeit, Erlebnisse aus der Realität nachzumachen, umzugestalten, zu verändern und somit zu verarbeiten. **Entwicklung kann selbstgestaltend beeinflusst werden.** Spiel ist abgewandelte Realität („Quasi-Realität"). Durch seine Komplexität kann das Spiel Anforderungen des Lebens abbilden. Prozesse, die im Spiel bewältigt werden, können sich positiv auswirken auf die Lebenssituation.

Wichtige Polaritäten wie Suchen – Verweilen, Führen – Folgen, Stabilität – Veränderbarkeit werden im Spiel verankert.

Die Komplexität des Spieles beinhaltet Brutalität und Zärtlichkeit, raumgreifende Bewegung und feinmotorisches Geschick, sie reicht vom Ästhetischen bis zum Obszönen und enthält soziale Kompetenz ebenso wie Egozentrik.

Arten von Spiel (vgl. Hobmair 1996)

- **Funktionsspiel:** Entdeckung der Funktion von Gliedmaßen, Bewegungsspiele.
- **Symbol und Rollenspiel:** darstellende Spiele, Imitationsspiele, Interaktionsspiele (Vater, Mutter, Kind)
- **Experimentier-, Bau- und Konstruktionsspiel:** Das Kind erfährt durch seine eigenen Handlungen Einsicht in physikalische, chemische und technische Vorgänge. Als Schöpfer von Gebilden erlebt es seine Schaffenskraft, die durch die gestalteten Objekte dokumentiert wird.

- **Regelgebundenes Spiel:** z.B. „Mensch ärgere dich nicht."

Diese Einteilung berücksichtigt in ihrer Reihenfolge entwicklungspsychologische Aspekte der Kindheit. Das Funktionsspiel steht am Anfang der Entwicklung, für das regelgebundene Spiel sind zahlreiche Fertigkeiten Voraussetzung. Wie alle Kategorien erfassen diese Kennzeichnungsversuche aus einer Fülle von Bedeutungen lediglich Einzelaspekte. Im Phänomen des kindlichen Spiels verbergen sich weitaus größere Deutungsmöglichkeiten als in diesem Rahmen erwähnt werden kann.

Flow, eine „übliche Besonderheit" im Spiel

Flow, **fließen,** ist ein besonderer Bewusstseinszustand, der im vertieften Spiel häufig eintritt. Flow-Erlebnisse wirken entspannend und ordnend.
Bestimmungsmerkmale:

- **Handeln und Bewusstsein bilden eine Einheit:** Vollständige Konzentration auf das Geschehen. Denken und Handeln gehen denselben Weg.
- **Ablenkungen werden vom Bewusstsein ausgeschlossen:** Intensive Konzentration auf die Gegenwart. Ängste und Sorgen des Alltags sind unwichtig.
- **Aufhebung des Zeitgefühls:** Stunden erscheinen wie Minuten, da im selbstvergessenen Tun nur die Handlungen, aber keine äußeren Umstände eine Rolle spielen.
- **Erhöhung des Selbstwertgefühls:** Nach einem Flow-Erlebnis empfindet man oft Stolz und Zufriedenheit.

Flow-Erlebnisse erhöhen die Lebensqualität!

Spiel in der Rhythmik

Die Rhythmik stellt sich die Aufgabe, Menschen anzubieten, **spielerisch Fähigkeiten zu erlangen, Spielfreude zu erweitern und zu verstärken.** Im Spiel werden Körper, Seele und Geist angesprochen. Die ganzheitliche Methode der Rhythmik kommt diesem Phänomen entgegen: Denken und Fühlen sind in der Rhythmik unmittelbar mit dem Körper, mit der Bewegung verbunden. So sind beispielsweise im versunkenen Lauschen einer Musik Bewegungs- und Lautäußerungen Zeichen innerer Bewegtheit.
Folgende Arten von Spielen werden in der Rhythmik angeboten:
Funktionsspiele werden durch Bewegungsimprovisation angeboten. Hier besteht die Möglichkeit, den eigenen Körper spielerisch zu erfahren.
Rollenspiele werden erprobt, wenn die Gruppenmitglieder aufgefordert werden, sich in andere Personen, Tiere oder Gegenstände hineinzuversetzen. Diese Rollen werden durch Bewegung, Musik, Stimme und Materialien dargestellt. Sie entstammen der Erlebniswelt der Gruppenmitglieder. Besonders Kinder lieben es, Ohnmachtsgefühle mittels Rollenbildern zu kompensieren. Monster, Ritter oder starke Tiere geben Gelegenheit, sich mächtig zu fühlen. Umgekehrt kann in der Rolle der „Babykatze" oder des Kükens Hilfsbedürftigkeit ausgekostet oder signalisiert werden.

Spiel ermöglicht das Entdecken der eigenen Person und das Begreifen der Umwelt.

Spiel reflektiert den Alltag und erprobt die Zukunft. Offensichtliche und verdeckte Bedürfnisse werden befriedigt, Beziehungen entwickelt.

Experimente werden in der Rhythmik mithilfe des eigenen Körpers, mit Musik, Bewegung, Stimme und Material angestellt. Wichtig dabei ist, dass die Anleitungen der Gruppenleitung einen möglichst großen Freiraum zulassen. Die Gestaltungen der Teilnehmenden stehen im Vordergrund und nicht die Vorstellungen der Lehr- und Erziehungsperson.

→ vgl. „Methoden zur Kreativitätsförderung" S. 111

Lernen ist besonders nachhaltig, wenn dabei spielerisch experimentiert wird.

Regelspiele im Sinn von Brettspielen werden in der Rhythmik nicht angeboten. **Regeln** müssen aber in jedem Spiel eingehalten werden, sie bilden einen Rahmen, in dem Verletzungsgefahr vorgebeugt wird und eine Situation entstehen kann, die für alle akzeptabel ist. (→ vgl. „Soziales Lernen, Grenzen" S. 81) Die spontane Fähigkeit und die Lust zu spielen sind Bedingung für ein gelungenes Spiel. Es gilt, die Spielfreude von Kindern und Erwachsenen unbedingt zu erhalten, zu bekräftigen und anzuregen.

Zur Vertiefung:

- Welche Fähigkeiten werden durch Spiel erworben?
- Nennen Sie Kennzeichen des Spiels!
- Was macht Flow aus?
- Welche Spiele werden in der Rhythmik gespielt? Nennen Sie für jede Art ein Beispiel!

Spielvorschläge zur Förderung kreativer Fähigkeiten und Fertigkeiten

Was Spiel letztendlich ausmacht, erfährt man am besten beim Spielen.

Um kreative Erfahrungen zu machen, sollten Vorbereitungen getroffen werden. Vor dem kreativen Einfall stehen die Vorbereitungs- und die Inkubationsphase. Diese Tatsache sollte auch für die folgenden Spielvorschläge bedacht werden. Manche Anregungen können spontan aufgegriffen werden, bei anderen kann der „Nährboden der Kreativität" durch Wahrnehmungssensibilisierung „gedüngt" werden. Je nach Gruppe und Situation muss entschieden werden, welche Vorbereitungsphase gewählt wird.

Kinder finden individuelle Lösungen.

- **Experimentierphasen** mit verschiedenen Materialien: Zusätzliche Gestaltungskriterien: Musik, Bewegung, Stimme, Raum, Zeit, Dynamik, Form. Verfremdungsreihen erweitern das Experiment.
- **Anfang:** Die Gruppenleitung fragt die Kinder, was sie heute spielen wollen.
- **Klanghöhlen:** Jedes Kind sucht ein bis zwei Instrumente aus und zieht sich an einen „sicheren" Ort zurück. Von dort aus werden dann Experimente mit dem Instrument angestellt. Wer will, bewegt sich zwischendurch im „Klangwald". Vorstellungsbilder wie Urwald, Gespensterschloss, Verkehrschaos ermöglichen Anhaltspunkte für die Improvisation.
- **Kunstwerk:** Jedes Kind hat dieselben Materialien (Reifen, Kugel, Tücher …) und kann damit etwas bauen. Wie unterschiedlich werden die Bauwerke?
- **Blätter im Wind:** Die Gruppenmitglieder liegen am Boden. Eine Person pustet die anderen an. Diese bewegen sich wie Blätter im Wind. Je nachdem, welche Musik eingesetzt wird, bewegen sich die Blätter „wild" oder „sanft", in Böen oder gleichförmig.

- **Beinakrobatik:** Die Kinder zeigen einander, was sie mit den Beinen (Armen, Bäuchen …) alles machen können. Die anderen Kinder machen es nach.
- **Fahrzeuge:** Verschiedene Fahrzeuge ausdenken und in Bewegung sowie mit der Stimme darstellen. Die Gruppenleitung begleitet die Fahrzeuge musikalisch.
- **Lieblingsfigur:** Darstellung des liebsten Comics. Die anderen versuchen, die Figur zu erraten.
- **Lieddarstellung:** Zum gemeinsamen Lieblingslied sollen die Kinder immer wieder neue Bewegungen erfinden. Im Sitzen, im Stehen, in der freien Fortbewegung.
- **Autos:** Jedes Kind stellt sich sein Lieblingsauto vor. Das Fahrzeug setzt sich in Bewegung. Als es zu regnen beginnt, werden die Scheibenwischer aufgedreht. Zur besseren Sicht wird auch das Licht eingeschaltet. Ist das Auto am Ende seiner Fahrt angelangt, bremst es und parkt auf dem Lieblingsparkplatz ein. (Jedes Auto hat andere Lichter, Scheibenwischer, Fahrmöglichkeiten.) Nicht vergessen: Scheibenwischer und Licht abdrehen!
- **Naturmaterial:** Die Natur ist das ursprüngliche Abbild der Kreativität. Kinder können kreativ werden im Sammeln, Auswählen und Gestalten von Naturmaterialien (z.B. Collagen kleben).
  → vgl. „Bewegung im Freien" S. 161 und „Rhythmik im Freien" S. 243
- **Murmeln:** Erspüren, dann in Farbe eintauchen und in einer Schachtel ein Bild „rollen". Vier Matten so zusammenschieben, dass in der Mitte ein freies Quadrat entsteht. In diesem Quadrat können verschiedenste Murmeln unterschiedlich bewegt werden. Die TN sitzen auf den Matten und agieren von dort aus.
- **Freie Bewegung im Raum:** Welche Musik verleitet zu welchen Bewegungen?
- **Entwicklung einer Klanggeschichte:** Jedes Gruppenmitglied sucht ein Instrument aus. Nach einer individuellen Experimentierphase wird ein Kreis gebildet. Eine Person spielt einen Klang oder ein Geräusch und erzählt dazu eine kleine Begebenheit. Eine andere Person setzt die Geschichte fort … (Darstellung von Tieren, Jahreszeiten, Liebesgeschichten, aktuellen Filmen …)
- **Naturgeschichte:** Die Gruppenmitglieder sammeln Gegenstände aus der Natur und erzählen zu jedem Objekt einen Teil einer Geschichte. Aus vielen verschiedenen Materialien entsteht eine zusammenhängende Erzählung.
- **Musikalische Begebenheit:** Die Gruppenmitglieder finden sich in Kleingruppen zusammen und gestalten zu einem Thema eine Folge von Klängen. Die anderen Gruppen sollen nach der Präsentation erraten, um welche Begebenheit es sich handelt (Gewitter, Weihnachten, Mord …).
- **Bewegungsbegleitung:** Eine Person bewegt sich frei und wird von anderen mithilfe von Instrumenten begleitet. Jeder Instrumentalist, jede Instrumentalistin begleitet („spielt") nur einen Körperteil der Person in Bewegung (Hand, Fuß, Kopf). Wenn sich der Kopf bewegt, spielt die Person, die sich den Kopf ausgesucht hat, ein adäquates Geräusch. Bewegt sich ein Fuß, wird dieser von der zuständigen Musikerin bzw. dem zuständigen Musiker begleitet. Die

> „Warum sollten wir alle unsere kreative Kraft nutzen? Weil es nichts gibt, das die Menschen so großzügig, so froh, so lebendig, so mutig und so mitfühlend werden lässt."
> Brenda Ueland

Bewegung bekommt durch die Musik eine zusätzliche akustische Ebene, bestärkt die tanzende Person und regt ihre Experimentierfreudigkeit an.
➔ vgl. „Musik, Bewegungsbegleitung" S. 149

- **Fortsetzung:** Im Kreis: Eine Person macht eine Bewegung. Alle anderen machen sie nach. Das nächste Gruppenmitglied führt eine neue Bewegung aus, alle anderen machen sie nach … Variante: Eine Person spielt einen Klang oder ein Geräusch auf einem Instrument, die nächste Person führt die Musik fort. (Auch mit [Natur-]Material möglich.)
- **Malen zur Musik:** Jedes Gruppenmitglied malt, solange Musik gespielt wird. Stoppt die Musik, rückt jede Person zum nächsten Bild weiter. Beim neuerlichen Erklingen der Musik setzt jede Person die Zeichnung, die nun vor ihr liegt, fort.

24

- **Entspannungsübungen** mit verschiedenen Materialien anbieten. Wie kann ich das Material einsetzen, um meinem Partner bzw. meiner Partnerin möglichst große Entspannungsmöglichkeit anzubieten? Welche Wirkung hat welches Material?
- **Bauen von Wahrnehmungsparcours oder ästhetischen Gebilden** mit verschiedenen Materialien.
- **Bauen von Skulpturen** mit dem „Material" Mensch. Am „Produkt" immer wieder Veränderungen vornehmen. Wie wirken sich Veränderungen auf die Skulptur aus?
- **Alltagsgegenstände:** Jedes Gruppenmitglied hat eine Einkaufstasche in der Hand. Verschiedene Geräusche werden ausprobiert. Zu zweit wird eine Szene dargestellt, die in der Realität schon erlebt wurde. Auch Plastikflaschen verfügen über ein großes Potenzial an Klängen und Geräuschen!
- **Küchenmusik:** Jedes Gruppenmitglied bringt ein „Instrument" aus der Küche mit. Im Kreis aufsetzen, Gesicht nach außen, Instrumente reihum vorspielen, die anderen erraten es aufgrund seines Klanges. Danach: Küchenmusik-Improvisation. Gestaltungsvorschläge: Liedbegleitung, Küchenklanggeschichten, Rezepte-Rap, Morgenmuffelorchester. Varianten mit anderen Materialien: Kinderzimmersound, Vorzimmerrock …
- **Zeichnen von Hör-, Seh-, Riech- und Tasteindrücken:** Umsetzung der Zeichnungen in Musik, Stimme, Sprache, Bewegung. Hat das Produkt noch etwas mit dem sensitiven Eindruck zu tun?

„Mein Bruder Simon" oder „Das Monster"

Wie können Monster noch aussehen?

Rhythmisch-kreative Tänze, Lieder und Geschichten für Kinder

Hörst du es auch?

(Utton, Peter: „Hörst du es auch?" [Breitschopf] Wien 1995)

In dieser Geschichte geht es um ein Mädchen, das „Wim-Wams" bäckt. Keiner mag diese Köstlichkeit probieren, bis schließlich doch jemand davon angezogen wird ...

„... Da kam die Mutter in die Küche. ‚Sophie! Ist das nicht mein Kekssack?', fragte sie. ‚Pst, horch!', flüsterte Sophie. ‚Hörst du es auch?' ‚Hmmm!', meinte die Mutter. ‚Ist das ein unanständiges, unartiges, bösartiges Geräusch?' ‚Nein ...', antwortete Sophie zögernd. ‚Es ist mehr ein surrendes, rüttelndes, knirschendes, reibendes, stampfendes Geräusch. Aber macht nichts, nimm dir ein Wim-Wams.' Die Mutter riskierte einen ängstlichen Blick in den Sack, rümpfte ihre Nase und sagte dann: ‚Jetzt nicht, das würde mir den Appetit auf das Frühstück verderben. Vielleicht später.' Sophie steckt Mutters Kekssack mit den Wim-Wams ein und verlässt das Haus. Im Laufe des Tages begegnet Sophie dem Briefträger, der Schülerlotsin Lollipop, der Frau Lehrerin und ihrem Opa. Jeder hört etwas anderes: Der Briefträger hört – mit ängstlichem Blick auf Sophies Hund Blacky – ein knurrendes, brummendes, kläffendes, keifendes, schnappendes Geräusch, Lollipop hört ein schnatterndes, plopperndes, tripp-trapp, klipp-klapp, tick-tack, heulendes, johlendes, tutendes, hupendes, klingendes Geräusch, die Lehrerin Rotschopf hört ein flüsterndes, kicherndes, scharrendes, kratzendes, kreidiges Geräusch und Großvater Jakob ist schwerhörig. Niemand hört, was Sophie hört und niemand möchte von den Wim-Wams probieren. „Nach dem Abendessen saßen Mutter und Vater gemütlich auf dem Sofa. ‚Papa', flüsterte Sophie, ‚hörst du es auch?' Sophies Vater legte die Zeitung beiseite und horchte. ‚Ist es ein surrendes, rüttelndes, knirschendes, reibendes, stampfendes Geräusch?' ‚Nein, es ist ein ...', begann Sophie zu antworten. ‚Ja!', schrie sie. ‚Und du hörst es auch?' ‚Ja', sagte der Vater. ‚Und es kommt immer näher.' ‚Und ich kann es auch hören!', sagte die Mutter. Das Haus begann zu schwanken, ein Bild fiel von der Wand und Blacky brachte sich unter dem Tisch in Sicherheit. Ein Buckel erschien im Teppich und wurde größer und größer und größer. Plötzlich zerbarsten die Fußbodenbretter, und mit einem mächtigen Surren, Rütteln, Knirschen, Reiben und Stampfen platzte der Kopf einer riesig und schrecklich aussehenden Gestalt aus dem Fußboden in den Raum. ‚Wi...wi...', sagte das Wesen. ‚Wa...wa...'. Langsam begann sich sein riesiger Kopf zu drehen. ‚Wi...wi...wa...waAAA!', schrie es gellend, als es Sophie, ihre Mutter und ihren Vater erblickte. Es kam näher und näher, schnüffelte und schnupperte. ‚Wi... wi...wa...wa...?' ‚H...hallo', sagte Sophie, ‚Ich bin Sophie ...'. ‚Wi...wi...? Wa...wa...?' Plötzlich sah das Wesen den gestreiften Sack auf dem Tisch stehen. Es wurde ruhig und dann kam langsam ein langer, knochiger Fangarm mit kleinen, zarten Fingern zum Vorschein ... und verschwand in dem Sack. Im nächsten Moment kam der Fangarm, an dem eine schleimige Masse klebte, wieder zum Vorschein. Das Wesen rümpfte seine Nase. ‚Wi...wi...wa...wa...?', sagte das Wesen ganz leise und beschnupperte die schleimige Masse. ‚AH!', schrie es ganz aufgeregt. ‚Wi...wa! Wi...wam! WIM-WAMS!' Der lange Arm mit der klebrigen Beute wurde plötzlich zurückgezogen. Die Nüstern blähten sich auf, die Augen schlossen sich fest und das Wesen lächelte selig. Langsam begann sich der ganze Körper zu drehen. Schneller und schneller wirbelte das Wesen herum, bis es in einer Wolke aus Dampf und Staub ... unsichtbar wurde. Als sich der Staub gesetzt hatte, starrten Sophie, ihre Mutter und ihr Vater entgeistert auf das Loch im Fußboden. Sophie schaute hinunter in die Dunkelheit. Das surrende, rüttelnde, knirschende, reibende, stampfende Geräusch wurde schwächer und schwächer, bis es zuletzt ganz verstummte. Sophie blickte in die blassen, schockierten Gesichter ihrer Eltern, dann kicherte sie. ‚Fein', sagte sie. ‚Ich bin so froh, dass wenigstens EINER meine Wim-Wams mochte!'"

Durch die fantasievollen Vorstellungsbilder, die in der Geschichte angeboten werden, haben Kinder die Möglichkeit, sich in verschiedene Charaktere hineinzuleben, sie durch Musik, Bewegung, Stimme und Sprache auszudrücken. Bei der Reproduktion des surrenden, rüttelnden, knirschenden, reibenden, stampfenden Geräusches wird Merkfähigkeit und Konzentration geschult. Die Geräusche können mit der Stimme oder verschiedenen Materialien nachgeahmt werden. Welche Geräusche hörst du? Welche Geräusche hört der Bäcker, der Feuerwehrmann, die Ärztin?

Wim-Wams-Tanz

22

oder: Djingalla 1 und 2, Bewegungsmusik von Henner Diedrich und Ansgar Buchholz (Uccello), Bad Lippspringen 1998 und 2001: besonders Track 3: Der springende Punkt

In diesem Tanz können sich die Kinder aussuchen, ob sie das Mädchen Sophie (die Hauptfigur kann auch nach einem Buben benannt sein) oder das Ungeheuer sein wollen. 2 verschiedene Musikteile regen zum Hopsen bzw. zu wilden Drehungen des Ungeheuers an. Zunächst ist das Ungeheuer unter dem Boden zu hören. Danach hopst Sophie unbekümmert durch den Raum. Später ist das Ungeheuer schon deutlicher zu hören. Es dreht sich wild. Sophie hopst wieder unbekümmert durch den Raum. Schließlich kommt das Ungeheuer zum Vorschein und dreht sich wild, frisst Sophies „Wim-Wams" und verschwindet wieder im Boden. Der Tanz kann vorbereitet werden, indem eine Ungeheuermusik und eine Musik für Sophie entwickelt wird. Zwei verschiedene Instrumentengruppen spielen jeweils eine Musik. Wer möchte, bewegt sich dazu.

Das Lied des Ungeheuers trägt zur Vertiefung der Geschichte und zur Erweiterung der Vorstellungsbilder der Kinder bei:

Wim-Wams!

Text und Musik: Birgitta Stummer

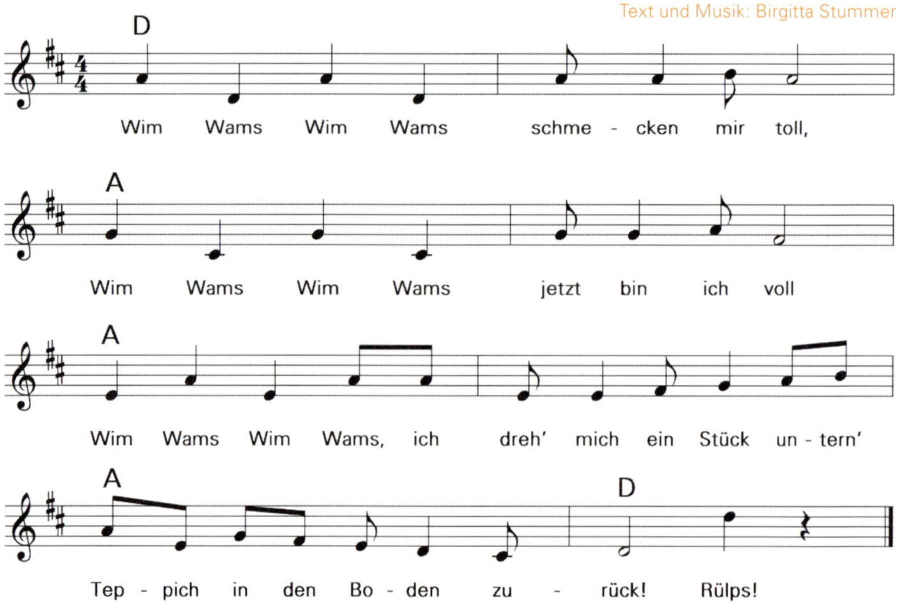

Seine eigene Farbe

(Lionni, Leo: „Seine eigene Farbe“ [Middelhauve] Köln 1990)

In dieser Geschichte geht es darum, dass jedes Tier seine eigene Farbe hat, nur das Chamäleon nicht. Überall, wo es hinkommt, wechselt es seine Farbe. Erst als das Chamäleon ein zweites seiner Art trifft, ist es glücklich, denn nun können die beiden ihre verschiedenen Farberlebnisse teilen.

Chamäleon-Tanz

11 13

oder: Die Knödel: „Verkochte Tiroler“ (RecRec Music), Zürich 1993: Track 3: „Landler“

Im Tanz wird die Geschichte so dargestellt, dass jedes Kind in die Rolle eines Chamäleons schlüpft. Einzelne Kinder treten in die Mitte eines Kreises und zeigen eine Bewegung vor. Die anderen machen die Bewegung nach. Zunächst tanzt ein Kind alleine in der Mitte eines Kreises. Wenn sich die Musik verändert, kommt ein zweites Kind hinzu, verändert sich die Musik wieder, tanzt ein weiteres Kind mit. Das jeweils neu hinzugekommene Kind gibt eine Bewegung vor, die anderen machen sie nach.

Der Tanz kann mithilfe von Orff-Instrumenten vorbereitet werden. Um die Wechsel in der Musik zu verdeutlichen, wird zunächst „nur“ Musik mit gleichen Instrumenten gemacht. Wechseln die Instrumente, kommt ein weiteres Kind hinzu. Die Musik wird von den Kindern selbst gemacht und beeinflusst.

Später kann auch ein Tonträger für den Tanz eingesetzt werden. Wenn das Musikstück zu Ende ist und noch nicht alle Kinder mittanzen, wird die Musik einfach wiederholt. Die Kinder, die noch nicht in den Tanz involviert sind, tanzen im Kreis oder bewegen sich frei im Raum. Wann welches Kind hinzukommt (Reihenfolge) wird vor dem Tanz ausgemacht. Sollte die Musik zunächst nicht deutlich differenzierbar sein, kann bei jeder Veränderung ein Musikstopp (Pause) den Wechsel in der Musik verdeutlichen. Variante: Jeweils 2 Kinder stimmen in den Tanz ein und zeigen zusammen eine Bewegung vor.

Ich bin

(Puchner, Willy: „Ich bin“ [Quell] Stuttgart 1997)

In dieser Geschichte von Willy Puchner geht es um Fantasietiere. Auf jeder Seite des Buches wird ein fantastisches Wesen dargestellt. Diese Geschichte muss nicht „fertig“ erzählt werden, jede Seite stellt ein neues Ereignis dar.

Aktivitäten:

- Welches Tier gefällt dir am besten?
- Möchtest du es in Bewegung darstellen?
- Welche Geräusche macht so ein Tier?
- Zeichne ein eigenes Fantasietier und stelle es dar!
- Die Stimme bzw. Instrumente unterstützen den Auftritt jedes einzelnen Tieres.
- Welches Instrument passt für dein Tier?

Verschiedene Tiere werden auch auf der Begleit-CD dargestellt.

4 5 6 7   8 9 10

In Fredrik Vahles Lied „Jodelwurm und Trillerfloh“ wird ein ähnliches Thema behandelt.

*~°

Planung einer Rhythmik-Einheit für Jugendliche und Erwachsene

Thema: Gestaltung eines Gruppentanzes

Verlauf im Überblick: Von der Einführung verschiedener Taktwechsel über das Erlernen eines Gruppentanzes bis hin zu eigenen Variationen des Tanzes gelangen.

~ **Lernziele:** Die Gruppenmitglieder erlernen einen rhythmischen Tanz mit verschiedenen Variationen und nehmen formale Abschnitte in der Musik wahr.

° **Erziehungskompetenzen:** Die Gruppenmitglieder gestalten gemeinsam kreative Variationen des Tanzes.

15

Material: Musik, Tücher, Seile, evtl. Reifen …

Verlauf	Intentionen, pädagogische Absichten	Methodische Hinweise
1. Freie Fortbewegung im Raum, Eigenwahrnehmung auf Aufrichtung lenken. Wie fühlen sich Schultern, Kopf, Becken, Arme, Beine an?	* Einstieg, Ankommen ~ Haltungsschulung ° Konzentration auf eigene Person lenken.	Mit der Stimme ruhige Atmosphäre schaffen.
2. Freie Fortbewegung im Raum, gemeinsames Tempo entwickeln; $^4/_4$-Takt: 1. und 3. Zählzeit betonen. Dann Wechsel von $^8/_8$- und $^7/_8$-Takt durch Klatschen und Gehen einführen.	~ Rhythmusschulung ° Wahrnehmungssensibilisierung: aufeinander hören.	Betonungen durch Schritte und Klatschen: **1**, 2, 3, **4**, 5, 6, **7**, 8 **1**, 2, 3, **4**, 5, **6**, 7
3. Freie Fortbewegung im Raum, stoppt ein Gruppenmitglied, stoppen alle: Vorgabe einer Bewegung von der Person, die zuerst gestoppt hat. Später Vorgabe einer Schrittkombination durch die Gruppenleitung.	* Wechsel der Zielsetzung: Kreativitätsförderung ~ Schrittkombinationen erlernen, Koordinationsschulung.	Tanzbeschreibung im Anschluss an das Protokoll!
4. Erweiterung: wie 2., aber: wenn ein Gruppenmitglied stehen bleibt, kommen alle zur Ruhe: Schrittkombination des Tanzes durchführen, dann wieder freie Fortbewegung im Raum.	~ Rhythmusschulung ~ Bewegungsmaterial vertiefen, Reaktionsschulung. ° Einander sehen, aufeinander reagieren.	Den Einsatz gibt die Person, die zuerst stehen geblieben ist.

5. Kreis: Musikstück anhören: Rhythmisches Klatschen wie bei Punkt 2. Variante: Ist eine rhythmische Folge ($^8/_8$, $^7/_8$) abgeschlossen, wird ein Gegenstand weitergegeben.	* Wechsel der Mittel, dynamischer Wechsel ~ Gehörbildung: rhythmische Sequenzen erkennen.	Wie beschreiben Sie das Musikstück? Was gefällt Ihnen? Woran erinnert das Musikstück? Wer möchte die Form aufschreiben? (Freie Notation, z.B. mittels Buchstaben oder Symbolen)
6. Stehkreis: Handhaltung: Tanz mit Musik erlernen. Wenn die Schrittfolge gut beherrscht wird, kann die Leitung anregen, dass während des Tanzes kleine Veränderungen von den Teilnehmerinnen und Teilnehmern vorgenommen werden.	* Dynamischer Wechsel ~ Weitere Schrittkombinationen erlernen.	Mögliche Schrittfolgen: Die oben erlernte Schrittkombination oder: Kreis größer bzw. kleiner machen, dabei die Hände gemeinsam heben und senken oder im Kreis mit Kreuzschritten oder langsamen Seitstellschritten gehen.
7. In 2 bis 3 Gruppen werden Variationen erarbeitet: Mit Material, Stimme, Schrittveränderungen, in unterschiedlichen Gruppenformationen.	* Sozialer Wechsel ° Kreativitätsförderung ° Soziales Lernen	Eine Variante bedeutet die Veränderung des Originals. „Neues" und „Altes" soll darin sichtbar sein.
8. Präsentation	*~ Gestaltung zeigen, Konzentrationsschulung	Evtl.: Mit anderen Gruppen tanzen, anderen die eigene Variante lernen.
9. Reflexion	*~° Welche Elemente haben Spaß gemacht, welche nicht? Warum?	Anwendbarkeit für Kinder?

Für diese Rhythmik-Einheit kann jeder beliebige, einfache Tanz gestaltet und variiert werden! Im Folgenden wird eine Tanzbeschreibung für den Gruppentanz auf der CD angeboten. Durchgehende Struktur: Wechsel von $^8/_8$ und $^7/_8$.
Tanzhaltung: Innenstirnkreis. Einteilung der Zählzeiten:

1, 2, 3:	4, 5, 6:	7, 8:	1, 2, 3:	4, 5:	6, 7:
Wiegeschritt: Rechter Fuß nach vorn, Arme schwingen nach vorn, Hände angebeugt („flex").	Wiegeschritt zurück in die Ausgangsposition, Arme schwingen ebenfalls zurück, Hände entspannen.	Klatsch auf „7".	Seitstellschritt nach rechts, linker Fuß folgt auf 3, Hüfte bewegt sich weich in Tanzrichtung.	Klatsch auf „4".	Klatsch auf „6".

6.7 Ausblick

Das Wort Kreativität ist vieldeutig, lässt sich nicht genau definieren und kategorisieren. Seine Bedeutung ist groß. Die wesentlichen Erfindungen der Menschheit – Kunst, Wissenschaft, Politik – kennzeichnen die wichtigsten Stufen der kulturellen Evolution. Menschlich zu sein heißt, kreativ zu sein.

Kreativitätsförderung zählt zu einer der wichtigsten Aufgaben, vor die wir im Umgang mit Kindern gestellt sind. Kreativitätsförderung ist **gekoppelt an Verantwortung,** die wir tragen, wenn wir zum Erfinden und Experimentieren anregen. Ermutigung zur schöpferischen Tätigkeit sollte unbedingt mit der Bewusstmachung der Verantwortung einhergehen, die durch das Entdecken, das Produzieren entsteht. **Veränderungen können positiv oder negativ sein, wichtig ist, dass uns bewusst ist, was durch unsere Kreativität entsteht.** Howard Gardner, Kreativitätsforscher, formuliert die Hoffnung, dass in naher Zukunft eine neue Art von Kreativität, eine **humane Kreativität** entsteht. Die Gefahr, dass sich im 21. Jahrhundert Neuerung und Beeinflussung anderer ohne Rücksicht auf die Konsequenzen frei entfalten können, ist groß. Schon durch ein missglücktes genetisches Experiment kann unser Planet unbewohnbar werden. Gardner sieht in der Balance zwischen zwei Extremen eine große Herausforderung. **Freie Entfaltung zulassen und gleichzeitig Verantwortung übernehmen für das, was wir erfinden** und gestalten:

> Zusammen mit Mihaly Csikszentmihalyi und William Damon hoffe ich, dass eine andere Form von Kreativität, die wir humane Kreativität genannt haben, dieser Herausforderung gerecht wird. Wer die Möglichkeit zu außergewöhnlich (und durchschnittlich) kreativer Tätigkeit hat, (...) sollte Anstrengungen unternehmen, um seine oder ihre Arbeit verantwortlich einzusetzen.
>
> Gardner 1999, S. 193 f.

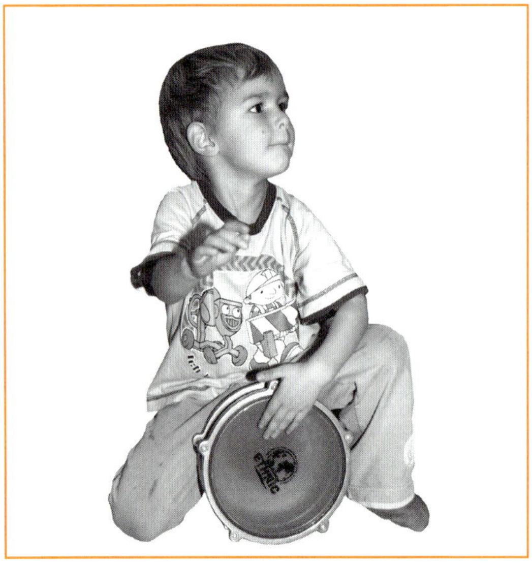

C Mittel der Rhythmik

7 Die Macht der Musik bewegt uns...

Musik, die Bezeichnung für Tonkunst, kommt aus dem Griechischen, wo sie dem Wort mousiké, der „Musenkunst", entstammt. Die geheimnisvollen Musen, die um den Götterberg Olymp lagerten, betörten die alten Griechen mit ihrem Gesang, sie verzauberten die Menschen. Die Musen waren mächtig, sie hauchten den Schwachen Leben ein, erfüllten die Fantasielosen mit Träumen und machten den Ängstlichen Mut. Ebenso fesselten sie aber auch die Freiheitsliebenden, belogen die Wahrheitsliebenden und blendeten die Klugen. Die Macht der Musen war grenzenlos ...

> Musik drückt das aus, was nicht gesagt werden kann und worüber zu schweigen unmöglich ist.
>
> Victor Hugo

7.1 Was ist Musik?

Musik ist die Kunst, Töne in melodischer, harmonischer und rhythmischer Ordnung zu einem Ganzen zu fügen. Musik kann als absichtsvolle Erzeugung von Klängen und Geräuschen beschrieben werden. Musik braucht einen Zuhörer.

Eine Definition von Musik scheitert an der Weitläufigkeit des Begriffes selbst. Musik kann unter ethnologischen, historischen, philosophischen, soziokulturellen, musikwissenschaftlichen, psychologischen, pädagogischen, künstlerischen oder therapeutischen Gesichtspunkten beleuchtet werden. Das Thema Musik hat eine Dimension, die hier nicht vollständig beschrieben werden kann. Wissenschafterinnen und Wissenschafter, Lehr- und Erziehungspersonen, Künstlerinnen und Künstler, Wirtschaftstreibende, Therapeutinnen und Therapeuten beschäftigen sich beruflich mit Musik. Welche Macht die Musik grundsätzlich auf jeden Menschen, unabhängig von seinem Berufsbild, ausübt, soll im Folgenden beschrieben werden.

Zum Einstieg in dieses große Gebiet könnte ein gemeinsames Brainstorming zum Thema Musik stattfinden. Mit dem Ergebnis der Sammlung an Assoziationen kann sich die Gruppenleitung ein Bild von den Wünschen, Erwartungen und Ansprüchen der Gruppenmitglieder machen. Kinder können aufgefordert werden, ihre Gedanken zur Musik aufzuzeichnen.

Zur Vertiefung:

- Was ist Musik?

7.2 Wozu Musik?

Diese Frage mag sich für jeden Menschen, der Musik mag, grotesk anhören, zumal **die Macht der Musik** ihn in seinen Bann gezogen hat! Im Folgenden wird versucht, eine kurze Auflistung über die „Zauberkräfte" der Musik vorzunehmen:

Die Wirkung von Musik und das Erleben von Gefühlen sind äußerst subjektive Prozesse.

- Musik wird in einer elementaren Form ausgedrückt, wenn wir lachen, schreien, weinen, jauchzen, betteln, flüstern, keuchen, seufzen. **Die unendliche Vielfalt von Klängen und Geräuschen entspricht der Vielfalt menschlicher Gefühle.** Wir Menschen können uns selbst wiedererkennen in der Welt der Musik und somit der eigenen Identität näher kommen, um mit uns selbst **stimmig** zu werden.

- Am tiefsten berührt uns **Musik** da, wo sie als **Metapher des eigenen Lebens** erfahren wird. Musik kann Gefühle in einem Menschen auslösen, umgekehrt kann der Mensch auch seine Gefühle durch Musik ausdrücken. Der Klang eines Musikinstrumentes kann behutsam anschwellen, explodieren, sanft ausklingen, ausschweifen, dahinfließen oder stocken. Auch in der Gefühlswelt gibt es solche Regungen. Musikalische und emotionale Prozesse „sprechen" eine ähnliche Sprache.
- Die Wirkung der Musik ist heute unbestritten und durch zahlreiche Studien bestätigt. **Musikalische Förderung wirkt sich positiv aus auf Sozialverhalten, Wahrnehmungsfähigkeit, Konzentrationsfähigkeit, Ausdrucksfähigkeit, Kreativität und Merkfähigkeit.** (vgl. Bastian 2000) Diese Kompetenzen erfahren wir allerdings nur durch kontinuierliches, aktives Musizieren.
- Musik aktiviert das limbische Selbstbelohnungssystem im Zwischenhirn. Es kommt zur Hormonausschüttung, körpereigene Drogen werden freigesetzt. **Körperliche Auswirkungen von Musik** können sein: Gänsehaut, Haaresträuben, Tränen, Schweißausbrüche, Veränderung der Atmung oder des Blutdruckes, erhöhte Wachheit oder tranceähnliche Zustände, Veränderung des Muskeltonus oder der Körperhaltung, Pupillenerweiterung, Erregung, Erschöpfung. **Die Macht der Musik** berührt uns. Wer fühlen will, muss hören: „Flugzeuge im Bauch" können durch Musik entstehen.
- **Musik beeinflusst unser Denken und unser Handeln.** Sanfte Musik beruhigt, Unregelmäßigkeiten können Schrecken und Verwirrung auslösen, Gleichmaß stiftet zum Mitmachen an. In zahlreichen Kriegen wurde die Marschmusik dem Schritttempo der Soldaten angepasst. Diese marschierten im Metrum der Musik. Das Marschieren sollte durch die Musik erleichtert werden, Mut machen und von der Gefahr ablenken. Musik, die Trance erzeugen soll, nutzt Wiederholungsstrukturen, die sich geringfügig ändern, um dem Bewusstsein die vollkommene Gewöhnung – das Überhören – zu versagen. Musik wird auch zum Spenden von Trost und als Ausdruck von Mitgefühl eingesetzt, etwa durch eine Gedenkmesse für einen verstorbenen Menschen oder ein Requiem.
- Wie Musik empfunden wird, ist abhängig von der emotionalen Empfänglichkeit des Individuums, von seinem sozio-kulturellen Umfeld, von seiner Stimmungslage und seiner Einstellung zu Musik. Es gibt keine an sich fröhliche oder traurige Musik. Es gibt nur Musik, die in bestimmte Richtungen tendiert. Trotzdem wirkt sie auf jeden Menschen anders. Wichtig ist es, sich **beim Aussuchen von Musik bewusst** zu **sein, dass jedes Musikstück bei jedem Menschen unterschiedliche Wirkung hervorruft.** Gruppenmitglieder sollten immer wieder aufgefordert werden, selbst Musik mitzubringen und somit ihre Vorlieben zu zeigen. Wer viele **unterschiedliche Musikstile** kennt, kann **individueller, eigenständiger auswählen.**
- Obwohl Musik nachweisbar einen starken Einfluss auf unser Leben hat, muss musikalische Betätigung nicht durch außermusikalische Auswirkungen begründet werden. **Musik hat um ihrer selbst willen Platz in unserem Leben!**

Angst kann durch „Gruselmusik" thematisiert werden, Ärger durch „Wutmusik", Freude durch „Hüpfmusik".

Musik provoziert nicht nur körperliche Reaktionen, Musizieren ist eine körperliche Aktivität. Handwerklich orientiertes Musizieren, das eigenständige Herstellen von Klängen bietet ein Gegengewicht zur konsumorientierten Fast-Food-Mentalität.

Musik spricht uns emotional an. Das menschliche Gehörorgan steht unmittelbar in Verbindung mit dem Gefühlszentrum des Gehirns.

Wenn wir Musik selbsttätig einsetzen können, so können wir auch selbständig Gefühle ausdrücken und somit lernen, mit ihnen umzugehen.

Das Bedürfnis nach Musik, die Freude an der Musik existieren in jedem Menschen. Es gilt, die Faszination für Musik zu bestärken, zu bewahren.

Zur Vertiefung:

- Musik beeinflusst unser Leben. Wieso?
- Welche körperlichen Auswirkungen kann Musik hervorrufen?
- Achten Sie, wenn Sie wieder ins Kino gehen, auf die Filmmusik! Wie wird im Film Angst, Wut, Freude musikalisch unterstützt?

7.3 Entwicklungsförderung durch Musik

Entwicklungsgeschichtlich gehört die Musik wie die gesprochene **Sprache** zu den **ältesten Errungenschaften der Menschen.** Musik ist aus Verständigungsrufen von Hirten und Jägern entstanden. So entwickelten sich die ersten musikalischen Motive. Schon seit jeher wird Musik als **einprägsame** und spürbare **Verbindung des Einzelnen zu herausragenden Lebensabschnitten** gesehen: Geburt und Tod, Not und Befreiung, Ernte und Jagd wurden von musikalischen Darbietungen begleitet.

Kinder treten unkonventionellen Musikstilen unvoreingenommen gegenüber!

Musik war schon in der Antike wichtiger Bestandteil des Lebens. In Griechenland wurde Musik als erzieherisches Mittel zu Edelmut, Besonnenheit und Sittlichkeit eingesetzt.

Die ersten Geräusche hört der Embryo im Bauch seiner Mutter. Herzschlag, Verdauungsgeräusche und Atmung der Mutter umgeben den ungeborenen Menschen und schaffen eine **vorgeburtliche Empfänglichkeit** für Musik. Jedes Kind kommt mit einem musikalischen Potenzial auf die Welt. Dieses ist besonders in den ersten Lebensjahren entwicklungsfähig. Kinder sollten Musik von Anfang an in ihrer Verschiedenheit (Stile, Tonalitäten, Klangfarben) kennenlernen, denn je jünger ein Kind ist, umso mehr Offenheit besteht für die Vielfältigkeit der Musik.

Grundlegende Kommunikationsformen des Tröstens, Warnens, Aufforderns und Beruhigens werden durch universelle melodische Muster vermittelt. Beruhigung erfolgt durch sinkende Melodien, aufgemuntert werden Menschen durch ansteigende Tonfolgen.

- Schon während der ersten Lebenswochen eines Menschen kann **Musik** eine **beruhigende Wirkung** zeigen. Nach ungefähr 12 Wochen wendet sich das Kind lauschend einer Schallquelle zu. Im darauf folgenden „Greifalter" beginnt das Kind, auf **Musik mit Schaukel- und Pendelbewegungen** zu reagieren.
- **Mit etwa $1^{1}/_{2}$ Jahren** äußern sich die Kinder auch lautlich zur Musik durch Lachen oder Quietschen, **Lallmonologe oder Lallgesänge.**
- Im dritten Lebensjahr reagieren Kinder tanzend, drehend und mit **raumgreifenden Bewegungen** auf Musik. Neben den bewegungsbetonten Reaktionen können Kinder in diesem Alter auch längere Zeit ruhig sitzen und der **Musik lauschen.** Viele Dreijährige können kurze Melodien zumindest teilweise richtig nachsingen.
- Ab dem **4. Lebensjahr** unterlaufen Kindern beim Singen immer seltener Textfehler, einige Kinder können jedoch erst mit 6 Jahren Melodien richtig oder beinahe richtig singen.
- Im **5. und 6. Lebensjahr verbessern sich Koordinationsleistungen** wie klatschen, patschen und stampfen erheblich, mit dem Eintritt in die Schule verlängern sich auch die Phasen, in denen Kinder mit Musik zur Ruhe finden können.

Musikalische Betätigungen vor dem 7. Lebensjahr fördern das Zusammenspiel der beiden Gehirnhälften, da emotionale Prozesse mehr in der rechten, kognitive Vorgänge eher in der linken Gehirnhälfte ablaufen. Musik bedarf kognitiver und emotionaler Fähigkeiten.

(vgl. Moog 1991, S. 49 ff.)

Zur Vertiefung:

- Welche Auswirkungen hat Musik?
- Ist Musik Selbstzweck für Sie? Wenn ja, warum?
- Warum sollte musikalische Betätigung besonders in den ersten Lebensjahren unterstützt werden?

In Johannes Beck-Neckermanns Handbuch der musikalischen Früherziehung (Herder) finden Sie zahlreiche Anregungen zur theoretischen und praktischen Arbeit mit Kindern.

7.3.1 Musikalisch oder unmusikalisch?

Musikalität bezeichnet **die Summe des angeborenen und erlernten musikalischen Potenzials.** Musikalisch zu sein bedarf sensomotorischer, emotionaler und kognitiver Fähigkeiten. Spontanität, die Lust am Musizieren, Vorstellungskraft und Gedächtnis sind weder allein angeboren noch allein erlernbar. **Vor dem 9. Lebensjahr ist das angeborene musikalische Potenzial veränderbar** und entwicklungsfähig.

Jedes Kind ist an Musik interessiert. Kinder horchen auf, wenn Töne oder Geräusche erklingen, Musikinstrumente werden neugierig erforscht. Kinder musikalisch zu fördern bedeutet auch, ihnen Rückzugsmöglichkeiten und Ausdrucksfähigkeit zuzugestehen, damit „sich ihre Lebensgeister aufrichten beim Musikhören." (Elschenbroich 2001, S. 210)

Musik ist vielfältig. Jeder Mensch hat musikalische Begabungen. Diese können rhythmischer, motorischer, melodischer, harmonischer oder darstellerischer Natur sein.

Jeder Mensch wird mit schöpferischen Fähigkeiten geboren. Wenn es gelingt, einen **Menschen anzuregen, seine Persönlichkeit anzusprechen, dann wird auch seine Ausdruckskraft und somit seine Musikalität angesprochen.**

Die mitteleuropäische Gesellschaft versteht unter einem gut erzogenen Menschen jemanden, der gedämpft und leidenschaftslos spricht, maßvolle Bewegungen ausführt und Manieren an den Tag legt, die Zurückhaltung und Bescheidenheit signalisieren. Spontane Originalität ist selten erwünscht.

Intuitiv reagiert jeder Mensch „richtig" auf musikalische Reize. Menschen werden an der Stimme, am Tonfall oder am Schritt erkannt, Handymelodien werden problemlos den entsprechenden Besitzern der Telefone zugeordnet, Waschmaschinen oder Geschirrspülern wird eine Generalüberholung gegönnt, wenn sie „komisch" klingen.

Oft können Kinder beobachtet werden, die ins Spiel vertieft vor sich hinsummen. Auch Erwachsene „ertappen" sich manchmal beim spontanen Musizieren. Das Schöpferische kann in solchen Situationen ausgedrückt werden.

Wenn jedoch etwas so Persönliches wie die Schöpferkraft eines Menschen ständig infrage gestellt wird, wenn „Singverbot" erteilt wird oder ständig negative Rückmeldungen zu musikalischen Äußerungen gegeben werden, dann ist es nicht verwunderlich, dass Menschen sich für „unmusikalisch" halten.

Nicht zufriedenstellende Leistungen werden oft erbracht aufgrund von mangelnder Bereitschaft oder mangelndem Selbstvertrauen. Die Möglichkeit der Erbringung von Leistung ist meist gegeben.

Die eigene Muttersprache zu lernen, ist für fast jeden Menschen selbstverständlich. Hier wird aber auch nicht hauptsächlich von Poesie und Erzählkunst gesprochen. Die Muttersprache dient in erster Linie der spontanen Äußerung, der Verständigung. **Musik sollte wieder mehr Ausdrucksmittel sein und wie die Muttersprache selbstverständlich durch Imitation und Exploration erfahren werden.** Als Eindrucksmittel (in Form von Tonträgern und Konzerten) steht die Musik in großem Maß zur Verfügung. Eigene Empfindungen und Erfindungen

Musik ist ein allgemein verfügbares Ausdrucksmittel.

sollten aber auch wieder durch Musik zum Ausdruck gebracht werden und Grundlage sein für Interpretation und Komposition von Musik.

Zur Vertiefung:

- Welche Fähigkeiten hat ein musikalischer Mensch?
- Wieso bezeichnen sich Menschen als unmusikalisch?
- Welche Vorteile hat Live-Musik gegenüber „Konserven"?

7.3.2 Musik im Kindergarten

Selbständige, sachverständige und fantasievolle Bewältigung der musikalisch-akustischen Umwelt

Musik sollte im Kindergarten ebenso zugänglich sein wie Bausteine oder Zeichenmaterial:

- In einer Ecke des Raumes sollten zu bestimmten Zeiten Möglichkeiten zum Musizieren geschaffen werden.
- Instrumente (evtl. auch selbst gebaute) sollten zu gewissen Zeiten frei zugänglich sein.
- Zeichnungen, Poster und Fotografien von Musikerinnen und Musikern sowie Instrumenten könnten im Gruppenraum aufgehängt werden.
- Bücher über Musik stillen den Wissensdurst der Kinder.

Kinder sollten die Möglichkeit haben, Musik selbst zu instrumentalisieren, Musik auszuwählen und zu produzieren, die **Macht der Musik** zu spüren und sich somit selbst als mächtig zu erleben. Beim eigenständigen Musizieren empfiehlt es sich, zunächst freimetrische Angebote zu machen, bevor rhythmische Spiele erprobt werden.

Der Umgang mit munterer, harmloser „Kindermusik" sollte die Kinder nicht ausschließlich beschäftigen. Musik kann ebenso auch beunruhigend oder verheißungsvoll sein. Für die Macht der Musik mögen manche Kinder empfänglicher sein als andere. Jedes Kind sollte aber die Möglichkeit haben, mit dem Unbeschreiblichen in der Musik in Kontakt zu kommen. Denn: „Es gibt Bereiche der Seele, die nur durch die Musik beleuchtet werden", hat Zoltán Kodály gesagt. Und: „Die Musik gehört allen."

Zur Vertiefung:

- Welche Bedeutung hat Musik in Ihrer Praxisstätte?
- Welchen Beitrag können Sie für eine musikalische Förderung der Kinder leisten?

7.4 Musik in der Rhythmik

Musik wird in der Rhythmik als Inhalt und als Mittel angeboten. Als **Mittel** dient Musik der **Wahrnehmungssensibilisierung,** der **Kreativitätsförderung** und dem **Sozialen Lernen.** Musik wird aber auch als **Inhalt** angeboten und ermöglicht somit eine **Erschließung von musikalischen Fertigkeiten.**

7.4.1 Erwerb von musikalischen Fähigkeiten und Fertigkeiten in der Rhythmik

Musik als Mittel

In der Rhythmik werden musikalische **Fähigkeiten durch sinnliche Wahrnehmung gefördert.** Musik wird beispielsweise durch die Vibration eines Fellinstrumentes gespürt, Klänge und Geräusche werden erzeugt und gehört, Klangphänomene in Bewegung umgesetzt und somit sichtbar und spürbar gemacht.
Folgende musikalische Fähigkeiten können erworben werden:

- Durch Musik lernen wir, Klänge des Körpers wahrzunehmen und einzusetzen.
- Mit dem Körper können wir Musik in ihrer Vielfalt (Lieder, Tänze, einzelne Klänge und Geräusche, Instrumentalstücke) hören, spüren und sehen und somit unsere Wahrnehmungsfähigkeit sensibilisieren.
- Wenn wir auf musikalische Signale antworten, fördern wir unsere Reaktionsfähigkeit.

Musik spricht nicht nur das Gehörorgan an. Wenn sie als hell oder dunkel, dünn oder dick, hoch oder tief, scharf oder stumpf, groß oder klein bezeichnet wird, sind viele andere Sinne an der Musikempfindung beteiligt.

Sensibel werden wir beim Musizieren, wenn wir **eigene Gefühle entdecken,** den anderen mitteilen und die Empfindungen anderer erfahren. Somit kann ein Gefühl für Harmonie und Dissonanz entwickelt werden, innerlich und äußerlich wird auf Missklänge geachtet. Musik wird nicht nur über das Ohr, sondern auch durch Vibration über die Haut aufgenommen. Somit werden wir am ganzen Körper **berührt.** Wenn wir Musik wahrnehmen, werden wir nicht nur berührt, sondern auch **bewegt.** Durch den Aufforderungscharakter von Musik werden wir angeregt zur innerlichen und äußerlichen Bewegung. Unsere Feinmotorik wird gefördert durch das Bewegen von Instrumenten (reiben, rollen, schütteln, klopfen, zupfen), grobmotorische Bewegungen entstehen, wenn sich unser Körper zur Musik bewegt. Innerlich werden wir von der Musik bewegt, wenn sie uns berührt, wenn sie uns traurig oder glücklich macht. Durch eine große Bandbreite an musikalischen Erfahrungen werden wir aufmerksam und erweitern unseren Horizont.

Musik fördert Eigen- und Fremdwahrnehmung, Sensibilität erhöht Erlebnis- und Genussfähigkeit.

Sensomotorisches Spiel mit Musik

Soziales Lernen wird durch Musik angesprochen:

- Musik fördert die Kommunikationsfähigkeit (Problemlösungskompetenz, Toleranz, Kooperation …).
- Durch Musik drücken wir unsere Gefühle aus und erweitern dadurch auch unsere Konfliktfähigkeit, Flexibilität und Reflexionsmöglichkeit.

Mitteilungsfähigkeit (erzählen, antworten) und Bereitschaft zum Zuhören (lauschen, achtgeben) werden gefördert. Eigen- und Fremdwahrnehmung wechseln einander ab.

In den ersten Lebensmonaten erfolgt die Kommunikation hauptsächlich nonverbal. Auch in der Musik wird nonverbal kommuniziert. Menschen können über die Musik in Kontakt treten und sich mitteilen. **Musizieren ist ein Prozess, der Beziehungen schafft.** Selbst wenn jemand alleine musiziert, schafft er Beziehung zu sich selbst, zu inneren Gegebenheiten, zu fiktiven oder realen Personen. Musik erfordert Regeln. Im gemeinsamen Musizieren kann ein konstruktives Zusammenspiel entdeckt werden. Kontakte werden entwickelt, in welchen sich die Musizierenden als Sender und Empfänger erleben. Beide dieser Fähigkeiten können erprobt und erweitert werden. Im Durcheinander und Miteinander kann musikalische (Un-)Ordnung erlebt werden. Musik fördert die Reflexionsfähigkeit, denn das Resultat von selbst gespielter Musik ist unmittelbar hörbar. Wenn diese Musik beschrieben wird, kann Erfahrung bewertet, Planung und Handlung überprüft werden.

Ausdauer, Stetigkeit, Kritikfähigkeit und Zuverlässigkeit werden gefördert, machen lebensfähiger und schaffen Lebensqualität.

Musik regt unsere **Kreativität** an:

- Musik fördert unsere Ausdruckskraft.
- Das ästhetische Empfinden wird durch Musik erweitert.
- Musik bereichert unsere Fantasie und schafft dadurch Lebensqualität.
- Durch Musik lernen wir, flexibel zu reagieren auf Klänge, Geräusche und andere Reize.

Der Mensch kann beim improvisierenden Musizieren seiner Individualität spontan Ausdruck verleihen. Er erlebt sich als Schöpfer von musikalischen Situationen.

Musik kann uns eigene, gegenwärtige Traditionen vermitteln, aber auch Zugang zu anderen oder früheren Kulturen schaffen. Ein afrikanisches Sprichwort besagt: „Alles, was du einem Kind mitgeben kannst, sind Wurzeln und Flügel." Durch Musik erfahren wir unsere kulturellen Wurzeln. Wir können darin Halt und Vertrauen finden. **Durch Musik werden wir** aber auch **aufgefordert,** Grenzen zu überschreiten, **Fantasie und Intuition zu folgen,** Musik anderer Kulturen unvoreingenommen gegenüberzutreten und Neues zu versuchen, unseren „Flügeln" zu vertrauen (vgl. Seeliger 2003, S. 40). Musik regt unser Vorstellungsvermögen an und fördert die Ausdrucksfähigkeit. Klang- und Körpersprache werden differenziert und die eigene Expressivität kann sich entfalten. **Musikinstrumente regen an zum Experimentieren.** Beschaffenheit, Funktionsweisen und Spielmöglichkeiten werden erforscht. Manche Instrumente (z.B. das Glockenspiel) können auseinandergenommen und neu zusammengesetzt werden. Andere werden verfremdet, indem etwas hinzugefügt wird. (Wie klingen Murmeln in einer umgedrehten Handtrommel?) Durch die Veränderungen, die eigenständig bewirkt werden, kann das Instrument in seiner Vielfalt kennengelernt werden.

Musik kann uns sensibel machen für das Schöne, das uns bereichert und bewegt.

Zur Vertiefung:

- Wie können durch die Ziele der Rhythmik musikalische Fähigkeiten angesprochen werden?

Musik als Inhalt

Musikalische **Fertigkeiten** werden in der Rhythmik spielerisch gelernt, variiert, wiederholt und somit gefestigt:

- **Parameter** (Raum, Zeit, Kraft, Form) von Musik **erleben, erkennen, differenzieren, benennen.**
- Körperliche Reaktion auf musikalische Phänomene und somit **ganzheitliche Erfassung von Musik.**
- **Entwicklung und Gestaltung von Musik** (in Bewegung, in Verbindung mit bildender Kunst, mittels Instrumenten und der Stimme).

Die Parameter **Raum, Zeit, Kraft, Form bestimmen Musik und Bewegung.** Jeder der genannten Parameter beinhaltet Polaritäten. So können in Bezug auf Raum die Polaritäten eng – weit, hoch – tief, öffnen – schließen eine Rolle spielen, im Parameter der Kraft werden Polaritäten wie stark – sanft, dumpf – schrill, hart – weich thematisiert. Im Folgenden werden die angeführten Parameter in Bezug auf Musik beschrieben:

➔ vgl. „Raum, Zeit, Kraft, Form – Elemente von Musik und Bewegung" S. 240

Musikalische Parameter kennenlernen, erproben, variieren

- **Raum:** Hier geht es um Polaritäten wie vorne – hinten, hoch – tief, rechts – links, eng – weit, groß – klein. Das Spiel mit Klangräumen beschäftigt sich mit akustischen Eigenschaften von Räumen. Wie klingt die Rassel unter dem Klavier, im Freien, unter einer Decke? Musik kann nicht nur an verschiedenen Orten unterschiedlich klingen, sie kann auch aus verschiedenen Richtungen wahrgenommen werden. Woher klingt das Geräusch? Welche Tonhöhe ist vernehmbar?
  Harmonie (räumliche Ausdehnung von Akkorden): Hier spielen Konsonanz und Dissonanz eine große Rolle. Welche Harmonien klingen angenehm, welche weniger? Kleinkinder sind mit unserem Tonsystem noch weniger vertraut als Erwachsene, sie stehen jeder Art von Musik unvoreingenommen gegenüber. Dieser Umstand sollte genützt werden! Kinder erleben neue, freitonale Musik mit viel weniger Ablehnung. Diese Art von Musik sollte den jungen Menschen daher unbedingt nähergebracht werden. Zeichnungen, die Kinder zu 12-Ton-Musik machen, teilen uns mit, welche Aufgeschlossenheit gegenüber neuer Musik möglich ist.

Jeder Ton, jedes Geräusch braucht einen Resonanzraum, um klingen zu können. Menschen brauchen ebenfalls Raum, um sich entwickeln zu können.

- **Zeit:** Hier geht es um Polaritäten wie lang – kurz, schnell – langsam, regelmäßig – unregelmäßig. Wie lange klingt eine Trommel? Wie lange ein Becken? Die Dauer von Noten kann mit Vorstellungsbildern besetzt werden. Welche Assoziationen finden wir zu einem kurzen Klang? Was fällt uns zu schneller Musik ein, was zu langsamer?Kinder können mit einem Instrument „erzählen", welche Fortbewegungsart sie am liebsten haben. Die anderen versuchen, sich dazu zu bewegen. Somit wird Bewegung durch Musik begleitet und zeitlich eingeteilt.
- **Kraft:** Hier geht es um die Pole laut – leise, stark – schwach, hart – weich und um deren Dosierung. Besonders im Umgang mit Instrumenten ist das Thema Lärm oft Gegenstand von Diskussionen. Lärm wird grundsätzlich als uner-

Musik wird erlebt zwischen ekstatischer Bewegung und beruhigender Entspannung, zwischen gefühlsbetontem Musizieren und interessierter, theoretischer Auseinandersetzung, zwischen lautstarkem Jubeln und tiefer, introvertierter Empfindung. Musik lässt sich nicht auf Parameter beschränken, die Macht der Musik geht darüber hinaus ...

wünschtes Schallereignis angesehen und ist daher subjektiv. Auf Dauer stellt Lärm eine psycho-physische Belastung dar, die resistent ist gegen Gewöhnungsprozesse. Lärm kann aber auch angenehm sein: Laute Naturgeräusche (Sturm, Meeresrauschen, Wasserfall) können Wohlbehagen hervorrufen, Lärm kann befreiend wirken als Ventil, zum Ausdruck von Wut, als Bestärkung der eigenen Person, zur Demonstration von Stärke, die selbst beeinflusst werden kann, bei Festen und Feiern (als Ausdruck von Fröhlichkeit oder um sich zu versenken, in Trance zu tanzen). In der Rhythmik besteht die Möglichkeit, dass Lärm und Stille sich unmittelbar abwechseln und daher beide Pole lustvoll empfunden werden können. Es wird aber auch die Fülle von Klängen zwischen laut und leise erfahren. Durch einen differenzierten Einsatz der Polaritäten (stark – schwach, hart – weich …) werden Grob- und Feinmotorik geschult.

„Leise" wird oft mit Heimlichkeit, „laut" mit offiziellen Handlungen in Verbindung gebracht. Laute Klänge und Geräusche können auch die Rechtmäßigkeit einer Handlung symbolisieren (zum Beispiel wenn Versammlungen mit Pauken und Trompeten eröffnet werden), leise Klänge können auch Gefühle wie Sanftmut, Behutsamkeit und Zärtlichkeit hervorrufen.

- **Form:** Die Form von Musikstücken hat einen übergeordneten und daher besonders wesentlichen Einfluss auf die Musik. Ein Rondo (ABACA) regt zu anderen Handlungen an als ein Kanon oder ein Lied. (Beispiel: Bewegungsrondo: Bei A laufen alle Gruppenmitglieder, bei B wird gehüpft, bei C spaziert. Im Unterschied dazu zielt ein Kanon auf gleichzeitige Handlungen ab, während ein Rondo nacheinander verschiedene Handlungen provoziert.) Das Thema Form beschäftigt sich außerdem damit, wie verschiedene grafische Zeichen hörbar gemacht werden können. Wie klingt ein Punkt, eine Fläche, eine Linie? Solche Zeichen können notiert und vertont werden. Wiederholungen von Formen spielen eine große Rolle, vor allem für besonders junge Kinder. Die Freude am Wiedererkennen ist begleitet von Gefühlen wie Sicherheit, Klarheit, Ordnung und Beruhigung.
  → vgl. „Ritual" S. 37

Musikalische Formen können komponiert oder improvisiert werden, vokal oder instrumental reproduziert werden, sprachlich, bildlich oder in Bewegung dargestellt werden oder Anlass zur Reflexion geben.

- **Klangfarbe:** Derselbe Ton klingt auf einer Posaune anders als auf einer Harfe. Beide Instrumente spielen denselben Ton, ihre Klangfarbe ist jedoch unterschiedlich. Dieses Thema kann erschlossen werden, indem verschiedene Musikinstrumente ausgewählt und unterschiedliche Spieltechniken erprobt werden. (Beispiel: Beschreibung des Klanges einer Triangel und einer Handtrommel oder: Welche Töne kann ich einem Instrument entlocken?)

Zur Vertiefung:

- Welche musikalischen Fertigkeiten werden in der Rhythmik gefördert?
- Mit welchen Parametern beschäftigen sich die Stücke 17, 18, 19, 20, 22, 23 der beiliegenden CD?

Exkurs: Das rhythmische Musical oder die Rhythmik als Musical?

In der Rhythmik besteht eine vermeintlich enge Verwandtschaft zum Musical. Musik, Bewegung, Stimme/Sprache und Materialien werden in der Rhythmik ebenso eingesetzt wie im Musical. Rhythmik unterscheidet sich jedoch eindeutig vom Musical, weil sie auch pädagogisches Unterrichtsprinzip ist und weil es in der Rhythmik meist darum geht, **Bewegungen oder Musikstücke selbst zu**

entwickeln, eigene Ausdrucksmöglichkeiten zu finden. Viele Musicals werden nachgetanzt oder in einem gewissen Stil entwickelt. In der Rhythmik geht es darum, herauszufinden, was dem eigenen Stil entspricht. Es besteht aber die Möglichkeit, mittels Rhythmik-Einheiten herauszufinden, welche Themen, Bewegungen und Musikstücke für eine Gruppe interessant sind. Die Improvisation kann Zugang schaffen zu eigenen Ideen und Vorstellungen für ein Musical. Choreografie, Komposition und die Übung von Stücken gehen über das spontan improvisierende Element der Rhythmik hinaus, Ausgangspunkt für ein Musical kann jedoch eine Rhythmik-Einheit sein.

Spielvorschläge zur Förderung von musikalischen Fähigkeiten und Fertigkeiten

- **Musikalische Partitur:** Entlang eines Seiles wird von jedem Kind ein Gegenstand aufgelegt. Die Spielleitung spaziert entlang des Seiles. Bei jedem Gegenstand ruft das entsprechende Kind seinen Namen. Wenn das Seil wieder, diesmal von jemand anderem, abgeschritten wird, können andere Ausdrucksweisen vorgenommen werden, z.B.: Alle rufen den Namen des Kindes, ein Kind flüstert etwas, nennt seine Lieblingsspeise, den Lieblingsnamen, singt einen Ton oder eine kurze Melodie …
- **Hinführung zur Mehrstimmigkeit:** Jede Person denkt sich ein Geräusch aus und macht es vor. Auf ein Signal hin werden alle Geräusche gleichzeitig wiedergegeben. Die Gruppenmitglieder können auch der Reihe nach einsetzen. Wenn alle Geräusche tönen, setzt zuerst die Person aus, die begonnen hat, dann setzt die zweite aus … Variante: Kinder lieben es, wenn eine „Geräuschmaschine" mit einem lauten Knall explodiert und alle Teile (Kinder) durch den Raum kullern. Jugendliche können in Kleingruppen musikalische Motive erarbeiten und diese „übereinander" aufbauen.
  Mehrstimmigkeit kann auch durch ansprechende Kanons erprobt werden:

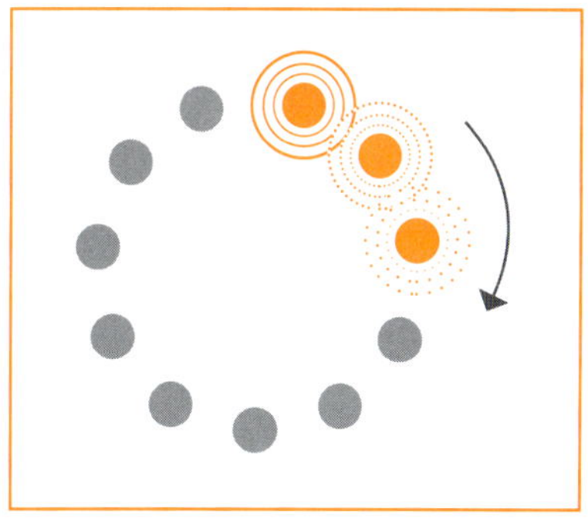
Der Reihe nach einsetzen. Wer angefangen hat, hört als Erster auf.

Froh zu sein bedarf es wenig

August Mühling (1786–1847)

Tanzausführung:
4 Gruppen: Kanon singen (nacheinander einsetzen), dazu folgende Bewegungen machen:
1. Takt:
Rechtes Bein nach links schwingen, dann linkes Bein nach rechts
2. Takt:
4 kleine Gehschritte vorwärts
3. Takt:
4 kleine Gehschritte rückwärts
4. Takt:
Eine ganze Drehung mit 4 kleinen Schritten
(Quelle: Frank; Glatz; Lhotka; Bruckner 1997, S. 35)

- **Viele gegen wenige:** Zwei Gruppen werden im Verhältnis 1:3 gebildet. Die kleinere Gruppe erhält laute, hell klingende Instrumente (z.B. Löffel mit Töpfen), die andere Gruppe bekommt leises, etwas dumpfer klingendes Material (Plastikkochlöffel mit Kübeln). Die große Gruppe überlegt sich einen Rhythmus, den sie spielt, während sie durch den Raum geht. Die andere Gruppe überlegt sich, wie sie diesen Rhythmus akustisch (!) stören kann. Die Gruppen sollten zweimal wechseln, damit jede Person zumindest einmal in der großen und einmal in der kleineren Gruppe sein konnte. Welche Gefühle entstehen in der kleinen Gruppe, welche in der großen?

- **Freiluftmusik:** Wie klingen Steine, Hölzer oder auch Menschen, wenn sie eine Rutsche hinunterrutschen? Welche Geräusche lassen sich in der Sandkiste entdecken?
- **Formerkennung:** Die Gruppenmitglieder sitzen im Kreis und hören ein beliebiges Musikstück an. Ein Ball (oder Maskottchen) wird weitergegeben, sobald sich das Musikstück maßgeblich verändert.
- **Geräuscherkennung:** Eine Gruppe nimmt Geräusche (oder Kinderstimmen oder Instrumente) aus dem Gruppenraum auf Kassette auf, eine andere Gruppe versucht, die Geräusche zu erkennen. Variante: Jedes Kind bringt ein Material von zu Hause mit. Die anderen Kinder versuchen, das Material am Geräusch zu erkennen.

17

- **Metrisch – ametrisch:** Jedes Kind hält einen Stein oder ein anderes geeignetes Naturmaterial in der Hand. Auf ein Signal hin dürfen alle ihren „Klangbaustein" ausprobieren. Wenn die Gruppenleitung nach einiger Zeit ein Metrum auf einer Trommel spielt, haben die Kinder die Gelegenheit, mitzuspielen. Ist das Metrum nicht mehr vernehmbar, musiziert wieder jedes Kind für sich. Als Vorstellungsbild eignet sich folgendes Szenario: Jedes Kind denkt sich ein Tier aus, das auf einer Weide spielt. Das Metrum der Leitung signalisiert, dass nun alle Tiere zum Brunnen gehen. Damit sie nicht aneinanderstoßen, reihen sie sich im Gleichschritt in den Weg zum Brunnen ein. Wer getrunken hat und nicht mehr durstig ist, spielt wieder (ametrisch).

3 10 4 8

Die CDs Djingalla 1 und 2 (Ensemble Rossi) eignen sich für viele rhythmische Spiele. Kinder, Jugendliche und Erwachsene werden mit dieser Musik angesprochen.

- **Mitspielen zur Musik:** Die Kinder lauschen der Musik eines Tonträgers. Wer mag, spielt mit seinem Naturmaterial im Metrum zur Musik. Stoppt die Musik, stoppen auch die Kinder für einen Moment und gehen dann über ins freimetrische Spiel. Wird die Musik wieder angespielt, versuchen die Kinder wieder, das Metrum mitzuspielen.
- **Hoch – tief:** Fortbewegung zur Musik. Nach einem kurzen Stopp erklingt entweder ein hoher oder ein tiefer Klang. Die Kinder suchen einen hohen oder einen niedrigen Platz im Raum auf. Danach wieder freie Fortbewegung zur Musik.

17

- **Hart – weich:** Zu einer entsprechenden Musik bewegen sich die Kinder hart oder weich. Welche Vorstellungsbilder und welche Instrumente passen zur harten, welche zur weichen Musik? Variante: Eine „harte" Gruppe begegnet einer „weichen". Die Gruppen bewegen sich zuerst abwechselnd, dann gleichzeitig. Sie werden von einigen Gruppenmitgliedern musikalisch begleitet.
- **Lieblingsmusik:** Jedes Gruppenmitglied bringt ein Musikstück von zu Hause mit und erzählt, was es am liebsten dazu macht.

Im Folgenden wird die Planung für ein bis zwei Rhythmik-Einheiten für Kinder zum Thema **Musik als Ausdrucksmittel** beschrieben.

Planung einer Sequenz von Rhythmik-Einheiten für Kinder

Thema: 4 Jahreszeiten, Schwerpunkt Sommer
Verlauf im Überblick: Vom Thematisieren der Jahreszeiten über das Explorieren mit Musik zu einer kleinen Gestaltung gelangen.
° **Erziehungskompetenzen:** Kreativitätsförderung: Musikalische Vorstellungsbilder realisieren; Soziales Lernen: sich exponieren – sich zurücknehmen, akustische Wahrnehmungssensibilisierung.
~ **Lernziele:** Kennenlernen von Musikstücken, Zuordnung zu verschiedenen Vorstellungsbildern und Bewegungen, Instrumente zu Vorstellungsbildern einsetzen, einen Komponisten kennenlernen.
Material: Vivaldis Jahreszeiten (z.B.: Nigel Kennedy & English Chamber Orchestra, besonders Concerto in g minor RV 315: „L'estate": II: Adagio, III: Presto), verschiedene Instrumente, Trampolin, Papier, Stifte

*~°

- **Ursula, Monika und Petra Bezdek haben zahlreiche wertvolle Bücher zum Thema Jahreszeiten herausgegeben.**
- **„Mit Rhythmik durch die Jahreszeiten" ist bei Herder erschienen. Sabine Hirler gibt viele rhythmische Tipps und Anregungen zum Thema Jahreszeiten.**

13

Verlauf	Intentionen, pädagogische Absichten	Methodische Hinweise
1. Singritual	* Einstieg ° Kontaktaufnahme	Begrüßungslied: „Seid willkommen"
2. Woran erinnert ihr euch aus der letzten Rhythmik-Einheit?	* Je nach Bedürfnis Bewegungsphase anbieten ~ Wiederholung	Bedürfnissen entgegenkommen
3. Thema verbal einführen: Wer kennt die Jahreszeiten und kann sie benennen?	*~ Gespräch und Erforschung des Wissensstandes	Bei Bedarf Hilfestellungen anbieten: Wann fallen die Blätter von den Bäumen?
4. Musik einspielen, Kinder bewegen sich frei. Danach werden Zuordnungen zu den Jahreszeiten vorgenommen.	* Neues Mittel: Musik ° Kreativitätsförderung, musikalische Einführung	Antonio Vivaldi: 4 Jahreszeiten
5. Information über den Komponisten: Antonio Vivaldi lebte vor ca. 300 Jahren, damals gab es keine Autos und kein elektrisches Licht, dafür aber Kutschen, Kerzen; rothaariger Priester und Lehrer, Italiener.	* Kognitiver Wechsel ~ Informationen anbieten, Bezug zur damaligen Zeit herstellen	Vieles hat sich seither verändert, die Jahreszeiten nicht!

6. Was macht ihr im Sommer? Wie ist das Wetter? Gewitter-Spiel zu Vivaldis Gewitter-Musik; Ruhige Musik: Spazierengehen; Donner-Musik: Schnell in ein Versteck	* Dynamischer Wechsel ~ Reaktionsschulung, Musik besser kennenlernen	Wer möchte, kann auch während des Donners seelenruhig herumspazieren und sich vor der Sonne zurückziehen.
7. Vertiefung mittels Instrumenten: 2 Gruppen: Sonne, Donner; die anderen Kinder bewegen sich.	* Sozialer Wechsel, Wechsel der Mittel ° Musik selbst gestalten ~ Reaktionsschulung	Welche Instrumente passen für die Sonne, welche für den Donner? Wechsel: Kinder, die sich bewegt haben, spielen nun die Instrumente.
8. Entspannungs-Wetter-Geschichte: Zu zweit: Ein Kind liegt auf dem Bauch, das andere sitzt bequem daneben: Die Gruppenleitung erzählt eine Geschichte, die die sitzenden Kinder auf den Rücken der Liegenden darstellen: Wolken (Handflächen) ziehen am Himmel (Rücken der Liegenden) auf, zarte Regentropfen (Fingerspitzen) benetzen die Wiese, Blitz (zischen), Donner (Schlag auf den Boden) wechseln sich ab und starker Regen (Handflächen) prasselt auf die Wiese. Nach einiger Zeit scheint wieder die Sonne (Rücken in alle Richtungen ausstreichen) und ein Regenbogen entsteht (Bogen über den ganzen Rücken). Kurze Reflexion, danach Wechsel.	* Dynamischer Wechsel ° Entspannung, Wahrnehmungssensibilisierung, Soziales Lernen	Genau achten auf die Befindlichkeit der Kinder. Die „Aktiven" können die Liegenden immer wieder fragen: „Ist es dir angenehm?" Finger und Handflächen sollen leicht gespannt sein, wie beim Kontakt mit einer Trommel. Evtl. Tier in die Geschichte einbinden, das sich in der Sonne streckt und vor dem Regen davonläuft … Erweiterung: Wetter-Differenzierungen: Stille vor dem Gewitter, Sturm, unterschiedlich dicke Regentropfen
9. Zeichnung zur Gewitter-Musik anfertigen.	* Wechsel der Mittel ° Musik grafisch und emotional darstellen	
10. Trampolinspringen: Jedes Kind sucht sich eine Musik aus den 4 Jahreszeiten aus, zu der es springen will.	*° Dynamischer Ausklang ~ Verbalisierung der einzelnen Musikstücke	Welche Jahreszeit wünschst du dir?
11. Ausklang: „Was möchtest du auf deinem Rücken spüren? Regen, Wind, Sonne …"	*° Sensitiver Ausklang ~ Wiederholung der verschiedenen Wettereigenschaften	

Diese Thematik kann für einige Rhythmik-Einheiten verwendet werden. Im Folgenden wird ein Begrüßungslied angeboten, dass sich als Einstiegsritual durch mehrere Rhythmik-Einheiten ziehen kann:

Als Einstieg in eine Rhythmik-Einheit eignet sich auch der „Tigertanz" (S. 60, Wahrnehmungskapitel). Mit diesem Lied können Körper- und Raumerfahrungen gemacht werden, die die Wahrnehmungskanäle „öffnen" und somit eine gute Einstimmung auf die Rhythmik-Einheit ermöglichen.

Seid willkommen

Heinz Lemmermann

7.4.2 Einsatz von Instrumenten

In der Rhythmik wird sehr oft „Live-Musik" eingesetzt. Die Lehr- und Erziehungsperson oder die Gruppenmitglieder erzeugen Musik selbst und sind somit unmittelbar an der Musik beteiligt. Mithilfe von Live-Musik kann individuell auf die Bedürfnisse der Beteiligten eingegangen werden, Sequenzen können, je nach Bedarf, langsamer oder schneller, lauter oder leiser gespielt werden. Musikinstrumente können unterschiedlich eingesetzt werden. Wichtig ist, dass die Handhabung so eingeführt wird, dass respektvoll mit den Instrumenten umgegangen wird.

Mehr emotionale und körperliche Beteiligung an der Musik durch den Einsatz von Instrumenten.

- **Musikinstrumente als Klangwerkzeug:** In dieser Funktion liegt der eigentliche Charakter der Musikinstrumente. Je nach Instrument werden unterschiedliche Klänge und Geräusche erzeugt.
- **Musikinstrumente als Eigenbauproduktionen:** Das Bauen von Instrumenten fördert die Kreativität sowie Grob- und Feinmotorik. Selbst gebastelte Instrumente vermitteln das Gefühl, selbst tätig und somit selbständig sein zu können.
- **Musikinstrumente als Spielzeug:** Musikinstrumente können als Freunde gesehen werden, mit denen gespielt wird. Einzelne, robuste Instrumente (Klanghölzer, weiche Schlägel, stabile Handtrommeln) können auch als Massagegeräte oder Baumaterial eingesetzt werden.

Wie behandelst du einen Freund?

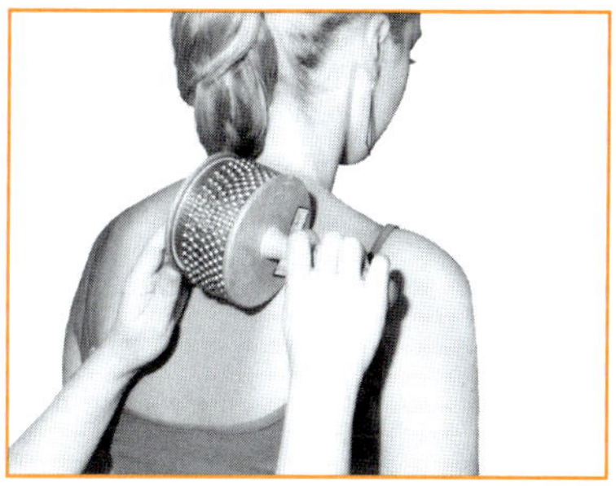

Instrumente als Massagegeräte

Das Kennenlernen von Instrumenten steht oft am Anfang einer Beschäftigung mit Musik. Klangqualitäten, Handhabung und Material können entdeckt werden. **Sich mit einem Instrument vertraut zu machen, nimmt Zeit in Anspruch.** Je mehr Zeit zur Verfügung gestellt wird, umso differenzierter können die Instrumente erkundet werden und umso variabler werden sie eingesetzt.
Bei der Erkundung von Instrumenten gibt es zunächst kein „Richtig" oder „Falsch". Allerdings gilt die Regel, nichts und niemandem Schaden zuzufügen.

Vertraut werden mit Instrumenten.

Lieder müssen nicht ausschließlich verbal nähergebracht werden.

Kinder erproben Grenzen. Das geschieht durch ein Überschreiten und ein Unterschreiten. Selbst wenn ein Kind einmal kein Instrument in die Hand nehmen will (Kinder dürfen auch genervt sein!), profitiert es durch Beobachtung und Zuhören.

Einsatz von Flöte und Gitarre in der Rhythmik

Gitarre und Flöte gehören zum „Handwerkszeug" einer Kindergartenpädagogin bzw. eines Kindergartenpädagogen. Die Klangeigenschaften dieser Instrumente sind vielfältiger als die von Percussionsinstrumenten. Somit können Gitarre und Flöte zumindest ebenso sinnvoll in der Rhythmik eingesetzt werden wie die „kleinen" Instrumente.

Anwendungsmöglichkeiten:

Als Melodieinstrument hat die Flöte einen unverkennbaren Klang und kann besonders effizient bei Liedvermittlung und Bewegungsbegleitung eingesetzt werden.

- Melodien von bekannten Kinderliedern spielen, die Kinder erraten die Lieder.
- Zur Dauer eines Liedes ein Seil entlangspazieren und am Ende des Liedes am Seilende ankommen.
- Einmal wird ein Lied staccato gespielt, einmal legato. Die Kinder bewegen sich dazu oder „notieren" das Lied mit Punkten und Strichen. Was gefällt euch besser?
- Jeweils eine Melodie für eine Fortbewegungsart spielen. Die Kinder bewegen sich adäquat dazu. Variante: Ein Kind wünscht sich eine Fortbewegungsart und flüstert diese in das Ohr der Gruppenleitung. Diese spielt eine passende Musik, die Kinder bewegen sich dazu und stellen nachher fest, welche Fortbewegungsart gemeint war.
- Bewegungsrondo:
  A: Eine Melodie spielen, die Kinder laufen.
  B: Ein Kind macht eine Bewegung vor, die anderen machen sie nach, die Gruppenleitung begleitet die Bewegung.
  A: Laufen
  C: Ein anderes Kind zeigt eine Bewegung vor.

Die Gitarre ist sowohl Melodie- als auch Begleitinstrument. Die oben angeführten Anwendungsmöglichkeiten sind großteils auch mit der Gitarre möglich. Ihr hölzerner Korpus bietet aber auch Möglichkeiten für einen percussiven Einsatz:

- Kinder können durch vorsichtiges Zupfen an den Saiten oder durch sanftes Klopfen auf den Korpus den Klangraum der Gitarre erfahren. Wie fühlt sich das Holz an, wenn die Saiten angespielt werden?
- Einfache Akkordfolgen (CFGC, CFGaFGC, DACGBFAD) können zur Bewegungsbegleitung eingesetzt werden. Für die Fortbewegungsart Laufen können die Saiten geschlagen werden, Gehen kann durch Zupfen angeleitet werden. Beim Gehen können sich die Kinder zu zweit fortbewegen, beim Laufen bewegt sich jedes Kind alleine. (Viele der hier angeführten Spielmöglichkeiten entstammen dem reichen Erfahrungsschatz meiner Kollegin Christina Kanitz-Pock!)

Zur Vertiefung:

- Welche Vorteile hat Live-Musik gegenüber aufgezeichneten Tonträgern?
- Entwickeln Sie weitere Einsatzmöglichkeiten von Gitarre und Flöte im Rhythmik-Unterricht!

Möglichst vielfältige Materialien anbieten: Instrumente aus Holz, Metall, Fell, Bambus. Die Größe der Instrumente sollte für die jeweilige Altersgruppe geeignet sein.

Häufig verwendete Percussionsinstrumente

Das Musizieren auf Percussionsinstrumenten ermöglicht einen spontanen Umgang mit Musik, da vielen dieser Instrumente Klänge auch ohne Vorkenntnisse entlockt werden können. Das Instrument wird zum „Werkzeug" des eigenen Ausdruckes.

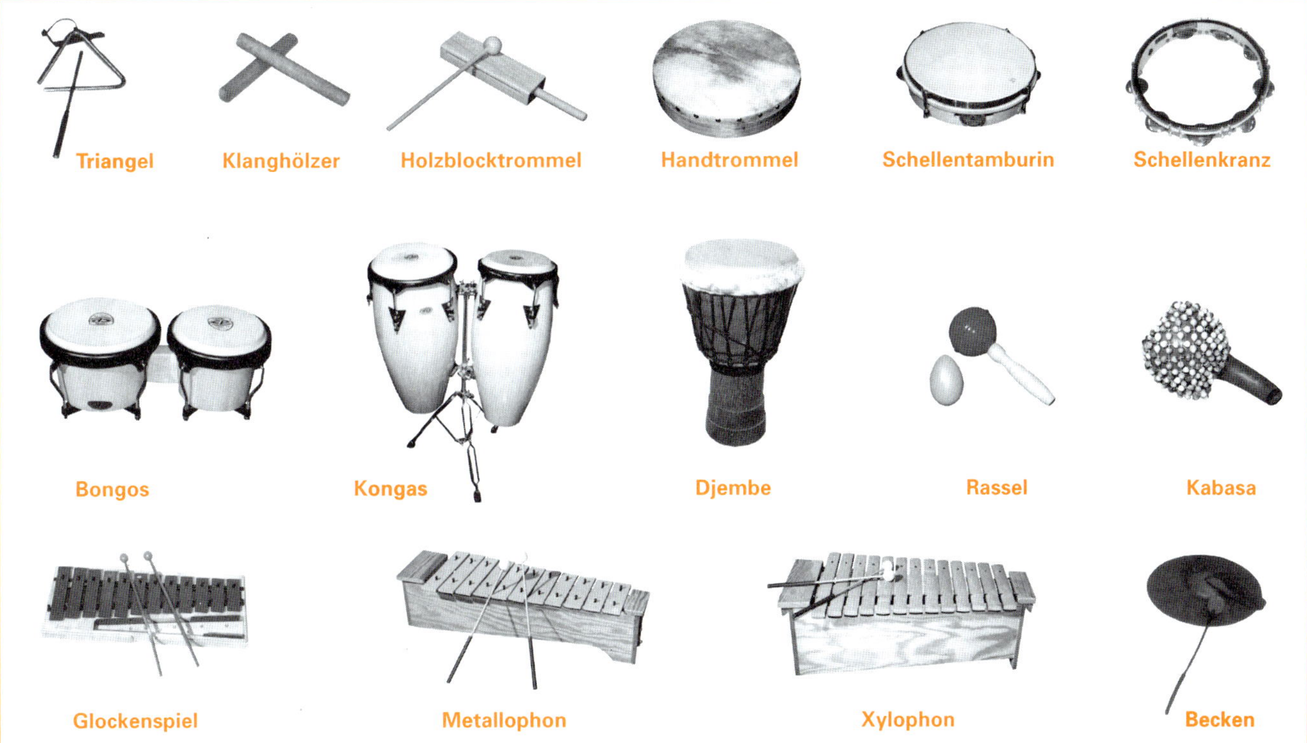

- **Klanghölzer:** Ein Holzstab liegt auf einer gewölbten Hand, die einen Resonanzkörper erzeugt. Die andere Hand spielt mit dem zweiten Klangholz das erste an. Dieses Instrument kann auch in Bewegung gespielt werden.
- **Handtrommel:** Dieses Instrument wird mit einer Hand am Holz gehalten, mit der anderen am Rand oder in der Mitte des Felles gespielt. Die Finger der „Spielhand" sollen leicht gespannt sein und wie von einem Trampolin wegfedern. Kinder spielen dieses Instrument gerne mit Schlägeln. Für Primärerfahrungen empfiehlt sich allerdings die Hand, da mit dieser gespürt wird, wie stark oder schwach der Kontakt zum Fell ist. Handtrommeln können mit einzelnen oder mehreren Fingern, Fingerspitzen, Knöcheln, Handballen, Daumen oder mit der flachen Hand gespielt werden. Unterschiedliche Klangfarben entstehen durch reiben, streichen, kratzen oder anschnipsen des Instrumentes.

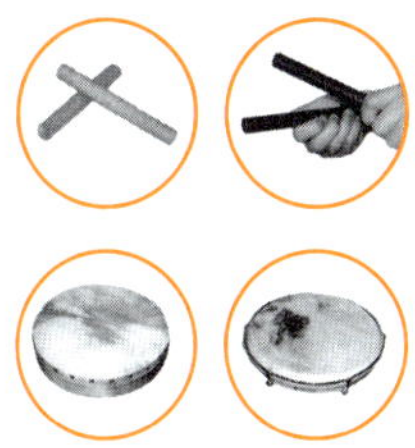

- **Schellentamburin:** Dieses Instrument ist weniger geeignet für präzise Rhythmen, wird durch seinen prägnanten Klang aber häufig zur Betonung von Taktschwerpunkten eingesetzt.

- **Schellenkranz:** Ähnlich wie das Schellentamburin (nur ohne Fell) macht der Schellenkranz relativ laute Geräusche, hat Signalwirkung und kann gut für Klangteppiche eingesetzt werden. In der Bewegungsbegleitung wird er oft für Schüttelbewegungen verwendet.

- **Kongas, Bongos, Djemben:** Trommeln begegnen uns in vielfältigen Formen und ethnologischen Varianten. Die hier angeführten afrikanischen und lateinamerikanischen Instrumente verfügen u.a. über Bassklänge in der Mitte des Instrumentes und über heller klingende Töne am Rand. Wichtig beim Trommeln ist, dass die Hände eine mittlere Spannung haben, wenn sie das Fell anspielen (Trampolinwirkung).

- **Holzblocktrommel:** Dieses Instrument kann für präzise und schnelle Rhythmen eingesetzt werden und ist auch in der Bewegung gut spielbar. Holzblocktrommeln werden mit der flachen Hand gehalten und mit einem Klangholz angespielt. Die Öffnungsschlitze sollen nicht zugehalten werden.

- **Triangel:** Mit einer Hand wird die Triangel vom Körper weggehalten, damit keine Körperteile oder Kleidungsstücke das Instrument abdämpfen. Die andere Hand spielt das Instrument mithilfe eines Metallschlägels an. Triangeln haben Signalwirkung und können trotzdem eine ruhige Atmosphäre schaffen.

- **Rassel:** Dieses Instrument kann auch in der Bewegung eingesetzt werden, es erzeugt einen Klangteppich. Differenzierte Laute kann ihr nur ein Profi entlocken.

- **Kabasa:** Dieses rasselartige Instrument entstammt dem afrikanischen Kontinent. Sein Körper wird aus der kürbisähnlichen Frucht „Calebusse" gefertigt. Umgeben wird die ausgehöhlte Frucht von einem Netz aus Muscheln oder Tierhufen. Dieses Instrument bietet sich an für jegliche Form von Rascheln und Knistern, es kann sehr leise, aber auch relativ laut gespielt werden. Klangteppiche können ebenso erzeugt werden.

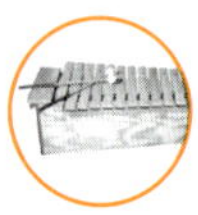

Je größer der Resonanzkörper eines Glockenspieles ist, umso besser klingt es.

„Verwandte" von Glockenspielen: aus Holz – Xylophone, aus Metall – Metallophone

- **Glockenspiel:** Mit dem hellen Klang des Glockenspieles können Melodien und Begleitungen entwickelt werden, ebenso eignet sich das Instrument für schnelle Tonfolgen und Glissandi. Sehr einfache, aber reizvolle Melodien entstehen, wenn das Glockenspiel mit 2 Schlägeln gespielt wird. Linke und rechte Hand können sich abwechseln oder gleichzeitig spielen. Beispiel: Die linke Hand spielt immer einen Ton (Grundton), die rechte improvisiert. Spannungstöne (oft als „unpassend" empfunden) liegen immer neben einem Grundton bzw. neben einem Ton aus dem Akkord der Grundharmonie (Tonika). Klingt ein Ton „falsch", kann er leicht durch einen daneben liegenden Ton „aufgelöst" werden.

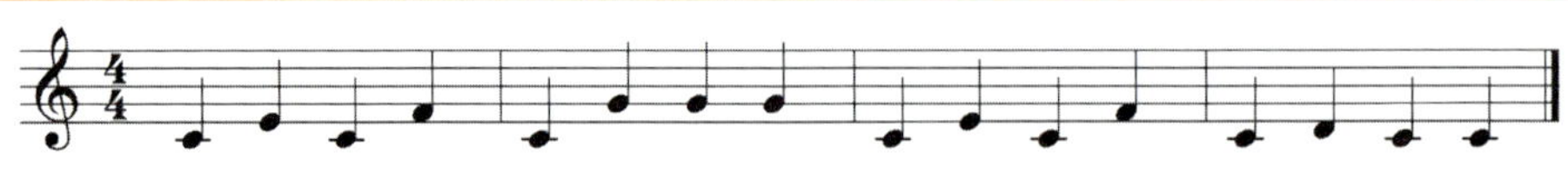

- **Becken:** Dieses Instrument wird von Kindern gerne verwendet, da es einen besonders eindrücklichen Klang hat. Einzelschläge können ausschwingen oder abgedämpft werden. Das Becken hat Signalwirkung und eignet sich für entscheidende Ereignisse in Klanggeschichten oder für große Schritte in der Bewegungsbegleitung. Weniger geeignet ist es für schnelle, prägnante Rhythmen und zum Spiel während der Fortbewegung.

Es gibt noch viele andere Instrumente, die in der Rhythmik eingesetzt werden (Rührtrommeln, Gongs, Guiros ...). Sie können auf Abbildungen in diversen Musikkatalogen betrachtet und in den meisten Musikgeschäften ausprobiert werden.

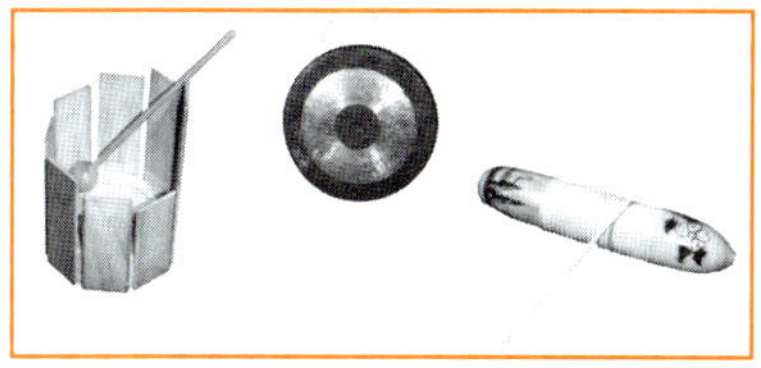

Zur Vertiefung:

- Beschreiben Sie die Klangqualitäten von 5 Instrumenten!
- Welche Instrumente gibt es in dem Kindergarten, in dem Sie gerade Praxis machen?
- Versuchen Sie, mit einfachsten Mitteln unkonventionelle Instrumente herzustellen.

Selbst gebaute Instrumente

Instrumente, die selbst hergestellt werden, haben viele Vorteile und Nutzungsmöglichkeiten:

- Grob- und Feinmotorik werden geschult durch das Anfertigen und Bespielen der Instrumente.
- Viele verschiedene Gestaltungsmöglichkeiten beim Erstellen und Spielen fördern die Kreativität.
- Soziale Kompetenz wird gefördert durch das „Einander behilflich sein" beim Bauen.
- Selbstvertrauen wird gestärkt durch das Erschaffen wertvoller Klangerzeuger.
- Scheinbar nutzlose Gegenstände können sinnvoll verwertet werden.
- Selbst gebaute Instrumente sind günstig.

Im Folgenden werden einige leicht herstellbare Instrumente beschrieben:

- **Klangmobile:** Ein Mobile kann nicht nur den visuellen Sinn erfreuen, sondern auch den auditiven. An einem Holzkreuz oder einem Kleiderhaken werden mit einer Schnur verschiedene Klangquellen aufgehängt: Dosen, Glöckchen, Metallröhren, kleine Tontöpfe ...
- **Klingendes Netz:** In einen rechteckigen Rahmen werden Schnüre zu einem Netz verknüpft. Instrumente werden am Netz befestigt. Ebenso können Instrumente auch an einer **Klangleiter** befestigt werden.
- **Rasselschlauch:** Alte Schläuche von Geschirrspülern oder Waschmaschinenanschlüssen werden in verschieden große Stücke geschnitten. Sie werden von den Kindern mit Steinen, Glöckchen, Muscheln, Nüssen, Reis ... gefüllt. Verschlossen werden die Rasselinstrumente mit Kork, Radiergummi oder einem Stück Leder, um das am Ende des Schlauches eine Schnur gebunden wird.

- **Schüttelstab:** Ein Holzstäbchen (z.B. Holzspieß zum Grillen) wird mit Glöckchen, Schraubenmuttern, Perlen … „gespickt" und mit 2 Styroporkugeln verschlossen. Die Kugeln halten besser, wenn die Enden des Stäbchens mit Superkleber eingestrichen werden.
- **Trommelkiste:** In eine kleine Lade oder flache Holzkiste werden Dosen, Bausteine, alte Tassen und Teedosen gestellt. Mit einem Schlägel wird die Trommelkiste gespielt. Wer mag, klebt auf die einzelnen Bestandteile Nussschalen oder Steine. Besonders hübsch sieht das Instrument aus, wenn einzelne Klangbausteine oder der Rahmen bunt angemalt werden.

In ihrem Buch „klang werkstatt für Kinder" bietet Dorothée Kreusch-Jacob viele ansprechende Ideen zum Basteln und Spielen an.

- **Klingender Handschuh:** An einen alten Handschuh wird an jede „Fingerkuppe" eine Holzperle genäht. Wie klingen die Gegenstände im Raum, wenn sie vom klingenden Handschuh berührt werden?
- **Recco-Recco** (oder Guiro oder Gurke oder Ratsch-Ratsch): Gerillte Dosen, Drahtgitter oder Reiben können mit einem Metallstäbchen gespielt werden. Wer mag, kann das Instrument bemalen, mit bunten Perlen behängen oder mit Lederstreifchen verzieren. Ebenso können Nägel in einer dichten Reihe in ein dickes Holz geschlagen werden. Die Nägel sollten ca. 10 cm lang sein und zur Hälfte im Holz stecken. Der obere Teil der Nägel wird wie ein Recco-Recco gespielt. Je nachdem, welcher Stab eingesetzt wird, klingt das Instrument fein, derb, dumpf oder hell. Auch stabile Heizkörper können als Recco-Recco eingesetzt werden!
- **Klingende Pölster:** Alte Pölster oder Sandsäckchen können mit Glöckchen bestickt werden und eignen sich hervorragend als klingende Wurfgeschoße.
- **Klingendes Rad:** An ein altes Rad (z.B. von einem alten Kinderwagen) werden Glöckchen, Schellen, Metallknöpfe oder Schrauben geknüpft. Das Instrument kann geschüttelt, gerollt oder als Kreisel verwendet werden.

Aufbewahrung von Instrumenten

Je stärker Kinder bei der **Ausgestaltung des Aufbewahrungsortes von Musikinstrumenten beteiligt** sind, umso **größer** wird auch ihre **Wertschätzung** sein. Was brauchen die Instrumente, damit es ihnen gut geht? Kinder sollten in solche Fragen unbedingt miteinbezogen werden.

Persönlichen Zugang zu Instrumenten herstellen.

Eine Beschriftung des „zu Hauses" kann in Form von Zeichnungen vorgenommen werden und erleichtert eine adäquate Einordnung nach dem Gebrauch. „Artgerechte" Lagerung ist bei diesen wertvollen Gegenständen besonders wichtig. Beispielsweise sollte das Fell einer Handtrommel nicht mit spitzen Gegenständen in Berührung kommen und nach Möglichkeit abgespannt werden, wenn nicht gespielt wird.

Werden Musikinstrumente in Kästen oder Regalen aufbewahrt, bietet sich ein Korb an, um eventuell einige der Materialien an einen anderen Ort mitzunehmen. Ein Korb kann von Kindern leicht transportiert werden und unterstützt somit ihre Eigenständigkeit. Es empfiehlt sich, „Spielzeiten" zu vereinbaren, in welchen die Kinder musizieren dürfen, damit sich Ruhephasen und musikalische Experimente abwechseln können.

Spielvorschläge zum Thema Instrumente

Viele der folgenden Angebote können auch ohne Instrumente, durch den Einsatz von Stimme oder Bodypercussion umgesetzt werden.

- **Assoziationen:** Verschiedene Instrumente werden ausprobiert. Danach fragt die Gruppenleitung, wie diese Instrumente heißen könnten. Die Kinder sollen angeregt werden, eigene Namen für die Instrumente zu entwickeln.
- **Instrumentendorf:** Am Boden werden Papierbahnen ausgelegt. Jedes Kind sucht ein Instrument aus und bestimmt einen Platz dafür. Um das Instrument wird nun ein Haus gezeichnet. Zwischen den einzelnen Häusern können Straßen, Spielplätze und Bäume entstehen. In diesem Dorf klingt jedes Haus anders!
- **Klangteppich:** Ein Kind beginnt zu musizieren. Durch Blickkontakt teilt es einem anderen Kind mit, dass es mitspielen soll. Dieses Kind schaut ein weiteres Kind an, das nun mitspielen kann. Der Ablauf wird so lange wiederholt, bis alle Kinder mitspielen.
- **Instrumentenmarkt:** Die Gruppenmitglieder sitzen auf einem Polster oder auf einer Bank. Etwa zwei Meter entfernt liegen unterschiedliche Instrumente. Von jeder Art gibt es mindestens zwei. Jede Person sucht sich zunächst ein Instrument aus, danach experimentieren alle gemeinsam. Später wird jedes Instrument alleine vorgespielt. Danach wird der „Markt" eröffnet. Jedes Gruppenmitglied sucht ein anderes Instrument aus und spielt so lange, bis es ein weiteres Instrument ausprobieren will. Das erste Instrument wird zurückgebracht und eingetauscht. Bei Kindern ist es sinnvoll, die Instrumente nicht in unmittelbarer Nähe abzulegen, da sonst die Freude am schnellen Tausch in den Vordergrund rückt und das Lauschen wenig Bedeutung hat.
- **Improvisation:** Die Gruppenmitglieder improvisieren gemeinsam. Anfang und Ende sollen durch absolute Stille gekennzeichnet sein, alles andere wird den Teilnehmenden überlassen. Wer möchte, setzt sich in die Mitte des Kreises, schließt die Augen und lässt die Musik auf sich wirken.
- **Klang-Memory:** Herstellung eines Tier- oder Wetter-Memorys: Wer zwei gleiche Kärtchen aufdeckt, darf das Symbol auf dem Kärtchen musikalisch umsetzen und dann noch einmal aufdecken. Für ein Klang-Memory eignen sich auch viele bereits existierende Memorys.
- **Stopp und Los:** Alle Gruppenmitglieder improvisieren gemeinsam. Reihum sagt jedes Kind einmal „Stopp" und „Los" und kennzeichnet somit Anfang und Ende der Spielphasen.
- **Kurz – lang:** Die Kinder legen Steine und Seile im Raum auf. Dann bewegen sie sich mit einem Instrument fort. Steine, an denen sie vorbeigehen, werden mit einem kurzen Ton „begrüßt", Seile mit einem langen.
- **Punkt-Linie-Flächen-Musik:** Jedes Kind kann sich aussuchen, ob es einen Punkt, eine Linie, eine Kurve, eine Fläche oder etwas Ähnliches zeichnen will. Die Zeichnungen der Kinder werden ausgeschnitten und auf Kärtchen geklebt.

Experimente mit Instrumenten

Ist es möglich, gleichzeitig zu spielen und einander trotzdem zu verstehen, zu hören? „Das Instrument, das die Person neben mir spielt, klingt so interessant, dass ich es auch ausprobieren möchte." Entscheidungen werden aufgrund von akustischen Reizen getroffen.

Kreusch-Jacob, Dorothée: „Zauberwelt der Klänge" Klangmeditationen mit Naturton-Instrumenten (Kösel), München 2002

Eine „Dirigentin" oder ein „Dirigent" sucht ca. 3 Kärtchen aus. Jedes Symbol wird nun in der Gruppe musikalisch anders umgesetzt. Wann welche Musik spielt, wird mittels der Kärtchen gezeigt.

- **Paare finden:** Von jedem Instrument sind mindestens 2 vorhanden. Jedes Gruppenmitglied sucht ein Instrument aus und setzt sich in den Kreis. Eine Person beginnt zu spielen. Wer dasselbe Instrument hat, spielt mit. Die Person, die begonnen hat, beendet das Spiel auch wieder. Ein Kreisnachbar oder eine Kreisnachbarin setzt das Spiel fort.
- **Rückenklang:** Zu zweit: Ein Gruppenmitglied spielt mit den Fingern vorsichtig am Rücken einer anderen Person. Diese überträgt das, was sie spürt, auf ein Instrument. Hinweis: Leichter ist das Spiel, wenn die Rhythmen, die gespielt werden, öfter wiederholt werden. Variante: Mit Handtrommeln, Klanghölzern oder weichen Schlägeln kann auch direkt am Rücken der vorderen Person musiziert werden. Diese gibt den Rhythmus auf einem Instrument wieder.
- **Ausbrechen:** Alle Teilnehmenden spielen einen einfachen Rhythmus oder ein Metrum. Reihum hat jede Person die Möglichkeit, einmal auszubrechen und rhythmisch frei zu improvisieren, während die anderen das Metrum oder den Rhythmus halten.

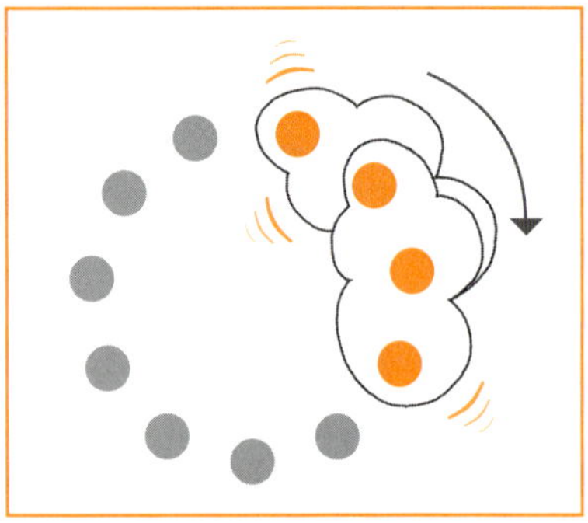

Klangwolke

- **Elfenklang:** Jedes Kind sucht sich ein „Elfeninstrument" aus: Danach legt es dieses vor sich hin und schließt die Augen. Wird ein Kind einmal angetippt, öffnet es die Augen und spielt, wird es zweimal angetippt, legt es das Instrument wieder ab und schließt die Augen.
- **Klangwolke:** Kreis: Eine vorher festgelegte Anzahl von Kreisnachbarn oder Kreisnachbarinnen (2 bis 4) spielt auf Instrumenten. Eine Klangwolke entsteht. Sobald ein Gruppenmitglied am Rand der Wolke aufhört zu spielen, setzt die nächste Person am anderen Ende der Wolke ein. Die Wolke bewegt sich durch den Kreis. Sie verändert nicht ihre Größe, sondern lediglich ihre Position im Kreis.
- **2 Gruppen:** Jedes Gruppenmitglied ist mit einem Instrument ausgestattet. Die Hälfte der Teilnehmenden steht auf der einen Seite des Raumes, die andere steht gegenüber. Sobald sich eine Person in Bewegung setzt, gehen alle langsam aufeinander zu. Je näher sie sich kommen, umso lauter wird ihr Spiel. Entfernen sich die Gruppen wieder voneinander, wird ihr Spiel auch wieder leiser. Musik kann durch freimetrische Improvisation entstehen oder mittels zweier festgelegter Rhythmen. Variante: Die Gruppenmitglieder beginnen laut und werden immer leiser, je näher sie sich kommen. Durch die erneute Entfernung werden die Teilnehmenden wieder lauter. Wie könnte dieses Spiel beendet werden?
- **Geisterstunde:** Im Dunkeln: Improvisation mit verschiedenen Instrumenten. Jedes Kind sucht sich ein Instrument aus und zieht sich an einen angenehmen Platz zurück. Sobald der letzte von 12 Schlägen gespielt wurde, beginnt das gruselige Musizieren. Wer will, kann sich auch wie ein Geist bewegen. Das Spiel endet, sobald der 1-Uhr-Schlag ertönt.

- **Instrumentennamen:** Jedes Kind erhält ein Instrument und positioniert es auf einem Polster im Raum. Laufen zur Mundharmonika-Musik: Bei Stopp ruft die Gruppenleitung (oder ein vorher bestimmtes Kind) einen Instrumentennamen. Alle Kinder laufen zum genannten Instrument.
- **Ratespiel:** Gruppe A hat dieselben Instrumente wie Gruppe B: Jede Gruppe versteckt ihre Instrumente im Schutze einer Bank. Eine Person aus A spielt ein Instrument, Gruppe B antwortet mit demselben Instrument.
- **Klangbild:** Die Gruppenmitglieder denken sich ein Thema aus (Sonnenaufgang, Blumenwiese, Ufo-Landung, Streit …). Dann sucht jede Person einige für sie passende Instrumente aus. Mit einem Gongschlag wird das Klangbild eröffnet und nach einer Weile auch wieder geschlossen. Dieses Spiel kann auch in Kleingruppen gespielt werden. Die Personen, die am Klangbild nicht beteiligt sind, können erraten, um welches Bild es sich handelt.
- **Spieluhr:** Die Gruppenmitglieder zählen immer wieder gemeinsam in einem gemütlichen Tempo bis 8. Allmählich wird überlegt, zu welchem Zeitpunkt gespielt wird. Jede Person darf innerhalb der 8-zeitigen Phrase nur einmal spielen. Entscheide ich mich für die Zählzeit 4, muss ich bei jeder Wiederholung auf 4 spielen. Es können auch „off-beats" bespielt werden (z.B. 4+ oder 6+). Wenn jedes Gruppenmitglied sich für eine Zählzeit entschieden hat, bestimmt die Gruppenleitung durch „Los!", wann das Uhrwerk zum Klingen gebracht wird.

7.4.3 Bewegungsbegleitung

> Musik ist Bewegung und kann nur aus der Bewegung selbst erfasst werden.
> E.T. Ferand-Freund

Wechselseitige Beeinflussung von Musik und Bewegung

Musik und Bewegung verfügen beide über die Parameter Raum, Kraft, Zeit und Form. **Musik kann in Bewegung ausgedrückt werden, umgekehrt kann auch Bewegung in Musik umgesetzt werden.** Stimmung, Lautstärke, Dauer und Form eines Musikstückes können Bewegungen beeinflussen. Je differenzierter musiziert wird, umso besser kann sich auch die Bewegungsfantasie der Begleiteten entfalten. Ebenso regen vielfältige Bewegungen auch zu fantasievollem Musizieren an.

→ vgl. „Raum, Zeit, Kraft, Form – Elemente von Musik und Bewegung" S. 240

Bewegungsbegleitung regt an zu szenischem Spiel: Musik verleitet zum Schleichen, Springen, Fliegen und Schweben.

In der Rhythmik wird Musik meist improvisatorisch eingesetzt. Oft hat sie die Aufgabe, Bewegung zu führen und zu inspirieren. Die **Bewegung** der Gruppenmitglieder **erhält** dadurch **eine zusätzliche (akustische) Dimension und wirkt somit bestärkend.** Durch Bewegungsbegleitung können Gefühle in Musik und Bewegung ausgedrückt und erlebt werden. Auch Kinder mit nicht deutscher Muttersprache können solchen Spielen leicht folgen. Die Musik spricht eine universelle Sprache. **Kommunikation und Ausdrucksfähigkeit werden nonverbal geübt,** Kinder werden sensibel für Geräuscheigenschaften und Klangverläufe.
Differenzierte Bewegungsbegleitung ist nicht gleichzusetzen mit virtuosem Musizieren. Eine bewusst getroffene Auswahl an Instrumenten mit der zugrunde liegenden Erkenntnis, dass jedes Instrument andere Klang- und Geräusch-

Musik kann Bewegung zeitlich, dynamisch, räumlich und formal unterstützen.

qualitäten hat, ist hilfreich. Einfache Triller auf der Flöte können Vogelstimmen darstellen, das Intervall einer Quart signalisiert Polizeisirenen, punktierte Achtelnoten von Kastagnetten können Pferdegalopp darstellen. Wichtig bei der Bewegungsbegleitung ist es, dass **Tempo, Dynamik und Raumdimension** adäquat begleitet werden.

Zur Vertiefung:

- Wie können Kinder durch Bewegungsbegleitung in ihrer Entwicklung unterstützt werden?
- Was muss bei der Bewegungsbegleitung adäquat begleitet werden?
- In Kleingruppen: Denken Sie sich eine kleine Szene aus. Ein paar Teilnehmende stellen die Szene in Bewegung dar, die anderen begleiten die Bewegenden musikalisch!
- Wie wird Musik im Film bzw. im Zirkus eingesetzt? Welche Parallelen zur Bewegungsbegleitung bestehen?

Begleitung von Fortbewegungsarten

Die Schritte von Kindern sind in jeder Fortbewegungsart kleiner und schneller als die von Erwachsenen.

Zunächst entspricht jeder Kontakt der gehenden Person mit dem Boden einem Geräusch auf dem Instrument.

Grundsätzlich sollte bei der Begleitung von Fortbewegungsarten darauf geachtet werden, dass das **Tempo der Musik mit dem der Bewegung übereinstimmt.** Bewegen sich mehrere Gruppenmitglieder in leicht unterschiedlichen Geschwindigkeiten, wird ein Gruppenmittelmaß angenommen. Für die ersten Versuche von Bewegungsbegleitung empfiehlt es sich, die **Bewegung zunächst leise mit der Stimme** zu **begleiten,** um das Tempo herauszufinden. Ist das Tempo klar, wird die **Geschwindigkeit der Fortbewegung auf das Instrument übertragen.** Während der Bewegungsbegleitung ist es wichtig, das Tempo der Gruppenmitglieder genau zu beobachten und zu begleiten. Wenn Klarheit besteht zwischen Begleitung und Bewegung, so können Pausen, Verdoppelungen und Halbierungen das Musizieren interessanter und lebendiger machen. Der Grundschlag sollte allerdings immer wahrnehmbar sein. Wird erst einmal eine stimmige Melodie gefunden, besteht die Möglichkeit, mittels Verzierungen und Nebentönen **Variationen vorzunehmen.**
Die folgenden Beispiele sollen einladen zum Ausprobieren und Verändern, Anregungen für eigene Versuche geben und die Möglichkeit bieten, die Reime mit Melodien anzureichern:

- **Gehen:** Diese Fortbewegungsart ist am leichtesten zu begleiten. Es empfiehlt sich, mit dem Begleiten von Gehen zu beginnen.

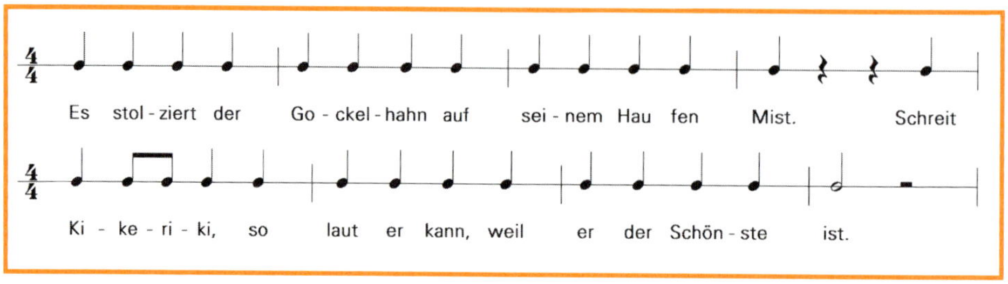

- **Laufen:** Diese Bewegung ist natürlich schneller als das Gehen, jedoch nicht doppelt so schnell. Zur Auflockerung des Lauftempos sind längere Noten und Pausen geeignet, damit die Musik nicht zu unruhig wirkt.

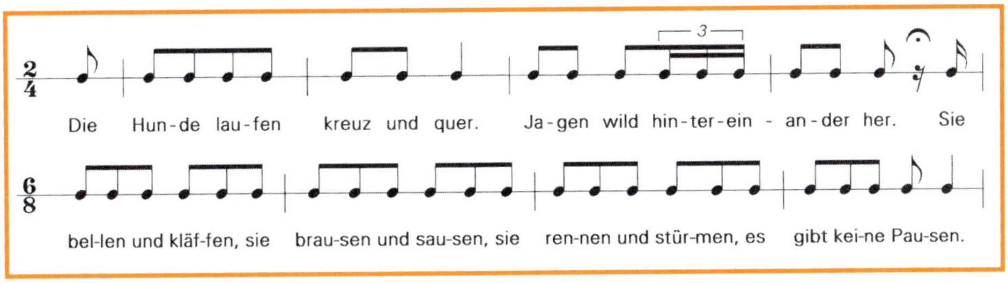

- **Hüpfen:** Die Fortbewegungsart Hüpfen unterscheidet sich vom Galopp durch einen anderen Bewegungsansatz. Beim Hüpfen wird zunächst der längere Ausholschritt ausgeführt und danach der kleinere Hüpfschritt. Hüpfen ist symmetrisch, beide Beine machen abwechselnd das Gleiche. Durch diese Fortbewegungsart können raumgreifende Bewegungen gemacht werden, aber auch Hüpfschritte, die möglichst in die Höhe reichen. Eine einfache Form von Bewegungsbegleitung ist folgende: Ein Ton wird immer zweimal gespielt, bevor ein anderer Ton angespielt wird.

- **Galoppieren:** Diese Bewegung wird auftaktig durchgeführt, der weniger kraftvolle Schritt wird zuerst gemacht. Galoppsprünge werden mehr in die Weite als in die Höhe gerichtet. Eine Unterscheidung zwischen Pferdchengalopp und Seitgalopp kann vorgenommen werden. Galoppieren ist eine asymmetrische Fortbewegungsart, jedes Bein hat eine andere Aufgabe. Zwei verschiedene Töne symbolisieren die unterschiedlichen Bewegungen der Beine.

Auf der Begleit-CD finden Sie Instrumentalstücke zur Bewegungsbegleitung, ebenso können aber auch Reime zur Begleitung von Fortbewegung herangezogen werden.

In dem Buch „Lebendiges Lernen" von Bankl/Mayr/Witoszynskyj findet sich u.a. ein wertvoller Beitrag zum Thema Bewegungsbegleitung von Veronika Kinsky.

Weitere Fortbewegungsarten sind schleichen, stapfen, fliegen:

> Ganz nah' am Boden, da schleichen die Katzen,
> bewegen sich lautlos auf ihren Tatzen.
> „Miau, miau", möchten sie gerne sagen,
> doch würden sie damit die Mäuse verjagen.
>
> Der Eisbär stapft durch Schnee und Eis;
> stapf, stapf, stapf;
> um ihn herum ist alles weiß;
> stapf, stapf, stapf.
>
> Sie fliegen hier und fliegen dort,
> fliegen an einen anderen Ort.
> Drachen fliegen, Drachen steigen,
> woll'n mir die Welt von oben zeigen.

Zur Vertiefung:

- Was sollte bei der Begleitung von Fortbewegungsarten beachtet werden?
- Gestalten Sie ein Lied zu einer bestimmten Fortbewegungsart! Wichtig dabei ist, dass das Lied adäquat rhythmisiert ist!

Spielvorschläge zum Thema Bewegungsbegleitung

- **Grundbewegungsarten:** Kinder lieben es, sich laufend, hüpfend oder galoppierend fortzubewegen. Eine musikalische Begleitung regelt und unterstützt die Bewegung. Die Gruppenleitung spielt auf einem beliebigen Instrument verschiedene Fortbewegungsarten. Die Kinder bewegen sich spontan dazu.
- **Gruseln und Schmunzeln:** Tagmusik und Nachtgruselei: Zur „Tagmusik" bewegen sich die Kinder frei im Raum. Hören sie die „Nachtmusik", finden sie sich zu zweit zusammen und verstecken sich.
- **Trommelmusik:** Zu Beginn einer Rhythmik-Einheit werden die Kinder gefragt, ob sie lieber trommeln oder laufen wollen. Wer gerne trommelt, setzt sich auf die Bank und musiziert, wer sich gerne bewegt, läuft durch den Raum. Zwischendurch können die Kinder eigenständig zwischen Fortbewegung und Musizieren wechseln. (Damit der Trommelklang einigermaßen konstant bleibt, spielt die Lehr- und Erziehungsperson mit.) Einmal machen sich die Kinder, die sich bewegen, aus, welche Fortbewegung sie wählen. Die Kinder mit den Trommeln begleiten möglichst passend. Ein anderes Mal geben die Kinder mit den Trommeln die Bewegungen vor.
- **Rasselbewegungen:** Die Kinder bewegen sich mit ein oder zwei Rasseln im Raum. Auf ein Signal hin (Klangschale) bleiben sie stehen, sinken zu Boden und legen ihre Rasseln ab. Sie bewegen sich nun kriechend fort, bis sie zu ein oder zwei anderen Rasseln kommen. Ist der Ton der Klangschale verklungen, setzen die Kinder die Rasselbewegung fort.

- **Sich selbst begleiten:** Fortbewegung nach Wahl, ein Instrument begleitet die eigenen Schritte. Variante zu zweit: Mit unterschiedlichen Materialien (Teppichfliesen, Seile ...) wird ein Weg gelegt. Eine Person geht, hüpft, kriecht den Weg, die andere begleitet.
- **Sprungbegleitung:** Eine Person macht einen Sprung mit Anlauf durch den Raum. Die anderen Gruppenmitglieder begleiten die Bewegung. Während des Anlaufes wird ein Crescendo gespielt. Zum Absprung ist der lauteste Schlag zu hören. Die Landung wird eher sanft begleitet.
- **Gegensätze:** Einige Kinder machen sich eine besondere (sanft, wild ...) Musik aus. Die anderen Kinder versuchen, das Gegenteil von dem, was die Musik darstellt, am Instrument bzw. in Bewegung umzusetzen. Voraussetzung: Die Kinder haben davor die Musik so umgesetzt, wie sie geklungen hat.
- **Gefühle:** Wer kann Freude, Trauer, Wut ... auf einem Instrument darstellen? Jedes Gruppenmitglied sucht ein Gefühl aus und spielt es vor. Die anderen versuchen, das Gefühl zu erraten. Wie können Gefühle in Bewegung ausgedrückt werden?
- **Raumteilung:** Ein Seil liegt am Boden und teilt den Raum. In der einen Hälfte liegt eine Trommel, in der anderen eine Rassel. Jeweils ein Kind sitzt bei einem Instrument. Es wird abwechselnd gespielt. Die anderen Kinder machen sich aus, welche Bewegung (in der jeweiligen Raumhälfte) sie zur Trommel und welche sie zur Rassel machen wollen. Variante: Mehrere Trommeln und Rasseln werden von mehreren Kindern gespielt. Absprache, wann welche Musikgruppe an der Reihe ist.
- **Verschiedene Tempi:** Zur Verfügung stehen unterschiedliche Instrumente: Becken (Schreiten), Handtrommeln (Gehen), Klanghölzer (Laufen), Holzblocktrommeln (Galopp). Jedes Gruppenmitglied begleitet sich selbst in der entsprechenden Fortbewegungsart. Wer will, kann während der Bewegung das Instrument und somit auch die Bewegungsart wechseln. Vereinfachung: Einzelne Instrumentengruppen bewegen sich. Die Gruppenleitung begleitet das Metrum auf einer Konga. Variante: Für Kinder werden Vorstellungsbilder eingesetzt: Gehen (Traktor), Laufen (Auto), Fliegen (Wind).

Fredrik Vahle: „Das schnelle Lied"

- **Materialbegleitung:** Als Einstieg in die Bewegungsbegleitung eignet sich auch das Begleiten von Materialien. Ein Gruppenmitglied experimentiert mit einem Material, ein anderes begleitet die Bewegungen des Gegenstandes. Bei größeren Gruppen kann von der Hälfte der Gruppenmitglieder ein großes Schwungtuch bewegt werden, die andere Hälfte begleitet die Bewegung des Materials an verschiedenen Instrumenten. Welche Instrumente eignen sich für kurze, welche für lange Bewegungen?
- **Instrumentenmischung:** Verschiedene Melodie- und Percussionsinstrumente stehen verteilt im Raum: Die Gruppenmitglieder suchen ein gemeinsames Tempo. Danach können einzelne Personen zu den Instrumenten gehen und die Bewegung begleiten. Wichtig ist der unmittelbare Übergang von der Fortbewegung mit den Füßen zur Spielbewegung mit den Händen.

Im Folgenden wird die Planung einer Rhythmik-Einheit für Jugendliche und Erwachsene zum Thema Bewegungsbegleitung beschrieben:

*~°

Planung einer Rhythmik-Einheit für Jugendliche und Erwachsene

Thema: Nonverbale Kommunikation mit Instrumenten (Bewegungsbegleitung)
Verlauf im Überblick: Von der Sensibilisierung der Füße über die instrumentale Begleitung von Grundbewegungsarten bis hin zum pantomimischen Dialog, verstärkt durch Instrumente.
~ Lernziele: Die Gruppenmitglieder können Bewegungen anderer mit verschiedenen Instrumenten begleiten.
° Erziehungskompetenzen: Soziales Lernen: Sensible Kommunikation in Bewegung und am Instrument, Kreativitätsförderung: eigenständiges Explorieren mit Instrumenten, Wahrnehmungsschulung: zuhören, schauen, reagieren.
Material: 16 Orff-Instrumente (Triangeln, Klanghölzer, Handtrommeln, Schellenringe, Rasseln …), Decken für die Fußmassage

Verlauf	Intentionen, pädagogische Absichten	Methodische Hinweise
1. Im Stehen: „Sammlungskreis" mit geschlossenen Augen. Evtl. Hände reichen.	°* Eigenwahrnehmung verstärken, ankommen	Konzentration auf sich lenken, Atmung beobachten, Front nach außen ODER innen. WIE fühlen sich eure Füße an?
2. Fußmassage (Bauchlage): Zu zweit: Eine Person liegt am Boden, die andere massiert mit ihren Füßen die Füße der Liegenden. Zehen, Fußgewölbe und Fersen werden unterschiedlich fest massiert.	* Sozialer Wechsel ° Wahrnehmung der Fußsohlen sensibilisieren, behutsamer Umgang mit einem Gruppenmitglied	Beine nach innen „rollen", bevor die Fußmassage beginnt! Vorsichtig Gewicht abgeben, die Liegende gibt Rückmeldung über ihre Befindlichkeit. Wo ist die Massage besonders angenehm?
3. Freie Fortbewegung im Raum, Füße aufwärmen (außen, innen, Ferse, Spitze).	* Dynamischer, sozialer Wechsel ~ Haltungsschulung ~ Konzentration	Aufrichtung beobachten, Gehen mit der Stimme innerlich begleiten!
4. Freie Fortbewegung im Raum, Instrumente weitergeben.	* Einführung des Materials, Wechsel der Mittel ° Nonverbal kommunizieren, Instrumente erforschen	Zunächst heimlich, dann möglichst schnell weitergeben.

5. Freie Fortbewegung im Raum, STOPP durch Signal vom Instrument eines Gruppenmitgliedes. Weiter durch das Signal eines anderen Instrumentes.	~ Konzentrations- und Reaktionsschulung	Variante: Eine Person spielt ein Signal und macht dann eine Bewegung vor, die die anderen nachmachen.
6. Instrumente an den Rand legen: Freie Fortbewegung im Raum, ein Gruppenmitglied steht mit seinem Instrument am Rand und begleitet eine der bewegenden Personen. Wer begleitet wird, spielt als nächste Person am Rand.	~ Konzentrationsübung ° Akustische Wahrnehmungssensibilisierung, Erprobung verschiedener Fortbewegungsarten	Verschiedene Bewegungsarten ausprobieren. Wer sicher sein will, ob die Begleitung der eigenen Person gilt, bleibt stehen. Stoppt nun auch die Musik, hat sich der Verdacht erhärtet.
7. Zu zweit verschiedene Bewegungsarten ausmachen und einander begleiten.	* Sozialer Wechsel ° Kreativität fördern ~ Adäquate Begleitung finden ° Vorbereitung auf nonverbale Kommunikation	Die Instrumentalistin bzw. der Instrumentalist passt sich an die Bewegung an. Bei Schwierigkeiten: zunächst mit der Stimme begleiten!
8. Jedes Paar stellt 2 bis 3 verschiedene Bewegungsmöglichkeiten und Begleitungen vor.	~ Präsentation und Überprüfung des Gelernten	Eine dritte Person schließt die Augen und rät nachher, welche Bewegung gemacht wurde.
9. 2 Gruppen: Die Bewegungen jeweils eines Gruppenmitgliedes werden begleitet. Zunächst treten die Darstellenden nicht in Kontakt, später „höflicher Dialog": einmal bewegt eine Person, dann die andere.	* Sozialer Wechsel ° Kreative Bewegung, sensible Begleitung ~ Musikalisch kommunizieren	Zunächst nur Füße begleiten. Später: Hände, Füße, Kopf. Später evtl. eine kleine Szene entwickeln. Welche Bewegungen werden laut begleitet, welche leise? Welches Instrument passt für den Kopf, welches für die Füße?
10. Reflexion: Welche Bewegungen sind leicht zu begleiten? Wie kann Bewegungsbegleitung im Kindergarten eingesetzt werden?	*~° Ausklang, Reflexionsvermögen schulen	Theoretisches Material bearbeiten.

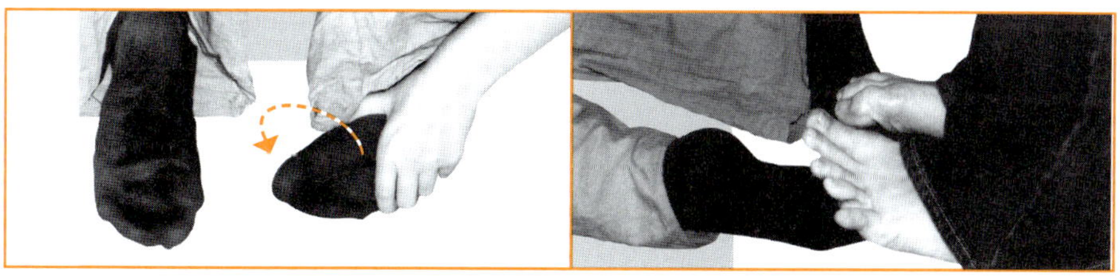

Links: Wichtig bei der Fußmassage ist, dass die Füße gemäß ihrer natürlichen Position nach innen gerollt sind.
Rechts: Fußmassage

*~°

Meyerholz, Ulrike und Reichle-Ernst, Susi: „Heisse Füsse Zaubergrüsse" (Zytlogge), Bern 1998, „Kuschel-Spring-Tanz": Track 1

18

Planung einer Rhythmik-Einheit für Kinder

Thema: Parameter eng – weit

Mithilfe von Bewegungsbegleitung einen Tanz gestalten.

Verlauf im Überblick: Von der Einstimmung in das Thema durch Vorstellungsbilder über die Darstellung der Parameter eng – weit zur Gestaltung eines Tanzes gelangen.

~ **Lernziele:** Tanz lernen, Parameter körperlich umsetzen.

° **Erziehungskompetenzen:** Koordination schulen, Soziales Lernen: vorsichtiger Umgang mit anderen, Kreativitätsförderung: Vorstellungsbilder darstellen.

Material: Triangel, Schelle, Decken für Kuschelecke, Musik: „Was machen die Tiere vor dem Winterschlaf?"

Verlauf	Intentionen, pädagogische Absichten	Methodische Hinweise
1. Begrüßung: Jedes Kind nennt sein Lieblingstier und begrüßt so die anderen.	* Einstieg ° Sozialkontakt herstellen	Wie begrüßen sich Tiger, Katzen …?
2. „Kennt ihr Tiere, die einen Winterschlaf machen? Wie bewegen sich diese Tiere, wo schlafen sie?" Umsetzung in Bewegung.	* Dynamischer Wechsel ° Vorstellungsbilder schaffen ° Kreativitätsförderung	Tiere mit Instrumenten begleiten.
3. Die Tiere bauen sich eine Höhle für ihren Winterschlaf. Bald werden sie sich zur Ruhe legen, sie versuchen es schon, dann kommt ein warmer Tag und sie laufen noch einmal aus ihrem Versteck.	* Dynamischer Wechsel ° Kreativitätsförderung: Vorstellungsbilder gemeinsam ausbauen.	Was brauchen die Tiere, damit sie es gemütlich haben?
4. Bewegungsspiel: Die Triangel signalisiert Wärme zum Toben, wenn die Schellen zu hören sind, wird es draußen kalt und die Tiere kommen in die Höhle.	* Dynamische Auflockerung ~ Parameter vertiefen, Koordination schulen ° Wahrnehmung sensibilisieren	Worauf muss beim Kuscheln geachtet werden?! Kinder können auch selbst „kalte" und „warme" Instrumente aussuchen.
5. Musikstück anhören: Welche Musik eignet sich zum Laufen, welche zum Ruhen? Umsetzung in Bewegung, Ruhephase in der „Höhle".	* Neues Medium ~ Parameter eng – weit einsetzen	Wenn die Kinder aus Lust an der Bewegung die Musik nicht beachten, kann sie durch Schelle und Triangel verstärkt werden.
6. Verabschiedung: Tiere in der Höhle: Musikstück pfeifen, Rücken berühren. Möchtest du das Kuscheln oder das Laufen am Rücken spüren?	*° Sensibler Ausklang, taktile Vertiefung des Themas	Mit Triangel oder Schelle sanft oder dynamisch den Rücken berühren.

8 Bewegung erklingt, berührt, beschwingt.

Das Wort Bewegung umfasst ein vieldeutiges Themengebiet. In Dudens Herkunftswörterbuch (2001) wird „bewegen“ mit veranlassen, sich zu etwas entschließen, abwägen, schwingen, geistig oder seelisch erregen beschrieben. Das Substantiv Weg ist ein der Bewegung innewohnendes Wort. Mit Bewegung beginnt unser Leben, es endet, wenn sich in unserem Körper nichts mehr regt. Dazwischen begeben wir uns auf einen Weg mit vielen Abzweigungen, an denen wir abwägen, uns zu etwas entschließen.

Bewegung erklingt, wenn wir sie mithilfe von Musik hörbar machen, Bewegung berührt uns, wenn wir die seelischen Rührungen der Menschen durch Gestik, Mimik und Körpersprache erahnen können. Bewegung beschwingt, wenn wir aufgefordert werden zum Tanz, einem immer wiederkehrenden Reigen in unserem Leben.

8.1 Was bedeutet Bewegung?

Bewegung kann als stetige Ortsveränderung eines Körpers beschrieben werden.

Menschliche **Bewegung steht** immer **im Zusammenhang mit der Zeit und der Gesellschaft, in der sich die Bewegung vollzieht.** Bewegung wird dadurch zur Trägerin von Aussagen über Werte und Normen dieser Zeit und Gesellschaft.
In der Entwicklung des Menschen ist Bewegung **die erste Funktion, die hervorgebracht wird.** Sie ist ein Akt der Eigentätigkeit und als solcher Kennzeichen des Lebens. Bewegung ist **Träger jeglicher** geistiger, seelischer und körperlicher **Entwicklung.** Bewegung bedeutet auch Gestaltungsmöglichkeit und ist **Ausdrucksform des Lebendigen.** Wenn wir uns bewegen, drücken wir uns aus und treten in Kontakt zu anderen Menschen. Durch diesen Austausch können wir uns entwickeln und eine Auseinandersetzung zwischen innen und außen vornehmen.

Bewegung ist das ursprünglichste aller Kommunikationsmittel.

Bewegung ist **Sprache des Menschen.** Durch die Wechselwirkung von psychischen und physischen Prozessen können wir durch die Körpersprache erahnen, in welcher Verfassung sich ein Mensch befindet.

Über Muskelspannung, Mimik und Gestik werden Befindlichkeiten mitgeteilt.

Die Vieldeutigkeit des Begriffes Bewegung wird auch durch die **Verschiedenartigkeit von Bewegungsarten** deutlich. Unterschieden wird zwischen Fortbewegung und Bewegung am Platz, aber auch zwischen gleichförmiger und impulsiver, aktiver und passiver, zellulärer, muskulärer und Organbewegung.
Bewegung macht glücklich! Wissenschaftliche Erkenntnisse zeigen, dass bei einer gewissen Anstrengung (z.B. eine Stunde gemütlich joggen) Endorphine (Glückshormone) ausgeschüttet werden, die Körper und Geist beflügeln. Medizin und Pädagogik bestätigen, dass durch Bewegung das Herz-Kreislauf-System angeregt und die Muskulatur trainiert wird, Abwehrkräfte gestärkt und die Koordinationsfähigkeit verbessert werden. Bewegungspädagogische und -therapeutische Konzepte (Rhythmik, Motopädagogik, Ergotherapie) werden in therapeutischen, aber auch pädagogischen und psychologischen Einrichtungen angewendet.

Bewegung ist ein Grundphänomen menschlichen Lebens. Jeder Mensch ist auf Bewegung angewiesen.

Im Zusammenhang mit Bewegung werden oft folgende Begriffe genannt:
Motorik: Dieser Begriff bezeichnet die Gesamtheit aller Bewegungsabläufe eines Organismus. (vgl. Hobmair 1996, S. 235)
Koordination: Darunter wird das **Zusammenwirken von Nervensystem und Skelettmuskulatur** zum Zweck einer zielgerichteten Bewegung verstanden. Beispiel: Muskeln werden beim Heben eines Gewichtes mit geringstmöglichem Aufwand gesteuert. Gut koordinierte Bewegungen ermüden weniger schnell, da die beteiligten Muskeln ökonomisch eingesetzt werden. Koordination bedeutet auch das **Zusammenspiel verschiedener Körperteile.** Beispiel: Füße marschieren im Metrum, Hände klatschen dazu einen Rhythmus.

Zur Vertiefung:
- Was bedeutet Bewegung im Zusammenhang mit Entwicklung?
- Nennen Sie verschiedene Bewegungsarten!
- Wie drückt der Mensch sich über Bewegung aus?
- Was bedeutet Koordination, was Motorik?

8.2 Wozu Bewegung? Aufgaben und Funktionen

Bewegung befähigt den Menschen, sich selbst wahrzunehmen, mit seiner Umwelt Kontakt aufzunehmen, zu kommunizieren, zu gestalten und zu handeln. Bewegung fördert durch die Möglichkeit der handelnden Auseinandersetzung mit sich und der Umwelt die Entwicklung der Persönlichkeit.

Bewegung – Instrument der Erfahrung über die Befindlichkeit unseres Körpers.

- **Wahrnehmung:** Der Körper ist ein Sinnesorgan, mit dem durch Bewegung vielfältige Erfahrungen gemacht werden können. Durch Bewegung können wir uns ein Bild machen vom eigenen Körper, unseren Gefühlen und Fähigkeiten. Mit der Bewegung beginnt der Mensch, grundlegende Erfahrungen und Erkenntnisse zu erwerben. **Je differenzierter die motorische Entwicklung** verläuft, **desto differenzierter erlebt er sich selbst** und seine Umwelt. Bewegung kann als lustvoll, identitätsbildend und sensibilisierend im Hinblick auf eigene und fremde Bedürfnisse erlebt werden.
  ➔ vgl. „Wahrnehmungssensibilisierung – Sensomotorik" S. 48

Bewegung als Mittel der Welterfahrung

- **Interaktion:** Bewegung ist die erste Kommunikationsform des Menschen. Sie liefert soziale Erfahrungen und ist Medium sozialer Beziehungen. Mittels Bewegung treten wir in Kontakt zu anderen, stellen Vergleiche an, setzen Grenzen, übernehmen Verantwortung, entwickeln Frustrationstoleranz.

Bewegung – um Gestaltung vorzunehmen.

- **Expression:** Der Körper ist unser Ausdrucksorgan. Mithilfe von Bewegung können wir uns selbst und unsere Umwelt kennenlernen und Gestaltungen vornehmen. Gefühle und Stimmungen werden motorisch ausgedrückt. In der Rhythmik wird davon ausgegangen, dass es nicht **eine** richtige Lösung gibt, sondern für jeden Menschen individuelle Gestaltungsmöglichkeiten existieren.
- **Handlungsorientiertheit:** Gerade in der Bewegung erleben Kinder, dass sie Handlungen beeinflussen können. Wenn sie sich als Urheber einer Wirkung

ansehen, wird ihr Selbstbild gestärkt. Durch die Verfeinerung von Koordinations-, Reaktions- und Differenzierungsfähigkeit erlebt sich der Mensch als geschickt und somit fähig, Veränderungen vorzunehmen. Positive Bewegungserfahrungen tragen zu einem realistischen, aber zuversichtlichen Selbstverständnis bei.

Kinder messen sich oft an ihren Bewegungsmöglichkeiten: „Kannst du das?", fragen sie und zeigen eine Bewegung vor.

Zur Vertiefung:

- Welche Funktion erscheint Ihnen am wesentlichsten?
- Diskutieren Sie!

8.3 Entwicklung und Förderung von Bewegung

Beim Kleinkind **verläuft die Entwicklung der Motorik nach unterschiedlichen Prinzipien:**

- **Richtungen – von oben nach unten:** Die Entwicklung beginnt beim Kopf und endet bei den Füßen. Willentlich gesteuerte Bewegungen sind im Kopfbereich früher möglich als mit den Füßen. Eine andere Entwicklungsrichtung verläuft von **innen nach außen.** Bewegungen, die näher am Rumpf liegen, können früher koordiniert werden als solche, die in der Peripherie ansetzen. Arme können vor Fingern koordiniert werden.
- **Grobmotorik – Feinmotorik:** Zunächst werden grobmotorische Bewegungen gelernt. Diese Fertigkeiten sind Voraussetzung für den Erwerb von kontrollierten, feinmotorischen Bewegungen. Je breiter gefächert das Spektrum an Bewegungserfahrung ist, umso leichter können motorische Fertigkeiten gelernt werden.
- **Gleichzeitigkeit und Asymmetrie:** Das Kleinstkind bewegt zunächst beide Arme und beide Beine gemeinsam. Später, wenn sie unabhängig voneinander bewegt werden können, ist eine Seite dominant („Rechtshänder/in").
- **Muskelspannung:** Schwierige Bewegungen werden zunächst mit zu hohem Krafteinsatz gemacht (zeichnen, Schuhe binden …).

Je jünger die Kinder sind, umso großräumiger und „bewegungsgeladener" sollen Angebote sein. Bewegung bedeutet auch Expansion, Erkundung des Fremden.

In den **ersten 18 Lebensmonaten** erlernt das Kind wesentliche Bewegungen, um **motorische Eigenständigkeit** zu erlangen. Es lernt krabbeln, aufstehen, gehen. Diese Fertigkeiten erwirbt das Kind nicht plötzlich, sondern vielmehr **aufgrund von umfassenden, sensomotorischen Koordinationsprozessen.** Mit der motorischen Entwicklung verläuft auch die Entwicklung der Wahrnehmungsfähigkeit. Diese beiden Vorgänge bedingen und unterstützen einander.
→ vgl. „Wahrnehmung – Entwicklung von Wahrnehmungsfähigkeit" S. 47
Bewegung wird erfahrbar durch die Fähigkeit, sich selbst zu bewegen. Mittels Bewegung können wir uns und unsere Umwelt kennenlernen. Durch die **Erlangung eines bewegten Selbstbildes** entsteht auch die Fähigkeit, **Grenzen und Möglichkeiten des eigenen Körpers zu erfahren.** Das selbständige Aufrichten und Entfernen sowie das Wieder-Annähern ist ein wichtiger Schritt für das Autonomiebewusstsein des Kindes.

Krabbeln und Gehen beinhalten durch das Zusammenspiel von Armen und Beinen Überkreuzbewegungen (Ausnahme: Passgang). Diese Überkreuzbewegungen regen die Nervenpfade zwischen den Gehirnhälften an. Eine gute Kooperation zwischen den Gehirnhälften ermöglicht umfassendere Erfahrungen.

Bewegungserfahrungen sind auf jeder Stufe körperlicher und geistiger Entwicklung möglich.

Kinder, die so oft wie möglich herumtollen, brauchen diese Bewegung. Unsere Aufgabe ist es, den Kindern Bewegung zu ermöglichen, ihnen aber auch die Qualität von Ruhe nahezubringen. Es gibt wenige Kinder, z.B. fettleibige, die sich nicht gerne bewegen. Diesen sollte die Lust an der Bewegung einfühlsam vermittelt werden. (Zum Beispiel, indem Erwachsene Spaß an Bewegung vorleben und dadurch vermitteln.)

Im frühen Kindesalter verfügt der Körper über eine hohe Konzentration an Wachstumshormonen. Muskelfasern können sich hauptsächlich in dieser Zeit neu bilden. Es empfiehlt sich, mittels spielerischer Angebote **Voraussetzungen für** einen gut trainierten **Haltungsapparat** zu erzielen, damit der Körper sein Gewicht ein Leben lang tragen kann.

Bewegung kann nur **selbsttätig erfahren** und angeeignet werden. Jede neu erworbene **Bewegungsleistung bedeutet** auch **emotionelle und kognitive Erlebnisse.** Durch Bestätigung, Lust und Freude werden Erkenntnisse gewonnen und Widerstände überwunden. Mit jeder neuen Erfahrung entsteht mehr Selbständigkeit.

Je **offener Situationen** angeboten werden, je **mehr Spielraum** zur Verfügung steht, umso **sinnvoller** können **Handlungen individuell ausgewählt** und vollzogen werden. Kinder müssen prinzipiell nicht motiviert werden, um sich zu bewegen. Sie verfügen über eine natürliche Neigung, durch Bewegung zu lernen. Kinder wissen selbst am besten, welche Bewegungen sie brauchen, um ihre Bedürfnisse zu befriedigen, um ihre Entwicklung zu fördern.

Zur Vertiefung:

- Nach welchen Prinzipien entwickelt sich die menschliche Motorik?
- Nennen Sie 3 grobmotorische und 3 feinmotorische Bewegungen!
- Suchen Sie im Wahrnehmungskapitel nach einer Auflistung der Entwicklung von Bewegungs- und Wahrnehmungsfähigkeit! Wie verläuft diese Entwicklung?
- Wieso sollen Muskeln schon im frühen Kindesalter spielerisch trainiert werden?
- Warum sind offene Bewegungsangebote sinnvoll?

8.4 Bewegung im Kindergarten

Motivation, Selbstvertrauen und Freude erlangen durch Bewegung.

Bewegungserziehung im Kindergarten sollte sich nicht auf einzelne Einheiten im Bewegungsraum beschränken, sie kann **kontinuierlich** eingesetzt werden, um Erfahrungen zu vermitteln. Kinder sollten die Möglichkeit haben, ihren Körper ebenso einzusetzen wie ihre geistigen Fähigkeiten.

Zur Gesundheitserziehung leistet Bewegung einen wichtigen Beitrag. Im Kindergarten können folgende Aspekte zum körperlichen und seelischen Wohlbefinden der Kinder beitragen:

Lageveränderungen wirken sich positiv auf Muskelspannung (Lockerung) und Aufmerksamkeit aus.

- Regelmäßige Rhythmik- und Bewegungseinheiten anbieten, aber auch Möglichkeiten für einen bewegten Alltag schaffen.
- Aktivitäten nicht ausschließlich auf Sesseln anbieten. Am Boden können Kinder ihre Körperposition je nach Bedürfnis verändern.
- Angebote nicht zu lange planen. Nach dem Rhythmischen Prinzip gibt es immer das Bedürfnis nach Spannung und Entspannung.
- Häufig Gelegenheiten zum Barfußgehen bieten. Somit können Fehlstellungen der Füße und am gesamten Bewegungsapparat vermieden werden.

- Kindern viel Gelegenheit für das Spiel im Freien bieten.
- Bewegte Rituale (ausschütteln, stampfen, springen) nach längeren Konzentrationsphasen einbauen.

8.4.1 Aufgaben und Ziele der Bewegungserziehung im Kindergarten

- Kindern die Möglichkeit geben, ihren Körper mit all seinen Stärken und Schwächen kennenzulernen.
- Dem Bewegungsdrang der Kinder entgegenkommen und somit eine Auseinandersetzung mit sich und der Umwelt ermöglichen.
- Ruhephasen als Gegenpol zur Bewegung anbieten.
- Motorische Fähigkeiten und Fertigkeiten fördern.
- Erhaltung und Förderung von Bewegungslust als Voraussetzung für einen gesunden Körper und somit auch einen gesunden Geist.

In Renate Zimmers Handbuch der Bewegungserziehung (Herder) finden Sie zahlreiche Anregungen für eine bewegte Arbeit mit Kindern.

8.4.2 Bewegung im Freien

Durch die „Verstädterung", die sich in unseren Breiten vollzieht, haben Kinder immer weniger Möglichkeiten, natürlichen Spiel- und Bewegungsraum zu erkunden. Haltungs- und Bewegungsauffälligkeiten, Kommunikationsstörungen, Ängste, Aggressionen, mangelnde Konzentrationsfähigkeit und Hyperaktivität sind Folgeerscheinungen von Bewegungsmangel.

Vom Kinderwagen über den Fernsehapparat zum Schulbus werden Kinder zur Untätigkeit verleitet. Kinder sollen Eigenaktivität hervorbringen dürfen.

Steigerung von Lebensqualität durch Erweiterung von Lebensumständen

Kinder, die oft Gelegenheit haben, **draußen** zu **spielen, sind** tendenziell **robuster** und daher seltener krank, **kreativer und ausgeglichener** als Kinder, die weniger Möglichkeiten zum Spiel in der freien Natur haben. In einer Zeit, in der viele Kinder in Wohnungen leben, ist es umso wichtiger, dass es im Kindergarten Gelegenheit gibt, draußen zu sein.

In schwedischen Kindergärten werden Kinder spätestens beim Eintritt in den Kindergarten von ihren Eltern mit Regenmantel, Kopfbedeckung und Gummistiefel ausgestattet. Kleidungsstücke zum Wechseln werden ebenso bereitgestellt. Somit können Kinder bei jeder Witterung im Freien spielen.

Nicht jeder Kindergarten verfügt über einen großen Garten. Aber selbst **kleine Asphaltflächen können gut genützt werden.** Kinder sind kreativ, wenn es um die Gestaltung ihrer Umwelt geht. Lehr- und Erziehungspersonen haben die Aufgabe, die Kinder in ihrer Kreativität zu unterstützen und unkonventionelles Baumaterial bereitzustellen (Kisten, Kartons, Bretter ...). Gefährliche Materialien sollten natürlich vermieden werden. Ein kleiner Abstellraum schützt die Materialien vor Nässe. Eltern können gefragt werden, ob es möglich ist, alte Dreiräder, Kinderwägen oder Scheibtruhen zur Verfügung zu stellen.

Ausflüge in Wälder und Wiesen hinterlassen bei Kindern starke Eindrücke. Die Natur bietet zahlreiche Verstecke (Büsche, im Laub, hinter Bäumen ...), Klettermöglichkeiten sowie freien Bewegungsraum. Kinder wirken nach solchen

Naturerlebnissen ruhiger, ausgeglichener, gelassener. Auch in der Stadt gibt es Möglichkeiten, das Umfeld vielfältig für Bewegung zu nutzen:

➔ vgl. „Raum; Rhythmik im Freien" S. 243

Glückliche Erinnerungen aus der Kindheit stehen oft in Verbindung mit der freien Natur.

- Nutzung von Turnhallen und Sportplätzen von benachbarten Schulen und Sportvereinen
- Zusammenarbeit mit Bildungsanstalten für Kindergartenpädagogik, sozialpädagogischen Einrichtungen und Seniorenheimen
- Exkursionen zu nahe gelegenen Bäckereien, zu Feuerwehr oder Polizei

Zur Vertiefung:

- Wie soll Bewegung im Kindergarten eingesetzt werden?
- Warum ist es wichtig, dass Kinder sich auch im Freien bewegen?

8.5 Bewegung in der Rhythmik

Die Rhythmik geht davon aus, dass der Mensch eine **Körper-Geist-Seele-Einheit** bildet. Die **Pflege des Körpers** durch Spannung und Entspannung **wirkt sich positiv auf Gefühle und Kognition aus.** Wenn beispielsweise einer schlechten Körperhaltung entgegengewirkt wird, profitieren davon Muskeln, Skelett, Atemkapazität, Sauerstoffzufuhr, der Mensch ermüdet weniger schnell und kann sich länger konzentrieren. Ein gesunder Körper verfügt auch über einen gesunden Geist.

Innere Bewegtheit darf durch äußere Bewegtheit mitgeteilt werden.

Umgekehrt kann **der Körper profitieren, wenn der Geist gesund ist, wenn Gefühle nach außen treten dürfen** (zum Beispiel weniger Stress – weniger Verspannungen im Nackenbereich). In der Rhythmik besteht die Möglichkeit, sich durch Bewegung auszudrücken. Gefühle wie Freude und Glück, aber auch Angst und Wut können geäußert werden. Sich körperlich auszudrücken dient der Psycho-Hygiene und ist wichtig für jeden gesunden Menschen.

Kinder erleben Affekte meist viel stärker als Erwachsene. Über die Bewegung kann ein Gefühl in seiner ganzen Intensität ausgedrückt werden. Nicht um zu stören, sondern um Erleichterung zu verspüren.

Es geht weniger um die Frage „Was können die Teilnehmenden?" als darum, ob der Körper gefordert und geschont wird, wo er es braucht, ob er im Alltag so eingesetzt wird, dass die Gesundheit aufrechterhalten wird, anstatt ihr zu schaden. In der Rhythmik gibt es nur selten vorgegebene Muster für Bewegungen.

Kinder haben ein großes Ausdrucksbedürfnis, sie teilen sich gerne durch Bewegung mit. Erwachsene hingegen haben gelernt, im täglichen Leben Gefühlsregungen möglichst wenig zu zeigen. Ihre Körpersprache ist weniger authentisch als die von Kindern. Natürlich sollten Emotionen nicht in jeder Situation ungehindert nach außen treten, trotzdem ist es wichtig, den **eigenen Ansichten und Gefühlen „treu" zu sein** und seine Meinung, verbal oder nonverbal, kundzutun. In der Rhythmik werden **selten Bewegungen vorgegeben,** es geht vielmehr darum, **sich** je nach Situation **körpergerecht und gesundheitsfördernd** zu **verhalten.** Welche Bewegung tut mir gut, welche nicht? Was macht warum Spaß, was langweilt mich? Bewegung wird ausprobiert und danach reflektiert. Körperbewusstsein kann somit sensibilisiert werden. Durch vielfältige Bewegungsangebote wird der „Wortschatz" unserer Körpersprache erweitert.

8.5.1 Erlangung von Bewegungsfähigkeiten und -fertigkeiten in der Rhythmik

Bewegung als Mittel

In der Rhythmik geht es darum, über Bewegung und andere Mittel **Handlungsfähigkeit** zu erzielen. **Bewegung** dient dabei **als Mittel,** um **Fähigkeiten** zu erlangen.

Der eigene Körper ist in der Welt wie das Herz im Leibe.
M. Merleau-Ponty

Wahrnehmungssensibilisierung wird durch den engen Zusammenhang von Wahrnehmung und Bewegung ermöglicht. Vielfältige Bewegungserfahrungen schärfen unsere Aufmerksamkeit für eigene und fremde Befindlichkeiten.

Unser **Körperbewusstsein** kann sich entwickeln, wenn wir Vertrautheit mit den Möglichkeiten des Körpers erlangen, Haltung bewusst wahrnehmen, flexibel reagieren auf unterschiedlichste Situationen, vertrauen auf das eigene Körpergefühl als Vorbeugung von Krankheiten.

➔ vgl. „Wahrnehmung; Sensomotorik" S. 48

- Durch Bewegung lernen wir unseren Körper kennen.
- Mit dem Körper können wir Bewegung in ihrer Vielfalt (Alltagsbewegungen, Tanz, Sport) erleben und somit unsere Wahrnehmungsfähigkeit sensibilisieren.
- Wenn wir auf taktile, akustische oder visuelle Signale antworten, fördern wir unsere Reaktionsfähigkeit.

Soziales Lernen findet statt, wenn gruppendynamische Prozesse durch Bewegung hervorgerufen und verstärkt werden, wenn sich Bewegung verbindend, aber auch spannungslösend auf eine Gruppe auswirkt. Sich bewegen heißt, mit sich und seiner Umwelt in Kontakt zu treten. Im dynamischen Kontakt werden Grenzen ausgetestet, Konflikte ausgetragen und Kräfte gemessen. Die eigene Identität wird durch Bewegung erfahren.

➔ vgl. „Soziales Lernen" S. 76

- Bewegung fördert die Kommunikationsfähigkeit: durch Bewegung treten wir in Kontakt zu anderen, gehen aufeinander zu, entfernen uns wieder.
- Durch Bewegung drücken wir unsere Gefühle aus und erweitern dadurch auch die Konfliktfähigkeit.
- Gemeinschaftserlebnisse in der Gruppe können durch Bewegung (z.B. durch Tanz) intensiviert werden.

Kreativität wird gefördert, wenn Bewegung als gestalterisches Element, als Ausdrucksmittel eingesetzt wird. Eigene Gedanken und Gefühle werden in Bewegung dargestellt, Materialien oder Musik zur Darstellung einbezogen. Sich bewegen bedeutet, sich auszudrücken.

➔ vgl. „Kreativitätsförderung" S. 104

- Bewegung fördert unsere Ausdruckskraft.
- Durch Bewegung lernen wir, flexibel auf Lebensumstände zu reagieren.
- Wenn unser Körper beweglich (flexibel, geschmeidig, gewandt) ist, reagieren wir sensibel auf Gegebenheiten (wir sind bewegt und drücken dies aus) und sind imstande, andere Menschen zu bewegen.

Bewegung als Inhalt

Bewegung wird in der Rhythmik auch **als Inhalt** eingesetzt, um **Fertigkeiten** wie Reaktionsfähigkeit und Koordination zu fordern und zu fördern.

- **Geschicklichkeit in Fein- und Grobmotorik entwickeln: Reaktions- und Koordinationsfähigkeit.** Kinder und auch einige Erwachsene lieben es, spielerisch Geschicklichkeit zu erwerben. Es wird als lustvoll empfunden, die eigenen Fähigkeiten zu erweitern und zu kontrollieren.
- **Räumliche Fertigkeiten** entwickeln: **Orientierungsfähigkeit in Raumebenen und Raumrichtungen** (hoch – tief, groß – klein, eng – weit), Überwindung von Hindernissen, **Haltungsschulung durch Orientierung an verschiedenen Raumrichtungen** (oben – unten, vorne – hinten).

Ausdifferenzierung von Bewegungsverhalten aufgrund der Auseinandersetzung mit sich und der Umwelt

- **Zeitliche Fertigkeiten** entwickeln: **Rhythmen wiedergeben, metrische, ametrische Bewegung differenzieren** (schnell – langsam, accelerando – ritardando), **Ausdauer, Konzentrationsfähigkeit**.
- **Dynamische Fertigkeiten** entwickeln: **Akzente und Spannungsverläufe in Bewegung ausdrücken** (laut – leise, stark – schwach), **Kraft und Gewicht adäquat einsetzen, Muskeln kräftigen** zur Vorbeugung von Haltungsschäden.
- **Formale Fertigkeiten** entwickeln: Vorstellungsvermögen – **eigene Bewegungen voraussehen,** visuell vorgegebene und akustisch angeleitete **Bewegungssequenzen ausführen** und erweitern. **Haltung und Körperformen bewusst wahrnehmen,** Bewegungsmuster wiederholen **und ökonomisieren.**

Zur Vertiefung:

- In der Rhythmik werden körperliche Fertigkeiten geschult. Inwiefern profitiert der Geist?
- Wie kann der Körper profitieren, wenn Gefühle geäußert werden?
- Welche körperlichen Fähigkeiten können durch Rhythmik erworben werden?
- Welche körperlichen Fertigkeiten können erlangt werden?

Spielvorschläge zur Förderung von motorischen Fähigkeiten und Fertigkeiten

Bewegung hat für viele Menschen Auflockerungscharakter. Durch Bewegung kann angestaute Kraft hervortreten, Erleichterung tritt ein, die Sinne können angeregt werden. Kraft und Energie werden durch den Wechsel von Spannung und Entspannung getankt. Einige der folgenden Angebote können gut als Auflockerungsspiele für Zwischendurch angesehen werden. Sie sind mit folgendem Symbol versehen:

[•]

- **Pferderennen:** Im Kreis aufstellen. Ein Startschuss signalisiert den Beginn des Rennens: Die Pferde traben zunächst auf der engen Startgerade (im Stand auf die Oberschenkel patschen), dann beginnen sie zu galoppieren (auf die Oberschenkel patschen). Sie passieren Hindernisse (mit stimmlicher Begleitung deuten die Hände und Arme einen Sprung an), trappeln über die Holzbrücke (Fäuste klopfen sanft auf die Brust), stapfen durch den Tümpel (stimmliche Begleitung, etwa „quatsch, quatsch") und springen über den Wassergraben (etwa „Uiii"). Die Zuschauer machen begeistert die Welle (ein Gruppenmitglied nach dem anderen hebt seine Hände). Schließlich kommen die Pferde in die Zielgerade und gewinnen alle! Dieses Spiel ist sehr dynamisch und braucht wenig Platz. Viele der genannten Bewegungen können während eines Pferderennens wiederholt werden. Variante: Anregungen mit den Füßen durchführen.

- **Riesen aufwecken:** Einige „Riesen" liegen in ihren Höhlen und schlafen. „Zwerge" schleichen sich an und wecken die Riesen auf. Frage an die Kinder: „Wie werdet ihr in der Früh aufgeweckt?" Wenn die Riesen freundlich aufgeweckt wurden und gut gelaunt sind, bieten sie den Zwergen ihren Schlafplatz an. Somit findet ein Wechsel statt und das Spiel beginnt von neuem. Wurden die Riesen frech wachgekitzelt, laufen sie den Zwergen nach, um diese auch zu kitzeln. Hinweis: Dieses Spiel ist besonders für eine Eltern-Kind-Einheit geeignet. Variante: Die Riesen signalisieren durch freche oder sanfte Musik, wie die Zwerge aufgeweckt werden.
- **Bewegungslandschaft:** Die Bewegungslandschaft kann genützt werden, indem sie visuell, taktil, kinästhetisch, vestibulär erfahren wird. Einzelne Stationen können auch durch Begleitung an einem Instrument oder stimmliche Unterstützung erprobt werden. So werden Rollbretter gerne als geräuschvolle Polizeiautos interpretiert, das Herunterklettern von einem Seil oder einer Leiter erinnert manchmal an die Landung eines Ufos. Bewegungslandschaften können auch unter einem bestimmten Thema entstehen: Autorennstrecke, Spielplatz, Dinosaurierland … ➔ vgl. „Allgemeine Anregungen und Spielvorschläge zur Wahrnehmungssensibilisierung (Wahrnehmungsparcours)" S. 51.
- **Bewegung erhorchen:** Alle Gruppenmitglieder legen sich auf den Boden. Die Spielleitung oder ein Gruppenmitglied bewegt sich durch den Raum. Kann die Bewegung akustisch identifiziert werden? Krabbelt die Person, schleicht sie? Hinweis: Beginnen Sie mit einfachen Fortbewegungsarten.
- **Beistellfangen:** Eine Person, die fängt, eine, die jagt. Die anderen geben sich paarweise die Hand und verteilen sich im Raum. Die Fangende läuft der Gejagten nach, um sie abzuschlagen. Die Gejagte soll einem Paar möglichst bald die Hand geben. Nun befindet sie sich im „Leo". Gejagt wird nun die Person, die der früher Gejagten nicht die Hand gibt. Das Spiel lebt vom oftmaligen „Beistellen".

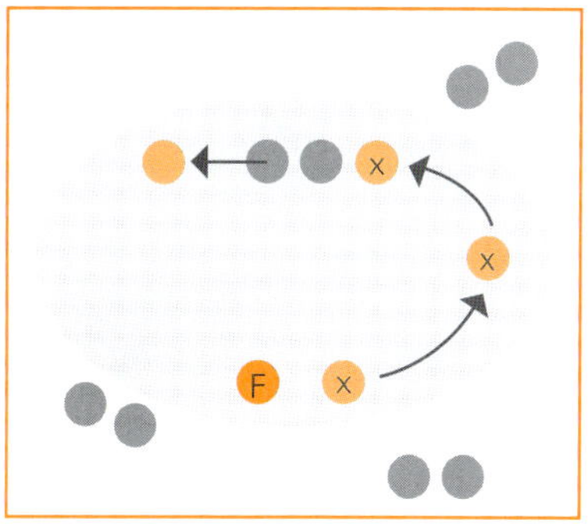

Beistellfangen [•]

[•]

- **Schlangenfangen:** Die Gruppenmitglieder stellen sich in zwei Reihen auf. Ihre Hände umfassen die Hüften der vorderen Person. Jeder Schlangenkopf soll den Schlangenschwanz der anderen Gruppe fangen, ohne dass die eigene Schlange auseinanderbricht. Dieses Spiel macht auch in seichtem Wasser Spaß.

[•]

- **1 Fuß, 2 Hände:** Die Kinder bewegen sich so fort, dass immer 1 Fuß und 2 Hände am Boden sind. Welche Möglichkeiten gibt es noch?

3

- **Ortsangaben:** Die Gruppenmitglieder bewegen sich zur Musik. Bei jedem Stopp gibt eine Person einen Ort an, zu dem sich alle bewegen sollen (Wand,

Türe, Fenster). Variante: Die Gruppenmitglieder nennen Orte, an denen sie gerne wären bzw. nicht gerne wären und bewegen sich dementsprechend: Karibik – entspannt, Schule – gestresst ... Wie ist die Muskelspannung an einem Ort, an dem Wohlbefinden vorherrscht, wie ist die Muskelspannung in unangenehmen Situationen?

> Das ist der Daumen,
> der schüttelt die Pflaumen,
> der hebt sie auf,
> der trägt sie heim,
> der isst sie ganz allein.
> Horak 1986, S. 85

- **Fingerspiele:** Diese Sprachspiele unterstützen die Entwicklung der Feinmotorik spielerisch. Einzelne Finger werden benannt, angefasst, manchmal wird ihnen auch eine Charaktereigenschaft zugeordnet.
- **Starke Finger:** Diese Übung eignet sich, um vor einer Aufführung die Bewusstheit und somit die Präsenz der Finger und Arme zu verstärken. Die Gruppenmitglieder liegen am Rücken und strecken ihre Arme aus. Sie heben sie ein wenig vom Boden ab, kreisen sie möglichst lange und flattern schließlich sanft wie ein Schmetterling. Je größer und länger die Schmetterlingsflügel, umso besser. Wie fühlen sich die Finger an?
- **Kreis:** Alle Gruppenmitglieder stehen in einem Kreis und halten die Hände auf gleicher Höhe in die Mitte. Eine Person bewegt ihre Hände. Die anderen folgen ihr (aufwärts – abwärts, vorwärts – rückwärts, in Fortbewegung kommen ...). Kann jemand unaufgefordert die Führung übernehmen?

Geschlechtssensible Behandlung des Themas „schwer – leicht"

Im Folgenden wird die Planung einer Rhythmik-Einheit für Kinder zum Thema **dynamische Fertigkeiten entwickeln** beschrieben. Die Kinder haben die Möglichkeit, „schwere" und „leichte" Fortbewegungsarten zu gestalten. Sie erleben, wie sich schwer und leicht anhört und anfühlt. Wer bewegt sich lieber „schwer", wer „leicht"? Wann bewegen wir uns schwerfällig? Welche Gefühle sind mit „Leichtigkeit" verbunden?
Bei diesem Thema ergeben sich oft Klischees: Mädchen bewegen sich leicht, leise, wollen schweben. Buben sind angeblich schwerfälliger, stärker oder lauter. Beide Qualitäten sollten von beiden Geschlechtern erlebt und erfahren werden.

Planung einer Rhythmik-Einheit für Kinder

Thema: schwer – leicht im Körper wahrnehmen.
Verlauf im Überblick: Von der Begrüßung und Einführung in die Thematik über das Experimentieren mit schwer und leicht in Musik und Bewegung bis hin zur Gestaltung der Parameter in Musik und Bewegung.
~ Lernziele: Die Gruppenmitglieder können die Parameter schwer und leicht in Musik und Bewegung umsetzen. Zusätzlich lernen sie, sich in einem bestimmten Metrum fortzubewegen. Dabei schulen sie ihr Koordinationsvermögen, indem sie ihr Gewicht adäquat einsetzen.
° Erziehungskompetenzen: Identifikation mit Vorstellungsbildern, Anregung der Fantasie, Wahrnehmungssensibilisierung in Bezug auf schwer und leicht.
Material: Lied S. 168 (→ „Stimme" S. 212), Trommeln, „Frau Liese Luftighauch", „Herr Pankratz Plumsternatzl"

Pankratz Plumsternatzl
Liese Luftighauch

Verlauf	Intentionen, pädagogische Absichten	Methodische Hinweise
1. Kreis: Begrüßung mit den Zehen: Fest aufstampfen – einander leicht antippen.	°* Kontaktaufnahme, Einführung in die Thematik	
2. Die Spielleitung erzählt, dass sie zwei Gäste mitgebracht hat. Diese sitzen irgendwo im Raum. Die Kinder sollen sie suchen und herbringen.	*° Raumorientierung ~ Schwer und leicht mittels „Gästen" spüren	Beschreibung der „Gäste": Verbalisierung der Parameter soll von den Kindern kommen!
3. Die Gäste werden als Frau Luftighauch und Herr Plumsternatzl vorgestellt. Wer mag sie angreifen? Wer kann sich vorstellen, wie sich die beiden bewegen? (einzeln und in der Gruppe)	* Dynamischer Wechsel ~ Umsetzung von Vorstellungsbildern in Bewegung ° Sensibilisierung für schwer und leicht	Bei der Vorstellung der Gäste die Unterschiede der beiden Parameter auch stimmlich darstellen. Vorlieben der „Gäste": Frau Luftighauch schwebt gerne über Wiesen und Felder, Herr Plumsternatzl stapft lieber durch den tiefen Schnee. „Was glaubt ihr, was die beiden noch gerne machen?"
4. Experimente mit Trommeln: Wer möchte für Frau Luftighauch bzw. Herrn Plumsternatzl spielen? Einige Kinder musizieren, die anderen bewegen sich. Gruppen wechseln.	~ Musikalische Umsetzung der Vorstellungsbilder ° Parameter (schwer, leicht) hören und spüren	Gemeinsam festlegen, wie die Trommeln für Frau Luftighauch und Herrn Plumsternatzl gespielt werden. Was mag Liese, was mag Pankratz?
5. 2 Gruppen stehen einander gegenüber: Je 1 Kind aus einer Gruppe hält Frau Luftighauch bzw. Herrn Plumsternatzl. Bewegt sich Herr P., bewegt sich und musiziert seine Gruppe, bewegt sich Frau L., bewegt sich und musiziert ihre Gruppe.	* Sozialer Wechsel ~ Umsetzung der Parameter in Musik und Bewegung ° Sozialverhalten fördern: „einander ausreden lassen" ~ Evtl. Zweistimmigkeit ausprobieren	Zunächst sollten die Gruppen einander nicht unterbrechen („höflicher Dialog"). Später kann auch versucht werden, ob sich Frau Luftighauch und Herr Plumsternatzl gemeinsam bewegen können und einander trotzdem bemerken.
6. Verabschiedung von Liese und Pankratz.	*° Sensitiver Ausklang	Möchtest du beide oder nur einen der Gäste auf deinem Rücken spüren?

Für Liese Luftighauch und Pankratz Plumsternatzl wurde auch ein Lied entwickelt. Es kann zu den verschiedenen Fortbewegungsarten eingesetzt werden und ist im Kapitel „Musik und Bewegung beleben die Stimme“ auf S. 212 zu finden. Auf der Begleit-CD dieses Buches finden Sie ein Musikstück zum Thema schwer – leicht.

Eine ähnliche Thematik wird in dem österreichischen Volkslied „Spannenlanger Hansl“ humorvoll dargestellt. Auch hier geht es um zwei sehr unterschiedliche Persönlichkeiten. Gegensätze wie groß – klein, dick – dünn, schnell – langsam können mithilfe dieses Liedes bearbeitet werden. Wie bewegt sich der spannenlange Hansl, wie bewegt sich die nudeldicke Dirn? Welche musikalischen Elemente können die beiden unterstützen?

Bekannte Kinderlieder, die interessant aufbereitet wurden: Bi Ba Butzemann (Klaus Trabitsch) Nena im Apfelhaus (Nena)

Spannenlanger Hansl

Volksgut

2. „Lauf doch nicht so närrisch, spannenlanger Hans!
Ich verlier die Birnen und die Schuh noch ganz.“
„Trägst ja nur die kleinen, nudeldicke Dirn,
und ich schlepp den schweren Sack mit den großen Birn'.“

Zur Vertiefung:

- Beschreiben Sie die Aspekte der Parameter schwer – leicht! Es sollten mehrere Vorstellungsbilder für die beiden Parameter diskutiert werden.

8.5.2 Fortbewegungsarten

Im Alter von 3 bis 6 Jahren beschäftigen sich Kinder intensiv mit unterschiedlichsten Fortbewegungsarten. Durch sie kann **Geschicklichkeit** und **Stehvermögen,** aber auch **Fantasie** und **Einfühlungsvermögen** entwickelt werden. Der Einsatz von Fortbewegungsarten ist grundlegendes Handwerkszeug in der rhythmischen Arbeit mit Kindern. Hier geht es um ein **lustvolles Erproben und Festigen von Grundbewegungsarten.**

→ vgl. „Musik" S. 149: Bewegungsbegleitung und „Wahrnehmung" S. 68: Ein Spezifikum: Gehen im Raum

Kinder erlangen **Flexibilität,** wenn sie lernen, Fortbewegungsarten in Tempo und Dynamik zu variieren oder gar die Bewegungsart blitzschnell zu wechseln. Solche Reaktionsspiele werden, vor allem in der Verbindung mit Musik, lustvoll erlebt und fördern und erweitern kindliches Bewegungsverhalten.

Fortbewegungsarten können oft in Einstimmungsphasen angeboten werden. Durch solche dynamischen Bewegungen kann eine Aufwärm- und Einstimmungsphase reizvoll gestaltet werden. Das Aufwärmen **regt Kreislauf und Stoffwechsel an, steigert die Empfindlichkeit der Sinnesrezeptoren und damit koordinative Fähigkeiten.**

Spielvorschläge zum Thema Fortbewegung

- **Laufen** zur Musik: alleine, zu zweit, zu dritt, mit oder ohne Handhaltung
- **Gehen, schleichen, laufen, hüpfen:** Verschiedene Fortbewegungsarten können mit unterschiedlichen Vorstellungsbildern verknüpft werden.
  → vgl. „Musik, Bewegungsbegleitung" S. 149
- **Geisterfahrer:** Alle Kinder laufen in eine Richtung, nur ein Kind ist Geisterfahrer und bewegt sich in die andere Richtung. Vorbereitung: Alle Kinder laufen in eine Richtung, danach in die andere Richtung, danach wählen alle Kinder die Laufrichtung frei.
- **Weg:** Die Kinder legen einen Weg mit Teppichfliesen oder Reifen durch den Raum. Dann bewegen sie sich über den Weg. Jedes Kind darf einmal die Fortbewegungsart bestimmen. Die Spielleitung begleitet die Kinder musikalisch.
- **Fahrzeuge:** Die Kinder bewegen sich wie Fahrzeuge im Raum. „Welches Fahrzeug hast du dargestellt?" Variante: Veranstaltung eines Autorennens: Besonders reizvoll ist es, wenn die Kinder bei jeder Runde durch eine Runden- oder Zielflagge laufen dürfen. (Einfaches Tuch, das in Kopfhöhe der Kinder gehalten wird.)
  Erweiterung: Reparatur: Wenn zwei Fahrzeuge zusammenstoßen, lenken sie ihre Autos langsam zur Werkstätte. Die Kinder sagen der „Mechanikerin" oder dem „Mechaniker", welche Stellen „angeschlagen" sind. Diese werden durch Berührung „geheilt". Danach kann weitergefahren werden. „Könnt ihr auch zusammenstoßen, ohne euch weh zu tun?"
- **Tiere:** „Welche Tiere habt ihr schon einmal gehört? Wie bewegen sich diese?"

4

Als musikalische Unterstützung eignet sich hier auch Barock- oder Rennaissancemusik. Das Stück könnte dann „Abhol-Polonaise“ genannt werden.

- **Abhol-Swing:** Die Gruppenmitglieder stehen zu zweit im Raum. Ein vorher bestimmtes Paar geht los, sobald die Musik beginnt. Es bewegt sich mit Handhaltung auf ein anderes Paar zu und formt die Hände und Arme zu einem Tor. Die Abgeholten marschieren durch das Tor und reihen sich hinter dem ersten Paar ein. Nun werden die nächsten zwei Gruppenmitglieder abgeholt. Die, die am längsten warten, dürfen durch ein Tor marschieren, das von besonders vielen Personen geformt wird. Bei großen Gruppen, können auch mehrere Paare die anderen abholen. Wenn alle Teilnehmenden miteinander gehen, hüpfen, laufen oder tanzen wird ein Kreis geformt, der den Abschluss des Spiels bildet.

Zur Vertiefung:

- Warum ist es sinnvoll, Spiele mit verschiedenen Fortbewegungsarten anzubieten?

8.5.3 Körperhaltung

Körperhaltungen verändern sich ständig, da sich die Bedingungen in der Umgebung verändern und auch unsere eigene Verfassung variabel ist. Gesund ist ein dynamisches Gleichgewicht, das Balance herstellt zwischen Spannung und Lösung.

Wie ein Mensch seinen Körper bewegt, trägt, aufrecht hält, hängt mit seiner psychophysischen Konstitution zusammen und wirkt sich auf seine Gesundheit aus. Haltungsschäden können massive Beeinträchtigungen hervorrufen (z.B. Bandscheibenvorfall). Oft ist es allerdings möglich, solche Einschränkungen zu verhindern. In der Rhythmik wird die Möglichkeit geboten, durch Sensibilisierung auf Fehlhaltungen aufmerksam zu werden und sie spielerisch zu korrigieren. **Körperhaltungen** sollen nicht verstanden werden im Sinne von **etwas festhalten,** sondern eher **im Sinne vom englischen Wort „alignment“, Ausrichtung, Orientierung.** Es geht nicht darum, den Körper in einer bestimmten Form festzuhalten, vielmehr kann versucht werden, sich nach etwas auszurichten. Im Falle des aufrechten Ganges geht es um eine Orientierung nach oben, aber nicht um eine fixierte Haltung.

➔ vgl. „Gehen im Raum“ S. 68 ff.

Die Körperhaltung kann beeinflusst werden durch Kleidung, Material (Spielzeug, Computer ...), andere Menschen, Verletzungen, Krankheiten und emotionale Befindlichkeit. In der Rhythmik wird versucht, Aufmerksamkeit auf eine dynamische, gesunde Haltung zu richten. Der Körper wird bewusst gespannt oder gelöst, je nach Befindlichkeit. Auch hier geht es darum, sich zu entscheiden, welche Haltung gerade angemessen ist. Durch Musik werden wir automatisch aufgerichtet, lauschen erfolgt in aufrechter Haltung. Durch sensible Wahrnehmungskanäle lernen wir festzustellen, welche Körperhaltung uns gut tut, welche Veränderungen gerade wichtig sind.

Spielvorschläge für eine bewusste Körperhaltung

- **Haltungsschulung:** Gegenstände (Sandsäckchen, Tücher, Seile) auf dem Kopf balancieren und damit Hindernisse (Stufen) überwinden. Variante: Einen Gegenstand auf anderen Körperteilen transportieren. Wie fühlt sich das an? Wie sehe ich aus? (Betrachtung im Spiegel)
- **„Haltungsfangenspiel“:** Wie „normales“ Fangen, jedes Gruppenmitglied hat allerdings ein Sandsäckchen am Kopf. Fällt dieses herunter, muss die Person warten, bis ein anderes Kind das Sandsäckchen aufhebt und wieder auf dem Kopf positioniert.
- **„Kranspiel“** zur Stärkung des Stützapparates: Im Sitzen, mit leicht angewinkelten Beinen Gegenstände mit den Füßen ergreifen und auf einen nahe gelegenen Sessel „transportieren“. Wer kann wie viele Sandsäckchen aufladen? Hinweis: Wichtig ist, dass die Lendenwirbelsäule (unterer Rücken) gerundet ist und die Hände aufgestützt werden.
- **Bärenspiel zur Kräftigung der Fußmuskulatur:** Laufen mit O-Beinen, wie ein Bärenkind (Cowboy). Welches Tier läuft mit X-Beinen? Welches auf den Zehenspitzen? Welches auf der Ferse? Welche Musik passt zu den verschiedenen Fortbewegungsarten?

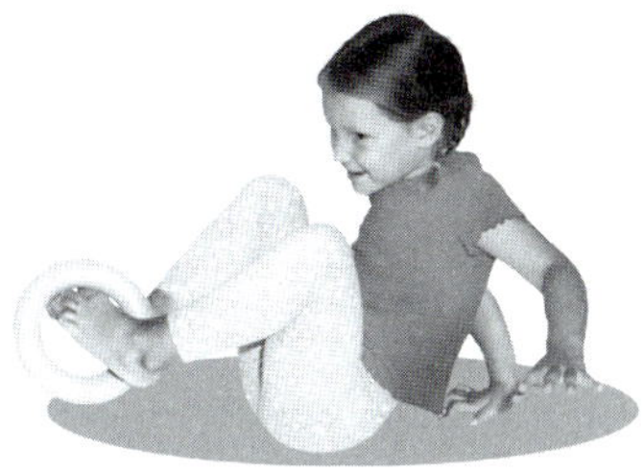

„Kran“

Zur Vertiefung:

- Warum ist es wichtig, sich seiner Körperhaltung bewusst zu sein?
- Worauf wirkt sich unsere Körperhaltung aus?
- Wodurch kann Körperhaltung beeinflusst werden?

Im Folgenden wird eine Planung einer Rhythmik-Einheit beschrieben. Bewegung und Körperhaltung sind Inhalte dieses Angebotes.

Planung einer Rhythmik-Einheit für Jugendliche und Erwachsene

Thema: Wirbelsäule bewegen und wahrnehmen.

Verlauf im Überblick: Von der Lockerung des Rückens über verschiedene Übungen zur Beweglichkeit und Kräftigung des Rückens bis hin zur Wahrnehmung der Wirbelsäule während eines geführten Spazierganges mit geschlossenen Augen.

~ Lernziele: Information über Beschaffenheit der Wirbelsäule (WS) und des Stützapparates erwerben, Erlernen von Übungen zur Stärkung der Rückenmuskulatur.

° Erziehungskompetenzen: Die Gruppenmitglieder nehmen ihre WS bewusster wahr und übernehmen Verantwortung beim Führen von anderen Personen.

Material: 1 Korkteller, Kerzen oder Döschen, Sandsäckchen, Musik

Verlauf	Intentionen, pädagogische Absichten	Methodische Hinweise
1. Freie Fortbewegung im Raum: Länge des Körpers wahrnehmen: Wie groß ist der Abstand von der Schädeldecke zum Plafond bzw. von der Schädeldecke zum Boden?	* Einstieg ° Eigenwahrnehmung steigern: Körpergröße wahrnehmen	Welche Körperteile verlaufen vertikal? (Oberschenkelknochen …) Welche Knochen verlaufen horizontal? (Schultergürtel, Becken …)
2. GIR: Ein Gruppenmitglied bleibt stehen, ein zweites „dockt" an (Rücken an Rücken). Schütteln, auslockern, dann wieder weitergehen. Mehrere Male wiederholen, dann ins Sitzen kommen.	*° Dynamische Auslockerung ° Rücken wahrnehmen, vorsichtiger Sozialkontakt	Was machen die anderen Gruppenmitglieder? Gibt es „Rücken-an-Rücken-Massagen", die besonders angenehm sind?
3. Schätzen: Wie viele Wirbel hat die Wirbelsäule?	* Kognitiver Wechsel ~ Wissen, Schätzungen einbringen	7 Halswirbel, 12 Brustwirbel, 5 Lendenwirbel, 5 Kreuzbeinwirbel, 3 bis 5 Wirbel verwachsen zum Steißbein.
4. Zu zweit: Person 1: Kniesitz, Kopf am Boden legen. Person 2 versucht, Wirbel zu zählen. Dann Wirbel für Wirbel aufrollen. 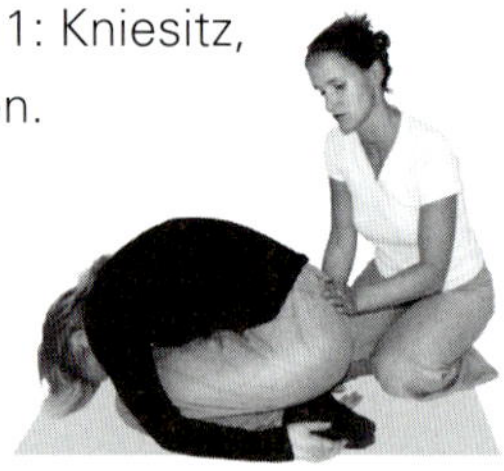	* Sozialer Wechsel ~ Information über Wirbelsäule ° Wirbelsäule in ungewohnten Positionen wahrnehmen ° Sensible Unterstützung des Partners	Person 2: eine Hand auf das Kreuzbein, andere Hand unterstützt beim Aufrollen: mit der Hand dort leichten Druck abgeben, wo gerade aufgerollt wird. Wechsel!
5. Zu zweit: Person 1 Bankstellung: Person 2 legt ihre Hand auf den Rücken der 1. Person, diese versucht, die Hand wegzudrücken.  Stärkung der Rückenmuskeln durch das „Wegdrücken" der Hand.	~ Stärkung der Rückenmuskulatur ° Wahrnehmung der Wirbelsäule und ihrer Bewegungsmöglichkeiten	Variante: 2 Hände; Verbindung spüren. 2. Variante: Eine Person steht auf 2 Gruppenmitgliedern, die in Bankstellung verharren. Eine vierte Person gibt Hilfestellung! Vorsicht! Kein Hohlkreuz in der Bankstellung!
6. Darstellung der Wirbelsäule mithilfe von Sandsäckchen und kleinen Döschen oder Kerzen. Die Sandsäckchen zwischen den Dosen stellen die Polsterfunktion der Bandscheiben dar.	* Neue Medien ~ Veranschaulichung der Wirbelsäule	Turm bauen. Durch die gepolsterten Bandscheiben wird die Wirbelsäule beweglich. 
7. Variante zu 4.: Eine Person begibt sich in leichte Hocke (Fußsohlen am Boden), eine andere Person hilft beim Aufrollen.	~ Vertiefung, Körper aufrichten ° Eigene Haltung wahrnehmen, Rücken spüren	Wie fühlen Sie sich, nachdem Sie aufgerollt sind? Vorsicht! Nicht gleich zurück in die gewohnte Haltung, Aufrichtung wahrnehmen, genießen.

8. Zu zweit: Führen und Folgen: Eine Person führt durch Handdruck auf der Lendenwirbelsäule ein anderes Gruppenmitglied.	* Sozialer Wechsel ∘ Sensible Kommunikation, Experimente erweitern sich aufgrund der neuen Sensibilität für den Rücken.	Fester Kontakt zwischen Hand und Lendenwirbelsäule + Musik. Wie kann die/der Geführte veranlasst werden, rückwärts zu gehen?
9. Wie 8. aber: Wer mag, allmählich ins Laufen kommen. Laufrichtung festlegen, damit Zusammenstöße vermieden werden.	∘ Jemandem vertrauen, sich trauen, Rücken wahrnehmen	Die Führungshaltung sollte beim Laufen kompakter sein. (Mit einer Hand die Taille der Geführten umfassen, mit der anderen eine Hand umfassen.)
10. Eine Person steht in der Mitte eines Kreises: Ihr Körper bewegt sich wie ein Pendel, das die im Kreis Stehenden auffangen. Hilfestellung: Die Spielleitung umfasst die Hüften des „Pendels". Somit kann die Mitte besser gespürt und angespannt werden.	* Sozialer Wechsel ∘ Vertrauen ∘ Wirbelsäule, Körper in Spannung wahrnehmen	➔ vgl. „Wahrnehmungssensibilisierung – vestibuläres System – Spielvorschläge" S. 65
11. Langsitz, im Kreis: Auf Sitzknochen zusammenrücken. Jedes zweite Gruppenmitglied streicht die Lendenwirbelsäule der rechten Person aus, Dehnung nach vorn, Wechsel. 	∘* Entspannender Ausklang, Wahrnehmung der Wirbelsäule	Wie geht es dem Rücken?

Als Gegenpol zur dynamischen Bewegung erfolgt im nächsten Abschnitt eine Auseinandersetzung mit der Entspannung:

8.6 Entspannung

Entspannung ist ein **lebenswichtiges Prinzip.** In allen organismischen Systemen findet ein **Wechsel zwischen** erhöhter und verminderter Aktivität, zwischen **Anspannung und Lockerung** statt. **Wichtig** für die Funktionstüchtigkeit eines Organismus **ist die Balance zwischen Anspannungs- und Entspannungsphasen.**

Viele Entspannungsverfahren wurden im 20. Jahrhundert im Zuge einer stärkeren Körpersensibilisierung geprägt. Jedoch war das Prinzip der Entspannung schon den alten Griechen bekannt.

Nicht nur aufgrund einer höheren Körpersensibilität, sondern auch durch die „Beschleunigung" unseres Alltags wurde Entspannungsverfahren immer mehr Aufmerksamkeit geschenkt. Heute existieren zahlreiche Techniken zur Regeneration, die sich u.a. das Ziel setzen, **Stress** zu bewältigen. Dabei ist Stress nicht grundsätzlich negativ. Er wird als **unspezifische Reaktion des Körpers auf jede**

Anforderung, die an ihn gestellt wird, definiert. Eustress (griechisch: eu = gut) wird als aktivierender, anregender Stress dargestellt, Distress (lateinisch: dis = schlecht) wird als schädlich und unangenehm angesehen.

Immer mehr Entspannungstechniken „sprießen" aus dem Boden! Informieren Sie sich genau, bevor Sie sich einer Entspannungsmethode „anvertrauen". Seriöse Entspannungsverfahren zeichnen sich aus durch eine fundierte medizinische, physiologische und psychologische Grundlegung und durch eine überprüfbare Ausbildung der Vermittlungsperson.

Beim Erleben einer Stressreaktion gibt es große individuelle Unterschiede. Manche Menschen sehen eine Situation als Herausforderung an, andere erleben dieselbe Situation als bedrohlich. Die Ressourcen, die zur Bewältigung von Stress zur Verfügung stehen, sind verschieden. **Entspannungstechniken sollten** daher **auf jeden Menschen individuell abgestimmt werden.**

Lehr- und Erziehungspersonen sind berufsbedingt Stress ausgesetzt. Jeden Tag werden sie mit unzähligen Bedürfnissen konfrontiert, zahllose Probleme und Erkenntnisse werden ihnen anvertraut, oft wünschen sich 25 Kinder gleichzeitig ungeteilte Aufmerksamkeit. Solche Erwartungen stellen eine enorme Belastung dar und verlangen ein hohes Maß an Ausgeglichenheit und Stabilität. „Abschalten", „auftanken", „zur Ruhe kommen" können viele Menschen durch sportliche Betätigung oder durch meditative Ruhe. In Kombination mit Entspannungsverfahren besteht die Möglichkeit, Bedürfnissen wie Spannung und Lösung, aktiv sein und geschehen lassen, zu erfahren. Für jede Person gilt es, eine Balance herzustellen zwischen Regeneration durch Aktivität und Regeneration durch Entspannung.

Zur Vertiefung:

- Was ist ein organismisches System? Nennen Sie Beispiele!
- Welche aktiven und passiven Phasen haben die von Ihnen genannten organischen Systeme?
- Was ist unter der Beschleunigung des Alltags zu verstehen?
- Nennen Sie ein Beispiel für Eustress!

8.6.1 Entspannungsverfahren

Von den zahlreichen Entspannungstechniken werden nun einige beschrieben:

Yoga – eine uralte Entspannungsform

Yoga ist ein **komplexes Übungssystem zum körperlichen und geistigen Training.** Aus der hinduistischen und buddhistischen Tradition stammend enthält Yoga vielfältige Techniken wie Atemübungen, Entspannungs- und Konzentrationsübungen sowie Dehnungs- und Kräftigungsübungen der Muskeln und Sehnen. Die Lehre geht davon aus, dass durch intensives Üben körperliche und geistige Grenzen überschritten werden können. Das Ideal des Yogas ist die Erlangung von Erkenntnis. Diese Erkenntnis wird als innere Erleuchtung, als ekstatische, wahre Erkenntnis der Wirklichkeit beschrieben.

In den letzten Jahren haben Experten auf dem Gebiet der körperlichen Fitness Yogaübungen als Mittel zur seelischen Reinigung, zur Stärkung von Nerven und Muskeln und allgemein zur Verbesserung des Gesundheitszustandes empfohlen.

Geistige Verspannungen lösen durch muskuläre Entspannung.

Tiefenmuskel-Entspannungstraining ist ein verhaltenstherapeutisches Verfahren, bei dem zunächst die **Entspannung von Hauptmuskelpartien** geübt wird. Edmund Jacobson entwickelte diese Methode Anfang des 20. Jahrhunderts an der Harvard-Universität. Die Methode basiert auf der Annahme, dass der Mensch lernt, **Spannungszustände wahrzunehmen und muskulär** zu **beeinflussen.** Die Entspannung wirkt sich nach längerem Üben auf den ganzen Körper aus. Systematische muskuläre Anspannung und Entspannung bewirken Kontrasterlebnisse. Beispielsweise wird mit aktiver Anspannung der Bizepsmuskeln gearbeitet; darauf folgt eine Entspannungsphase. Dabei prägen sich Entspannungsgefühle ein und versetzen übende Personen besser in die Lage, zukünftige Spannungszustände wahrzunehmen und gegenzusteuern. Die Ziele dieses Entspannungsverfahrens sind körperlich-muskuläre Lockerung sowie seelische Entspannung.

Autogenes Training wurde um 1920 von Iohannes Heinrich Schultz entwickelt. Er wollte den Menschen die **Wirkung der Hypnose in Unabhängigkeit vom Hypnotiseur** zukommen lassen. Unter Anleitung erfahren die Teilnehmenden, wie sie sich durch verschiedene Vorstellungen (Bilder, Sätze) selbst beeinflussen können.

Autogenes Training bedeutet aus dem Selbst entstehendes Üben (griechisch: aus dem Selbst = autos, entstehend = genos). Bei diesem Verfahren geht es darum, mit Körper und Geist zu entspannen, loszulassen, um ein Sich-Hineinfühlen in die eigenen Erlebnisse zu ermöglichen.

Selbstwahrnehmung und -beeinflussung durch autogenes Training.

Durch regelmäßiges Üben kann der Mensch lernen, Störungen des vegetativen Nervensystems zu beeinflussen und damit den Blutdruck, Herzrhythmusstörungen, Asthma oder Migräne verändern, soweit sie im Zusammenhang mit Nervosität oder mit seelischen Schwierigkeiten zu sehen sind.

Autogenes Training dient zum Ausgleich von Spannungszuständen, zur Linderung oder Beseitigung von Schmerzen, von Schlafstörungen und von Angstzuständen. Mehr Gelassenheit wird möglich. (vgl. Stummer, Elisabeth 1999)

Einige der erwähnten Entspannungstechniken werden zur Unterstützung von psychotherapeutischen Verfahren eingesetzt. Es empfiehlt sich, **jedes** Entspannungsverfahren unter fachkundiger Anleitung zu erlernen. Denn Entspannung kann auch erhöhte Manipulierbarkeit bedeuten, wenn nach der Entspannung keine Aktivierung stattfindet und somit die Möglichkeit von Eigeninitiative sowie Reflexions- und Kritikfähigkeit ausgelassen wird.

Zur Vertiefung:

- Beschreiben Sie die 3 vorgestellten Entspannungsverfahren!
- Was ist der Unterschied zwischen Hypnose und autogenem Training?

8.6.2 Entspannung in der Rhythmik

Die rhythmische Arbeitsweise bezieht als Kontrast zur Bewegung Entspannungsphasen ein. Das Wechselspiel zwischen Spannung und Entspannung, zwischen Ruhe und Aktivität, zwischen laut und leise, hoch und tief, ist Kennzeichen der Rhythmik.

Anspannung und Entspannung, die Funktion des Tonus, werden im Gehirn geregelt. **Einfluss auf den Tonus haben** neben bestimmten Hormonen **auch das vestibuläre und das kinästhetische System** sowie Gefühle. Viele Angebote in der Rhythmik fördern das kinästhetische und das vestibuläre System und machen Entspannung leichter möglich.

Jeder Mensch braucht Entspannung. Die Art und Weise, wie ein Ausgleich hergestellt wird, ist jedoch unterschiedlich. Viele Erwachsene entspannen sich durch Passivität, etwa vor dem Fernseher. Auch leise Musik löst bei vielen Menschen Wohlbehagen aus, die im Alltag dominierende Aktivität kann somit ausgeglichen werden.

Entspannung für Jugendliche und Erwachsene.

Jugendliche und Erwachsene wünschen sich auch in Rhythmik-Einheiten oft Entspannungsschwerpunkte. Es wird meist als angenehm empfunden, Verantwortung abzugeben, eine Fantasiereise anzuhören oder verschiedene Formen der Massage kennenzulernen. Der Wunsch nach Passivität, Ruhe, angenehmen Erlebnissen steht im Vordergrund.

In der Rhythmik geht es darum, Körperwahrnehmung zu sensibilisieren. Im Kontakt mit einem Partner oder einem Material werden Erfahrungen gemacht, danach wird reflektiert.

Aufgrund des bewegten Alltags von Pädagoginnen und Pädagogen ist es verständlich, dass sich viele Menschen Entspannung wünschen. Viele neue Herausforderungen gilt es zu bewältigen, es werden hohe Anforderungen gestellt, zu Hause gibt es eine Menge vorzubereiten. Hobbys kommen oft zu kurz, die Pflege von sozialen Kontakten ist eingeschränkt. Vielleicht besteht die Möglichkeit, in einer Rhythmik-Einheit „aufzutanken"?

Entspannung durch „Körperreisen"

„Eine ‚Körperreise' kann sehr entspannend sein, ihr Ziel ist jedoch nicht die Tiefenentspannung, sondern die sensibilisierte Aufmerksamkeit für die eigene Befindlichkeit." (Edleditsch 1998, S. 104) Eine „Körperreise" kann beispielsweise als Partnerübung mit Massagebällen durchgeführt werden. Ein Gruppenmitglied massiert mit einem Ball unterschiedliche Körperteile einer anderen Person. Natürlich soll dieses Angebot in erster Linie **gut tun,** es kann der massierten Person aber auch die Möglichkeit bieten, ihre **Wahrnehmung auf die behandelte Körperstelle** zu **lenken,** ihre **Bedürfnisse** zu **äußern, Grenzen** zu **setzen** und **Veränderungen wahrzunehmen.** Das Gruppenmitglied, das den Massageball führt, ist aufgefordert, einfühlsam seiner Kreativität freien Lauf zu lassen, um verschiedene Massageformen auszuprobieren. Im Dialog mit der anderen Person können Kreise, Drehungen oder leichtes Prellen entwickelt werden. Was fühlt sich gut an? Was nicht? Warum?

Nicht einfach „abschalten", sondern aufmerksames Spüren, sich äußern, genießen, reflektieren!

Diese Übung zeigt, dass von **beiden Teilnehmenden Reflexionsvermögen gefordert** ist. Somit besteht die Möglichkeit, **sich und eine andere Person besser kennenzulernen, sich zu äußern** und einen **Ausgleich zwischen Aktivität und Passivität** zu finden.

Entspannung für Kinder: Aktivität entspricht Kindern mehr als Passivität. Durch dynamische Bewegungen finden sie einen angemessenen Ausgleich zum Alltag.

Kinder erleben Aktivität und Passivität ganz anders als Erwachsene. Sie **leiden oft an Bewegungsmangel,** haben zu wenig Möglichkeit, ihren lebenswichtigen Drang zum Experimentieren auszuleben. An einer Entspannungseinheit, in der wieder Ruhe abverlangt wird, besteht meist wenig Interesse. **Oft bringt Bewegung** für Kinder **mehr Entspannung als meditative Ruhe.**

Viele Entspannungsübungen sind für Kinder ungeeignet, weil sie zu langweilig oder gleichförmig sind. Einige Verfahren fallen Kindern leichter als Erwachsenen.

Hierzu ein Beispiel:
Schwereübung: Wenn der Arm eines am Boden liegenden, entspannten Kindes aufgehoben wird, so ist dieser schwer, die Muskeln sind locker. Wird der Arm eines Erwachsenen gehoben, kann es sein, dass dieser Arm viel weniger locker ist, als der des Kindes. Gedanken wie „mein Gewicht ist unzumutbar" oder „ich muss mithelfen" belasten den Erwachsenen und beeinträchtigen Entspannung. Um loslassen zu können, brauchen Erwachsene meist mehr Zeit als Kinder. Sich auf eine Situation einzustellen, fällt Kindern mittels Vorstellungsbildern leichter als Erwachsenen.
Wenn nun die Rede vom entspannten Kind war, so stellt sich die Frage: Wie können Kinder zur Ruhe finden? Im Folgenden soll diese Frage behandelt werden:
Pferdegeschichte: Auf einer Handtrommel werden 12 wild galoppierende Kinder begleitet. Nach einiger Zeit wird das Spiel unterbrochen, die „Pferde" bleiben stehen. Gemeinsam begeben sich die jungen Fohlen in ihren „Stall", der in einer Ecke des Raumes ist. Ein Kind nach dem anderen geht durch die schmale Stalltüre, die durch zwei Sessel gekennzeichnet ist. Jetzt reiben sich die verschwitzten Pferde gegenseitig mit Kuscheldecken ab, damit sie sich nicht verkühlen. Sind alle Pferde „abgetrocknet", legen sie sich auf ihre Decken und lauschen dem Wind und dem Vogelgezwitscher, das von der Wiese in den Stall dringt. „Welche Geräusche könnt ihr noch wahrnehmen?" Nach einiger Zeit zieht es die Tiere wieder hinaus auf die Koppel, die „Galoppreise" beginnt von Neuem.

Variante: Wenn auf der Wiese der Donner grollt, dann kuscheln sich die Tiere im Stall eng zusammen. Ist das Unwetter vorbeigezogen, gehen die Tiere wieder auf die Wiese und sie springen genüsslich in die Lacken, die der Regen hinterlassen hat. Frage an die Kinder: „Was wird auf der Wiese passieren, wenn die Pferde das nächste Mal im Stall sind?" Hier besteht die Möglichkeit, weitere Entwicklungen gemeinsam vorzunehmen. Wer möchte musizieren? Wer möchte im Stall zuhören? Wer will sich bewegen?

Kinder brauchen variable Angebote, um zur Ruhe zu kommen. Das oben genannte Beispiel zeigt, wie Bewegung, Material und Musik kombiniert werden. Auch die Verknüpfung von Wahrnehmungssensibilisierung und Einsatz der eigenen Kreativität entspricht Kindern, weil ihnen Wahlmöglichkeiten zur Verfügung stehen. Manche Kinder fühlen sich durch die Musik, andere durch das Vorstellungsbild des sanften Vogelgezwitschers auf der Wiese angesprochen. Die Chance, zur Ruhe zu kommen, ist größer als bei der Ausübung von Fantasiereisen ohne Mitgestaltungsmöglichkeiten. Kinder, die nicht leicht zur Ruhe kommen können, interessieren sich vielleicht für ein Material oder für den Freund, der das Entspannungsspiel gemeinsam mit ihnen durchführt. In diesem Fall kann das Kind über den sozialen Kontakt zur Ruhe finden.

Zur Ruhe finden durch variable Angebote: Sozialkontakte, Material, Vorstellungsbilder, die Stimme der Spielleitung, Musik, durch das Einbringen der eigenen Person ...

8.6.3 Verwendung von Entspannungsgeschichten im Kindergarten

Geschichten erzählen, nicht aufdrehen oder abspulen.

Im Kindergarten würden sich Fantasiereisen besonders vor Schlafstunden anbieten. Die Kinder werden ruhig und schlafen ein. Es ist verständlich, dass sich Lehr- und Erziehungspersonen nach einigen Stunden Trubel in der Gruppe für sich und die Kinder Ruhe wünschen und diese durch eine Entspannungsgeschichte herstellen möchten. In diesem Fall erscheint es unangebracht, „Beruhigungsformeln", wie sie auf manchen Entspannungs-CDs verwendet werden, einzusetzen. Solche Rezitationen könnten leicht einer ungewollten Hypnose nahe kommen, die ja auch einen schlafähnlichen Zustand mit sich bringt. Bei der Hypnose willigen die Menschen in ein solches Verfahren ein, Kinder können sich jedoch nicht entscheiden, sie können auch nicht einfach den Raum verlassen. Kinder sprechen meist nicht über unangenehme Erlebnisse, die in einer solchen Situation assoziiert werden können. Das Vermögen zu reflektieren, wird erst viel später (wenn überhaupt) entwickelt.

Dorothée Kreusch-Jacob: Mit Liedern in die Stille (Patmos)

Dennoch ist es verständlich und legitim, dass im Kindergartenalltag auch einmal Ruhe einkehren muss. Wichtig ist, dass diese Ruhe nicht unbewusst mit hypnotischen Formeln erzwungen wird. **Eine „Gute-Nacht-Geschichte" wird** im Allgemeinen **als Zuwendung erlebt, vor allem, wenn sie von der Lehr- und Erziehungsperson persönlich vorgetragen wird.** Eine lebendige Stimme kann **flexibler auf die Bedürfnisse der Kinder eingehen,** Abwandlungen können vorgenommen oder Ergänzungen hinzugefügt werden. Eine besonders persönliche Form des Geschichtenerzählens ist es, Ereignisse des Tages einzubauen und somit in Erinnerung zu rufen.

Beispiel: „Fuchsgeschichte": Die Füchse erleben immer das, was die Kinder an diesem Tag erlebt haben.

Wenn Geschichten vor einer Schlafstunde erzählt werden, könnten die Kinder danach aufgefordert werden, ihre **Eindrücke zu Papier zu bringen.** Somit besteht die Möglichkeit, Erlebnisse auszudrücken, Ereignisse „festzuhalten" und eventuell darüber zu sprechen.

Eine Alternative zu Fantasiereisen bilden Klanggeschichten. Hier können die Kinder durch das Lauschen zur Ruhe kommen und die Geschichten selbst mitgestalten.

➜ vgl. „Stimme/Sprache: Klanggeschichten" S. 205

Zur Vertiefung:

- Welche Wahrnehmungssysteme haben Einfluss auf den Muskeltonus?
- Was bedeutet Entspannung für Kinder, was bedeutet sie für Erwachsene?

8.6.4 Voraussetzungen und „Handwerkszeug" für Entspannungssequenzen

Eine Entspannungseinheit soll uns die Möglichkeit bieten, Ruhe im Sinn von Erholung zu erfahren. Die momentane Situation, unsere Bedürfnisse und der Entwicklungsstand eines Menschen müssen berücksichtigt werden:

- **Der Raum,** in dem die Entspannungseinheit stattfindet, **sollte warm und sauber sein.** Decken, Matten und warme, bequeme Kleidung sind vorteilhaft.
- Im Gruppenraum könnte eine **„Entspannungsinsel"** errichtet werden, auf die sich die Kinder jederzeit zurückziehen können.
- Zusätzlich sollte die Frage gestellt werden, was Kinder besonders fesselt (aktuelle Zeichentrickidole, Lieblingstiere, Fantasy-Helden, Namen der Kinder ...). Solche **Helden sind in Geschichten reizvoller als brave** und somit abstrakte **Personen.**
- Vielleicht sind es auch **Bilderbücher, Kimspiele oder Mandalas,** die die Kinder zum Innehalten veranlassen.
- Hilfreich kann auch ein **Ritual** sein, **das eine Ruhephase einleitet.** (Bestimmte Anordnung von Sesseln, die gemeinsam hergestellt wird, Lied, Geräusch, Klang.) ➔ vgl. „Planung von Rhythmik-Einheiten: Ritual" S. 40
- **Der stimmliche Einsatz der Lehr- und Erziehungsperson** kann **entscheidend** beitragen zu einer als **angenehm empfundenen Entspannung.** Es sollte vermieden werden, mit tiefer suggestiver Stimme auf die Gruppenmitglieder einzureden. Passend ist vielmehr ein sachlicher, freundlicher Ton. Dies gelingt besser, wenn die vortragende Person selbst entspannt ist. Zur Anleitung von Entspannungseinheiten sollte besonders viel Zeit zur Verfügung stehen. Körperteile zu spüren dauert immer länger als von ihnen zu sprechen. ➔ vgl. „Musik und Bewegung beleben die Stimme" S. 188
- Bei **Massage-Angeboten** werden **feste, klare Reize** bevorzugt, feine Berührungen können „kitzeln".
- **Die Anzahl und Dauer der Ruhephasen muss** von Kindern wie von Erwachsenen **eigenständig bestimmt werden** (siehe Beispiel Entspannungssequenz mit Pferden: einige Kinder kuscheln im Stall, andere musizieren). Während Jugendliche und Erwachsene längere Ruhephasen genießen und sich oft erst allmählich entspannen, ist für Kinder der Wechsel zwischen Spannung und Entspannung besonders wichtig.
- Aufgeregten **Kindern hilft oft die Nähe** oder die warme Hand **eines Erwachsenen, um zur Ruhe zu finden.** Die Kinder werden aber nicht zum Hinlegen gezwungen, sie können sich ebenso mit einem Kuscheltier beschäftigen oder zeichnen.
- Bei Entspannungsphasen mit Kindern ist eine ausgiebige **Bewegungsphase im Vorfeld** wichtig. Nicht immer ist es zu Beginn einer Unterrichtseinheit möglich, dass Kinder sich durch Bewegung „austoben" können. Es kommt auch vor, dass Kinder aufgrund des massiven Bewegungsmangels (z.B. in der Stadt) innerhalb einer kurzen Einstimmungsphase gar nicht „genug" Bewegung

Musikalische Empfehlungen für längere Entspannungssequenzen:

- **Norah Jones: „Come away with me"**
- **Sting: „The living sea", „Ten Summoner's Tales"**

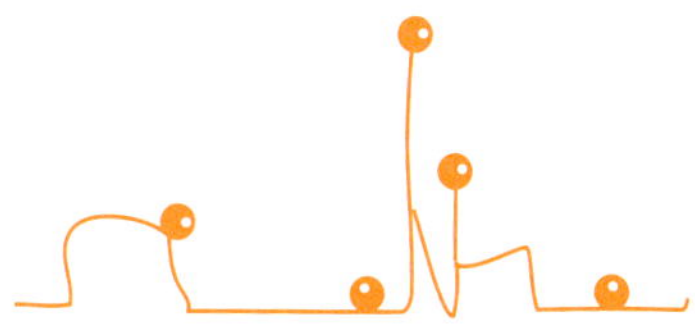

Bewegungsintervalle

bekommen können. Sie werden durch wildes Umherlaufen nur noch mehr „aufgekratzt". Spiele, die die Sinne sensibilisieren, tragen oft zur Aufmerksamkeitssteigerung bei und machen konzentriertes Arbeiten möglich. Die Problematik eines massiven Bewegungsmangels sollte allerdings langfristig nicht außer Acht gelassen werden.

→ vgl. Spielvorschläge zum Thema Wahrnehmungssensibilisierung; „Öffnung der Wahrnehmungskanäle" S. 50, S. 56, S. 58

Zur Vertiefung:

- Welche Voraussetzungen für Entspannungssequenzen sind für Sie besonders wichtig?

Spielvorschläge für Entspannungseinheiten

24

- **Einstimmung:** Jedes Kind sucht sich einen Platz auf einer Blumenwiese. Sanft scheint die Sonne an diesem Tag in jeden Winkel der Wiese. „Wie fließt euer Atem? Schnell? Langsam? Sanft? Kitzelig? Können wir so ruhig sein, dass das Geräusch der Atmung hörbar wird? Was bewegt sich nun noch an und in meinem Körper?"

Entspannungsübung ohne Partner

- **Raumschiff:** Jeder Astronaut, jede Astronautin macht sich startklar für einen Flug ins All. 4, 3, 2, 1, der Start ist geglückt! Einige Zeit fliegen die Raketen mit Lichtgeschwindigkeit durch die Erdatmosphäre, dann gleiten sie geräuschlos ins All. Die Astronautin bzw. der Astronaut schaltet auf „Autopilot". Bei einem „Nickerchen" bemerken die Teilnehmenden, wie weich der Raumanzug ist. An einzelnen Körperstellen (Nennung: Hals, Rücken, Brust, Bauch ...) ist er mit Watte ausgelegt. Wie fühlt sich das an? Nach einiger Zeit meldet sich der „Autopilot": Es gilt, Mars und Merkur auszuweichen. Die Kinder übernehmen das Steuer ...
- **Entspannungswichtel:** Jedes Gruppenmitglied stellt sich ein Wesen vor, das über seinen Körper streicht. Welche Farbe hat das Wesen? Wie ist es gekleidet? Dort, wo das Wesen vorbeispaziert, entspannt sich der Körper. Zunächst startet es bei den Zehen. Diese werden von dem Wichtel gezählt. Danach spaziert es über den Rist zu den Fersen ... es hinterlässt eine wohlige Wärme.
- **Noppenbälle:** Damit kann sich jede Person selbst eine Fußmassage im Stehen, eine Beinmassage im Langsitz oder eine Rückenmassage in Rückenlage gönnen. Der Ball liegt immer zwischen dem Boden und dem Körperteil. Wie fühlt sich so ein „bearbeiteter" Körperteil an?

Erwachsene und Kinder haben die Möglichkeit mittels Partnerübungen die Frage zu stellen: Wie greife ich die andere Person an? Für welchen Körperteil ist welcher Krafteinsatz angebracht? Die „passive" Person kann in einer Entspannungseinheit lernen, Unbehagen zu äußern und positive Empfindungen mitzuteilen.

- **Sandsäckchensuche:** Ein Gruppenmitglied befindet sich in Bauchlage: Eine andere Person legt Sandsäckchen auf verschiedene Körperteile der liegenden

Person. Die Körperteile werden benannt. Wo ist es am angenehmsten? Die Säckchen können mit leichtem Druck bewegt werden.

- **Massage:** Ein Ball wird über einzelne Körperteile entlang der Körperumrisse gerollt. Variante: Die liegende Person ist „Massagekönigin" und wünscht sich Ort und Intensität der Berührung.

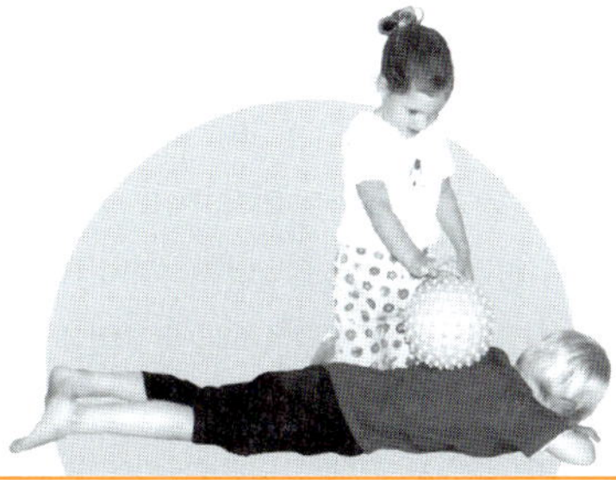

- **Zeichnung:** Ein Gruppenmitglied liegt auf einem großen Blatt Papier. Eine andere Person zeichnet die Umrisse der liegenden auf das Papier. Welche Körperteile liegen am Boden schwer auf, welche gar nicht? Jedes Gruppenmitglied kann seinen Körper auf dem Zeichenblatt anmalen.

Paarübungen

- **Körpergeschüttel:** Einzelne Körperteile einer liegenden Person werden von einem aktiven Gruppenmitglied aufgehoben und sanft geschüttelt. Wie schwer empfindet die passive Person die Körperteile? Wie schwer empfindet sie die aktive Person?
- **Rückenbilder:** Ein Gruppenmitglied malt einer anderen Person ein einfaches Bild auf den Rücken. Was wurde gezeichnet?
- **Pizza backen:** Bauchlage: Am Rücken einer teilnehmenden Person wird „Teig" gerührt, geknetet, und ausgerollt, mit Mehl eingestaubt und ausgeklopft. Nach einer kurzen Rastzeit werden die Zutaten aufgelegt. „Was magst du auf deine Pizza legen?" (Tomatensauce ausstreichen, Salami-Berührungen mit der Handfläche, Mais-Fingerspitzen ...) Wenn die Pizza fertig ist, wird Öl sanft über die ganze Pizza gestrichen.

Köckenberger, Helmut; Gaiser, Gudrun: „Sei doch endlich still!" Entspannungsspiele und -geschichten für Kinder (borgmann), Dortmund 1996

- **Entspannungsgeschichte:** Jeweils zwei Gruppenmitglieder brauchen eine Decke und einen Polster. Eine Person legt sich auf den Bauch, die andere setzt sich bequem neben den Rücken der liegenden. Zunächst reibt die sitzende Person ihre Hände. Dann streicht sie mit ihren Händen den Rücken der liegenden nach allen Richtungen sanft aus und deutet so warme Sonnenstrahlen an. Die Sitzende kann öfter fragen: „Ist es dir angenehm?" Allmählich ziehen (auf dem Rücken) Wolken (zwei Handflächen nebeneinander) auf. Es beginnt zu regnen. Zunächst ganz sanft (Fingerspitzen), dann etwas stärker (1. Glied der Finger), dann noch stärker (alle Finger) und schließlich schüttet es (ganze Handfläche)! Der Regen „trommelt" auf die Straßen, an Fensterscheiben, auf die Nasenspitze einer Stadtmaus ... Wenn die Gruppenmitglieder gut auf das Geräusch, das der Regen macht, hören, sind sie meist behutsam zu den Liegenden. Der Regen nimmt langsam ab, (alle Finger, 1. Fingerglied, Fingerspitzen) und die Wolken verziehen sich. Zuletzt ist es die Sonne, die die

Straßen, Fenster und Nasenspitzen trocknet. Über den ganzen Horizont spannt sich ein bunter Regenbogen.

Hinweis: Handflächen beim Abklopfen nicht locker lassen, wie eine Peitsche. Gespannte Handflächen trommeln sensibler und fühlen sich angenehm an!

Variante: Verschiedene Jahreszeiten haben unterschiedliche Wettererscheinungen (zarte Sonnenstrahlen im Frühling, Sommergewitter, Tanz der Blätter im Herbst, Schneesturm).

- **Noppenballdecke:** Eine Decke wird von den Gruppenmitgliedern an der linken und rechten Kante gehalten. In der Decke sind Noppenbälle verteilt. Eine Person legt sich in die Decke. Diese wird angehoben und sanft geschaukelt.
- **Schwereübung:** Eine Person liegt auf einer Matte in Rückenlage. 3 bis 4 Teilnehmende heben einzelne Gliedmaßen der liegenden Person auf. Wie bei einer Marionette werden einzelne Körperteile mit Tüchern sanft bewegt. Jede Bewegung geschieht unabhängig von den anderen Bewegungen. Die liegende Person versucht, alle Körperteile möglichst locker, entspannt und schwer zu lassen. Folgende Vorstellungsbilder können hilfreich sein: „Astronauten im Weltall" oder „Schweben im warmen Wasser". Zunächst sollten nur 1 bis 2 Körperteile bewegt werden. Ziel ist Entspannung, nicht das Bewegen von möglichst vielen Körperteilen.

Gruppenübungen

17

- **Roboter und Wackelpudding:** Wird eine zackige, metallische Musik gespielt, bewegen sich die Kinder wie Roboter, ist eine weiche „Schwabbelmusik" zu hören, bewegen sich alle wie Pudding.

Flexaton

Für zackige, metallische Musik eignen sich Beckenklänge, die mit einem harten Gegenstand erzeugt werden, Flexatone bieten sich an für „Schwabbelmusik".

- **Gefriermaschine:** Fangenspiel: Wird eine Person abgeschlagen, „erfriert" sie. Wenn die Person zwei Sekunden lang von einem anderen Gruppenmitglied berührt wird, taut sie auf und kann wieder mitspielen.
- **Massagebälle:** Einige Personen massieren andere mit Massagebällen. 4 Gruppenmitglieder spielen „live" Entspannungsmusik. Musiziert das „Orchester" laut, wird kraftvoll massiert, spielt das „Orchester" langsam, wird vorsichtig massiert, geben die Musizierenden einen Rhythmus vor, wird dieser für die Massage aufgenommen. Absprache der Musizierenden!
- **Seifenblasen-Seelen-Baumeln:** Die Teilnehmer/innen liegen am Rücken und lauschen der Musik. Dabei beobachten sie, wie Seifenblasen von zwei Freiwilligen durch den Raum geblasen werden.

24

- **Tankstelle:** Autorennen: Das rote Rennauto „tankt" durch tiefe Atemzüge „Superbenzin", um das Rennen doch noch zu gewinnen …

20

- **Zementsack:** Ein Kind legt sich auf eine Decke und macht sich schwer wie das 50-kg-Baumaterial. Die anderen Kinder tragen oder ziehen den „Zement" zur Baustelle. Um Schwere besser zu spüren, kann auch mit dem Gegenteil (Leichtigkeit) gearbeitet werden. In der Gegensätzlichkeit werden Unterschiede deutlich. Vorstellungsbild: Ein Schmetterling flattert durch den Raum, setzt sich auf einen Zementsack und verwandelt sich in das Baumaterial. Nach einiger

Zeit wird aus dem Zementsack wieder ein Schmetterling. Musik kann Leichtigkeit, Schwere und die Verwandlung unterstützen und untermalen.

Zur Vertiefung:

- Suchen Sie Beispiele aus den Spielvorschlägen aus und setzen Sie sie um! Wie reagiert Ihr Körper (die Haut, die Muskulatur, die Atmung) auf Entspannung?

8.6.5 Entspannung in der Natur

Im Allgemeinen fühlen sich Kinder in der freien Natur wohl. Genügend Raum, Tiergeräusche, Wind und Sonne verhelfen zum Lauschen und Innehalten, zur Achtsamkeit und zum sensiblen Umgang mit anderen. Spannungen können leichter gelöst werden, weil mehr Raum zur Verfügung steht.

- Waldspaziergänge sind auf Ganztagsausflügen auch für Stadtkinder möglich. Hierbei kann auf Naturgeräusche und kleine Tiere geachtet werden.
- Füße, Gesicht, Hände und Arme nehmen Naturmaterialien unterschiedlich wahr. Welche Substanz empfinde ich auf welchem Körperteil als angenehm, welche als unangenehm?
- Der Wind und auch die Sonne kommen meist aus einer bestimmten Richtung. Kann diese Richtung erspürt werden, wenn die Augen geschlossen sind?
- Der Waldboden kann „belauscht" werden. Welche Geräusche können wir nachahmen oder auf Tonträger aufnehmen? Zu Hause oder im Kindergarten werden die Eindrücke zu einer Klanggeschichte verarbeitet. Zeichnungen vertiefen das Thema.
- Seifenblasen in vielen verschiedenen Größen formen.

8.7 Tanz

> So alt wie die Menschheit ist auch der Tanz. Mit seinem ganzen Körper drückt der Mensch sich aus. Stocks 2000, S. 93

8.7.1 Ursprung und Geschichte

Tanz ist nicht nur ein menschliches Vergnügen. Schon in der griechischen Antike wurde Tanz als die Lieblingsbeschäftigung der Götter beschrieben. Auch in der indischen Tradition gelten Götter und Dämonen als leidenschaftliche Tänzer. In der indischen Kosmologie ist sogar die Vorstellung von der Weltentstehung, die Ordnung des Kosmos aus dem Chaos, mit dem Tanz verknüpft. Die Götter standen in der Urmaterie, reichten sich die Hände und führten einen wilden Rundreigen auf. **Die Zauberkraft dieses Tanzes bewirkte die Entstehung der Welt** und das Hervortreten der Sonne. Tanz ist übermenschlich und menschlich.

Rundreigen

Die ersten Menschen lebten in enger Verbindung mit der Natur. So wurden beispielsweise Ereignisse, die sich in der Tier- und Pflanzenwelt vollzogen, in

Tanz hatte immer auch gesellschaftliche Relevanz: Im alten Ägypten tanzte der König selbst, in Babylon wurden Sklaven eingesetzt, um die Menschen durch Musik und Tanz zu erfreuen.

Tänze einbezogen. Durch solche Riten wurde gehofft, **Beherrschung über Naturphänomene** zu erlangen. Durch den Tanz wurde eine Einheit von Körper, Geist und Seele symbolisiert. Die Menschen sahen den **Tanz** aber auch als **etwas Gefährliches** an, da durch ekstatische Bewegungen „das Böse" heraufbeschworen werden konnte. In der Zeit des frühen Christentums wurden vor allem Frauen, die tanzten, als Hexen angesehen und verfolgt. Somit sollte verhindert werden, dass das „Werk Satans" durch die Magie des Tanzes verbreitet wurde. Erst im **Mittelalter** erlangte der **Tanz** wieder **gesellschaftliche Relevanz.** Ballettmeister begannen, Tanz nicht nur zu unterrichten, sondern ihn auch theoretisch fundiert als Wissenschaft zu verbreiten. Heute hat der Tanz viele Funktionen.

Aufgaben und Funktionen des Tanzes

- Zur **Bewältigung des Lebens** (Verehrung von Gottheiten, Medizin-, Fruchtbarkeits-, Jagd-, Hochzeits-, Toten- und Kriegstänze)
- Als Mittel zur **Repräsentation von Macht** (Ballett am Hof der französischen Könige)
- **Kunst:** Tanztheater, Ballett …
- **Kultur:** Vermittlung von Traditionen des eigenen Volkes und anderer Ethnien in Geschichte und Gegenwart
- **Pädagogik und Therapie:** Zur Vermittlung von Geschicklichkeit, Koordination, Ausdauer, Orientierung in Raum, Zeit, Kraft und Form, aber auch zur Förderung von Kreativität, Wahrnehmungsfähigkeit und Sozialem Lernen

Krautscheid, Jutta: „Schnellkurs Tanz" Bühnentanz von den Anfängen bis zur Gegenwart (Dumont), Köln 2004

Tanz als „motorische Entladung", religiös-magisches Handeln, zur Bewältigung von Angst und Trauer oder als kunstvolle Darstellung von Ereignissen.

Tanzformen

Schon der griechische Dichter Homer beschrieb den **Reigen** (Kreis- bzw. Rundtanz) als die ursprünglichste Form des Tanzes. Eine andere Tanzform, der **Reihentanz,** erlangte im 12. Jahrhundert Popularität. Er wurde besonders bei Prozessionen getanzt. **Paartänze** sowie **Einzeltänze** haben eine lange Tradition und werden bis heute gerne getanzt.

Zur Vertiefung:

- Welche Funktionen werden dem Tanz zugeschrieben?
- Welche Tanzformen kennen Sie?
- Welche Tanzstile mögen Sie?

8.7.2 Tanz in der Rhythmik

Durch Tanz können wir unseren Ängsten begegnen, eigenes und fremdes Potenzial erahnen und uns einfühlsam und mit Fantasie mitteilen.

Der **Tanz** wird als **rhythmische Körperbewegung** beschrieben, die meist von Gesang oder Musik begleitet ist. Bewegung ist die Grundlage des Tanzes.
Unser Herz schlägt rhythmisch, der Atem**rhythmus bestimmt unser Leben,** wir sind von Rhythmen des Tages geprägt. Leben bedeutet, die Rhythmen zu erspüren, die uns bestimmen und tragen. Der Tanz greift rhythmische Strukturen auf, durch ihn schwingen wir uns ein in den Rhythmus unseres Lebens. **Tanzen lernen hat etwas zu tun mit Leben lernen.** Der Tanz und das Leben, beides

ereignet sich im Auf und Ab, im Offensein und Sich-Verschließen, im Hervortreten und Zurückweichen, in der Gemeinschaft und allein.

In der Rhythmik wird Tanz meist in Verbindung mit Musik angeboten. Musik löst spontane Bewegung aus. Die Fähigkeit, sich zur Musik zu bewegen, ist dem Menschen angeboren. Bereits im Alter von wenigen Monaten bewegen sich Kinder spontan und lustvoll zur Musik. Sie drücken ihre Gefühle aus und treten somit in Kontakt mit ihrer Umwelt. In der Rhythmik wird zu fertigen Musikstücken, aber auch zu Livemusik getanzt.

Vielfältig sind die Emotionen, die im Tanz ausgedrückt werden. Unterschiedlich sind auch die Bewegungsformen und Bewegungsqualitäten, die erzeugt werden. Tänze können ausgelassen oder verhalten, improvisiert oder festgelegt, ausdrucksstark oder meditativ und introvertiert sein. Im Tanz können wir uns austoben und neue Kräfte entdecken.

„Ratz Fatz Schwarze Katz" – wunderbar fetzige, lustige Musik zum „Abtanzen" und zuhören

In der Rhythmik wird Tanz auf unterschiedliche Arten eingesetzt: Fixierte Tänze werden in der Rhythmik verwendet, um Geschicklichkeit und Vorstellungsvermögen zu verbessern. Oft kommt es auch vor, dass **Tänze gelernt und danach verändert** werden. Solche Abwandlungen werden durch die Gruppenmitglieder selbst vorgenommen. Hier geht es darum, eigene Ausdrucksmöglichkeiten zu finden. Je einfacher die Grundstruktur eines Tanzes ist, umso größer ist die Chance, dass alle sie nachvollziehen können und sich sicher fühlen. Mit solchen Voraussetzungen wird leicht neues, unbekanntes Terrain betreten, **Kreativität kann sich entfalten.**

Viele Tänze haben eine starke **soziale Komponente**. Im Tanz begegnen wir einander, gehen aufeinander zu, spüren, hören und sehen andere. Achtsam sein, vorausschauend und flexibel sein, ist dabei gefragt.

Tänze können auch erarbeitet werden, indem bestimmte **Vorgaben** existieren: **Bewegung mit einem anderen Gruppenmitglied oder alleine, mit oder ohne Material, Bewegung, die eckig oder rund, weit oder eng ist.** Manchmal gibt es noch weniger Vorgaben. Es existiert eine **Musik,** zu der **frei improvisiert** wird. Einzelne Bewegungsideen werden zu einer Gestaltung herangezogen.

Durch das Hören von Musik, durch langsame und schnelle Impulse, durch das Sehen und Spüren anderer Personen wird die **Wahrnehmung sensibilisiert** und unser Körper bewusst erlebt.

Zur Vertiefung:

- Was hat der Tanz mit dem Leben gemeinsam?
- Wie wird Tanz in der Rhythmik eingesetzt?
- Welche Relevanz haben die Ziele der Rhythmik im Tanz?

Tanz sollte mehr Spiel als Übung sein.

In der folgenden Rhythmik-Einheit wird ein Tanz gemeinsam entwickelt. Der Refrain eines Liedes wird immer gleich gestaltet, für die anderen Teile des Liedes können die Kinder selbst Gestaltungsideen einbringen. Wichtig ist, dass sich die Kinder zuerst lange Zeit unreflektiert und spontan bewegen dürfen, bevor einzelne Bewegungen herausgegriffen und zu einem Tanz fixiert werden.

Planung einer Rhythmik-Einheit für Kinder

Thema: Dynamisches Lied (Topfklopfer-Techno) in Bewegung umsetzen.

Verlauf im Überblick: Vom Experimentieren mit Handtrommeln über die Improvisation zum „Topfklopfer-Techno" bis hin zur Gestaltung des „Topfklopfer-Techno-Tanzes" gelangen.

° **Erziehungskompetenzen:** Kreativitätsförderung durch freie Bewegungsphasen, Soziales Lernen (warten beim Topfklopfer-Spiel, aufeinander hören), lustvolles Singen, Musizieren und Bewegen

~ **Lernziele:** Metrum halten, Schulung von Koordination, Reaktion, Geschicklichkeit, Ausdauer

Material: 1 Schlägel, 1 Trommel, Tuch, Musik: Topfklopfer-Techno, für Vorschulkinder evtl. auch Trommeln oder Töpfe mit Schlägeln

Sarholz, Margit; Meier, Werner: „Tiger-Rap und Gummi-Twist": (Sternschnuppe), 1997 Track 9: Topfklopfer-Techno

Verlauf	Intentionen, pädagogische Absichten	Methodische Hinweise
1. Begrüßung: Jedes Kind schlägt ein Geräusch vor, das alle einige Male gleichmäßig wiederholen.	°* Einstieg, Kreativitätsförderung	Hilfestellung: Geräusch mit dem Mund, den Händen …
2. Handtrommeln austeilen und damit experimentieren, einzeln – zusammen, laut, leise, kurz, lang.	*~ Material einführen, Feinmotorik schulen ° Kreativitätsförderung	Auf richtige Haltung hinweisen. Bei großem Bewegungsdrang: Fortbewegungsarten auf der Trommel begleiten.
3. Die Gruppenleitung spielt ein Lied vor. Wer will, bewegt sich dazu, wer lieber im Sitzen zuhört, kann das auch machen. Danach: Gespräch über das Gehörte.	* Dynamische Auflockerung ~ Liedeinführung ° Kreativitätsförderung durch freie Bewegungsphase	Leitung patscht zum Refrain auf ihre Schenkel, einstweilen noch keine Aufforderung an die Kinder, mitzumachen!
4. Kennt ihr das Spiel „Topfklopfen"? Wer mag es spielen? Variante: 1 Kind versteckt die Trommel und gibt Hilfestellungen für das suchende Kind durch Signale auf der Trommel.	* Einführung in das Thema ° Sinnessensibilisierung, Teamgeist entwickeln	Evtl. zwischendurch Bewegungsphase: 1 bis 2 Kinder trommeln, die anderen laufen.

5. Das Lied wird noch einmal gespielt. Die Kinder bewegen sich. Zu einem bestimmten Zeitpunkt im Lied patscht die Spielleitung auf ihre Oberschenkel. Während des Refrains wird mit der Handtrommel gespielt. Wichtig für ein regelmäßiges Metrum auf der Handtrommel ist die davor gemachte Bodypercussionserfahrung. (Metrum am eigenen Körper spüren.)	* Dynamischer Wechsel ° Kreativitätsförderung durch freie Bewegungsphase ~ Koordinationsschulung, Reaktionsschulung	Metrum spielen! Zur Erleichterung evtl. Refrain mitsingen und somit Metrum unterstützen. Geduld! Zunächst ist es für viele Kinder noch nicht möglich, das Metrum zu halten.
6. Refrain wird gesungen, dazu im Metrum gepatscht oder getrommelt: „Des is da Topfklopfa Techno, da Topfklopfa Techno, da Topf, da Topf, da Topf, da Topfklopfa Techno"	* Wechsel der Mittel ° Stimme einsetzen ~ Vertiefung	Variante: Refrain ohne CD singen, Metrum langsamer spielen und dadurch besser einhalten.
7. Während der Improvisationsteile im Lied haben sich die Kinder frei bewegt. Nun werden Bewegungen, die dabei entstanden sind, aufgegriffen und für einzelne Liedteile festgelegt.	~ Erweiterung des Bewegungsrepertoires, Koordination und Reaktion schulen	Wer will noch einmal eine Bewegung zeigen, die er/sie gemacht hat? Während des Liedes evtl. Hilfestellungen geben: „Jetzt kommt die Bewegung vom Joschi …"
8. Durchlauf: Während der Strophen machen die Kinder Bewegungen, die sie selbst entwickelt haben, zum Refrain patschen alle im Kreis auf ihre Schenkel oder spielen auf der Handtrommel (evtl. mitsingen).	~ Vertiefung, Wiederholung, Schulung von Ausdauer und Kondition	Vorschulkinder können nach der Erfahrung mit den Körperklängen (Patschen) auch Trommeln oder Töpfe und weiche Schlägel verwenden.
9. Ausklang: „Wo möchtest du den Topfklopfer spüren?" (Metrum auf gewünschtem Körperteil spielen.)	*° Individueller, sensitiver Ausklang ~ Wiederholung einzelner Elemente	Kinder, die sich leicht entscheiden können, werden zuerst gefragt. (Orientierungsmöglichkeiten für die anderen)

9 Musik und Bewegung beleben die Stimme.

Die Stimme ist unser ursprünglichstes Ausdrucksorgan. Durch sie treten wir in Kontakt zu unserer Umwelt, durch sie drücken wir Befindlichkeiten aus. Welche Bedeutung die Stimme hat, zeigt unsere Sprache durch zahlreiche Beispiele: Stimmungen breiten sich aus, wenn wir unsere Stimme erheben, wenn wir uns umstimmen lassen, wenn wir verstimmt sind, über etwas abstimmen oder mit unserer Umwelt übereinstimmen. Stimmungsvoll kann eine Situation, ein Moment, ein Erlebnis erfahren werden.

Musik und Bewegung können stimmig erlebt werden, unsere Stimmung verändern und Unstimmigkeiten hervorrufen. Es verschlägt uns die Stimme, wenn wir durch Musik und Bewegung berührt werden, mit Bestimmtheit oder zögerlich treten wir in Kontakt mit ein- oder mehrstimmigen Phänomenen unserer Umwelt.

Die Stimme ist Spiegel unserer Seele.

Zur Vertiefung:

- Welche ein- oder mehrstimmigen Phänomene in unserer Umwelt könnten gemeint sein?

9.1 Was bedeutet Singen und Sprechen? – Ein kurzer Stimmungsbericht

Wenn ein Mensch spricht oder singt, teilt er etwas über seine Person mit.

Mit dem Geburtsschrei fängt unser Leben als eigenständiges Wesen an. Ebenso beginnt mit dem Geburtsschrei die Entwicklung der Stimme. **Aus der Stimme entwickeln sich die ersten Lallmonologe, das Singen und das Sprechen.**
Die Stimme ist der Klangerzeuger, der uns am unmittelbarsten berührt. Emotionen wie Trauer, Angst, Freude und Wohlbefinden können durch die Stimme ausgedrückt, aber auch durch das Hören von Stimmen empfunden werden.
Die **Grenzen vom Singen zum Sprechen** sind **fließend.** Das Gesprochene enthält bereits Merkmale des Gesungenen: Rhythmus, Melodie, Klangfarbe. Umgekehrt kann die Sprache geübt werden, wenn gesungen wird. Singen ist langsames Sprechen.

Sprechen ist eine besondere Form der Sprache, bei der Klänge, Worte und Sätze in einem bestimmten Bedeutungszusammenhang eingesetzt werden.

Sprache ist die Fähigkeit des Menschen, Inhalte seines Bewusstseins in Worte zu kleiden. Sprache ist das umfassendste und differenzierteste Ausdrucksmittel des Menschen.

Zur **Sprache** des Menschen gehört nicht nur das **Sprechen,** auch die **Körpersprache** drückt viele Facetten unserer Persönlichkeit aus. Dabei beschränkt sich die Gestik nicht auf Handbewegungen. Kopf, Schultern und Füße können auch gestikulieren. Manche Körperhaltungen weisen sogar kulturübergreifende Signale auf. So wurde beispielsweise festgestellt, dass Männer in patriarchalen Gesellschaften viel raumgreifendere Gesten und Bewegungen machen als Frauen. **Mimik und Gestik teilen uns unmittelbar mit, was** in einem Menschen **vorgeht. Die Sprache ist langsamer,** Worte müssen erst mit Lippen und Zunge geformt werden, sie ist bedächtiger und kann auch weniger authentisch sein.
→ vgl. „Was ist Soziales Lernen?; Kommunikation" S. 76

Sprache ist nicht nur eine Produktion von Lauten, sondern ein **vielschichtiger Prozess,** bei dem der ganze Mensch in Kontakt mit seiner Umwelt tritt. Sprache ist in vielfältige Handlungen eingebettet und ist selbst eine **Weise des Handelns, die verbale und nonverbale Prozesse miteinbezieht.**

Informationen werden besser behalten, wenn sie durch Wort und Körperbewegung vermittelt werden.

Zur Vertiefung:

- Was ist die Grundlage für Singen und Sprechen?
- Welche Kommunikationsformen werden zur Sprache gezählt?
- Nennen Sie jeweils eine Geste mit Kopf, Schultern und Füßen.

9.2 Wozu werden Singen und Sprechen gefördert?

- **Die Stimme ist eng mit der Persönlichkeit** eines Menschen **verbunden.** Oft wirkt sich unser Gemüts- oder Gesundheitszustand auf die Stimme aus. Sind wir erkältet, ist unsere Stimme „angeschlagen", in unangenehmen Situationen spüren wir manchmal einen „Frosch" im Hals. Wenn wir „guter Stimmung" sind, fällt es uns leicht, unsere Stimme vielfältig einzusetzen.

Menschen bringen durch ihre Stimme Gefühlsregungen zum Ausdruck. Mit diesen Stimmungen soll sorgsam umgegangen werden.

- **Singen ist** außerordentlich **gesund.** Durch das Singen entsteht ein angenehmes Gefühl, das das „Belohnungssystem" im Gehirn honoriert. Das Blut zirkuliert schneller, Kreislauf und Stoffwechsel werden angeregt, Adrenalin und Glückshormone werden ausgeschüttet. Wenn ein Mensch vor sich hinsummt, können wir davon ausgehen, dass er sich rundum wohlfühlt.

Singen kann trösten.

- **Singen** kann auch als ganz **persönliche Zuwendung** verstanden werden. Im gemeinsamen Musizieren werden Gefühle ausgedrückt, oft entsteht dabei ein harmonisches Gleichgewicht.
- **Singen unterstützt die Entwicklung der Musikalität,** denn der größte Teil unseres musikalischen Denkens und Handelns vollzieht sich über die Stimme. Singen entwickelt auch **Ressourcen für die Stimm- und Sprechqualität.**
  ➔ vgl. „Musik: Musikalisch oder unmusikalisch?" S. 131

Singen ist Grundlage für musikalisches Handeln. Wenn eine musikalische Phrase nicht gesungen werden kann, zeigt das meist das Unverständnis für diese Phrase. Oft ist es dann auch nicht möglich, die Phrase musikalisch an einem Instrument hervorzubringen.

- **Mithilfe von unserer Stimme** können wir unsere **Wünsche und Bedürfnisse äußern.** Die **Kommunikationsfähigkeit** des Menschen ist maßgeblich abhängig von der Entwicklung der Stimme und der Sprache. Durch den Einsatz von Stimme und Sprache können wir uns besser verständlich machen, Phänomene beschreiben und unser **Denken, Handeln und Fühlen ausdrücken.**
- Leistungen, die das Gehirn vollzieht, können durch Singen unterstützt werden. Bei den meisten Menschen ist die linke Gehirnhälfte für rational logische Denkaufgaben zuständig, in der rechten hingegen werden Gefühlsregungen bearbeitet. **Singen und Sprechen dienen der ganzheitlichen Förderung des Gehirns,** da sowohl Emotionen (rechte Gehirnhälfte) als auch Rationalität (linke Gehirnhälfte) beim Gebrauch der Stimme eine Rolle spielen.

Beim Gebrauch der Sprache wird hauptsächlich die linke Gehirnhälfte gefordert, beim Singen beanspruchen wir mehr die rechte Gehirnhälfte.

Zur Vertiefung:

- Wie können sich Gemütsschwankungen stimmlich auswirken?

- Warum ist Singen gesund?
- Wie werden Musikalität und Gehirnleistungen durch die Stimme angeregt?
- Versuchen Sie, andere Menschen an der Stimme zu erkennen.

9.3 Entwicklung von Stimme und Sprache

Stimme und Sprache werden durch Kultur, Gesellschaft, Alter, Geschlecht, soziale Schichten und ihre Rollenbilder geprägt.

Hören, sehen und koordinierte Bewegungen ausführen ist wichtig für die Entwicklung von Stimme und Sprache.

Voraussetzung für die Entwicklung von Stimme und Sprache sind **Bewegungsfähigkeit und Wahrnehmungsfähigkeit.** Beide Faktoren beeinflussen die Reifung von Sprache und Stimme maßgeblich. **Viele verschiedene Körperteile und Körperfunktionen sind beim Singen und Sprechen beteiligt:** Gehör, Gehirnfunktionen, Atmung, Haltung, Gaumen, Zunge, Zähne und Lippen.
Schon für das ungeborene Kind ist die Stimme der Mutter hörbar. Sie wird bei der Geburt wiedererkannt und wirkt beruhigend.

Nonverbale Kommunikation ist die früheste Form musikalischer Erziehung.

Bevor ein Kind sprechen lernt, verständigen sich die Menschen mit ihm durch nichtsprachliche Vokalisationen. Diese **nonverbalen Laute** werden bestimmt durch Tonhöhe, Melodie, Rhythmus, Tempo und Klangfarbe. **Eltern sind unwillkürlich Musiklehrer.** Auf der ganzen Welt werden Kinder durch aufsteigende Melodien angeregt, Beruhigung erfahren sie durch absteigende Melodien.

Die Stimme von Kindern ist höher als die von Erwachsenen, weil die Stimmbänder von Kindern kürzer sind und daher schneller schwingen.

Positiv affektive Verstärkung durch die „Ammensprache": hohe Stimmlage, Wiederholung und Verlangsamung einfacher Muster, Verlängerung einzelner Vokale. Das Erlernen der Sprache wird somit vereinfacht.

Liedähnliche Sequenzen werden von Kindern früher gelernt als die Sprache. Durch quietschen, kreischen, jauchzen und murmeln stellen Kinder vielfältige Sprachexperimente an, die Voraussetzung für Singen und Sprechen sind. Die Gesänge von Kindern sollen nicht korrigiert werden, wenn sie anders klingen als die der Erwachsenen. Wörter wie „richtig" und „falsch" können vermieden werden, da das Kind noch nicht in der Lage ist, Intervalle so zu hören, wie Erwachsene. Bei der Entwicklung von Stimme und Sprache spielt die **Nachahmung** eine große Rolle. Kinder versuchen, die Sprache der Eltern nachzumachen, Eltern nehmen die Laute der Kinder intuitiv auf und wiederholen sie. Somit werden die **Sprechversuche** der Kinder **bestärkt und gefördert.**
Kinder sollen die Möglichkeit haben, viel mit ihrer Stimme zu experimentieren. **Je mehr Erfahrungen** mit der Stimme gemacht werden, **umso besser können Klangwahrnehmung und Klangproduktion zusammenwirken.**

Kinder lösen die komplexe Aufgabe des Spracherwerbs in einem Alter, in dem sie zu anderen schwierigen Leistungen noch nicht in der Lage sind.

Die folgende Auflistung (vgl. Gembris 1998) stellt Anhaltspunkte für Stimm- und Sprachentwicklung dar. Dabei sollte beachtet werden, dass Stimm- und Sprachentwicklung ein kontinuierlicher Prozess ist, der niemals abgeschlossen wird. Fertigkeiten, die die Stimme und die Sprache betreffen, sind nicht allein vom Alter, sondern auch wesentlich von der musikalischen, motorischen und sprachlichen Förderung abhängig:

- **1. Jahr:** Brabbeln, Gurren, Lallen, Spielen und **Experimentieren mit der Stimme, Imitation von Intonation und Sprachlauten.** Zunächst **Selbstnachahmung,** dann **Fremdnachahmung.** Verlernen von Lauten: Im Laufe der ersten

Monate engt sich die Kenntnis von Lauten auf die in der Muttersprache üblichen ein.

- **1. bis 2. Jahr:** Zusätzlich wiederholen die Kinder einzelne kurze Phrasen und verändern dabei die Tonhöhe **(Spontangesänge)**. Allmählich fragen Kinder nach unterschiedlichen Phänomenen und benennen diese. Kreation von **Ein- und Zweiwortsätzen.**
- **2. bis 3. Jahr:** Kinder zeigen großes **Interesse für einfache Lieder** und versuchen, sie nachzusingen. Fragmente von Liedern werden in Spontangesänge eingebaut. Tonhöhen orientieren sich großteils an vorgegebenen melodischen Konturen. Handlungen, die erlebt wurden, können nun meist benannt werden. Dabei kann es zu Konflikten kommen, weil Erlebnisse zwar von den Kindern selbst gemacht werden, die Sprache aber von Bezugspersonen, von außen kommt. Hier verschafft die Sprache neue Ausdrucksmöglichkeiten, die eigene Sprache der Kinder wird aber eingeengt. **Kreation von Mehr-Wort-Sätzen.**
- **3. bis 4. Jahr:** Lieder treten immer mehr in den Vordergrund, Worte werden immer öfter „richtig" wiedergegeben. **Intervallstrukturen** werden **deutlicher,** es gibt aber noch kein Gefühl für Tonarten oder Tonalität. Der Stimmumfang eines dreijährigen Kindes beträgt etwa eine Quint. Entwicklung von einfachen Sätzen. Das Kind versteht mehr, als es selbst wiedergeben kann. Es hat Freude an „verkehrter" Sprache: Begriffe werden vorsätzlich durcheinandergebracht, Falschbenennungen werden als lustig empfunden. Das Spiel mit der Sprache wird vom „Brabbeln" zur „Nonsens-Sprache" weiterentwickelt. Viele Kinder haben in dieser Zeit ein **starkes Rede- und Mitteilungsbedürfnis.**
- **4. bis 5. Jahr:** Erlernte Lieder sind klar erkennbar, Intervalle werden deutlicher, das **Repertoire an Liedern wächst. Erfindung von (Geheim-)Sprachen. Geschichten können nacherzählt werden,** Kinder haben großes Interesse an naturwissenschaftlichen Phänomenen („Fragealter").
- **5. bis 6. Jahr:** Reproduzierbarkeit von Liedern. Tonart und Metrum können oft gehalten werden. Der Stimmumfang beträgt nun etwa eine Oktave (Tonumfang: zwischen c^1 und f^2). **Das Kind spricht grammatikalisch richtig** und kann auch inkorrekte Satzformen erkennen und korrigieren.

Kinder, die viel fragen dürfen und viele Antworten erhalten, verstehen mehr. Wer in seiner Kindheit eine lebendige Interaktion ausführen konnte, hat eine gute Grundlage für eine intellektuelle Auseinandersetzung mit der Umwelt.

- **Bis zum 7. Lebensjahr** hat das Kind die Fähigkeit, Stimmen nicht nur zu hören, sondern im Ohr auch zu spüren. Aus diesem Grund reagiert es stark emotional, aber auch physisch auf den Klang einer Stimme.

Gesten wie auf etwas zeigen oder mit dem Kopf nicken bereiten die verbale Kommunikation vor.

Das Verständnis für Sprache ist schon vor ihrem Gebrauch vorhanden.

Die frühe sprachliche Entwicklung steht in engem Zusammenhang mit der Entwicklung der Finger- und Handmotorik.

Durch die Entwicklung von Sprache tritt das Kind in eine neue Welt. Sein Verhalten ändert sich. Kontakte werden anders erlebt.

Durchschnittlich sprechen Mädchen früher und flüssiger als Buben. Sie haben auch einen größeren Wortschatz. Auch das Lesen und Schreiben erlernen viele Mädchen früher.

Neugierde ist der Motor von Entwicklung.

9.3.1 Störungen

Sprechen und Singen spielen eine große Rolle in der Entwicklung des Menschen. Eingeschränktes stimmliches Ausdrucksvermögen kann hemmend auf viele Lebensbereiche wirken. Daher ist es besonders wichtig, die Stimme auf vielfältige Weise zu fördern.

Relevanz der vorschulischen Sprachförderung!

Eine gesunde Stimme und ein bewusster Einsatz der Stimme ist für Kinder und Erwachsene sehr wichtig. Die Lehr- und Erziehungsperson wirkt mit ihrer Stimme als Vorbild für die Kinder, sie braucht sie aber auch, um in Kontakt zu treten. **In den ersten 6 Jahren werden grundlegende Verhaltensmuster zum Gebrauch der Stimme und der Sprache angelegt. Die in dieser Zeit erlernten Muster haben Langzeitwirkung.** Wenn ein Kind seine Muttersprache erst nach dem 6. Lebensjahr lernt, wird es große Schwierigkeiten haben, jemals flüssig zu sprechen. Auch der Erwerb einer zweiten Sprache ist in den ersten 6 Lebensjahren einfacher als später.

Tritt bei einem Kind dauerhaft auffälliges Sprechverhalten (wenn beispielsweise mehrere Konsonanten oder Vokale nicht gesprochen werden können) auf, sollte eine Sprachheiltherapeutin zur Beratung herangezogen werden.
Manche Auffälligkeiten sind auch Ausdruck psychischer Spannungen. Zur Bewältigung solcher Probleme kann Elternarbeit und die Einschaltung von Erziehungsberatungsstellen hilfreich sein.

Meist können Menschen, die stottern, störungsfrei singen. Hier kann über das Singen sprachliches Selbstvertrauen erworben werden.

Prinzipiell können **Sprachstörungen mit ähnlichen Mitteln bearbeitet werden, wie die Stimme und Sprache von gesunden Kindern gefördert wird. Bei Entwicklungsverzögerungen** oder Beeinträchtigungen sollte allerdings **mehr Zeit** zur Verfügung stehen, da viele Prozesse langsamer ablaufen. Sprachheiltherapeutinnen und -therapeuten können sich mehr Zeit für einzelne Kinder nehmen als Kindergartenpädagoginnen und -pädagogen. Trotzdem sollten Kinder mit Defiziten auch in der Großgruppe Möglichkeiten haben, sich zu beteiligen.

Zur Vertiefung:

- Welche Voraussetzungen müssen für die Entwicklung von Stimme und Sprache gegeben sein?
- Inwiefern unterstützen Eltern die Musikalität ihrer Kinder?
- Warum spielt Neugier bei der Sprachentwicklung eine wichtige Rolle?
- Wann erlernen Kinder eine Sprache am leichtesten?
- Wie können Kinder mit Sprachstörungen unterstützt werden?

9.4 Faktoren, die Singen und Sprechen unterstützen

Einige Verhaltensregeln für Stimme und Sprache können leicht befolgt werden und tragen zum schonungsvollen Umgang mit der Stimme bei:

Die Atmung bewegt den Menschen ohne Anstrengung. Sie massiert seine Organe, formt den Körper, versorgt ihn mit Sauerstoff, versetzt die Stimmbänder in Schwingungen.

- **Atmung:** Mit der Atmung beginnt unser Leben auf der Welt. Der Atem gleicht aus (etwa bei großer Anstrengung) und gibt uns neue Kraft. Die Atemfunktion ist eng verbunden mit der Herzfunktion und dem Blutkreislauf. Prinzipiell neigt der Mensch dazu, mehr einzuatmen, als auszuatmen. Tatsächlich erfolgt die **Einatmung bei einem gesunden Menschen** jedoch **reflektorisch.** Das Zwerchfell schiebt sich nach unten, die Bauchdecke hebt sich leicht, Luft strömt in unseren Körper. Mit der Ausatmung strömt die Luft aus unserem Körper. Die

Stimme wird von dem Luftstrom getragen. Bei der Atmung kann daher **mehr Gewicht auf eine bewusste Ausatmung** gelegt werden. Die Einatmung (Luft einströmen lassen) erfolgt automatisch. Beim Singen und Sprechen ist es wichtig, in **elastisch-aufgerichteter Haltung** unsere **Zwerchfellstütze** zu beanspruchen.

- **Haltung:** Eine **aufrechte, aber bewegliche Haltung** ist wichtig, da die Atmung sonst behindert wird. Durch eine schlaffe Haltung werden Muskelgruppen des Rumpfes eingeengt. Zwerchfell, Brustkorb und Zwischenrippenmuskulatur unterstützen die Atmung ideal, wenn sie aufrecht und frei beweglich sind. ➔ vgl. „Bewegung; Körperhaltung" S. 170
- **Stimmeinsatz, Stimmsitz:** Vokale und Konsonanten sollen deutlich, aber nicht übertrieben geformt werden. Beim Singen soll der Hals weit und die Stimme nach „vorne-oben" ausgerichtet sein. Resonanzräume bietet der ganze Körper, besonders der Schädel (Nase, Schädeldecke) und der Brustkorb.
- **Stimmlage:** Jeder Mensch sollte versuchen herauszufinden, über welche Stimmlage er verfügt. Im Kontakt mit anderen Menschen kann schnell herausgefunden werden, ob die eigene Stimme eher hoch oder tief ist. Wer ständig zu hoch oder zu tief spricht, schadet seiner Stimme.
- **Sprachliche Beeinträchtigungen sind oft mit motorischen Problemen verbunden.** Eine **Schulung der Motorik** kann auch die **Lösung von sprachlichen Blockaden** mit sich bringen. (Lockerungs- und Koordinationsübungen, Fingerspiele, Überkreuzbewegungen zur Förderung der Zusammenarbeit von rechter und linker Gehirnhälfte)
- **Schonung:** Bei Erkältungen, vor allem bei Halsentzündungen, sollte die Stimme möglichst wenig eingesetzt werden. Schreien sollte in verrauchten Lokalen oder an besonders kalten Orten vermieden werden.
- Eine Erprobung von fast allen Geräuschen fördert die Stimmentwicklung. Die **Nachahmung** ungünstiger Leitbilder (heisere Lehr- und Erziehungsperson, kreischende Rockstars) sollte möglichst vermieden werden.
- Ständiges **Räuspern** sollte unterlassen werden, da die Stimmlippen unnötig gereizt werden. Der Belag im Hals kann auch durch Schlucken verringert werden.

Zur Vertiefung:

- Wie kann die Stimme geschont werden?
- Führen Sie Gespräche und ermitteln Sie bei verschiedenen Gruppenmitgliedern, wie viele Pausen zwischen einzelnen Gedanken angenehm sind!
- Finden Sie heraus, welches Redetempo eine angenehme und verständliche Kommunikation ermöglicht!

Sopran – hohe Frauenstimme

Mezzo-Sopran – mittlere Frauenstimme oder Kinderstimme

Alt – tiefe Frauenstimme

Tenor – hohe Männerstimme

Bariton – mittlere Männerstimme

Bass – tiefe Männerstimme

Die Artikulationsmotorik kann von der Handmotorik stimuliert werden.

Ansprechende und musikalisch gestaltete Fingerspiele hat Dorothée Kreusch-Jacob in ihrem Buch „Finger spielen – Hände tanzen" gesammelt.

Ein bewusster Einsatz von Stimme und Sprache steigert unser Wohlbefinden.

9.5 Sprechen und Erzählen

> Die Sprache ist das Haus des Geistes.
>
> Karl Kraus

Sprache kann unser Wahrnehmungs- und Denkvermögen verfeinern.

Um die Wirklichkeit zu verstehen, kleiden wir sie in Sprache. Alles, was wir denken, fühlen und uns vorstellen, wird in Sprache umgesetzt. Sprache vergegenständlicht unsere Wirklichkeit und macht sie versteh- und erlebbar.
Viele Erlebnisse, die wir machen, spiegeln sich in Geschichten wider. Erzählen, Schreiben und Hören von Geschichten stiftet Gemeinsamkeit, vergegenwärtigt Vergangenheit, orientiert sich in der Gegenwart und richtet Hoffnungen auf die Zukunft.
Geschichten schaffen Freiraum. Wenn wir eine Geschichte hören, entscheiden wir uns selbsttätig, ob wir uns mit dem Helden, der Prinzessin oder ihrem Schoßhund identifizieren.
Geschichten tragen bei zur Vermenschlichung. Wenn wir uns vorstellen, jemand anderer zu sein, wenn wir versuchen, uns einzufühlen, wandelbar zu sein, erweitern wir unsere persönliche Vorstellungskraft und lernen neue Charaktereigenschaften kennen. Identifikation kann auch beitragen zur Selbstbestärkung. Wer sich schwach fühlt, wird durch die „Verwandlung" in einen Helden stark.

Geschichten verbinden Generationen.

Geschichten werden erzählt, geflüstert, getanzt, gemalt, musiziert: Wir schreiben sie in Briefe, Tagebücher und inszenieren sie mit Freunden. Noch bevor uns unsere Kinder verstehen, beginnen wir, ihnen Geschichten zu erzählen. Von unseren Eltern hoffen wir, viele Geschichten zu hören, bevor sie von uns gehen.

In einer Geschichte ist es der Ton, der die Musik macht.

In Geschichten können wir uns immer auch selbst erleben. Sie spiegeln unsere Ängste, Träume, Wünsche und Freuden wider. Wenn uns Kinder Geschichten erzählen, sollten wir sie ausreden lassen und versuchen, ihre Sprache, ihre Welt anzuhören und zu verstehen. Wer eine Geschichte erzählt, lädt ein in das Haus seiner persönlichen Wirklichkeit, in das **Haus des Geistes.**

Zur Vertiefung:

- Was ist für Sie persönlich das Schöne am Geschichtenerzählen?

9.6 Förderung von Stimme und Sprache im Kindergarten

Wichtig ist, dass die Lehr- und Erziehungsperson bewusst mit ihrer Stimme und Sprache umgeht. Gedanken sollen zu Ende geführt werden, ihre Sprache soll einfach, aber nicht „kindisch" sein.

Im Kindergarten wird über vieles gesprochen, einzelne Situationen oder Geschichten werden von Kindern und Erwachsenen beschrieben, erzählt, kommentiert. **Sprachförderung findet statt, wenn Interesse gezeigt wird an Erzählungen und Geschichten,** wenn sich die Lehr- und Erziehungsperson gemeinsam mit den Kindern **Zeit** nimmt **für die Entwicklung und Erweiterung von Lauten, Wörtern und Sätzen.**
Gerade im Kindergarten wäre es wünschenswert, dass Gelegenheit zum Singen gegeben wird, da viele Eltern mit ihren Kindern nicht singen.

Stimme und Sprache können geübt werden durch:

- Gedichte, Auszählreime, Zungenbrecher, Fingerspiele
- Lauschspiele (Geräusche identifizieren, Richtungshören)
- Wörter zusammensetzen (Tisch und Tuch zu Tischtuch)
- Reaktionsspiele mit Frage- und Antwortritualen („Mutter, wie weit darf ich reisen?", „Donner, Wetter, Blitz" ...)
- Darstellende Spiele und Bewegungsspiele, die geräuschvoll sind. (Gespensterspiele, Fahrzeugspiele)
- Nonverbale Spiele, die Mimik und Gestik hervorrufen.

Mimik unterstützt Lautbildung und Artikulation.

- Lieder → vgl. „Das Lied in der Rhythmik" S. 206
- Beobachtung der Atmung: Ausatmung betonen und sensibilisieren durch „Verschnaufpausen", Blasen von heißen Speisen oder Spiele mit Seifenblasen.

Eine sinnvolle Möglichkeit, Sprache zu fördern, ist die **Installation einer Leseecke.** Für diese muss die sorgsame Handhabung von Büchern besprochen werden. In der Leseecke können auch Mappen mit Zeichnungen und Schreibversuchen der Kinder aufbewahrt werden. Geschichten, die Kinder entwickelt haben, werden ebenfalls in der Leseecke gesammelt. Wie in einer Bibliothek können Bücher aus der Leseecke entlehnt werden. Für diesen Zweck kann jedes Kind einen Leseausweis basteln.

Grundprinzip der Sprachförderung ist es, Kindern Eigenaktivität zuzugestehen.

9.6.1 Die Kunst des Vorlesens

Vorgelesen zu bekommen ist eine wunderbare Möglichkeit, um zu träumen, sich zu entspannen und zu erholen. Vorlesen kann als emotionale Zuwendung verstanden werden, erzählt ein wenig von der Person, die vorliest, und sollte abgestimmt sein auf die Zuhörenden.

- Je nach Alter können kürzere oder etwas längere Geschichten ausgesucht werden. Fortsetzungsgeschichten erwecken Neugier und zeigen, dass viele Prozesse länger dauern, als einige Minuten.
- Eine langsame, ruhige, aber nicht monotone Sprechweise schont die eigene Stimme und trägt zur Verständlichkeit bei.
- Bei der Vorbereitung auf das Vorlesen eines Textes sollten wir uns einige Fragen stellen: „Was sagt mir dieser Text? Wie möchte ich Nachrichten transportieren? (neutral, belehrend, geheimnisvoll, gelangweilt, überheblich ...) Welche Charaktere möchte ich wie hörbar machen?"

- Vorlesen soll nicht verstanden werden als Beruhigungstrick.
- Nach dem Vorlesen kann die Möglichkeit angeboten werden, Empfindungen durch Zeichnungen oder Bewegung kreativ auszudrücken.

Spielvorschläge zum Aufbereiten von Geschichten

- **Bilderbuchbetrachtung:** Dinge benennen, Annahmen begründen. Bezüge zum Leben herstellen.
- **Bildgeschichten:** Kinder entwickeln eine Geschichte, zeichnen Bilder dazu und beschreiben sie. Die Bilder werden zu einem Buch gebunden, der Text von der Lehr- und Erziehungsperson hinzugefügt. Variante: Entwicklung einer Foto-Geschichte.
- **Lieblingsbücher:** Jedes Kind bringt sein Lieblingsbuch mit und berichtet, was ihm besonders gefällt und wann es gerne von ihm angeschaut wird. Es kann daraus vorgelesen werden.
- **Gegenstände:** Jedes Kind legt einen Gegenstand auf den Boden. Alle setzen sich zusammen und versuchen, eine Geschichte mithilfe der Gegenstände zu entwickeln.
- **Bewegungsgeschichte:** Eine Geschichte wird vorgelesen. Bei einem bestimmten Wort wird eine Bewegung vereinbart. (Beispiel: Prinzessin – aufstehen oder Ritter – klatschen)
- **Kinderlexikon:** Aus Werbeprospekten schneiden die Kinder Gegenstände aus. Gemeinsam mit der Spielleitung wird eine Erklärung formuliert. Die Gegenstände werden auf einen Karton geklebt und in einem Karteikasten alphabetisch gesammelt.
- **Sätze gestalten:** Eine Person beginnt einen Satz, eine andere vervollständigt ihn. Bei diesem Spiel können wir unser Gegenüber gut kennenlernen. (Beispiel: Am liebsten ...; Wenn ich groß bin ...)
- **Sammlung:** Zitate von Kindern sammeln, aufschreiben und vielleicht mit einer passenden Zeichnung aufhängen.

Im Carlsen Verlag sind einige „Kniebücher" erschienen. Sie sehen aus wie ein Kalender, der auf den Tisch gestellt werden kann. Auf der Rückseite jedes Blattes ist Text abgedruckt, vorne sind Bilder zu sehen. Die Gruppenleitung kann den „Kalender" auf die Knie stellen und vorlesen, während die Kinder vorne Bilder anschauen.

Zur Vertiefung:

- Finden Sie heraus, welchen Stellenwert Bücher und Vorlesen in Ihrer Praxisstätte haben!
- Nennen Sie Ihre Lieblingsgeschichte!
- Welche Wörter, Sätze, Geschichten prägen sich gut ein, welche nicht? Woran liegt das?

9.6.2 „Schlimme" Wörter

Im selbständigen Umgang mit der Sprache neigen Kinder dazu, Vorgaben abzuwandeln und mit Wörtern zu besetzen, die Unmut bei Erwachsenen hervorrufen. Kinder bilden damit ein **Gegengewicht zu** den lieblichen, **harmonischen Liedern** und Versen, **die sie gelernt haben.** Manchmal haben Kinder Spaß daran, **Aufmerksamkeit** zu **erregen,** oder sie erleben sich mächtig, wenn sie **die Welt mithilfe von Wörtern umdrehen.**

Der **spielerische Umgang** mit Sprache bedeutet nicht nur hilfloses Lallen, sondern kann sich auch **durch Kraftausdrücke** zeigen. Er unterstützt nicht nur die **Lust auf Sprache,** sondern kann auch Sensibilität hervorrufen. **Grenzen, die nie überschritten wurden, werden auch nicht wahrgenommen.**

Solange Kraftausdrücke in der Sprachentwicklung des Kindes nicht überhand nehmen, sollte ihnen nicht allzu viel Beachtung geschenkt werden. Auch negative Verstärkung ist eine Verstärkung. **„Schlimme" Wörter** sind in der Entwicklung unserer Kinder normal. Sie sind **Teil der selbsttätigen Auseinandersetzung** von Kindern **mit Sprache** und als solche wichtiger Bestandteil von Sprachentwicklung.

Toleranz für die Entwicklung der Kinder entgegenbringen.

Sollten die Ausdrücke der Kinder Ihr Maß an Toleranz überschreiten, müssen durch Gespräche Regeln vereinbart werden, die ein Zusammenleben für alle möglich machen.

Zur Vertiefung:

- Warum verwenden Kinder Kraftausdrücke?
- Erinnern Sie sich an originelle Kraftausdrücke, die Sie in Ihrer Kindheit verwendet haben?

9.7 Stimme und Sprache in der Rhythmik

In der Rhythmik wird mittels Musik und Bewegung oft auf nonverbaler Ebene kommuniziert. Aufgaben sollen klar, aber mit wenigen Worten erklärt werden. Die handelnde Auseinandersetzung steht im Vordergrund. Obwohl im Rahmen einer Rhythmik-Einheit wenig gesprochen wird, können Stimme und Sprache bedeutsam sein. Rhythmus, Melodie, Stimm- oder Sprachklang werden thematisiert. Wenn die Lehr- und Erziehungsperson die Gruppe sprechend oder singend begleitet, kann sie sich gleichzeitig frei im Raum bewegen. Sie unterstützt die Teilnehmenden musikalisch, ohne an ein Instrument gebunden zu sein.

Wenn die Gruppenleitung wenig spricht, haben die Teilnehmenden mehr Möglichkeiten, sich verbal und nonverbal in den Unterricht einzubringen.

Musik und Bewegung weisen ähnliche Bestimmungsmerkmale auf wie Stimme und Sprache. Raum, Zeit, Kraft und Form charakterisieren Stimme und Sprache ebenso, wie sie Musik und Bewegung bestimmen. Das Element **Raum** beeinflusst **Tonhöhe und Melodieverlauf** unserer Stimme. Das **zeit**liche Element bestimmt **Tempo und Rhythmus** von Stimme und Sprache. Das Element **Kraft** beinhaltet **Impulse, Intensität und Akzente.** Die **Form** beeinflusst **Wortwahl, Satzbau** und musikalischen **Verlauf** eines Liedes.

Wenn die Elemente Raum, Zeit, Kraft und Form in Musik und Bewegung thematisiert werden, so findet gleichzeitig auch eine Auseinandersetzung mit Stimme und Sprache statt.

9.7.1 Stimmliche und sprachliche Fähigkeiten und Fertigkeiten, die in der Rhythmik erworben werden können

- **Sprechen und Singen** sind komplexe feinmotorische Vorgänge. Sie **vollziehen sich durch Bewegungen** des Mundraumes (Zunge, Lippen, Kiefer), der Stimmbänder und der Atmung. **Bewegung ist** aber auch **Sprache:** Ausdrucksbewegungen des Körpers unterstützen und ersetzen verbale Äußerungen der Kommunikation (Körpersprache: Befindlichkeiten werden durch Mimik und Gestik ausgedrückt). In der Rhythmik werden zahlreiche **nonverbale Signale** erprobt, die die Sprache unterstützen. **Koordinationsübungen** werden angeboten, um Geschicklichkeit in Bewegung und mit der Stimme zu erlangen. Hier geht es vor allem um die Bewegungsfertigkeit der **Auge-Hand-Koordination,** die sich gleichzeitig mit der Sprache entwickelt. Die „Verwandtschaft" von Nerven, die Mund und Hand steuern, kann beobachtet werden, wenn man einem Schlagzeuger zuschaut. Bei einem schwierigen Solo bewegen sich Mund und Kiefer mit. Selten sind unsere Mundwerkzeuge entspannt, wenn die Hände komplexe Aufgaben zu lösen haben.

Erste Bewegungsversuche des Kleinkindes werden oft von der Stimme begleitet.

In der Rhythmik wird durch ganzkörperliche Bewegungen auch der Atemrhythmus beeinflusst. Die **Atemkapazität kann durch Fortbewegung** oder andere Anstrengungen **erweitert** und gefestigt **werden.**
Durch feinmotorische Angebote kann auch die **Artikulation gefördert** werden. Die Sprache wird deutlicher, das Sprechtempo erhöht sich.

In dem österreichischen Volkslied „Scherenschleifen" wird die Auge-Hand-Koordination geübt:

Auf der CD „Das Rap Huhn" (Eres Edition) von Felix Janosa finden Sie zahlreiche, humorvolle Raps, die zum Mitsingen, -spielen und Darstellen einladen. Durch die für Raps spezifische schnelle Aneinanderreihung von Worten wird Artikulation spielerisch geübt.

Scherenschleifen

Volksgut

Zwei Kinder stehen sich gegenüber, singen das Lied und klatschen im Sprechrhythmus dazu:

1 2 1 2
Scherenschleifen, Scherenschleifen
1 2 1 2
ist die beste Kunst.
3 2 4 2
Die rechte Hand, die linke Hand,
3 2 4 2
die geb' ich dir zum Unterpfand.
3 2 4 2
Da hast sie, da nimm sie,
3 2 1
da hast sie alle zwei!

1 Klatsch mit beiden Händen in die Hände des anderen Kindes.
2 Klatsch in die eigenen Hände.
3 Klatsch mit der rechten Hand in die rechte Hand des anderen Kindes.
4 Klatsch mit der linken Hand in die linke Hand des anderen Kindes.

Sogar höhere Tiere verstehen nonverbale Laute. In dem Dokumentarfilm „Die Geschichte vom weinenden Kamel" wird von einer mongolischen Kamelmutter berichtet, die ihr Junges nach einer schweren Geburt verstoßen hat. Kamele werden in der Mongolei wie Familienmitglieder behandelt. Eine Frau, selbst Mutter mehrerer Kinder, bringt das Kamel mittels Klagegesängen zum Weinen. Die Kamelmutter nimmt ihr Kind wieder an.

- Musik kann verbal und nonverbal ausgedrückt werden. Sie spricht uns emotional an, kann aber auch analytisch betrachtet werden. **Musik ist hilfreich, um das affektive Sprachzentrum in der rechten Gehirnhälfte mit dem analytischen in der linken Gehirnhälfte zu verbinden.** Singen unterstützt die Sprachentwicklung. Durch die musikalische Gestaltung von Liedern kann Artikulation, Atemfluss und Phrasierung geübt werden. Umgekehrt erweitern wir aber auch unser musikalisches Potenzial, wenn wir uns gewandt ausdrücken. (Durch den musikalischen Vortrag eines Gedichtes entsteht eine angenehme Sprachmelodie.)

- Eine Voraussetzung zum Erlernen der Sprache ist eine intakte Wahrnehmung, die ermöglicht, Reize aufzunehmen, zu verarbeiten und miteinander in Beziehung zu setzen. Durch **Wahrnehmungssensibilisierung** können **Begriffe bewusst** und aktiv **erfahren** und somit auch benannt werden. (oben – unten, weich – hart, lang – kurz …)
  ➜ vgl. „Erleben – Erkennen – Benennen" S. 200

- Stimme und Sprache werden gefördert, wenn wir durch **Soziales Lernen** unsere Gefühle, **Bedürfnisse** und Wünsche **äußern,** wenn wir durch das Gestalten von Geschichten, Reimen und Liedern Reflexionsfähigkeit und Kommunikationsfähigkeit erlangen.

- In der Rhythmik werden Stimme und Sprache durch **Kreativitätsförderung** angesprochen, durch das **Experimentieren mit Materialien** erfolgt eine **Erweiterung der Ausdrucksfähigkeit** und somit auch eine Wortschatzerweiterung.

Die Fähigkeit, sich mitzuteilen, ist eine wichtige Voraussetzung für eigenständiges und flexibles Handeln.

Zur Vertiefung:

- Wie können Musik und Bewegung Stimm- und Sprachentwicklung unterstützen?
- Welche Möglichkeiten bieten sich für die Teilnehmenden, wenn die Gruppenleitung zurückhaltend ist?

9.7.2 Erleben – Erkennen – Benennen

> Erkläre mir, und ich vergesse. Zeige mir, und ich erinnere. Lass es mich tun, und ich verstehe.
>
> Konfuzius

In der Rhythmik steht Lernen durch Erfahrung, durch eigenständiges Handeln, durch das selbst Ausprobieren im Mittelpunkt. Die Rhythmikerin Maria Scheiblauer (1956) nannte diese methodische Vorgehensweise „Erleben – Erkennen – Benennen". Das Erleben ermöglicht ein Erkennen und schließlich ein Reflektieren.

Erleben

Im Erleben spielt der Augenblick eine wichtige Rolle.

Menschen erleben ihre Umwelt durch Bewegung und Wahrnehmung. Durch **Erspüren** und **Betasten** wird die Beschaffenheit von Materialien festgestellt, Gegenstände werden auf ihre Eigenschaften überprüft.
Erlebnisse werden gemacht durch **konkrete, sinnliche und motorische Betätigungen,** in denen sich der Mensch als **eigenständig handelndes Subjekt** erfährt. Diese Erlebnisse machen wir schon lange bevor wir unser Denken in Sprache kleiden können. Zu einer Erfahrung verdichten sich Erlebnisse, wenn sie reflektiert und beschrieben werden können. **Erfahrungen sind verarbeitete Wahrnehmungen** und Qualifikationen, **die den Menschen in seinen Handlungen beeinflussen.**

Erkennen

Erkennen bedeutet verstehen.

Je intensiver die Welt mit allen Sinnen entdeckt wird, umso umfangreicher können Dinge erkannt werden. Eine **Erkenntnis** liegt dann vor, wenn **Erfahrungen und Verstandesleistungen zusammenspielen.** Erkennen bedingt **vorsprachliches Verständnis** und bildet den Übergang zwischen unreflektiertem Handeln und sprachlicher Reflexion. Erkennen heißt, **etwas durch eine Handlung zuzuordnen.**

Benennen

Etwas benennen können bedeutet reflektieren können.

Das Benennen von Dingen macht Erscheinungen der Umwelt verfügbar, Gegebenheiten erhalten Namen und können leichter eingebaut werden in unsere Welt der Sprache.
Begriffsbildungsübungen können helfen, Kommunikationsfähigkeit zu verbessern. Kinder sollen Wörter nicht unreflektiert nachsprechen, sondern lernen,

Begriffe in lebensnahen Situationen anzuwenden. Mit der **sprachlichen Bezeichnung** von Gegenständen und Situationen wird der Bewusstwerdungsprozess vom Erleben über das Erkennen zum Benennen abgeschlossen. **Wenn eine Sache, ein Subjekt benannt werden kann, wird durch die Sprache bestätigt, dass ein Sachverhalt begriffen wurde.**

In der Rhythmik wird sehr oft nach dem Prinzip „Erleben – Erkennen – Benennen" gearbeitet. Das heißt aber nicht, dass vor einem Erlebnis nicht über ein Thema gesprochen werden darf. Worte können ebenso einstimmen wie Sinneserfahrungen. **Das Erzählte kann** jedoch **nicht das Erlebnis ersetzen** und umgekehrt kann auch **das Erlebnis nicht an die Stelle der Sprache treten.**

Erlebt werden kann beispielsweise ein Wahrnehmungsparcours mit geschlossenen Augen. Wenn ich die Augen wieder öffne, so kann ich den Weg, den ich gegangen bin, erkennen. Benenne und beschreibe ich den Weg und meine Erkenntnisse, so reflektiere ich den ganzen Prozess noch einmal.

In den vielfältigen Aufgabenstellungen der Rhythmik kann einmal das Erleben, dann wieder das Erkennen oder auch das Benennen im Vordergrund stehen. Es liegt an der Lehr- und Erziehungsperson, herauszufinden, ob das **Spüren,** das **handelnde Zuordnen** oder das **sprachliche Reflektieren günstiger Ausgangspunkt** für ein Geschehen **sein kann.**

Wenn wir etwas **begreifen** wollen, sollten wir uns **ergreifen** lassen von den wunderbaren Sinneserfahrungen unserer Umwelt. Erlebnisse bleiben in Erinnerung, wenn sie uns **erfüllen,** Erkenntnisse werden gemacht, wenn uns die Sinneserfahrungen **beeindrucken** und uns noch lange Anlass geben für **Gespräche** und **Reflexionen.**

Wissen entsteht durch einen ganzheitlichen Austausch mit der Welt.

Zur Vertiefung:

- Ordnen Sie den Begriffen „Erleben – Erkennen – Benennen" folgende Ausdrücke zu: handelnd zuordnen, verstehen, reflektieren, sinnliche Betätigung, Augenblick, vorsprachliches Verständnis.

Spielvorschläge zur Förderung von Sprache und Stimme

- **Der eigenwillige Wolf:** Zu zweit: Ein Kind verwandelt sich in einen Wolf, das andere fordert ihn auf, etwas zu tun. Der Wolf macht immer das Gegenteil von dem, was verlangt wurde, z.B.: „Heule leise wie ein Wolf!"
- **Zum Lachen:** Zwei Kinder sitzen einander gegenüber. Eines versucht, ernst zu bleiben, das andere möchte das ernste Kind zum Lachen bringen.
- **Lachweg:** Ein Kind geht durch ein Spalier, das von Kindern gesäumt ist. Diese versuchen, das Kind zum Lachen zu bringen.
- **Weich und hart:** Der Raum ist in zwei Hälften geteilt. In einer Hälfte bewegen sich die Kinder steif und hart, in der anderen weich und rund. Die Kinder können ihre Bewegungen auch mit Lautäußerungen begleiten.
- **Richtungshören:** Woher kommt welches Geräusch? Woher bellt der Hund?
- **Geräuschorchester:** Die Teilnehmenden bilden kleine Gruppen. Jede Gruppe macht sich ein Tier aus, das sie gerne darstellen möchte, und positioniert sich in einer Ecke. Auf ein Signal hin beginnen die Tiere ihre Geräusche darzustellen und bewegen sich aufeinander zu. Was passiert, wenn die Tiere einander treffen?

17

Harte und weiche Musik bei: Meyerholz, Ulrike und Reichle-Ernst, Susi: Einfach lostanzen (Zytlogge), Bern 1992 (Track 11)

- **Unterscheidungen:** Alle Kinder sitzen im Kreis und schließen die Augen. Ein Kind tippt ein anderes Kind an. Dieses spricht. Welches Kind ist zu hören? Welche Sprache wird gesprochen? Spricht es hoch/tief, schnell/langsam, laut/leise?

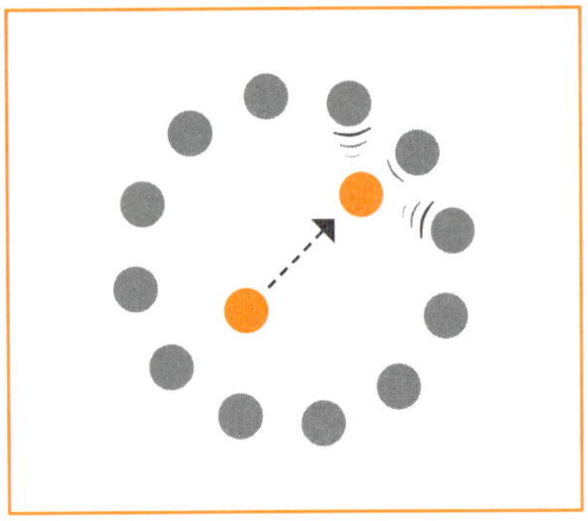

Tonkreis

- **Tonkreis:** Ein Gruppenmitglied geht mit geschlossenen Augen durch den Raum. Rundherum bewegt sich ein Kreis aus Teilnehmenden. Wenn die „blinde" Person einer Wand oder einem Gruppenmitglied zu nahe kommt, bewahren die Töne der anderen sie vor einem „Aufprall". Variante: Die Personen im Kreis singen andauernd. Stille entsteht nur, um die „blinde" Person vor einem Aufprall zu bewahren. Bei diesem scheinbar beiläufigen Singen können Vokale oder Konsonanten geübt werden, jedes Gruppenmitglied kann aber auch ein Kinderlied singen und versuchen, im Stimmengewirr die eigene Stimme zu halten.
- **Augenspaziergang:** Während eines Spazierganges benennen die Kinder alles, was sie sehen.
- **Gegenstände:** Ein Gegenstand wird in die Mitte eines Kreises gelegt. Reihum beschreiben die Kinder, was sie sehen, ohne das Material beim Namen zu nennen. Erweiterung: Gegenstände in einer Schachtel verstecken. Eine Person tastet und beschreibt, die anderen raten.
- **Geräusche:** Ein Kind macht ein Geräusch, die anderen versuchen, es zu erraten. (Tierlaute, Papier zerknüllen, mit Besteck klappern …)
- **Wörterrallye:** Eine Reihe von Gegenständen wird wie ein Spalier aufgelegt. Die Kinder bewegen sich durch den Raum und nennen, wenn sie einen Gegenstand passieren, jeweils den Namen des Dinges.

24

- **Kuscheltieratmung:** Jedes Kind bringt sein Lieblingstier von zu Hause mit. Die Kinder liegen am Rücken und legen sich das Tier auf den Bauch. Bewegt sich das Tier sanft bei der Atmung, so ist das Kind imstande, die effiziente und für das Singen und Sprechen gesunde und wichtige Bauchatmung durchzuführen. Bewegt sich hauptsächlich der Brustkorb, so atmet das Kind mittels Hochatmung. Diese ist oberflächlicher und weniger nachhaltig als die Bauchatmung.
- **Trampolinspringen:** Diese aktivierende Bewegung unterstützt stimmliche und sprachliche Äußerungen sowie die motorische Entwicklung des Kindes. Trampolinspringen wirkt sich positiv auf Kreislauf und Durchblutung aus. Der Körper ist gespannt, aber nicht überspannt und gleichzeitig beweglich. Durch die Bewegung wird die Atmung reguliert, leichtes Federn lockert den Körper. Wer will, kann einzelne „Gespenstererschreckenslaute" beim Hüpfen von sich geben (ha, hui, ho, he …). Während ein Kind am Trampolin springt, können die anderen ein Lied singen. Dieses wird durch Bewegung um das Trampolin oder durch Klatschen begleitet. Jedes Kind darf einmal springen und sich ein Lied wünschen.
- **Sprechvers:** Ein Kind hält ein Stofftier in der Hand und sucht sich einen Platz im Raum aus. Dann spricht es einen Vers und ruft dadurch die anderen Kinder.

Wenn alle da sind, erhält ein anderes Kind das Stofftier und begibt sich an einen anderen Platz im Raum. Erweiterung: Die Fortbewegungsarten können variiert werden.

- **Vibrationsübungen:** Durch die Vibration von Körpern oder Gegenständen werden Klänge besser spürbar und somit nachvollziehbar. Für Vibrationen eignen sich besonders Instrumente wie Pauken, Handtrommeln, Becken, Klangstäbe. Ein menschlicher Körper kann ebenso in Schwingungen versetzt werden. Am Brustbein sind besonders Vokale gut spürbar. Variante: 2 Personen stehen Rücken an Rücken und sprechen bzw. singen miteinander. Wo kann die Stimme gespürt werden?
- **Riechen – stinken:** Eine Person nennt einen Gegenstand, der einen besonderen Geruch hat. Die anderen Gruppenmitglieder kommentieren den Geruch mit „Iiiiiiiii" oder „Aaaaaaa" oder „Hmmmm".
- **Grimassenlauf:** Freie Fortbewegung im Raum. Ein Kind hat einen Zauberstab. Wenn es damit ein anderes Kind berührt, bleibt dieses stehen und macht eine Grimasse. Alle anderen machen die Grimasse nach, bis der Zauberstab das erste Kind wieder berührt und eine Auflösung zur freien Fortbewegung erfolgt. Nach einiger Zeit wird ein anderes Kind mit dem Zauberstab berührt. Nun wird die Grimasse dieses Kindes nachgemacht.
- **Atemübung:** Ausgangsposition: bequeme Rückenlage. Die Hände liegen auf dem Bauch und „beobachten" unsere Atmung. Sie bewegen sich mit der Atmung und „schaukeln" sanft auf und ab. Wo ist die Atmung noch spürbar? Die Hände wandern zu anderen Körperstellen, an denen die Atmung bemerkt wird. Nun stellen wir uns einen angenehmen Ton vor. Dieser Ton hat eine Farbe. Er reist durch das Innere unseres Körpers und „malt" uns an. Später wird der Ton auch mit der Ausatmung nach außen getragen. Zunächst sanft, dann deutlicher. Der Ton wird mit einem Vokal hinausgeschickt. Dieser kann sich verändern. Auch auf der Schädeldecke ist der Ton spürbar. (Durch die Unterstützung des Bodens genießen wir in der Rückenlage – ohne Anstrengung – eine „perfekte" Aufrichtung und somit ideale Voraussetzungen für einen entspannten und effizienten Stimmeinsatz.)
- **Wortsammlung:** Freie Fortbewegung zur Musik im Raum. Stoppt die Musik, ruft die Gruppenleitung einen Begriff, der schnell umgesetzt werden soll. (Tiere, aber auch Ordnungsbegriffe wie durcheinander, hintereinander, nebeneinander …)
- **Stimmungen:** Freie Fortbewegung im Raum. Wer will, ruft eine Stimmung auf. Diese wird in Bewegung umgesetzt (eilig, ängstlich, müde …). Was passiert dabei mit unserer Mimik?
- **Störung:** Paare bewegen sich plaudernd durch den Raum. Hören sie den Klang eines Tones (Musikinstrument), soll ihr Gespräch verstummen. Ist der Ton verklungen, sprechen die Paare weiter. (Klänge und Geräusche variieren, damit kurze und lange Unterbrechungen hervorrufen.) Wie fühlt ihr euch, wenn ihr „gestört" werdet?

„Schnuddlibi, schnuddlibo, 1, 2, 3; wollt ihr laufen, wollt ihr laufen, kommt herbei."

Zahlreiche theoretische und praktische Hinweise zum Thema Sprache fördern hat Norbert Kühne in seinem gleichnamigen Buch (Bildungsverlag Eins) herausgegeben.

Mohr, Andreas: „Praxis Kinderstimmbildung" (Schott), Mainz 2004; Münden, Gerd-Peter: „Kinderchorleitung" (Strube), München – Berlin 1993

- **Redensart:** Im Kreis werden verschiedene Redensarten gesammelt (Beispiel: „Mir fällt ein Stein vom Herzen."). Danach gehen die Gruppenmitglieder durch den Raum. Auf ein Signal hin wird eine Redensart genannt. Diese soll möglichst schnell, paarweise, spontan dargestellt werden. Später stellen Paare Redensarten dar, die erraten werden sollen.
- **Erzählung:** Paarweise: Eine Person erzählt, was sie heute schon gemacht hat. Sie kann dies verbal oder nonverbal tun. Auf ein Signal hin soll die Ausdrucksweise geändert werden (Darstellung in Musik, Bewegung, mit Material). Die Erzählung soll trotz Veränderung der Ausdrucksweise weitergeführt werden.
- **Zeitungen:** Jedes Gruppenmitglied hat eine Zeitung in der Hand und sucht murmelnd und leise lesend nach einem Satz. Dieser wird auswendig gelernt. Das Zuspielen eines Balles signalisiert, wer seinen Satz sprechen darf. Die Sätze können laut, leise, stolz, schüchtern, langsam oder schnell gesprochen werden. Vielleicht ergibt sich eine „sinnvolle" Reihung der Sätze?
- **Werbung:** Aus Zeitschriften werden Werbetexte ausgeschnitten. In Kleingruppen wird jeweils ein Text abgeändert und gestaltet (mit Musik, in Bewegung, mit Materialien ...). Mit welchen Mitteln arbeitet Werbung?
- **Silbensalat:** Jedes Gruppenmitglied sucht sich eine Zeile aus dem Silbensalat aus und wiederholt sie immer wieder. Achtung: Ein gemeinsames Metrum ist nötig! Kann ich den anderen zuhören, während ich meinen eigenen Text spreche? Variante: Entwicklung von eigenen Silbensalaten. (Achten Sie auf unterschiedliche Konsonanten und Notenwerte. Kinder lieben es, Vorstellungsbilder einzusetzen, z.B. Fahrzeugmenuett: Brumm, Brumm [Auto], Tuka Tuka, [Traktor], klingelingelingeling [Fahrrad].)

Silbensalat

Birgitta Stummer

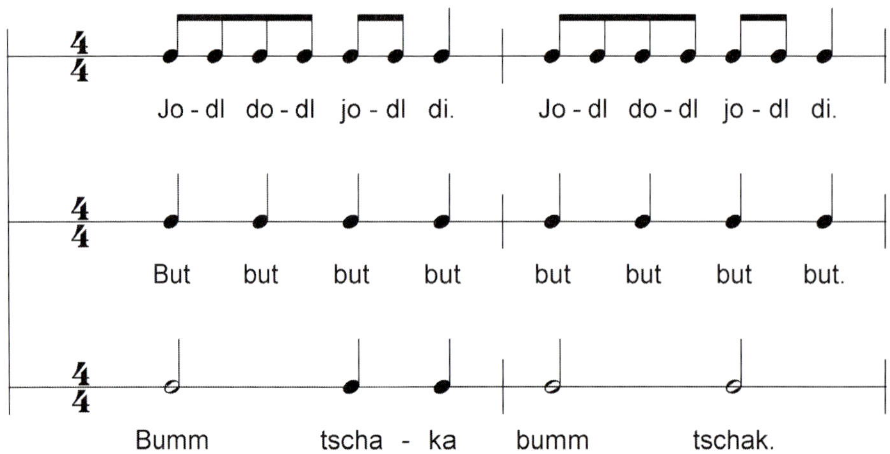

9.7.3 Klanggeschichten

Klanggeschichten machen **Ereignisse im Spiel erleb- und gestaltbar. Bedeutungen** von Worten und Handlungsverläufen **werden durch Wort und Klang dargestellt.** Beide Gehirnhälften werden aktiviert und arbeiten zusammen, weil durch Klang und Sprache emotionale und rationale Anteile im Gehirn angesprochen werden.

Mehr Aufmerksamkeit durch das Einbeziehen persönlicher Erlebnisse

Es gibt eine Vielzahl von Büchern, die Klanggeschichten vorgeben. Für jede Handlung ist ein Geräusch, ein Klang vorgegeben. Oft entziehen sich die Handlungen aber den Erfahrungen der Kinder, die musikalische Umsetzung wird dadurch uninteressant.

Klanggeschichten sollten von Kindern selbst erfunden und instrumentiert werden. Somit besteht die Möglichkeit, dass die Kinder ihr **Ausdrucksvermögen erweitern, indem sie ihr subjektives Erleben darstellen.**

Als Einstieg in die Welt der Klanggeschichten kann eine gemeinsame **Lieblingsgeschichte** vertont werden. Ausgangspunkt können auch **Zeichnungen** sein. Wenn in einer Geschichte **Geräusche, Bewegungen, Gefühle und Leitmotive** vorkommen, eignet sie sich besonders für eine Vertonung.

Klanggeschichten sollen Ereignisse darstellen, die für die Kinder wichtig sind. Interessante Klanggeschichten animieren die Kinder zum Hinhören, Hinschauen, Einfühlen und Erinnern.

Klänge können dann auch in Bewegung oder mit Körperinstrumenten dargestellt werden. Wenn Instrumente angeboten werden, sollte vor dem Illustrieren der Geschichte eine ausgedehnte Experimentierphase vorangestellt werden, damit die Kinder viele verschiedene Begleitmöglichkeiten entdecken können.

Eine gute **Vorübung** für Klanggeschichten ist die **Arbeit mit Kennwörtern:** Jedes Kind hat ein Instrument. Die Gruppenleitung nennt verschiedene **Worte, die in Musik umgesetzt werden** (z.B. Freude, Tiger, Blitz). Wenn beispielsweise „Freude" thematisiert wird, kann nachgefragt werden: „Wer freut sich? Warum?" Auf diese Art können ebenfalls Geschichten entstehen.

Wenn eine Klanggeschichte entwickelt wurde, besteht die Möglichkeit, diese zu **variieren.** Tiere (und die ihnen zugeordneten Klänge) können in einer anderen Reihenfolge auftreten, eine Prinzessin verliebt sich nicht in den Prinzen, sondern in ein Rennauto. Solche Varianten werden von Kindern lustvoll erlebt und fördern Merkfähigkeit und Kreativität. Wenn Instrumente bestimmten Objekten zugeordnet sind, können Kinder die Geschichte, die von der Spielleitung gespielt wird, aufzeichnen und dadurch „mitschreiben".

Es gibt verschiedene Möglichkeiten, Klanggeschichten zu bearbeiten:

- Geräusche illustrieren ein Ereignis. (Es regnet: prassel, prassel, prassel ...)
- Musik kann als eigene Sprache angesehen werden. Sie erzählt, was bald passieren wird (z.B. zum Aufbau von Spannung).
- Musik kann aber auch während des Erzählens Atmosphäre schaffen (sanfte Hintergrundmusik: z.B. Kaminfeuer).
- Zuordnung von Leitmotiven für handelnde Personen

Zur Vertiefung:

- Welche ganzheitlichen Förderungsmöglichkeiten bieten Klanggeschichten?
- Warum sollen Klanggeschichten von Kindern selbst erfunden werden?

- Wann eignet sich eine Geschichte besonders für eine Vertonung?
- Welche Vorübungen und Varianten eignen sich für Klanggeschichten?

9.7.4 Das Lied in der Rhythmik

Ein gesungenes Lied spricht uns ganzheitlich an. Es kann uns emotional berühren, wir können Gefallen an Melodie, Rhythmus oder Text finden, es kann uns zur Bewegung anregen oder unsere Wahrnehmung bzw. Kreativität auf ein bestimmtes Thema lenken. Lieder werden in der Rhythmik vielfältig eingesetzt:

- Zur Einstimmung bzw. als Ausklang
- Um ein neues Thema einzuführen bzw. zu bearbeiten
- Um Fortbewegung anzuregen
- Um musikalische (laut – leise, lang – kurz), motorische (schnell – langsam, groß – klein) oder stimmliche und sprachliche (hoch – tief, stark – sanft) Fertigkeiten zu erwerben
- Um Freude am gemeinsamen Singen zu vermitteln

Kinder können beim Singen ihre Ausdruckskraft erleben, sie genießen die Aufmerksamkeit anderer für ihre Stimmkünste und bemerken, wie ihre Stimme bei anderen Menschen Gefühle erzeugt.

In vielen Liedern sind Musik, Bewegung, Stimme und Sprache miteinander verbunden. In der Entwicklung des Kindes sind Lautäußerungen eng verknüpft mit Bewegungen. **Lieder, die Mimik, Gestik, Fortbewegungsarten sowie Körperhaltungen einbeziehen, sprechen Kinder ganzheitlich und entwicklungsgerecht an.**

Aus der Fülle von existierenden Liedern auszusuchen, ist manchmal nicht leicht. Im Folgenden werden einige Orientierungsmöglichkeiten zur Auswahl angegeben:

Auswahlkriterien

- Der **Text** des Liedes sollte leicht verständlich und grammatikalisch richtig sein.
- Wird auf deutsch, österreichisch oder schweizerdeutsch gesungen? Alle drei **„Sprachen"** sind natürlich zulässig, interessant und erwünscht, „Fremdworte" und Dialekte sollten aber thematisiert werden.
- Reime werden leichter gemerkt als lange Sätze.
- Das Lied sollte im **Tonumfang** von c^1 bis f^2 wiedergegeben werden.
- Wenn das Lied **mimisch und gestisch untermalt** werden kann, werden die Kinder ganzheitlich angesprochen.
- Lieder, die der Lehr- und Erziehungsperson selbst nicht zusagen, sollten nicht ausgewählt werden, denn sie können nur schwer **lustvoll vermittelt** werden.
- **Liedgeschwindigkeit:** Kinder im Alter von 3 bis 6 Jahren singen relativ langsam. Die meisten Tonträger, die Lieder wiedergeben, werden von begabten Volksschulkindern gesungen. Diese Kinder stehen auf einer anderen Entwicklungsstufe als Kindergartenkinder. Beim Kauf von Liedern auf Tonträgern sollte auf die Geschwindigkeit geachtet werden, mit der die Lieder vorgetragen werden.

„Richtiges" Singen

Im Kindergarten sollte die Intonation der Kinderstimme nicht im Vordergrund stehen. Abwertende Kommentare zum Gesang anderer Menschen haben schon vielen die Freude am Musizieren verdorben. Angesichts der Tatsache, dass viele Kinder zwischen **3 und 6 Jahren entwicklungsbedingt nicht unser Vorstellungsvermögen von Intonation** haben, stellt sich die Frage, was „richtig" überhaupt sein kann. Ist es „falsch", wenn ein Kind seelig summend und vertieft musiziert? Sind, für viele langweilige, einfache Lieder im 5-Ton-Raum „richtig"? Wichtig ist es, Kinder anzuregen, ihre Stimme lustvoll einzusetzen und sie dafür zu sensibilisieren, mit diesem persönlichen, wertvollen Gut vorsichtig umzugehen. Lustvoll, spielerisch und ganzheitlich können Lieder erarbeitet werden, wenn verschiedene Aktionen sie begleiten:

- Bewegung, Darstellung
- Musizieren mit Körperinstrumenten, Naturmaterialien oder Instrumenten
- Spontane Erfindungen während des Singens
- Zeichnungen

Besonders wichtig ist die Freude am Singen! Auch ungeübte Sängerinnen und Sänger können durch Singen Zuwendung und Emotionen vermitteln!

Stimmliche Vorbilder

So wenig Kinder verbal dazu angehalten werden sollen, richtig zu singen, so wichtig ist es aber, dass Lehr- und Erziehungspersonen ein gutes Vorbild beim Einsatz der eigenen Stimme abgeben. Kinder kopieren nicht nur die Körperhaltung, Mimik und Gestik ihrer Vorbilder, sie ahmen auch die Stimme von Bezugspersonen nach.

Erarbeitungsmöglichkeiten

Es gibt keine allgemein gültige Methode der Liedvermittlung. Die hier genannten Anregungen stellen einen Orientierungsrahmen dar.

- **Einführung** in den Inhalt des Liedes: mittels Geschichten, Gegenständen, Fortbewegung (z.B. Tiere), Instrumenten
- **Erarbeitung von Texten:** Zeilenweise vor- und nachsingen, Text rhythmisch vor- und nachsprechen, Silben durch Körperinstrumente begleiten, Text mit Ganz-Körper-Gesten langsam vortragen, sodass die Kinder mitmachen können, Reime ansingen und von den Kindern ergänzen lassen, Text aufzeichnen, Texte in verschiedenen Lautstärken vor- und nachsprechen.
- **Reproduktion:** Gesten ohne Text machen (inneres Singen), Inhalt nacherzählen, „beiläufiges" Singen, etwa während einer Zeichenphase, gemeinsam singen, wenn die Gruppenleitung aufhört, singen die Kinder weiter.

Spielvorschläge zur Erarbeitung von Liedern

- **Spielerische Textübung:** Die Texte von Strophen können in verschiedenen Lautstärken wiedergegeben werden. Einmal wird geflüstert, einmal gebrüllt.
- **Textvertiefung:** Die Strophen eines Liedes werden gesprochen, der Endreim soll von den Kindern fertiggestellt werden.
- **Lückenlied:** Alle singen gemeinsam ein Lied. Immer wieder setzt die Spielleitung aus. Die Kinder singen weiter. Variante: Das Lied wird mit einer Flöte gespielt. Die Kinder summen mit. Wenn die Gruppenleitung eine Pause macht, summen die Kinder weiter.
- **Inneres Singen:** Lieder können auch durch „inneres Singen" vertieft werden. Vertraute Gesten werden gemacht, Melodie und Text in Gedanken mitvollzogen.
- **Reifenheim:** Es werden Reifen im Raum verteilt. Die Spielleitung singt ein Lied, die Kinder bewegen sich dazu. Am Ende der Strophe sollen die Kinder in einem Reifen sitzen.
- **Fahrzeuge:** Autos, Lastwagen oder Traktoren machen oft eine Menge Lärm. Diese Geräusche laden zum Experimentieren mit der Stimme ein, vor allem dann, wenn sich die „Fahrzeuge" gerade fortbewegen. Kann ein Fahrzeug auch ein Lied summen, tuckern, tröten?
- **Liedbegleitung:** Zunächst im Kreis, dann in der Fortbewegung: Alle Gruppenmitglieder erfinden spontan Bodypercussionsklänge zu einem Lied. Variante: Die halbe Gruppe singt, die andere Hälfte entwickelt percussive Vokalisationen dazu.
- **Tierische Erprobung von Melodien:** Ein Kind nennt ein Tier, zum Beispiel einen Hund. Der Text des Liedes wird durch Bellen ersetzt.

Tierlied

Melodie: Karl Karow, Text: Birgitta Stummer

- **Tierlieder:** Kinder identifizieren sich mit Tieren und lieben es, von ihnen zu sprechen oder zu singen. Lieder, in welchen in jeder Strophe ein anderes Tier vorkommt (z.B. „Die Vogelhochzeit"), können ganzheitlich erarbeitet werden, indem die Laute der Tiere nachgemacht, gezeichnet und dargestellt werden. Sind die Tiere einmal aufgezeichnet, können sie wie eine Partitur aufgelegt werden. Somit entsteht eine Reihung von Strophen, deren Anordnung beliebig

• Goertz, Hartmann; Haid, Gerlinde: „Die schönsten Lieder Österreichs" (Ueberreuter), Wien 1996
• Liederbuch von Fredrik Vahle: „Guck, der kleine König kommt". Einfache, anregende, lustige Lieder zu verschiedenen Themen.

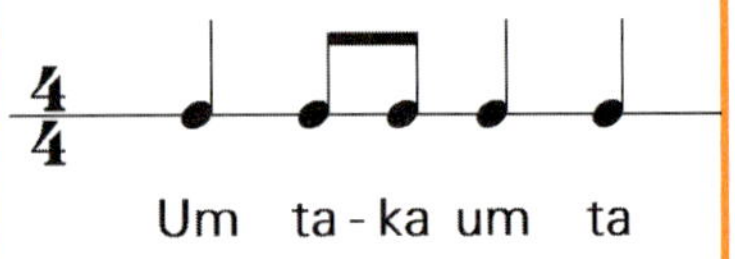

Die österreichische Popgruppe „Erste Allgemeine Verunsicherung" hat zu dem Thema „Wie entsteht ein Lied?" einen humorvollen Song geschrieben. Kinder können das Stück mit- und nachspielen. Es heißt: „Hip Hop" und ist auf der CD „Watumba" zu finden.

„Kinderleichte Kanons" von Wolfgang Hering (Ökotopia) ist ein Liederbuch, in dem zahlreiche Musikstücke zum Thema Mehrstimmigkeit gesammelt sind. Der Fundus reicht von witzigen Sprechchören über einfachste Kanons zu anspruchsvollen, mehrstimmigen Stücken.

verändert werden kann. Ebenso kann ein Tierlied gesungen werden, indem mehrere Tiere pro Strophe vorkommen. Bei jedem Tier wird die entsprechende Zeichnung hochgehoben. Im folgenden Lied sollen die Tiere von den Kindern selbst bestimmt werden. Auch die Lautstärke ändert sich, je nachdem, von welchem Tier gesungen wird.

- **Tiergruppen:** Die Kinder verteilen sich auf die 4 Ecken des Raumes. In jeder Ecke „schläft" eine Tierart. Eine Gruppe erwacht und bewegt sich mit stimmlicher Unterstützung auf eine andere Ecke zu. Dort angelangt, erwachen diese „Tiere" und gehen in eine andere Ecke. Erweiterung: Wenn zwei Tiergruppen gleichzeitig unterwegs sind, können zweistimmige Phänomene erstmals erprobt werden. „Kann ich mein Tiergeräusch machen und die anderen trotzdem hören?"
- **Bewegungslied:** Heja hey: Zu jeder Strophe lässt sich ein Kind ein Tier einfallen und gestaltet eine Bewegung dazu, die die anderen imitieren. Wenn das Lied zum ersten Mal gesungen wird, bewegt sich nur ein Kind, bei der Wiederholung bewegen sich alle. Statt „kommt" kann auch „schleicht", „hüpft", „rast" gesungen werden, je nachdem, wie sich das Kind bewegt.

Heja hey

Birgitta Stummer

- **Koordination mit Bällen:** Die Gruppenmitglieder stehen in einem Kreis: Während ein Lied gesungen wird, geben sie einen Ball im Metrum des Liedes weiter. Erweiterung: Mehrere Bälle weitergeben. Variante: Ist eine Phrase zu Ende, wird die Richtung der Bälle gewechselt. Noch schwieriger wird es, wenn der Kreis während des Singens vergrößert und verkleinert wird, ohne dass Sing- und Bewegungsfluss des Balles unterbrochen werden.
- **Laut – leise:** 4 Gruppen verteilen sich in den 4 Ecken des Raumes. Sie singen alle dasselbe Lied. Langsam bewegen sich die Teilnehmenden auf die Mitte des Raumes zu. Je näher sie einander kommen, umso leiser singen sie, je weiter sie sich voneinander entfernen, umso lauter werden sie.
- **Drei:** Drei Gruppen vereinbaren jeweils ein Lied. Dann schließt jede Person die Augen und sucht einen Platz im Raum. Durch das Singen „ihres" Liedes findet jede Gruppe wieder zusammen.

Zum Abschied könnte folgender Text gesungen werden:

Wir sagen TSCHÜSS zueinander,
wir sagen TSCHÜSS und AUF WIEDERSEHN',
wir sagen TSCHÜSS zueinander,
wir sagen TSCHÜSS und AUF WIEDERSEHN'!
Wir haben heut' viel erlebt,
kommt gut nach Haus'
AUF WIEDERSEHN...!

HALLO an diesen neuen Tag

Text und Musik: Petra Horvath

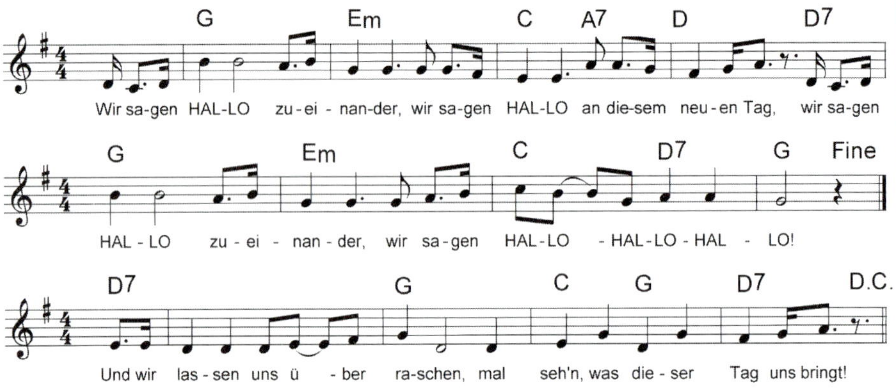

Zur Vertiefung:

- Warum ist es sinnvoll, Lieder bewegt zu gestalten?
- Suchen Sie Lieder, die gut mit Gesten angereichert werden können.
- Was ist beim Erwerb von Liedmaterial auf Tonträgern zu beachten?
- Nach welchen Kriterien suchen Sie Lieder aus?
- Wie können Lieder abwechslungsreich erarbeitet werden?

Planung einer Rhythmik-Einheit für Kinder

Im Kapitel Bewegung wurde zum Thema **Parameter schwer – leicht in Bewegung umsetzen** die Planung einer Rhythmik-Einheit für Kinder vorgestellt. Hier wird die Thematik noch einmal aufgegriffen. Im Vordergrund steht nun aber das Erlernen des Liedes von Liese Luftighauch und Pankratz Plumsternatzl.

➔ vgl. „Bewegung" S. 166 ff.

Thema: Erarbeitung eines Liedes

Verlauf im Überblick: Von der Reproduktion zweier Bewegungsqualitäten über das Experimentieren mit den Bewegungsqualitäten zur stimmlichen (Lied-) Begleitung bis hin zum Singen eines Liedes gelangen.

~ Lernziele: Vertiefung der Parameter schwer – leicht in Musik und Bewegung, Erlernen eines Liedes mit zwei verschiedenen Ausdrucksqualitäten, Taktwechsel in das Singen einbeziehen.

° Erziehungskompetenzen: Kreativitätsförderung mittels Vorstellungsbildern und Material, Sensibilisierung für schwere und leichte Ausdrucksmöglichkeiten in Bewegung, mit Material und mit der Stimme, Soziales Lernen durch das Treffen von Entscheidungen.

Material: Lied, Tücher, Sandsäckchen, Liese Luftighauch (L.L.), Pankratz Plumsternatzl (P.P.)

Verlauf	Intentionen, pädagogische Absichten	Methodische Hinweise
1. **„Erinnert** ihr euch an die Gäste, die wir vor einiger Zeit eingeladen haben? Diese Gäste wollen euch heute wieder begrüßen."	°* Einstieg ~ Thema wiederholen	Hilfestellungen: Ein gemütlicher Gast, ein Gast, der fliegen konnte.
2. **„Was** haben denn diese beiden Gäste gemacht?" Einzelne Kinder können mit den Puppen Bewegungen zeigen, die anderen machen die Bewegungen mit.	* Dynamischer Wechsel ° Bewegungslust ausleben ~ Gerade Taktart für P.P. erarbeiten, ungerade Taktart für L.L.	$^2/_4$-Takt und $^3/_4$-Takt herausarbeiten durch Stampfen von Plumsternatzl und schwingendem Fliegen von Luftighauch. Bewegungsbegleitung durch Singen oder Summen des Liedes.
3. **„Könnt ihr euch noch an das Lied** erinnern? Was passierte da?"	* Dynamischer Wechsel ~ Textstellen in Erinnerung rufen	Hilfestellungen: Reime ansprechen, von den Kindern fertigstellen lassen.
4. **Ich singe** nun das Lied, wer möchte, singt mit mir, die anderen bewegen sich so, wie ich singe.	* Dynamischer Wechsel ° Experimente zu stimmlicher Begleitung anstellen, durch Bewegungsfluss der begleitenden Gesten die Stimme lockern ° Eigenständig aussuchen, ob gesungen oder bewegt wird	Zwei Kinder können sich auch mit den Puppen bewegen.
5. **Kreis:** Stimmbildung: Geräusche machen, die P.P. (z.B.: „plumps, plams, plumps, plams") und L.L. (z.B.: „huiiii") machen. Dann das Lied gemeinsam singen.	~ Einsatz der Stimme ° Stimme aufwärmen	Langsam! Mit Gesten und Körperklängen unterstützen.
6. **Tücher und Sandsäckchen** austeilen. Freie Experimentierphase, danach zeigen, was erfunden wurde. Gibt es Bewegungen, die zu L.L. oder P.P. passen? (Begleitung durch Singen)	* Wechsel der Mittel (Material) ~ Lied in Bewegung vertiefen, Geschicklichkeit mit dem Material erlangen ° Kreativitätsförderung	Kinder können sich aussuchen, ob sie mit dem Sandsäckchen oder dem Tuch experimentieren wollen. Zeit lassen!

7. Platz im Raum suchen: Wenn ich von Frau Luftighauch singe, bewegen sich alle Tücher, wenn ich von Herrn Plumsternatzl singe, bewegen sich die Sandsäckchen.	∘ Eigene Ausdrucksfähigkeit gestalten ~ Lied hören	Wer will, singt mit mir.
8. Kreis: „Könnt ihr nun das Lied schon singen, wenn ich nur manchmal mitmache?"	~ Lied reproduzieren	„Lückentext" mit Gesten unterstützen.
9. Ausklang: Wen möchtest du auf deinem Rücken spüren? Liese oder Pankratz?	*∘ Sensitiver Ausklang ∘ Lied hören und spüren	Unterstützung durch Pfeifen. Variante: „Magst du singen, während ich auf deinem Rücken spiele?"

Liese und Pankratz

Birgitta Stummer

20

Erweiterung: Falls die Kinder Lust haben, kann zu einem anderen Zeitpunkt eine Massage mit Tüchern und Sandsäckchen durchgeführt werden. Wenn die Gruppenleitung von Pankratz singt, werden feste Schritte mit dem Sandsäckchen auf dem Rücken eines Kindes gemacht, bei Liese Luftighauch schwebt das Tuch über den Rücken des liegenden Kindes. Schwere und Leichtigkeit wird auch auf der Begleit-CD vermittelt.

Das Lied Malaisha (ist ein Name) ist ein südafrikanisches Protestlied aus den frühen Anfängen des ANC (African National Congress), dessen wesentlichste Persönlichkeit, Nelson Mandela, späterer Staatspräsident von Südafrika, 26 Jahre im Kampf um die Freiheit der Schwarzen im Gefängnis saß. Der Text zu Malaisha ist eine verschlüsselte Botschaft an die Einwohner des Landes, mit der sie aufgefordert werden, das Alte zu beseitigen und für eine neue Zukunft zu kämpfen. So bedeutet etwa die 3. Zeile: „Bring eine Axt zum Abhacken, Malaisha!", und in der 4. Zeile heißt es: „Sie sagen: Mach auf, Malaisha!"

Planung von Rhythmik-Einheiten für Jugendliche und Erwachsene

Unsere Stimme ist das vertrauteste und alltäglichste Kommunikationsmittel. Experimente mit der Stimme sind jedoch ungewohnt und persönlich. Sie sollen nur durchgeführt werden, wenn sie angenehm sind.

Thema: „Malaisha" – rhythmisches Lied singen.

Verlauf im Überblick: Vom dynamischen Aufwärmen der Stimme über die Stimmimprovisation bis zum gemeinsamen Singen eines Liedes gelangen.

~ **Lernziele:** Die Gruppenmitglieder erlernen ein mehrstimmiges Lied, sie „halten" Stimme und Metrum.

° **Erziehungskompetenzen:** Die Teilnehmenden sensibilisieren ihren Hörsinn, nehmen ihre Stimme bewusst wahr und entwickeln während des Singens ein Zusammengehörigkeitsgefühl.

Material: „Malaisha" (Protestlied aus Südafrika) S. 215, Hintergrundinformation zum Lied, Decken

Verlauf	Intentionen, pädagogische Absichten	Methodische Hinweise
1. Namensfangenspiel: Fangenspiel – bevor jemand gefangen wird, besteht die Möglichkeit, den Namen einer anderen Person zu rufen. Diese Person wird zur Fängerin bzw. zum Fänger. (Beispiel: Susi läuft Lisi nach. Lisi ruft: „Katrin!", Katrin ist neue Fängerin.)	*° Dynamische, lustvolle Aktivierung der Stimme	Wie wird die Stimme hier eingesetzt?
2. Freie Fortbewegung im Raum, schütteln, seufzen, strecken	*° Auslockerung ~ Konzentrationssammlung	Eigene Aufrichtung beobachten!
3. Freie Fortbewegung im Raum, wer stehen bleibt, signalisiert, dass der Rücken abgeklopft werden kann.	* Dynamischer, sozialer Wechsel ° Wahrnehmungssensibilisierung	Berührung nach bestimmten Kriterien (z.B.: keine „spitzen" Finger, leicht gespannte Handfläche berührt den anderen Rücken ...)
4. Ein Außenkreis, ein Innenkreis: Die Äußeren klopfen die Inneren sanft am Rücken ab: Die Gruppenleitung singt Töne vor, die von den Inneren nachgesungen werden.	° Stimme aufwärmen, Klangräume im Körper wahrnehmen, Hörsinn aktivieren ~ Tonmaterial kennenlernen	Töne sind Sequenzen aus „Malaisha".

5. Frei im Raum verteilt: $^4/_4$-Takt als Vorgabe: Jede Person singt zu einer selbst gewählten Zählzeit einen Ton und behält ihn bei jeder Wiederholung des $^4/_4$-Taktes bei.	* Sozialer Wechsel ° Gruppenimprovisation mit der Stimme ~ Metrum verinnerlichen	So viele Töne wie Personen! Metrum in den Füßen.
6. „Tonkreis“: Ein Gruppenmitglied geht blind durch den Raum. Rundherum bewegt sich ein Personenkreis. Wenn die „Blinde“ einer Wand oder einer Teilnehmenden zu nahe kommt, bewahren die Töne der anderen sie vor einem „Aufprall“.	* Wechsel der Wahrnehmungskanäle ° Experimentieren mit der Stimme, Sozialverhalten stärken	Welche Warnsignale sind für die „blinde“ Person angenehm?
7. Die Gruppenmitglieder liegen in Sternform mit den Köpfen nach innen (Rückenlage!) am Boden: Einatmung durch die Nase, Ausatmung durch den Mund. Allmählich die Ausatmung hörbar machen und mit Konsonanten und Vokalen besetzen. Später stellen sich die Liegenden einen Ton vor und singen ihn: • Abweichungen vom Ton (höher, tiefer) • Ursprünglichen Ton wiederfinden. • Einen gemeinsamen Ton finden und darauf einen Dreiklang aufbauen.	* Dynamischer Wechsel ° Entspannung ° Hörsinn aktivieren ° Experimentieren mit der Stimme	Entspannungsphase anleiten: Erklärung: Singen in Rückenlage günstig, weil der Boden die optimale Aufrichtung unterstützt. Diese Aufrichtung unterstützt das Singen. Einen Ton vorstellen. Dieser wandert durch den Körper. Speziell: Nieren, Brustkorb, Hals, Gesicht (Resonanzräume!) ansprechen. Die Töne sollen angenehm sein.
8. Hauptmelodie von „Malaisha“ wird von der Gruppenleitung vorgesungen.	* Neues Medium ~ Melodien nachsingen	Wer will, singt im Liegen, wer will, im aufrechten Sitzen.
9. Stehkreis: Hauptmelodie singen. Wird der Kreis größer, singen die Gruppenmitglieder lauter, wird der Kreis kleiner,	° Experimentieren mit der Stimme ~ Vertiefung der Melodie	Später weitere Stimmen des Liedes kennenlernen.
10. Kreis: Eine Person spielt in der Mitte Konga (Metrum mit Betonung auf 1), Hauptmelodie wird gesungen, 2. und 3. Stimme setzen ein.	* Neues Medium ~ Lied wiederholen, üben	Wer Konga spielen will, stellt sich in die Mitte: Signal für die 1. Kongaspielerin/den 1. Kongaspieler, sich ablösen zu lassen.
11. Freie Fortbewegung im Raum, jede Person sucht sich aus, welche Stimme sie singen will.	* Dynamischer Wechsel ° Eigenes und gemeinschaftliches Klangerlebnis gestalten ~ Stimme halten	Evtl. kleinen Ablauf festlegen: (Kreis größer, kleiner, im Kreis gehen, sitzen ...)

12. Schlussrunde	°*~ Reflexion	Welche Phasen waren angenehm? Welche nicht? Welche Angebote sind mit Kindern möglich?

Malaisha – Protestlied aus Südafrika

Miriam Makeba/Dollar Brand

Arrangement: B. Cronenberg/ P. Winiger

Thema: Sprechimprovisation mit Texten

Verlauf im Überblick: Vom gemeinsamen Aufwärmen der Stimme über verschiedene Dialoge zu Textgestaltungen gelangen.

~ Lernziele: Die Teilnehmenden gestalten Texte mit ihrer Stimme, mit Material und in Bewegung.

° Erziehungskompetenzen: Die Teilnehmenden nehmen ihre Stimme bewusster wahr und treten damit in Kontakt.

Material: Decken, Zeitungen oder Illustrierte

*~°

Verlauf	Intentionen, pädagogische Absichten	Methodische Hinweise
1. Rückenlage: a) Atem fließt, Bauchdecke hebt sich bei der Einatmung b) Kiefer lockern c) Seufzen (mit und ohne Ton) d) Mmm von hoch nach tief, von Kopf bis Fuß e) Pferdeschnauben, Lippen vibrieren f) Aufsetzen, dehnen, strecken	* Einstieg ° Eigenwahrnehmung sensibilisieren, Stimme aktivieren, bewusst einsetzen	Bequeme Ausgangsposition schaffen
2. Gemeinsam Zungenbrecher finden und sprechen	* Wechsel der Zielsetzung ° Kreativitätsförderung ~ Artikulation trainieren	
3. „Vokalizer“: Die TN stehen im Raum verteilt: 1 TN bewegt sich blind durch den Raum. Kommt sie/er zu nahe an eine/einen andere/anderen TN, gibt diese/dieser 1 Wort oder 1 Ton von sich.	* Dynamischer Wechsel ~ Differenzierter Einsatz der Stimme ° Sinnessensibilisierung	Variante: mehrere TN bewegen sich blind. Die „Aufpassenden“ verwenden Wörter aus den zuvor gesammelten Zungenbrechern.
4. Zeitungen austeilen: im Kreis sitzen und lesen, murmeln, ab und zu ein Wort vorlesen, allmählich mehr Worte vorlesen, Sätze vorlesen.	* Neues Medium ° Sprechimprovisation einführen	Einzelne Worte freundlich, geheimnisvoll, drohend, verärgert aussprechen.
5. Zu zweit: zunächst „höfliche“ (ohne jemanden zu unterbrechen), später „unhöfliche“ Dialoge führen.	* Sozialer Wechsel ° In Kontakt zu anderen TN treten, Kreativität einsetzen	Evtl. auch in der Kleingruppe, Themen vorgeben: Zoo, Parlament, Straße, Bahnhof …
6. In Kleingruppen: Gesten hinzufügen	° Improvisation mit musikalischen Parametern anreichern	Auf Lautstärke, Tempo, Artikulation achten. Wiederholungen, Variationen vornehmen, evtl. zum freien Sprechen gelangen.
7. Text in Kleingruppen mit Material, evtl. in Bewegung gestalten: Aus einzelnen Sätzen wird ein zusammenhängender Text formuliert.	* Sozialer Wechsel ~ Gesammeltes Material gestalten	Gestaltungsprinzipien (Tempo, Dynamik ...) einbeziehen
8. Präsentation, Reflexion	~ Textgestaltung mit Material und in Bewegung	

9.7.5 Sprachliche Barrieren? – Interkulturelle Erziehung!

Jeder Mensch hat das Recht, innerhalb einer Gemeinschaft Fähigkeiten entwickeln zu dürfen. Er soll spüren, dass seine **Einzigartigkeit angenommen** wird. **Aufmerksamkeit und Anerkennung sollen ihn begleiten.**

Für die Aufgeschlossenheit gegenüber dem Fremden ist ein hohes Maß an **Toleranz** notwendig sowie **Bewusstheit über die eigenen Wurzeln.** In dem ganz Österreich umfassenden Schulprojekt „Mit allen Sinnen" haben junge Menschen die Möglichkeit, heimatliche und fremde Regionen kennenzulernen. Verständnis und die Bereitschaft, offen zu sein, werden durch unterschiedliche Themenstellungen erarbeitet: „Grenzen – Grenzenlos", „Rundumadum", „Vier Viertel" …

Menschen aus verschiedenen Kulturkreisen verbindet die Sehnsucht nach Wertschätzung, Toleranz, Geborgenheit und Freundschaft.

Integration findet in jedem sozialen Gefüge statt und ist eine Haltung, die von uns verlangt, Berührungsängste abzubauen. Wir lernen voneinander, denn **alles Fremde,** das in die Gemeinschaft hineingebracht wird, **erweitert unsere Erfahrungen.** Stärken können zur Geltung gebracht werden, mit Schwächen lernen wir, umzugehen. Sich selbst und anderen Menschen mit Wertschätzung entgegenzutreten, ist ein wichtiger Bestandteil von friedlichem Zusammenleben.

Das Fremde hat zwei Gesichter: Einerseits können uns Begegnungen mit fremden Menschen oder ungewöhnlichen Situationen bereichern und erstaunen, sie können aber auch stören, Angst und Aggression auslösen.

Wer lernt, aus mehreren Quellen zu leben, sich in einen kulturellen Austausch zu begeben, der wird elastischer, flexibler. **Zu den Grunderfahrungen der Kindheit soll gehören, dass wir uns auf neue Bedingungen einstellen.** Andere Lebensformen, eine andere Expressivität kennenzulernen, bereichert unser eigenes Leben. (vgl. Elschenbroich 2001, S. 74)

Kulturkompetenz bedeutet, andere Kulturen zu kennen und sich in fremden Kulturen orientieren zu können.

In der Rhythmik wird Erlebnisfähigkeit erweitert. Eine Auseinandersetzung mit dem Fremden findet statt, wenn sich die Teilnehmenden **mit anderen Rollen identifizieren.** Mithilfe der **Reproduktion und** auch der **Vorwegnahme von Situationen, die ungewohnt sind,** kann der Mensch Spannungen abbauen, unerfüllte Wünsche symbolisch realisieren und somit sein seelisches Gleichgewicht stabilisieren. In der Rhythmik wird **nichtsprachlichen Unterrichtsmitteln** große Bedeutung beigemessen. Kommuniziert wird hauptsächlich nonverbal, durch Musik, Bewegung, Stimme und Materialien. Durch diese Art von Kontakt treten sprachliche Barrieren in den Hintergrund.

Das Erfahren und Verarbeiten von Unterschieden sind wertvolle Bausteine im Entwicklungsprozess eines Menschen. Gewohnheiten können hinterfragt, verändert oder bewahrt werden.

Viele Menschen identifizieren sich mit der Musik ihres Landes, sie werden emotional angesprochen, denn oft sind Erinnerungen mit der „eigenen" Musik verknüpft: Wer ausländische Kinder einmal mit einem Lied in ihrer Muttersprache überrascht hat, wird das gerne wieder tun: Die Kinder staunen zunächst ungläubig, dann freuen sie sich und sehen großmütig über Aussprachefehler hinweg. Ihre Augen leuchten vor Vergnügen. (Merkt 1995, S. 14)

Rhythmik kann verstanden werden als Vermittler zwischen zwei oder mehreren Kulturen und als Erziehung zu Toleranz und Aufgeschlossenheit. **Musik und Bewegung** bieten die Möglichkeit, ein **breites Weltbild zu erfahren,** denn viele fremde Bräuche und Lebensweisen werden durch Musik und Bewegung spielerisch vermittelt.

Balance herstellen zwischen Tradition und Erneuerung, zwischen Bekanntem und Fremdem.

Interkulturelle Erziehung soll nicht nur verschiedene Länder vorstellen, sie soll auch die Möglichkeit bieten, **Schwierigkeiten, die in der Fremde oder mit dem Fremden auftreten, zu thematisieren.** Diese **Chance** bietet sich **für Kinder aus dem In- und Ausland.**

Entwicklung und Stärkung kultureller Identität

Fremdländische Feste, Lieder und Tänze, das Einbeziehen anderer Kulturen in unseren Alltag tragen zu einer **Erweiterung unserer Lebensumstände** bei. Fragen wie „Was macht ihr an so einem Tag?" oder „Welche Instrumente verwendet ihr?" helfen, Wertschätzung bewusst zu transportieren.

Sensibilisierung für fremdländische Kulturen äußert sich beispielsweise darin, dass auf der Straße aufgehorcht wird, um die Sprache zweier ins Gespräch vertiefter Passanten zu identifizieren ...

Praktische Anregungen zur interkulturellen Erziehung

Im Alter von 2 bis 6 Jahren sind Kinder besonders empfänglich für Fremdsprachen. Kinder mit unterschiedlicher Muttersprache können einander ihre Sprache vermitteln. Diese Sprachressource sollte als große Chance angesehen werden! Sprachen eröffnen Welten.

- **Bilderbücher** von Eltern mit anderer Muttersprache in ihre Sprachen übersetzen lassen. Das Erzählte kann z.B. auf Kassette aufgenommen werden. Im Kindergarten können alle Kinder das Buch anschauen und verschiedene Sprachen dazu hören.
- **Begrüßung:** Ein Kind mit nicht deutscher Muttersprache lernt den anderen Begrüßungs- und Verabschiedungsrituale. Diese können in den Alltag einbezogen werden. Variante: Zahlen von 1 bis 10 lernen.
- **Kochen:** Mithilfe von Eltern kann ein fremdländisches Menü erstellt werden. Nahrungsmittel, Verarbeitung, Geruch und Geschmack können beschrieben werden. Variante: Eine Lieblingsspeise von zu Hause mitbringen und von der Herstellung erzählen.
- **Stark – schwach:** Wie bewegen sich starke Menschen (Tiere), wie bewegen sich schwache? Wann fühlt ihr euch schwach bzw. stark?
- **Lieblingsmusik:** Kennenlernen von Liedern aus anderen Kulturen. Informationen zum Inhalt des Liedes sammeln. Variante: Volkstänze der eigenen und fremder Kulturen lernen ...
- **Nonsens-Sprache:** Bei dieser Sprache sind alle Kinder gleichberechtigt. Sie erleben das Improvisieren mit Silben, die keine Bedeutung haben, als lustvoll. Geheimsprachen, mystische Auszählreime und Codes werden entwickelt. Spielerisch wird somit die Artikulation geübt. Zur Nonsens-Sprache gehört die beliebige Aneinanderreihung von Silben (z.B. in Form von Auszählreimen), es können aber auch unsinnige Namen (Robert Rutschko, Basti Bleirauch ...) oder Fantasiegeschichten erfunden werden (Heute in der Früh krabbelte ein Ameisenbär über meinen Polster ...).
- **Jodeln:** Diese „österreichische Nonsenssprache" können Kinder aus allen Nationen lernen.

23

Ich bin ich
und du bist du!
Ich bin anders –
was glaubst du?

Ich bin bunt
und bunt bist du!
Ich bin halt anders –
so wie du!

www.netdream.tsn.at, 23.6.05

He-i-ti –

Jodler im Kanon zu zwei Stimmen

Volksgut

Hubert von Goisern hat seine „liabsten Weisen" auf der CD „Trad" (von der englischen Bezeichnung „traditional") aufgenommen. Diese CD (2001) beinhaltet eine Sammlung traditioneller österreichischer Volkslieder.

- **Zungenbrecher und Mundartgedichte:** Bei dieser Art von Sprachtraining können Kinder aus anderen Kulturkreisen beobachten, dass die österreichische Sprache auch für einheimische Kinder schwierig sein kann.

Zwanzg' z'quetschte Zwetschkn' und zwanzg' z'quetschte Zwetschkn' san vierzg' z'quetschte Zwetschkn.

(mündlich überliefert)

Giahn mar tanzen,
sagt die Wanzen.
Aber wo? Fragt der Floh.
Aufn Tisch, sagt der Fisch.
Ist koa Platz, sagt der Ratz.

Horak 1986, S. 252

Ein adäquater Umgang mit „dem Anderen" könnte darin bestehen, Gefühle und Gedanken in ihrer ganzen Widersprüchlichkeit zunächst einfach anzunehmen und offen zu legen, um dann zu versuchen, sie unter fühlendem Abwägen von Gefahren wie Chancen im verhandelnden Dialog partnerschaftlich zu einem für beide Seiten fruchtbaren Kompromiss hinzulenken.

Ciompi 1997, S. 339

Zur Vertiefung:

- Welche Chancen bietet interkulturelle Erziehung?

10 Ideenflut sucht Spielzeugebbe. Einsatz von Materialien in der Rhythmik

> Aber ich werde nie vergessen, was mir die Dinge beigebracht haben.
>
> Pier Paolo Pasolini

Die Dinge gehören zu den wichtigsten Lehrmeistern unseres Lebens. Wenn wir sie in die Hand nehmen, mit ihnen hantieren, werden sie sinnvoll und erschließen einen Teil der Welt. Jede sinnliche Erfahrung hinterlässt Spuren in unserem Gedächtnis und erweitert unseren Erfahrungsraum.
Die Dinge sind für unsere Kinder keine Übergangsobjekte, sondern sie sind Anker, Ruder und Fernglas auf dem Weg in die Welt. Oder treue Weggefährten. (vgl. Elschenbroich 2001, S. 163)

Qualität geht vor Quantität.

Die treuen Weggefährten stehen uns bei, wenn wir mit einem Schiff voll von Ideen in See stechen. Wenn das Schiff aber überladen ist mit Weggefährten, bleibt kein Platz mehr für unsere Ideen. Kindern fehlt es nicht an Ideen. Wie die Flut brechen sie oft über sie herein. Es fehlt nur manchmal an Menschen, die nach der Flut auf die Ebbe aufmerksam machen oder auf das silberne Glitzern des Meeres bei Windstille. Ideenfluten brauchen keine Materialschlachten, sie benötigen sorgsam ausgewählte Gegenstände, die der Kreativität freien Lauf lassen.

10.1 Was ist Material?

Oft spiegelt Material Eigenschaften unserer Konsum- und Wegwerfgesellschaft wider.

Gegenstand – Spielzeug – Spielmittel – Bildungsmittel. Diese Begriffe zeigen, dass zahlreiche Meinungen und Anschauungen über Materialien bestehen. Material wird klassifiziert aufgrund von gesellschaftlichen, finanziellen und technischen Umständen. Es gibt Gegenstände, die Kindern schon seit Jahrtausenden als Spielmittel dienen, andere bestehen nur kurze Zeit.
Im Folgenden sind sämtliche **Gegenstände** mit Material gemeint, **die Menschen zu Bestandteilen ihrer (Spiel-)Handlungen machen.**

Kinder verarbeiten mithilfe von Material ihre Wirklichkeit.

Material soll Kinder unterstützen, es soll **helfen, sich in die Welt der Erwachsenen auf individuelle Weise einzufinden.** Material ist kein Ersatz für Spielhandlungen mit Eltern und Lehr- und Erziehungspersonen. Es soll dazu beitragen, **Selbstdarstellung** und **Kommunikation zu ermöglichen** und die Realität schöpferisch zu verarbeiten.
Im Kindergarten sollte Material hauptsächlich unter dem Gedanken des zweckfreien Spiels verwendet werden.
➔ vgl. „Kreativität: Spiel" S. 115

Materialien können zum zweckfreien Spiel, zur Entwicklungsförderung und als therapeutisches Mittel eingesetzt werden.

Materialien können nach verschiedenen Kriterien eingeteilt werden:
- Spieltätigkeit (zum Bauen, zum Bewegen …)
- Spielinhalt (Verkehr, Sprachförderung …)
- Personenkreis (geschlechtsspezifisch, altersspezifisch)

- Materialbeschaffenheit (Holz, Metall ...)
- Pädagogische Schulen (Montessori, Wild ...)

Zur Vertiefung:

- Was ist Material?
- Mit welchem Material spielen Sie am liebsten?

10.2 Wozu wird Material eingesetzt? Wie soll Material beschaffen sein?

Ausgiebige Beobachtung von Kindern hilft, Entscheidungen für die Anschaffung von Materialien zu treffen.

Welche Materialien Kinder ansprechen, hängt immer von der **individuellen Entwicklung** und den **Neigungen** des Kindes ab. Im Folgenden wird ein Orientierungsrahmen für **Auswahlkriterien** angeboten:

Das Unfertige fordert zum Weiterentwickeln heraus, regt zu Gestaltungen an.

Realitätsbildende Funktion von Material

Anregung von verbaler und nonverbaler Ausdrucksfähigkeit

Material soll herausfordern, aber nicht überfordern.

- **Variabilität:** Gutes Spielmaterial sollte Kinder in verschiedenen Altersgruppen ansprechen, damit möglichst viele, unterschiedliche Kinder miteinander spielen können. Soziales Verhalten wird aber auch durch **Wahlmöglichkeiten** bestärkt: Spiele für Gruppen und Spiele für eine Person sollen zur Verfügung stehen. Im Parallelspiel beobachten Kinder einander intensiv und machen somit, trotz scheinbar individueller Tätigkeit, soziale Erfahrungen.
- Material soll die **Fantasie anregen.** Ein Bauklotz kann als Ziegel, Traktor oder Gemüsebeet verwendet werden. Materialien, die viele Vorgaben machen, wirken eher einschränkend. Kinder erfinden viel mehr Worte und Redewendungen als eine Puppe, die ein oder zwei Sätze spricht. **Je vielfältiger Materialien selbsttätig gestaltet werden können, umso länger sind sie interessant.**
- Materialien sollen Gelegenheit geben, **Umwelterfahrungen nachzuspielen** und somit zu vertiefen. Besonders eindrucksvolle Erlebnisse können so besser verarbeitet werden.
- **Expression:** Materialien sollen die Möglichkeit bieten, Gefühle wie Freude und Ausgelassenheit, aber auch Angst und Aggression zum Ausdruck zu bringen.
- **Selbsttätigkeit:** Materialien sollen weitgehend unabhängige Spielmöglichkeiten von der Lehr- und Erziehungsperson ermöglichen. Durch die eigenständige Handhabung von Material kann das Kind seine Umwelt verändern und seine eigene Entwicklung vorantreiben.
- **Größe und Gewicht:** Kleinkinder, deren Feinmotorik noch wenig ausgeprägt ist, können besser mit großen Bausteinen hantieren. Ein riesiges, schweres Stofftier hingegen eignet sich wenig für die Begleitung an viele Orte.
- **Menge:** Weniger ist mehr. Einige gut ausgearbeitete Materialien sind wertvoller als viele Gegenstände von schlechter Qualität. Die Lehr- und Erziehungsperson sollte versuchen, Balance herzustellen zwischen Vertrautem und neuen Eindrücken.
- **Farben** beeinflussen Spielmöglichkeiten und werden je nach Geschmack ausgesucht. Es sollte darauf geachtet werden, dass jede Farbe wenigstens ein-

Gegenstände, die alles aushalten, sind wirklichkeitsfremd. Risiken müssen eingegangen werden. Mit zunehmendem Alter sollen Kinder die Erfahrung machen, dass Gegenstände umso langlebiger sind, je vorsichtiger sie gehandhabt werden.

mal in einer Materialsammlung enthalten ist. Einfärbige Gegenstände regen die Fantasie besonders an: z.B. blaues Tuch – Meer, Himmel, See, Bach ...

- **Form:** Einfache Grundformen (Kreis, Dreieck ...) können vielfältig eingesetzt und umgedeutet werden.
- **Mechanik:** Je jünger ein Kind ist, desto einfacher und einsichtiger sollte ein Spielzeug konstruiert sein.
- **Haltbarkeit und Hygiene:** Materialien müssen gut verarbeitet sein und möglichst viele Gefahren ausschließen. Gegenstände für Kleinkinder sollten auch in den Mund genommen werden können. Ein Material muss robust sein, soll aber nicht den Eindruck erwecken, dass damit alles gemacht werden kann.
- **Ästhetik:** Die künstlerisch-ästhetische Gestaltung eines Materials ist wesentlich für die Geschmacksbildung von Kindern.
- **Beschaffenheit:** Kinder sollten möglichst viele verschiedene Materialien kennenlernen. Sach- und Handlungskompetenz werden erweitert, wenn das Kind verschiedene Eigenschaften und Gesetzmäßigkeiten erfährt.
- **Ökologie:** Gutes, langlebiges Material kann viel verwendet werden und belastet unsere Umwelt weniger, weil es nicht so schnell zu Müll umgewandelt wird. Wegwerfspielzeug und unnötige Verpackung sollte vermieden werden. Lieber weniger und dafür wertvolleres Material anschaffen.

Wahrnehmungssensibilisierung durch das Handhaben von verschiedenen Materialien

Mithilfe von Material „aus der wirklichen Welt" (Holz, Stein ...) werden Umwelterfahrungen gemacht.

Zur Vertiefung:

- Wie soll Material idealerweise beschaffen sein?
- Suchen Sie einen Gegenstand aus und erklären Sie einem Gruppenmitglied, warum Sie gerade dieses Material für besonders wertvoll halten.

10.2.1 Material, „Kind unserer Zeit"

Wertschätzung der Dinge: Jedes Kind sollte sich mit Gegenständen identifizieren, einmal einen Gegenstand aufbewahren für einen besonderen Freund und auch einen Gegenstand repariert haben.

In einer Zeit, in der immer mehr Bedürfnisse immer öfter und kürzer befriedigt werden können, werden auch Kinder angesteckt von der Konsumgier unserer Gesellschaft. **Teure Massenprodukte, die kurzfristig im Trend liegen** (Pokemon, Diddl, Barbie & Co.), **müssen immer häufiger ersetzt werden** durch andere „Trendys" und zeigen somit ein Verhalten von Verbrauchern, wie es sich die Produzenten nur wünschen können. Lebensfreude ist gekoppelt an **soziales Prestige,** an das „Mithalten" beim Konsumwettbewerb. Das **Besitzen hat mehr Wert als das Erkennen, Verstehen und Selbermachen.**
Medial vermittelte Werte entsprechen oft nicht den Werten, die viele Lehr- und Erziehungspersonen vermitteln. Diese Widersprüchlichkeit ist ein Indiz für die komplexe Struktur unserer Gesellschaft.
Ein Gegenstand muss nicht „Aufforderungscharakter" haben. Er muss nicht „etwas bieten". Wenn Material bereitsteht, sollen sich diejenigen, die ausprobieren und erforschen wollen, betätigen. Die Welt will entdeckt werden. Es geht **nicht** darum, **Animation** zu **betreiben, sondern Selbsttätigkeit und Entscheidungsfreiheit Raum zu geben, damit eigene Leistungen auch als solche angesehen werden können.**

10.2.2 Aufbewahrung

Materialien sollten in zweckmäßigen Behältern gelagert werden. Manche Originalverpackungen eignen sich für die Aufbewahrung, in anderen Fällen kann mithilfe von Körben, Regalen und Kisten Ordnung gehalten werden. Wichtig ist, dass Kinder lernen, Material zu pflegen, her- und wegzuräumen. Kinder sollen beteiligt sein am Suchen von sinnvollen Aufbewahrungsorten, an Pflege und Wartung. ➔ vgl. „Musik, Aufbewahrung von Instrumenten" S. 146

Zur Vertiefung:

- Fragen Sie 10 Kinder der gleichen Altersgruppe nach ihrem Lieblingsspielzeug. Welche Schlussfolgerungen ziehen Sie?
- Welche Materialien würden Sie für Ihre derzeitige Praxisstätte anschaffen, wenn Sie 1000 Euro zur Verfügung hätten? Warum?

10.3 Entwicklungsförderung durch Materialeinsatz

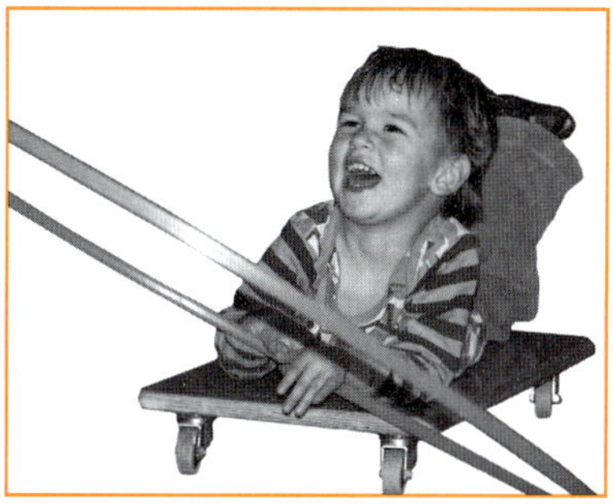

In den ersten Lebensjahren beruht die Entwicklung von Kindern hauptsächlich auf Wahrnehmungs- und Bewegungserfahrungen. Die unmittelbare Auseinandersetzung mit Materialien steht im Vordergrund. Durch das **Explorieren** mit Gegenständen und den **damit verbundenen sensomotorischen Erlebnissen** können die **Umwelt** und der eigene **Körper entdeckt** werden.

- Mit ein bis zwei Monaten reagiert der Säugling beim Anblick eines Gegenstandes, den er berühren will, mit einer **Erhöhung der Muskelspannung** in Armen und Schultern. Ein bis zwei Monate später kommen **Mundbewegungen** hinzu.
- Mit drei bis vier Monaten kann der Säugling seine **Hand** langsam **auf einen Gegenstand zubewegen.** Mund- und Zungenaktivität begleiten diese Anstrengungen. (vgl. Oerter 99)
- 1. bis 2. Lebensjahr: Gegenstände werden untersucht, ohne dass eine planvolle Handhabung dahintersteckt. Kinder **experimentieren und erfahren** dabei **zufällig** verschiedene **Gesetzmäßigkeiten.**
- 2. bis 4. Lebensjahr: Kinder **gestalten Gegenstände, benennen sie und zeigen Ergebnisse vor.** Reflexionen über selbst gestaltete Produkte werden gemacht.
- Ab dem 4. Lebensjahr werden **Handlungen planvoll durchgeführt.** Je einfacher das Material, umso früher können Pläne gemacht werden (Sandspiel im 3. Lebensjahr, Knetmaterial im 5.). Kleinkinder greifen leichter nach großen Formen. Die Feinmotorik von Schulkindern ist ausgereifter und ermöglicht das Spiel mit kleineren Gegenständen. Viele Schulkinder bevorzugen Materialien, die der Wirklichkeit modellgetreu nachgeformt sind.

Zur Vertiefung:

- Beobachten Sie Kinder in Ihrer Praxisstätte. Welche Entwicklungsschritte, die mit Material im Zusammenhang stehen, konnten Sie feststellen?

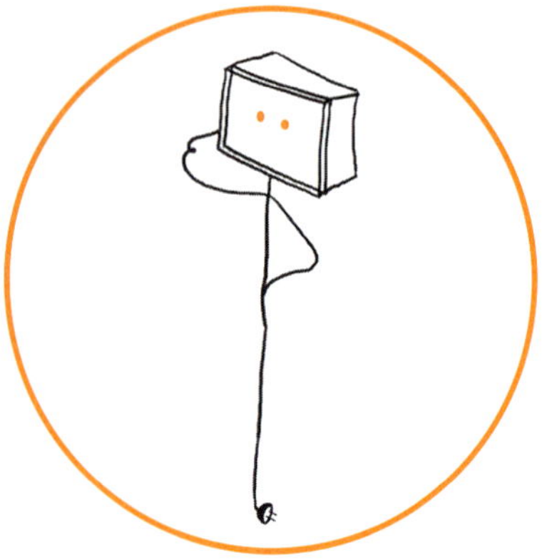

Computer als „Großmutter-Ersatz"?

Soziale Interaktion in der Cyber-Welt: Kann sie sinnvolle Ergänzung sein zur sozialen Interaktion in der Realität?

Reale Erfahrungen können nicht ersetzt werden, elektronische Medien können die Realität aber ergänzen und erweitern.

Exkurs: Elektronische Medienerziehung im Kindergarten

In unserer medienorientierten Gesellschaft stellt sich die Frage, ob im geschützten Rahmen des Kindergartens elektronische Medienerziehung stattfinden sollte. **Computer, Fernsehen, Radio und Kino sind Elemente unseres täglichen Lebens.** Wenn versucht wird, Kinder von diesen Medien fernzuhalten, wird ihnen ein Stück Realität entzogen. Um die neuen Kommunikationsmittel entsteht ein Geheimnis, das alles Unbekannte begleitet. Es macht sie interessanter, als sie tatsächlich sind.

Mögliche Auswirkungen der Nutzung von elektronischen Medien sind viel diskutiert. Im Folgenden sollen einige „Pros" und „Kontras" genannt werden:

- **Sucht:** Viele elektronische Medien üben eine große Faszination aus und lassen Zeit und Raum in Vergessenheit treten. Immer mehr Erwachsene und Kinder können von dieser Faszination nicht genug bekommen.
- **„Babysitter":** Eltern, die gerade keine Zeit für Kinder haben, sind froh über den medialen Zeitvertreib, währenddessen die Kinder selten gefährliche oder einfältige Ideen haben. Solange Programme sorgfältig ausgewählt und zeitlich beschränkt sind, ist Eltern und Kindern (die meist gerne fernsehen oder Computer spielen) geholfen.
- **Soziale Isolation:** Viele Kinder spielen sehr lange alleine am Computer. Manche allerdings treten über mediale Sachgespräche überhaupt erst in Kontakt mit anderen, einige Kinder spielen auch gerne mit anderen am Computer. In der Cyber-Welt können soziale und politische Kontakte geknüpft werden, „Netzwerke" werden gespannt. Reale, soziale Kontakte sollen durch den „Cyberspace" jedoch nicht ersetzt werden.
- **Kreativität:** Auch mit Computern können ideenreiche Spiele entstehen. Zeichen- und Malprogramme fördern die Kreativität. Was diesen kreativen Leistungen allerdings fehlt, ist die direkte, sinnliche Erfahrung, die mit Fingerfarben oder Bauklötzen gemacht werden kann und im Alter von 0 bis 6 Jahren besonders bedeutungsvoll ist.
- **Gewaltbereitschaft:** Da es Computerprogramme für Kinder noch nicht sehr lange gibt, existieren auch noch keine Langzeitstudien zum Thema „Steigerung von Aggressionen durch kriegerische Themen in der Cyber-Welt". Viele Befürworter meinen, dass Kinder durch Kriegsspiele am Computer oder durch gewalttätige Filme eine Möglichkeit haben, Spannungen abzubauen. Durch den Konsum von Gewalt besteht allerdings noch lange nicht die Möglichkeit, Aggressionen adäquat zu verarbeiten und Lösungsmöglichkeiten für die eigenen Verletzungen zu entwickeln. Letzteres kann nur durch realistische Interaktion und handelnde Auseinandersetzung geschehen.

Trotz allem „Für" und „Wider" kann unbestritten festgehalten werden, dass elektronische Medien unsere Informationsverarbeitungskapazitäten verbessern können, wenn wir lernen, auszuwählen aus dem Überangebot an Eindrücken, die täglich auf uns einströmen.

Ziel einer angemessenen Medienerziehung im Kindergarten sollte sein, Medienkompetenz zu vermitteln:

- **Orientierungswissen,** Bewertungs- und Auswahlkompetenz hinsichtlich der Nutzung von elektronischen Medien. (Welche Medien gibt es? Was kann ich damit tun?)
- Einsicht in die Bedeutung und **Wirkung von elektronischen Medien auf die Gesellschaft und die eigene Person.** (Wo dominieren die Medien unseren Alltag?)
- Wissen über die **Handhabung von elektronischen Medien.** (Wie schalte ich ein Gerät aus?)
- Einsicht in die **qualitativen und quantitativen Aspekte der eigenen Mediennutzung.** (Wie lange sitze ich vor dem Computer, dem Fernseher? Was macht mir dabei Spaß?)
- Fähigkeit zur **Integration der elektronischen Medien in den Alltag.** (Wie kann ich Informationen beschaffen?)

Sachgerechter, selbstbestimmter, verantwortungsbewusster Umgang mit Medien

Zuletzt stellt sich nur noch die Frage, mit welchen Mitteln teure Geräte wie Fernseher, DVD-Recorder, Computerhard- und -software angeschafft werden sollen, wenn in vielen Kindergärten sogar das Geld für eine kindgerechte Raumausstattung fehlt.

Zur Vertiefung:

- Wie gehen Sie selbst mit Medien wie Computer und Fernseher um?
- Welche Relevanz haben diese Medien Ihrer Meinung nach im Kindergarten? Diskutieren Sie!

10.4 Material in der Rhythmik

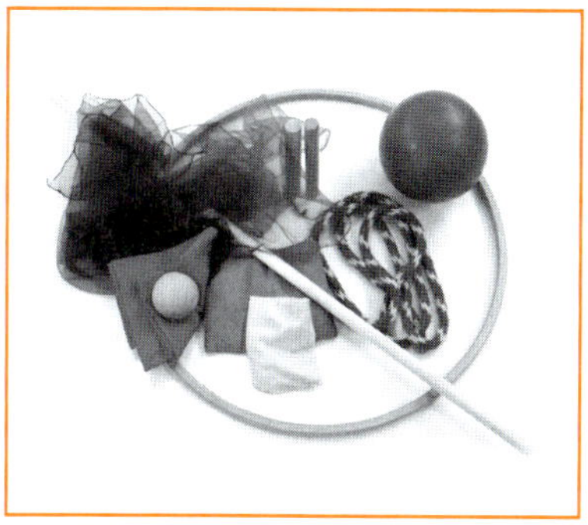

Material fordert zur handlungsorientierten Auseinandersetzung auf und bietet durch Farbe, Form und Beschaffenheit Anreiz zum Anfassen, Spielen, Experimentieren, Darstellen und Formen. Kinder erleben durch den Einsatz von Material **sensomotorische Grunderfahrungen,** die **für ihre Entwicklung von großer Bedeutung** sind. (vgl. Witoszynskyj; Schindler; Schneider 1999, S. 21) **Über das Ertasten und Befühlen von Gegenständen können neue Erfahrungen gemacht werden.** Gründliche Untersuchungen mit dem ganzen Körper sind Voraussetzung für spätere Überlegungen, Planungen und Erfindungen. Jugendliche und Erwachsene haben die Möglichkeit, in der Auseinandersetzung mit dem Material sensomotorische Erfahrungen wieder zu machen und neu zu erleben. Das „Erinnern" an Spiele aus der Kindheit kann Nähe zu Kindern in der Gegenwart herstellen, Freude bereiten und Zugang zum zwanglosen Experiment verschaffen.

Durch Material können Wahrnehmungsreize erfahren, verarbeitet und schließlich gezielt angewendet werden.

Wichtig ist, dass Material nicht „wahllos" eingesetzt wird. Zu viel kann überfordern und verhindern, dass Vertiefung mit einem Material stattfindet. **Eingrenzung ist oft förderlicher als Maßlosigkeit.** Weniger bedeutet oft mehr, lässt Konzentration und Vertiefung zu.

Einen differenzierten Umgang mit wenig Material zu ermöglichen, ist schwieriger, aber zielführender, als viel Material zur Verfügung zu stellen.

Erfahrungen über Beschaffenheit, Wissen über Herkunft und Geschichte eines Gegenstandes erhöhen die Aufmerksamkeit.

Eine differenzierte Handhabung von Materialien erhöht unsere Lebensqualität, wenn wir es genießen, dass ein Gegenstand gut in der Hand liegt, wenn wir uns erfreuen an angenehmen Materialien, wenn wir Veränderungen vornehmen, weil uns Kleidungsstücke beengen, wenn wir beurteilen können, ob Spielzeug zu eigenständiger Auseinandersetzung oder stereotyper Wiederholung einlädt.

Zur Vertiefung:

- Wie kann Material beschrieben werden? (rund – eckig, rau – weich, groß – klein ...) Finden Sie weitere Gegensatzpaare!

10.4.1 Fähigkeiten und Fertigkeiten, die durch Material erworben werden können. Wie wird Material eingesetzt?

Bauen und Sortieren strukturiert das eigene Denken.

- Material kann **als Thema** selbst eingesetzt werden. Experimentieren, verändern und formen stehen im Vordergrund. Dies sollte vor allem der Fall sein, wenn ein Material neu eingeführt wird. Später erhält der Gegenstand Symbolcharakter. Er wird umgedeutet und bekommt somit **Darstellungscharakter:** Situationen werden nachgespielt und nachgebaut. Jeder Mensch hat Ideale, die er mithilfe von Gegenständen darstellen möchte. **Kreativitätsförderung** entsteht durch den Einsatz von Material: Es wird erforscht, verfremdet, umgewandelt und umgedeutet.

➔ vgl. „Methoden zur Kreativitätsförderung" S. 111 f.

Material steigert die Aufmerksamkeit und die willkürliche Ausdauer.

- Ebenso ist es möglich, dass Material einen **beruhigenden Charakter** hat und zu **Konzentration** anregt.
- Material **lenkt ab.** Es besteht die Möglichkeit, dass es scheinbar in den Vordergrund tritt und so der Person ermöglicht, zu experimentieren, ohne sich unmittelbar zu exponieren.

Physikalische Gesetzmäßigkeiten erfahren: Wie haltbar, tragfähig, standfest ist Material?

Erprobung physikalischer Phänomene wie: Temperatur, Schwung, Gleichgewicht, Beschleunigung, Schwerkraft.

- Material fördert die **Sensibilisierung von Wahrnehmung.** Durch das Hantieren, Bauen und Gestalten werden sinnliche Erfahrungen gemacht. Viele „Produkte" wie Musikstücke, Höhlen oder Zeichnungen regen ebenfalls unsere Wahrnehmung an.
  Material kann durch die verschiedenen Dimensionen der **Parameter Raum, Kraft, Zeit und Form** erlebt werden. (Ein Gegenstand kann kraftvoll, raumgreifend, langsam erfahren werden oder in Verbindung mit anderen Gegenständen wirken.)

Förderung von kommunikativen Fähigkeiten: teilen, sich abgrenzen, beobachten.

- Es besteht die Möglichkeit, dass **soziale Kontakte** über ein Material hergestellt werden. Hier können Gegenstände konstruktiv eingesetzt werden, weil sie sowohl Verbindung als auch Distanz schaffen. So kann beispielsweise eine Massage mit einem Ball sehr persönlich sein. Würde die Berührung aber direkt mit den Fingern geschehen, wäre der Kontakt viel näher. Material kann auch helfen, Umwelterfahrungen zu verarbeiten. Die Identifikation mit Materialien kann vollzogen werden, wenn durch das Entwickeln von Rollenspielen die eigene

Identität gestärkt und erweitert wird. Freie Bindungsfähigkeit wird erprobt, wenn sich Kinder entscheiden können, mit wem oder was sie in Kontakt treten.

- Material kann zu ungewöhnlichen Bewegungsabläufen einladen, wenn seine **Beschaffenheit zu bestimmten Bewegungen motiviert. Koordination und Reaktionsfähigkeit, Grob- und Feinmotorik** werden gefördert durch das Tragen, Verschieben und Drehen von Materialien.
- Material kann uns anregen, **Musik** zu machen. Alltagsgegenstände klingen, tönen, schwingen.
- Material wird zur **Begriffsbildung** eingesetzt: Schwer – leicht wird beispielsweise mit Gegenständen wie Tüchern und Sandsäckchen verdeutlicht.

Benennung, Kategorisierung und Unterscheidung von Materialien

Zur Vertiefung:

- Wählen Sie eine der genannten Einsatzmöglichkeiten aus und nennen Sie einen Spielvorschlag!
- Wie können mithilfe von Material Soziales Lernen, Kreativität und Wahrnehmung gefördert werden?

10.4.2 Material verteilen – verwenden – verwahren

Verteilen: Das Austeilen von Materialien ist ein kreativer Akt, der wesentlich ist für alles, was danach folgt. Wenn ein Gegenstand verteilt wird, kann die Aufmerksamkeit auf die besondere Beschaffenheit eines Materials gelenkt werden und Neugierde wecken. Überraschungen erhöhen die Konzentrationsfähigkeit.

→ vgl. „Übergänge" S. 39

In Kontakt kommen über ein Geräusch, einen Tasteindruck, einen Blick, einen Geruch, eine Geschichte ...

Material kann auf unterschiedliche Art und Weise ausgeteilt werden:

- Die Gruppenmitglieder sitzen mit geschlossenen Augen im Kreis. Hinter jede Person wird ein Gegenstand gelegt, der ertastet werden soll.
- Die Teilnehmenden sitzen vor einem Korb mit Material. Eine Person sucht sich einen Gegenstand aus, danach zwinkert sie einer anderen Person zu, die sich als nächste etwas aussuchen darf.
- Die Gruppe sitzt vor einem Korb mit Material. Jede Person nimmt sich „in Zeitlupe" einen Gegenstand. Evtl. mit stimmlicher Begleitung ausführen.
- Die Gruppenleitung hält ein Material in die Luft. Alle Gruppenmitglieder, die das Material gerne hätten, machen ein interessiertes oder freundliches Gesicht. Alle, die den Gegenstand nicht wollen, machen ein unfreundliches, desinteressiertes Gesicht. Somit erkennt die Gruppenleitung auch ohne den Einsatz von Sprache, wer den Gegenstand gerne hätte.
- Optische Überraschung: In einer Rhythmik-Einheit mit Bällen können zunächst verschiedene Tasteindrücke gemacht werden, danach überrascht die Gruppenleitung die Teilnehmenden mit einem „Universum von Bällen". Bälle in allen Größen werden im Raum aufgelegt. Erst, wenn das geschehen ist, öffnen die Teilnehmenden ihre Augen. Nun werden sie aufgefordert, sich verschiedenen Bällen zu nähern (dem kleinsten, dem sympathischsten, dem weichsten ...).

Balluniversum

Beim Austeilen von Instrumenten sollte auch die Frage gestellt werden: „Wie kann ich ein Instrument ruhig halten?" „Welches Zeichen steht für Stopp?"

Wertschätzung von Materialien wird transportiert durch das kunstvolle Austeilen von Gegenständen.

Verwenden: Der Verwendung von Material sind keine Grenzen gesetzt: experimentieren, gestalten, in Kontakt zu anderen treten, sinnvolle Eindrücke erlangen ... Wichtig ist, dass die Gruppenmitglieder genügend Zeit und immer wieder Möglichkeiten haben, um das Material zu erkunden.

➔ vgl. „Kreativität, Methoden zur Kreativitätsförderung" S. 111

Je vielfältiger mit einem Material experimentiert wird, umso mehr Kenntnisse und Erfahrungen können erworben werden. Jedes Material hat Vorzüge und Nachteile. Diese sollten thematisiert werden.

Meist kann mehr Kreativität entwickelt und mehr Konzentration aufgebracht werden, wenn nur wenige Gegenstände auf einmal benutzt werden.

Verwahren: Auch das Wegräumen kann kreativ geschehen: Die Gegenstände sollen so schnell wie möglich in einen Korb gelegt werden, Tücher können zu einem Dreieck oder so klein wie möglich gefaltet werden, mit anderen Gegenständen kann ein Turm gebaut oder ein Bild gelegt werden, bevor sie in Regalen, Kisten oder Körben verwahrt werden. Sorgfältiges Aufbewahren unterstreicht den Wert eines Materials.

Zur Vertiefung:

- Wieso ist Material für die Entwicklung von Kindern wichtig?
- Wie kann Material Lebensqualität beeinflussen?
- Warum ist es sinnvoll, das Verteilen, das Verwenden und das Verwahren von Material kunstvoll zu gestalten?

10.4.3 Materialarten

Maria Scheiblauer entwickelte dieses Material und achtete darauf, dass die für die Rhythmik typischen Polaritäten auftreten: groß – klein, schwer – leicht, stabil – veränderbar ...

Teppichfliesen für zielgerichtete Fortbewegung

- **Klassisches Rhythmikmaterial:** Reifen (regen großräumige Bewegungen an, laden aber auch ein zum Rollen, Greifen, Durchsteigen, Drehen und Loslassen), Seile (schwingen, gleiten durch die Hände, folgen uns, liegen still da, können verformt und gelegt werden), Tücher (regen zu weichen, raumgreifenden Bewegungen an, können geworfen, gefangen und gedreht werden, ermöglichen Verhüllungen und Verkleidungen), Gymnastikbälle, Stäbe, Sandsäckchen, Klanghölzer, Kugeln, Rahmentrommeln, Schwungtücher, Luftballons
- **Instrumente** ➔ vgl. „Musik; Einsatz von Instrumenten" S. 141
- **Materialien, die grobmotorische Bewegungen herausfordern:** Schaukel, Dreirad, Trampolin, große Bausteine für Bewegungslandschaften, Bänke, Matten ...
- **Alltagsgegenstände** schaffen eine Verbindung zu lebensnahen Situationen und eröffnen Möglichkeiten, eigene Ideen und Erfahrungen in den Alltag einzubauen. Alltagsmaterial ist meist preisgünstig und leicht zu beschaffen: Besteck, Bierdeckel, Styroporkugeln, Pölster, Zeitungspapier, Klopapierrollen, Schachteln, Teppichfliesen, Sessel, Flaschen, Blasebalg ...

- **Verkleidungsmaterialien:** Altes Gewand, Decken, Bänder, Hüte, Taschen, Handschuhe …
- **Zeichen- und Lesematerial:** Zeichenblocks, Bücher, Zettel, Illustrierte, Stifte, Kreiden, Mal- und Fingerfarben …
- **Naturmaterialien:** Blätter, Kastanien, duftende Pflanzen, Nüsse, Muscheln, Steine, Sand, Wasser.

Kinder, die außerhalb der westlichen Kultur leben, benutzen viel mehr Naturmaterialien. Eine Vielfachnutzung und damit häufige Umdeutung und Anregung zur Kreativität ergibt sich dabei von selbst.

Zur Vertiefung:

- Material regt zu vielfältigen Erfahrungen an. Anhand von Reifen, Seilen und Tüchern wurde gezeigt, wie vielfältig Gegenstände einsetzbar sind. Suchen Sie 3 weitere Materialien aus und beschreiben Sie, wozu die Gegenstände anregen können!

Spielvorschläge zum Thema Material

→ vgl. Spielvorschläge zur Wahrnehmungssensibilisierung S. 50

Materialien sind vielfältig einsetzbar. Im Folgenden wird exemplarisch gezeigt, wie viele verschiedene Spiele mit nur einem Gegenstand entwickelt werden können. Danach werden einige Spielvorschläge mit unterschiedlichen Materialien angeführt.

Beudels; Kleinz; Delker: „Außer Rand und Band. Wenig Kosten viel Spaß Geschichten mit Alltagsmaterialien" (Borgmann) 2002

Bälle

Besondere Kennzeichen: rund, beweglich, bunt, dynamisierend, Oberfläche meist glatt, erzeugt Geräusche beim Prellen, Rollen, Fallenlassen und Fangen. Bälle regen an zu raumgreifenden Bewegungen, schulen die Koordination und Geschicklichkeit, lassen sich drehen und wirken beruhigend beim Rollen (Ballmassage).

- **Experimentierphase:** rollen, prellen, werfen, fangen, drehen, balancieren, verstecken, massieren. Jedes Kind zeigt, was ihm am meisten Spaß macht. Wie klingt welche Aktivität? Rätsel: Ein Kind bewegt seinen Ball, die anderen raten mit geschlossenen Augen, was mit dem Ball gemacht wurde.
- **Reihe:** Die Kinder stehen auf einer Linie und prellen ihren Ball der Reihe nach einmal. Wenn das letzte Kind fertig ist, beginnt es von neuem.
- **2 Reihen:** Zu zweit: Die Kinder stehen einander gegenüber und werfen sich einen Ball zu. Fangen und werfen wird von der Spielleitung musikalisch begleitet.
- **Reaktion:** Die Kinder bewegen sich frei zur Musik mit ihren Bällen. Stoppt die Musik, muss der Ball möglichst schnell einen anderen Ball berühren. Variante: Ein Kind musiziert (singt sein Lieblingslied), die Gruppenleitung spielt mit.
- **Rollwettbewerb:** Die Kinder rollen einen Ball und versuchen, ihn zu überholen. Hinweis: Zuerst eine Laufrichtung vereinbaren, um Kollisionen zu vermeiden. Variante: Der Ball wird gerollt, das Kind bewegt sich nicht, sondern beglei-

3

tet ihn mit der Stimme. Wenn sich der Ball nicht mehr bewegt, verstummt auch die Stimme. Erst jetzt wird der Ball geholt.

- **Immer mehr:** Kreis: Zunächst wird ein roter Ball im Kreis gerollt. Dazu kommt ein gelber Ball. Dieser wird weitergegeben. Ein blauer Ball wird hinter dem Rücken weitergegeben. Variante: Fortbewegung: Roter Ball wird gerollt, gelber geprellt, blauer geworfen.
- **Möglichst viele:** Wie viele Kinder können einen Ball berühren?
- **Ballpool:** Ein Turn-Kastenteil wird mit einer Decke ausgekleidet. Nun werden viele Bälle hineingelegt. Wer mag sich darauf legen und von den Bällen massieren lassen? Wer mag darauf balancieren? (Absicherung durch die Gruppenleitung!)

24

- **Massage:** Mit dem Ball über den Körper rollen. Wo ist die Ballmassage am angenehmsten? Wer möchte von jemand anderem massiert werden? Variante: Viele Massagebälle in eine Decke legen, die Decke an 2 gegenüberliegenden Seiten anheben und eine Person in die „Deckenschaukel" einsteigen lassen: vorsichtig wiegen.
- **Kraftvoll:** Wer schafft es, den Ball an die Decke zu werfen? Wer kann den Ball fest an die Wand werfen? Wer kann den Ball so werfen, dass er die Decke gerade nicht berührt?

Ballmassage

Reifen

3 6 4 5 — 7 10 8 9

- **Lauschen:** Jedes Kind sucht einen Platz im Raum. Auf ein Signal werden alle Reifen gedreht. Variante: Die Kinder stehen in einer Reihe. Eines nach dem anderen dreht seinen Reifen. Wie klingt ein Reifen? Wie klingen viele? ➔ vgl. Rhythmik-Einheit für Kinder zum Thema Zeiterfahrung S. 246 ff.
- **Straße:** Eine Straße aus unterschiedlichen Reifen wird gelegt. Zunächst freies Experimentieren mit verschiedenen Fortbewegungsarten. Dann gibt ein Kind nach dem anderen eine Bewegungsart vor. Vorsicht: Rutschgefahr bei Fußkontakt mit dem Reifen.

Tücher

- **Tücherdusche:** Eine Person liegt am Bauch. Um sie herum sitzen die anderen mit je einem Chiffontuch. Das Tuch wird sanft auf dem Körper der liegenden Person positioniert (nicht ins Gesicht!) und auf 1, 2, 3 gleichzeitig weggezogen. Auf welchem Körperteil wurden die Tücher gespürt?
- **Farbdifferenzierung:** Jedes Kind sucht sich ein Tuch aus. Ein Kind bekommt verschiedene Farben. Wenn dieses Kind eine Farbe hochhält, dürfen alle, die diese Farbe haben, die anderen fangen.
- **Verkleidung:** Welche Verwandlungen sind mit einem Tuch möglich?

Schwungtuch

- **Katz und Maus:** Bis auf 2 Gruppenmitglieder bewegen alle das Tuch. Eine Person ist die Katze und bewegt sich auf dem Tuch. Die andere ist die Maus und versucht unter dem Tuch nicht erwischt zu werden.

- **Krokodil:** Alle Kinder bis auf zwei sitzen im Langsitz. Das Tuch, das zu kleinen Wellen bewegt wird, bedeckt die Teilnehmenden bis zum Becken. Unter dem Tuch kriecht ein Krokodil, das die Sitzenden an den Füßen schnappt und unter das Tuch zieht. Wer das Krokodil spürt, darf aus Leibeskräften schreien. Eine Retterin bzw. ein Retter bewegt sich um das Tuch und versucht, die Bedrohten festzuhalten und vor dem Krokodil zu beschützen. Wer trotzdem vom Krokodil unter das Tuch gezogen wird, wird auch zum Krokodil. Sehr aktivierendes, dynamisches Spiel!
- **Hand-Fuß-Erkennung:** Einige Gruppenmitglieder liegen unter dem Tuch und lassen nur eine Hand oder einen Fuß hervorschauen. Wem gehört die Hand? Wem der Fuß?

Alltagsmaterial

- **Wäscheschaff:** Freie Experimentierphase mit dem Vorstellungsbild Schildkröten: Was machen diese Tiere? Wo verstecken sie sich? Wo schlafen sie, machen sie auch manchmal etwas zu zweit? Aus den Ideen der Kinder einen Ablauf erstellen. (Reihenfolge evtl. mittles „Zeichnungs-Partitur" in Erinnerung rufen.)

Im „Karneval der Tiere" von Camille Saint-Saens werden Schildkröten vertont.

„Schildkröten"

- **Zeitungspapier:** Jedes Gruppenmitglied versucht, 5 verschiedene Klänge mit einem Zeitungspapier zu erfinden. Danach werden musikalische Parameter wie laut – leise, schnell – langsam, kurz – lang erprobt. Schließlich wird ein Zeitungskonzert veranstaltet. Wer mag von den anderen mit vielen Zeitungen zugedeckt werden? Wer macht mit bei einer Schneeballschlacht?
- **Kartons:** Jedes Kind bringt 2 Kartons von zu Hause mit. Einen Karton malt das Kind an und kennzeichnet ihn somit als sein Eigentum. Der andere Karton darf von jedem Kind angemalt und verwendet werden. Bei den nun folgenden Spielen dürfen die „eigenen" Kartons nur mit Erlaubnis der Besitzerinnen und Besitzer verwendet werden, die anderen Schachteln sind frei begehbar. Mit den Kartons können Städte gebaut, Kraxelspiele erfunden oder Klanghäuser erstellt und beschallt werden.
- **Eierpaletten:** Große Paletten für Eier eignen sich als „Massagebett" oder zur Fußreflexzonenmassage.
- **Sessel:** Kreis: Jedes Gruppenmitglied musiziert leise auf einem Sessel. In der Mitte des Kreises steht ein freier Sessel. Wer mag, kann dort musizieren. Diesmal laut!

Alltagsgegenstände, die klingen: Schachteln mit Knöpfen, Gurkengläser mit Reis, Samen oder Perlen, Papprollen an beiden Enden verklebt, gefüllt mit Bohnen …

„Das ist kein Karton!" von Antoinette Povits (Hanser)

Kinder identifizieren sich mit Gegebenheiten aus der Natur. Die Auseinandersetzung mit Naturmaterialien ist daher besonders reizvoll.

Eine Vielzahl an reizvollen Übungsfolgen mit Steinen ist in dem Buch „Rhythmik Lernspiele“ (1994) von Brita Glathe zu finden.

Der Philosoph und Pädagoge Jean-Jacques Rousseau wollte seinem erdachten Zögling „Emile“ so viele Erfahrungen wie möglich von den Dingen selbst, direkt aus der Natur ermöglichen.

Naturmaterial

- **Schätze:** Nach einem Waldspaziergang packen die Kinder ihre „Schätze" aus. Diese sollen nun sortiert werden (nach Größe, Farbe, Form ...).
- **Steine:** Jedes Kind hat 2 Steine. Ein Kind beginnt, mit den Steinen zu musizieren, dann blinzelt es einem anderen zu. Dieses spielt nun weiter. Variante: Ein Kind musiziert, seine Nachbarin bzw. sein Nachbar spielt mit, dann das nächste Kind ... Wenn alle spielen, hört das erste Kind auf, dann das nächste ... Mit Steinen können auch Rhythmen vor- und nachgespielt werden.
- **Steinspruch:** Ein Kind spielt und spricht auf eine bestimmte Art. Bei der Wiederholung wird das Kind von allen imitiert, danach kommt das nächste Kind an die Reihe.

Poka pache klingen Steine, poka pache spiel' sie an, poka, pache, patsche pine, poka pache du bist dran!

Mehrere Materialien

- **2 Kreise:** Ein Außen- und ein Innenkreis bewegt sich in gegenläufige Richtungen zur Musik. Jedes Gruppenmitglied hat ein Material in der Hand. Stoppt die Musik, trifft sich eine Person des Innenkreises mit einer aus dem Außenkreis. Die Gegenstände werden getauscht, angeschaut und betastet. Wenn die Musik wieder einsetzt, werden die Materialien zurückgegeben und jedes Gruppenmitglied bewegt sich in „seinem" Kreis weiter.
- **Massage:** Zu zweit: Ein Gruppenmitglied liegt am Bauch, eine andere Person sitzt in bequemer Position daneben und legt verschiedene Gegenstände auf den Rücken der liegenden Person. Diese soll erraten, um welche Materialien es sich handelt. Erleichterung: rollen, kneten, sanftes Auftippen der Materialien.
- **Alltagsgeschichte:** Jedes Gruppenmitglied nimmt einen Gegenstand von zu Hause mit. In der Rhythmik-Einheit sollen eine Bewegung und ein Geräusch zu dem Material gefunden werden. Es werden Kleingruppen gebildet, die versuchen, eine Geschichte mit ihren Materialien zu gestalten.

Im Folgenden werden zwei Planungen von Rhythmik-Einheiten für Jugendliche und Erwachsene angeboten. In der ersten Einheit werden zahlreiche Bewegungsformen mit dem Tuch erprobt, in der zweiten Einheit werden mit dem gesammelten Bewegungsmaterial improvisatorische Gestaltungen vorgenommen. Es empfiehlt sich, die Einheiten hintereinander abzuhalten.

Planung von Rhythmik-Einheiten für Jugendliche und Erwachsene
Thema: Orientierungssinn mit dem Schwungtuch fördern.
Verlauf im Überblick: Vom gemeinsamen taktilen Eindruck über verschiedene Orientierungs- und Sinneserfahrungen mit einem Schwungtuch bis hin zur Förderung des Raumorientierungssinnes mit dem Material
~ **Lernziele:** Material kennenlernen, Orientierung im Raum verbessern.
° **Erziehungskompetenzen:** Taktile und kinästhetische Sinnesschulung, Sozialverhalten im Sinne von Kooperation fördern.
Material: Großes Schwungtuch, Klingelball, Gymnastikbälle, verschiedene Gegenstände zum „Verstecken", einige, möglichst unterschiedlich klingende Instrumente
Schwungtücher sind in vielen Sportgeschäften erhältlich oder können dort bestellt werden. Die Größe der Tücher ist unterschiedlich (ca. 3 bis 7 m). Die Kosten betragen, je nach Größe, zwischen 65 und 160 Euro.

*~°

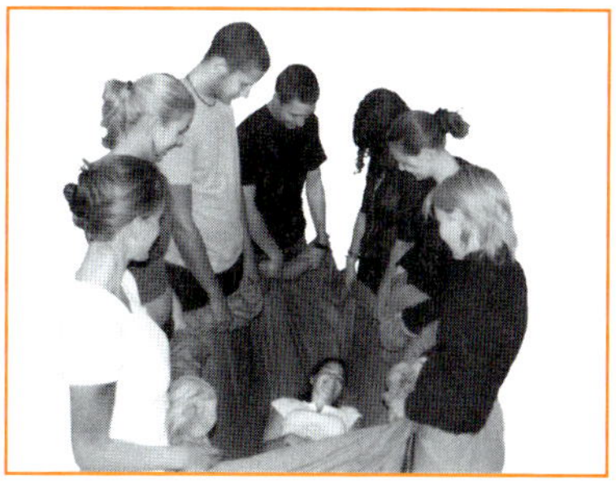

„Kaffeemühle"

Verlauf	Intentionen, pädagogische Absichten	Methodische Hinweise
1. Kreis: Die Gruppenmitglieder sitzen mit geschlossenen Augen im Kreis. In ihrer Mitte liegt ein Schwungtuch. Langsam bewegen sich alle auf die Mitte zu, um den Gegenstand zu ertasten. Nach dem Ausbreiten des Tuches und dem Öffnen der Augen: Was ist mit diesem Material möglich?	* Einstieg ° Taktile, kinästhetische Wahrnehmung fördern	Vorsicht! Langsame Bewegungen mit geschlossenen Augen.
2. Wellenbewegungen mit geschlossenen, dann mit offenen Augen. Welche Musik passt zu sanften Wellenbewegungen, welche zu wilden? – Umsetzung: Einige Teilnehmende machen sanfte bzw. wilde Musik.	° Kooperation, taktile und auditive Wahrnehmung fördern 2	Was spüren Sie? Variante: Einige Gruppenmitglieder gehen in die Mitte des Tuches und wünschen sich einen starken oder sanften Wind. Sie werden von den Personen, die musizieren, instrumental begleitet.
3. Das Tuch wird gemeinsam in großen Wellenbewegungen geschwungen. Mittels nonverbaler Kommunikation teilen sich die Gruppenmitglieder mit, wann sie (unter dem Tuch) Plätze tauschen wollen.	* Sozialer Wechsel ° Kooperation, dynamisches Sozialverhalten ~ Koordination schulen, Orientierung unter dem Tuch	Was passiert, wenn alle gleichzeitig Plätze tauschen? Umsetzung für Kinder: Alle Kinder, die lange Haare haben, tauschen Platz. Oder: Die halbe Gruppe schwingt das Tuch, die andere Hälfte durchquert während eines großen Schwunges unter dem Tuch den Raum.

4. Bälle am Tuch bewegen. Variante: Einige Gruppenmitglieder schließen die Augen und halten sich am Tuch fest. Die anderen bewegen einen Klingelball auf dem Tuch.	* Neues Medium Koordination Kooperation	Wie kann ich das Tuch bewegen, wenn die Bälle nicht hinunterfallen dürfen?
5. Die Gruppenmitglieder rücken eng zusammen: Eine Person legt sich in das Tuch und schließt die Augen. „Kaffeemühle": Die anderen heben das Tuch an und drehen es (Fortbewegung). In welcher Raumlage befindet sich die Person in der Mitte, wenn die „Kaffeemühle" wieder zum Stehen kommt?	* Dynamischer Wechsel ° Verantwortung übernehmen, für die Person im Tuch ~ Raumorientierung mit geschlossenen Augen	Das Gruppenmitglied im Tuch soll nach der Drehung mit geschlossenen Augen zeigen, wo Fenster und Türen ... im Raum sind. Variante: Während des Drehens („Kaffeemahlen") wird ein Lied gesungen. Das „Kaffeemahlen" dauert so lange, wie das Lied gesungen wird.
6. „Lost and Found": Alle Gruppenmitglieder bis auf eines schließen die Augen. Diese Person tupft einige Teilnehmenden an. Sie sollen sich unter dem Tuch verstecken: Danach können die restlichen Beteiligten die Augen öffnen und feststellen, wer fehlt.	* Wechsel der Wahrnehmungskanäle ~ Konzentration, Merkfähigkeit ~ Orientierungssinn schulen: sich schnell einen Überblick verschaffen	Erweiterung: Wer 2x angetupft wird, sucht sich einen anderen Platz am Tuch.
7. Variante: Die Gruppenmitglieder unter dem Tuch hinterlassen Gegenstände unter dem Schwungtuch, die von den äußeren durch Tasten identifiziert werden müssen.	* Neue Materialien ° Taktile, kinästhetische Sinnesschulung, Vorstellungsvermögen erweitern	
8. Erweiterung: Die Inneren bauen mit ihren Körpern „Skulpturen", die durch das Tuch gespürt und nachgebaut werden müssen.	° Kinästhetische, taktile Sinnesschulung, Vorsicht bei Berührungen ~ Raumorientierung schulen (Wie ist die Skulptur im Raum ausgerichtet?)	Vorsicht! Bequeme Lage der „Skulptur" ist wichtig, da das Tasten meist viel Zeit in Anspruch nimmt. Die Inneren sollten Körperteile, die nicht berührt werden sollen, schützen. Behutsames Tasten der äußeren Gruppenmitglieder!
9. Schlussrunde: Feedback, Transfer in die Praxis: Mit Kindern muss beim erstmaligen Einsatz des Schwungtuches mit viel Dynamik gerechnet werden. Zeit geben für das wilde, lustvolle Rütteln am Tuch.	*°~ Reflexion	Erweiterungsmöglichkeiten: Welche Spiele kennen Sie mit dem Schwungtuch? (Krokodilspiel, Katz- und Mausspiel, Hand- bzw. Fußerkennungsspiel ...)

Thema: Improvisation mit dem Schwungtuch

*~°

Verlauf im Überblick: Vom gemeinsamen Bewegen des Schwungtuches über verschiedene Bewegungs- und Kooperationsaufgaben mit dem Tuch bis zur Begleitung der Bewegungen mit dem Schwungtuch durch Instrumente gelangen.

~ **Lernziele:** Die Gruppenmitglieder erlangen neue Bewegungsqualitäten durch das Material, Einführung in die Bewegungsbegleitung.

° **Erziehungskompetenzen:** Kooperation, Kreativitätsförderung durch das Schwungtuch und an verschiedenen Stabspielen und Gongs

Material: Schwungtuch, Klangstäbe, Gongs, Xylophone, Metallophone, Becken, Schlitztrommel … (lange klingende Instrumente)

Anmerkung: Vorerfahrungen mit dem Schwungtuch werden empfohlen (z.B. Rhythmik-Einheit: Orientierungssinn mit dem Schwungtuch erweitern).

Verlauf	Intentionen, pädagogische Absichten	Methodische Hinweise
1. Gemeinsam das Tuch bewegen. „Welche Angebote aus der letzten Rhythmik-Einheit wollen Sie durchführen?" Jede Person macht nonverbal einen Spielvorschlag mit, auf, unter dem Tuch.	*° Einstieg ~ Erinnerung an Vorerfahrungen	Evtl. Wiederholung einzelner Spielvorschläge aus der letzten Rhythmik-Einheit. Variante: Tuch wird hochgeschwungen, einige Personen laufen unter das Tuch und machen eine Skulptur.
2. Verschiedene Möglichkeiten der Bewegung mit dem Material ausprobieren: schwingen, fortbewegen um das Tuch herum, darauf, darunter …	* Wechsel der Zielsetzung: Kreativitätsförderung ° Sich gemeinsam in Bewegung setzen ~ Material für die Improvisation sammeln, eigenes Bewegungsrepertoire erweitern	Dazwischen evtl. reflektieren: Welche Bewegungen wurden durchgeführt? Was gefällt mir, was nicht? Was ist angenehm, was nicht?
3. Teilung der Gruppe: Die Hälfte improvisiert mit dem Tuch, die andere Hälfte experimentiert mit Instrumenten. Danach begleiten die Musikerinnen und Musiker die Personen, die das Schwungtuch bewegen.	* Einsatz von neuen Medien ° Kreativitätsförderung in Musik und Bewegung ~ Einstieg in die Bewegungsbegleitung	Stabspiele, Gongs – Wie kann ich die Instrumente differenziert einsetzen? Muss ich immer spielen? Eignet sich mein Instrument für alle Bewegungen?

4. Eindrücke erzählen, Gruppen wechseln.	* Rationaler Wechsel ~ Eindrücke formulieren	
5. Freie Aufgabenstellung: „Wer gerne begleitet, musiziert, wer sich gerne bewegt, experimentiert mit dem Schwungtuch."	* Dynamischer Wechsel ° Eindrücke in Bewegung umsetzen ~ Adäquate Bewegungsbegleitung	Die Personen, die sich bewegen, können sich evtl. einen kurzen Ablauf ihrer Bewegungen überlegen. Variante: Nun gibt die Gruppe mit den musizierenden Personen unterschiedliche Klänge vor, nach denen sich die Personen am Schwungtuch bewegen.
6. Schlussrunde: Was hat Ihnen gefallen? Was war neu? Was würden Sie gerne mit Kindern ausprobieren?	*~ Reflexion, Transfer in den Kindergartenalltag	Wie wurde die Musik von den Personen erlebt, die sich bewegt haben? Wie ist es den Musizierenden gegangen? Was bedeutet Improvisation?

*~°

Im Folgenden wird gezeigt, wie eine Rhythmik-Einheit für Kinder mit Alltagsgegenständen konzipiert werden kann.

Planung einer Rhythmik-Einheit für Kinder

Thema: Alltagsgegenstände ungewöhnlich einsetzen (Sessel)

Verlauf im Überblick: Von der Einführung eines Liedes über die Entwicklung von Zeitgefühl mittels immer gleicher musikalischer Phrasen zum Abschätzen der Dauer des Begrüßungsliedes in Bewegung gelangen.

~ **Lernziele:** Lied erlernen, Zeit einteilen: Länge von musikalischen Phrasen abschätzen, Geschicklichkeit mit einem Material entwickeln.

° **Erziehungskompetenzen:** Kreativitätsförderung: Gestaltungsmöglichkeiten entwickeln, sich exponieren, Vorstellungsbilder umsetzen.

Material: 12 Sessel, Mundharmonika, Begrüßungslied (z.B. auf Seite 141 [Musikkapitel]) oder auf der Begleit-CD Track 1

Verlauf	Intentionen, pädagogische Absichten	Methodische Hinweise
1. Beginn im Sesselkreis: „Seid willkommen"-Lied	* Stimmungsvoller Einstieg ~ Liedeinführung	Langsam und mit Gesten! Variante: „Sei willkommen, liebe Lena!"
2. Jedes Kind sucht einen Platz für seinen Sessel. Alle bewegen sich zur Musik (Mundharmonika spielt die Begrüßungsmelodie) um die Sessel.	∘ Orientierung im Raum ~ Entscheidungen treffen * Dynamischer Wechsel	Varianten: Über die Sessel steigen, unter den Sesseln durchkriechen.
3. Laufen zur Musik (Mundharmonika): Stoppt die Musik, setzt sich jedes Kind auf seinen Sessel. Die Leitung nennt ein Kind, das eine Haltung am Sessel vormacht. Alle machen diese Haltung nach, dann nennt das Kind ein anderes, das beim nächsten Musikstopp etwas vorzeigt.	∘ Kreativitätsförderung, Bewegungsfantasie entwickeln ~ Spannung halten	Exakt die gleichen musikalischen Phrasenlängen! (Orientierungsmöglichkeit für die Kinder.) Die Statuen am Sessel bewegen sich nicht! Bei Bedarf Thematisierung von gefährlichen Haltungen.
4. Gebrauchsfremder Gegenstand: „Wie kann ich mich mit dem Sessel bewegen?" Variante: „Welche Geräusche kann ich dem Sessel entlocken?"	*∘ Wechsel der Zielsetzung: Material in Bewegung kreativ einsetzen ∘ Kooperation: keine ~ Zusammenstöße! Geschicklichkeit schulen	Signal für Stopp ausmachen. Falls nötig: Gefahren thematisieren. Benützung als Staubsauger, Kinderwagen, Traktor …
5. Sesselkreis: Experimente werden angeschaut und gezeigt: Ein Kind bewegt sich um den Kreis, dann kommt das nächste Kind an die Reihe. Die Bewegung wird durch die Sesselklänge unterstützt.	*~ Präsentation, ∘ Sich exponieren, geduldig sein	Nach der Präsentation sucht jedes Kind einen Platz für seinen Sessel im Kreis.

Verlauf	Intentionen, pädagogische Absichten	Methodische Hinweise
6. Begrüßungslied wird von der Spielleitung gesungen: Die Kinder laufen und sind am Ende wieder am Platz: • rechtzeitig • zu spät • zu früh	* Dynamische Auflockerung ~° Phrasenlänge abschätzen Lustvoll Zeiteinteilung üben	Variante: Während die Spielleitung musiziert, bewegen sich die Kinder mittels der vorher gefundenen Bewegungen. Sie sollen ebenfalls rechtzeitig, zu früh bzw. zu spät stehen bleiben.
7. Sesselbrücke: Jedes Kind geht vorsichtig über eine Sesselreihe. Die Kinder sollen am Ende des Liedes am Ende der Brücke sein: Verabschiedung.	* Ruhiger Ausklang, ~ Anwendung des Erlernten: bekannte Phrasen abschätzen ° Persönlicher, sensitiver Abschied	Die Spielleitung wartet am Ende der Brücke, um sich zu verabschieden.

D Spannungsfelder in der Rhythmik

11 Raum, Zeit, Kraft, Form – Elemente von Musik und Bewegung

Musik und Bewegung haben wesensbildende, gemeinsame Merkmale. Raum, Zeit, Kraft und Form sind bedeutsame Elemente in beiden Bereichen. Die Parameter von Musik und Bewegung sind auch wesentlich für den Menschen und wirken sich auf seine physische und psychische Verfassung aus. Räume empfinden wir als großzügig oder beklemmend, Zeit wird subjektiv besonders schnell oder langsam erlebt, unsere Kräfte können uns verlassen oder unser Selbstvertrauen stärken, künstlerische Formen beglücken uns in ihrer Schönheit oder versetzen uns in Angst und Schrecken.

Synchrone, kontrapunktische (gegensätzliche) und assoziative (durch Vorstellungsverknüpfungen) Bezüge können zwischen Musik und Bewegung hergestellt werden.

Der Mensch bewegt sich in Raum und Zeit mit Kraft und gibt seinen Bewegungen Form. Jede Bewegung vollzieht sich in Raum und Zeit und mit einem bestimmten Krafteinsatz. Aus diesen drei Komponenten ergibt sich die Form.
Musik und Bewegung stehen in enger Beziehung zueinander. Durch Gesten und Bewegungen werden Klänge ausgelöst. Ohne Bewegung wäre keine Musik denkbar. Musik versetzt den Körper innerlich und äußerlich in Schwingungen und bringt dadurch den Menschen in Bewegung.
Die Wechselbeziehung von Musik und Bewegung äußert sich in unterschiedlichen Bereichen: Assoziative, atmosphärische, synchrone, kontrapunktische, formale, affektive, metrische oder ametrische Verbindungen können zwischen Musik und Bewegung hergestellt werden. Bewegung kann Musik abbilden oder ihr entgegenwirken, Musik kann Bewegung exakt begleiten, etwa wenn kleine Gesten durch Musik mehr Bedeutung erlangen. Musik kann auch einen Kontrapunkt setzen und die Bewegung auf diese Art unterstützen: Spannungsvolle Momente mit wenig Bewegung können durch laute Musik verstärkt werden. Musik und Bewegung können einander umspielen, ihre Wirkung verstärken oder auflockern. Das Verhältnis zwischen Musik und Bewegung ist variabel, aber immer durch Raum, Zeit, Kraft und Form bestimmt.

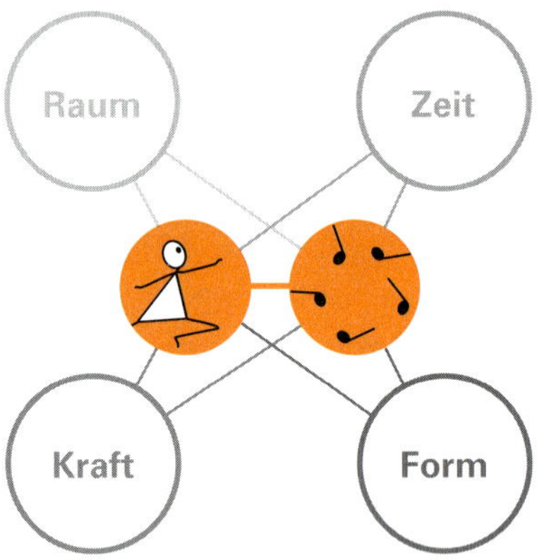

Musik – Bewegung: Verbindung durch Raum (z.B. Musik mit großem Tonumfang – raumgreifende Bewegungen), Zeit (z.B. gleiches, ähnliches oder abweichendes Metrum), Kraft (z.B. ähnliche Dynamik: laute Musik – kraftvolle Bewegung), Form (z.B. Reaktion auf musikalische Formen in Bewegung)

Musik kann Bewegung: vergrößern, abbilden, auflockern, unterstützen, entgegenwirken

Bewegung kann Musik: vergrößern, abbilden, auflockern, unterstützen, entgegenwirken

Raum, Zeit, Kraft und Form bilden einen wichtigen Rahmen für die pädagogische Arbeit und haben wesentliche **Wirkung auf die Erziehung eines Menschen.** Nach der Rhythmikerin Maria Scheiblauer kann durch das Element Zeit das motorische Nervensystem gefördert werden. **Koordination wird geschult,** wenn Bewegung in verschiedenen Tempi ausgeführt wird. Klang (Klang-Raum) wirkt sich auf unsere Seele aus. **Der Klang von Musik kann uns erfreuen** oder zu Tränen rühren. Kraft regt unsere Ausdrucksfähigkeit, das Schöpferische an. Gut dosierte **Kraft verdeutlicht unsere Aussagekräfte.** Form strukturiert und ordnet unseren Geist. Wenn wir **etwas „in die richtige Form" bringen** können, wirkt sich das **beruhigend** und klärend auf unsere Gedanken und unser Gemüt aus (vgl. Scheiblauer: in Witoszynskyj; Schindler; Schneider, 2003, S. 22).

➔ vgl. „Musik: Erwerb von musikalischen Fähigkeiten und Fertigkeiten in der Rhythmik" S. 133, ➔ vgl. „Bewegung: Erlangung von Bewegungsfähigkeiten und -fertigkeiten in der Rhythmik" S.163

Mithilfe von Raum, Zeit, Kraft und Form können viele Aufgabenstellungen variiert, verfeinert und vertieft werden. Am Beispiel einer einfachen Fortbewegungsart soll dieser Gedanke veranschaulicht werden.

Fortbewegungsart: Gehen

- **Räumliche Variationen:** vorwärts – rückwärts, seitwärts, hoch – tief, eng – weit, nah – fern, senkrecht – waagrecht, runde und gerade Raumlinien
- **Zeitliche Variationen:** langsam – schnell, metrische – ametrische Bewegung
- **Dynamische Variationen:** leicht – schwer, hart – weich, gespannt – gelöst
- **Formale Variationen:** laufen, galoppieren, alleine oder zu zweit gehen

Wenn Variationen mit Kindern erprobt werden, sollten Vorstellungsbilder verwendet werden. „Schnell wie ein Wiesel …"

Zur Vertiefung:

- Wie wirken sich Raum, Zeit, Kraft und Form auf das menschliche Leben aus?
- Welche Bezüge werden im Film zwischen Musik und Handlung (Bewegung) hergestellt?
- Nennen Sie jeweils ein Beispiel, wie zwischen Musik und Bewegung synchrone, kontrapunktische oder atmosphärische Bezüge hergestellt werden können!
- Nennen Sie jeweils ein Beispiel für eine räumliche, zeitliche, dynamische und formale Variation von Hüpfen!
- Wieso ist es sinnvoll, Aufgabenstellungen zu variieren?

11.1 Raum

Wie sehr Räume unser Leben bestimmen, zeigt auch die deutsche Sprache: Weltraum, Raumfahrt, Raumkapsel, Lebensraum, aufräumen, Wohnraum, Räumlichkeit, Raumausstatter, Räumung … Ton- und Bewegungsraum ist Lebensraum, der Gestaltung und somit Lebensqualität zulässt.

Musik und Bewegung erfüllen Räume und bieten Gestaltungsmöglichkeiten an. Wenn wir **Entfernungen abschätzen, Hindernisse überwinden, Raumrichtungen unterscheiden** können und uns in leeren oder mit Menschen gefüllten Räumen zurechtfinden, wenn wir erfahren können, **welchen Schallquellen angenehme oder unangenehme Geräusche oder Töne entstammen,** so können wir uns in unserer Umwelt besser zurechtfinden. **Sinnvolle Raumgestaltung erhöht unsere Lebensgestaltungskompetenz,** macht uns stolz auf unser Handeln. In der Rhythmik wird Raum geformt und erfüllt durch Musik, Bewegung, Stimme/Sprache und Material. Durch handelnde Auseinandersetzungen mit verschiedenen Räumen können wir Flexibilität, Kreativität und Einfühlungsvermögen spielerisch erproben.

Raum ist, was allen Erlebnissen gemeinsam ist. Mit jedem Erlebnis verbinden wir einen Raum.

Unser (Wohn-)Raum ist Bewegungs- und Klangraum und kann individuell gestaltet werden.

Raum kann unterschiedlich erfahren werden. Gestaltungsmöglichkeiten liegen im: hoch – tief, vorne – hinten, senkrecht – waagrecht, nah – fern, eng – weit.

11.1.1 Entwicklungsförderung durch Raumorientierungsvermögen

Die Fähigkeit des Kleinkindes, sich an den Gegebenheiten des Raumes **zu orientieren,** sich fortzubewegen und Gegenstände zu transportieren, **verleiht**

Kinder sind aufmerksame Raum-Beobachter: Veränderungen werden sehr rasch wahrgenommen.

dem Kind Autonomie. Diese Autonomie ist **wichtig für das Selbstwertgefühl** des Kindes und für die **Bewältigung des Alltags.** Wenn Kinder sich in fremden Räumen zurechtfinden und sich orientieren können, erlangen sie dadurch Sicherheit und Wohlbefinden. Klettern und Kriechen, Robben und Springen erfordern und fördern Raumorientierungsvermögen. Wie hoch kann ich klettern? Wo mag ich herunterspringen? Wo kann ich mich durchzwängen?
Raumwahrnehmung ist eine wichtige Voraussetzung für abstraktes Denken, für Vorstellungsprozesse in der Mathematik. In der Rhythmik werden Raumwahrnehmungsprozesse erprobt durch gemeinsam gestaltete Bewegungslandschaften, Orientierung im Raum mit geschlossenen Augen oder durch Richtungshören („Woher kommt der Klang?").

11.1.2 Raumgestaltung im Kindergarten

Räume, die unseren ganzen Organismus fordern und fördern, die Freiheit für Bewegung und Selbstdarstellung, für spannungsvolles und entspanntes Spiel, Gemeinsamkeit und Für-sich-Sein ermöglichen, sollen im Kindergarten angeboten werden. Zusätzlich zu diesen Anforderungen soll jedes Kind noch einen eigenen Platz, eine Nische, eine Lade haben, um dort sein Eigenes, Liebstes aufzubewahren, um sich den Erwachsenen auch einmal entziehen zu können und eigenverantwortlich zu handeln. Die Bedürfnisse der Kinder sind verschieden. Manche Kinder brauchen viel Bewegung, andere wenig Platz, dafür aber Ordnung. Es gilt, diese unterschiedlichen Ansprüche „unter ein Dach" zu bringen.
Diesen Anforderungen stehen die begrenzten finanziellen Mittel von Kindergärten gegenüber. Im Folgenden soll gezeigt werden, mit welchen Mitteln Raumgestaltung vorgenommen werden kann.

Wofür stelle ich Raum zur Verfügung? Welche Wertigkeiten werden damit transportiert?

- **Akustik:** Räume sollen so ausgestattet sein, dass Lärm, der entsteht, nicht durch Hall verstärkt wird. Wandteppiche, Tücher an der Decke und Kuschelecken „schlucken" Schall und verhindern schädliche Lärmeindrücke.
- **Licht:** Licht und Farben bestimmen die Atmosphäre in einem Raum und beeinflussen durch „Wärme" oder „Kälte" Stimmungen und Wohlbefinden. Wechsel von Hell und Dunkel bestimmen unseren Lebensrhythmus. Räume sollten hell sein (Spiegel in Fensternähe erhellen den Raum zusätzlich!), ebenso sollte die Möglichkeit bestehen, den Raum zu verdunkeln.

Das Umgestalten von Räumen bringt Kinder zum Staunen. Durch neue Reize wird die Wahrnehmung immer wieder aktiviert. Räume sollten veränderbar eingerichtet sein.

- **Boden:** Viele Aktivitäten spielen sich am Boden ab. Holz oder Linoleum eignen sich für Gruppenräume besser als Spannteppiche oder Steinböden. Ein guter Boden lädt zum ruhigen Sitzen ein, rutscht oder klebt nicht und lässt sich leicht reinigen.
- **Nischen** können mit Matratzen ausgelegt werden und so als „Spring- und Stampfecken" dienen. Ein Seil, das an der Decke befestigt wird, kann zum Klettern anregen. Schutz bieten umliegende Matratzen.
- **Eingangshallen** können in Bewegungslandschaften umgewandelt werden.
- **Rückzugsmöglichkeiten** gibt es in Bau-, Zeichen- oder Spielecken.

Ausstattung und Anlage von Bewegungsräumen: Material sollte verstaubar sein, damit es nicht ablenkt, die Wände sollten teilweise frei, teilweise mit Klettergerüsten versehen sein. Als Boden eignet sich Linoleum oder Holz. Leere Bewegungsräume können immer wieder neu gestaltet werden. Natürliche Lichtquellen und die Verwendung von Naturmaterialien machen eine freundliche Atmosphäre.
Achtlosigkeit und Schlamperei mit Materialien und Räumen hat oft damit zu tun, dass Kinder sich in unpersönlichen Räumen aufhalten, kein Mitbestimmungsrecht haben und Prozesse von Ursache und Wirkung nicht erleben. (Wenn beispielsweise kaputtes Spielzeug nicht repariert, sondern kommentarlos ersetzt wird.)

11.1.3 Sensibilisierung durch Raumerfahrung

Die Wirkung von Räumen sollte als Gegebenheit wahrgenommen werden und **in den Alltag bewusst miteinbezogen werden.** Richtungen und Linien spielen in Musik und Bewegung eine wichtige Rolle. Kinder bestimmen Laufrichtungen, bewegen sich zu hoher Musik anders als zu tiefer oder notieren Musik grafisch mittels Linien und Punkten. Durch spielerische Experimente werden in der Rhythmik Raumerfahrungen gemacht. **Orientierungsvermögen hilft uns, uns zurechtzufinden, und macht uns aufmerksam für die Umgebung.**

Wichtig für Verkehrserziehung: Woher erklingt das Signal? Wie schnell kann ich laufen, ohne einen Zusammenstoß zu riskieren?

11.1.4 Rhythmik im Freien

Rhythmik findet normalerweise in einem Bewegungsraum statt. Einzelne Rhythmik-Einheiten oder Spielvorschläge können aber auch ins Freie verlegt werden. Dort besteht die Möglichkeit, die **Gegebenheiten der Natur miteinzubeziehen.** Bäume und Hecken laden zum Verstecken ein, das Barfußgehen auf einer Wiese hat eine andere Qualität als auf Kunststoffböden. Im Freien ist aufgrund der Weitläufigkeit des Geländes allerdings oft weniger Übersicht gegeben, die Konzentration lässt leicht nach (Ablenkung durch Umwelteinflüsse wie Wetterlage, Tiere …). Musizieren und Bewegen im Freien sollte unbedingt ausprobiert werden. Naturerlebnisse im Zusammenhang mit Musik und Bewegung sind oft unvergesslich. ➔ vgl. „Bewegung im Freien" S. 161

Freiraum in der Natur

Einige (Eigenbau-)Instrumente eignen sich besonders, um im Freien ausprobiert zu werden:

- **Wassertrommel:** Eine große Schüssel wird zu zwei Drittel mit Wasser gefüllt. Eine kleinere Schüssel wird, mit dem Boden nach oben, in das Wasser gelegt. Das Instrument kann mit der Hand oder mit einem Schlägel bespielt werden. Die obere Schüssel beginnt zu „singen", wenn sie bewegt wird.
- **Windspiel:** Einige Metallröhren werden nebeneinander in einen Baum gehängt. Wenn der Wind bläst, berühren die Röhren einander und der Baum

klingt. Ebenso können auch Glöckchen, Schellen und Rasseln dem Baum Geräusche entlocken.

- **Wandelndes Xylophon:** An einen Leiterwagen werden verschieden lange Holzbretter, Metall- oder Plastikstücke gespannt. Wer mag musizieren? Wer zieht das geräuschvolle Werkel?
- **Wahrnehmungsparcours:** Hier geht es um den Körper, das erste und vertrauteste Instrument. In diesem Angebot besteht die Möglichkeit, auf eigene Bedürfnisse zu hören und die Umgebung mit geschlossenen Augen zu spüren. In der freien Natur leiden wir selten unter Platzmangel. Durch den vorhandenen Freiraum gibt es mehr Entdeckungs- und Erfahrungsspielraum. Wahrnehmungsparcours können auf Wiesen, im Wald oder auf Spielplätzen angeboten werden. ➔ vgl. „Allgemeine Spielvorschläge zur Wahrnehmungssensibilisierung" S. 50

Spielvorschläge zur Förderung von Raumwahrnehmung

➔ vgl. „Bewegung: Orientierungssinn mit dem Schwungtuch fördern" S. 233

- **Bewegungslandschaft:** Gemeinsam bauen wir mit Bänken, Matten und großen Schaumstoff-Bausteinen einen Weg. Wie hoch mag ich klettern? Wo kann ich mich durchzwängen? Wer mag die Bewegung einer Person mit Instrumenten begleiten?
- **Besuch:** Freie Fortbewegung im Raum: Auf ein Signal hin werden verschiedene Orte besucht: Fenster, Tür, Sprossenwand …
- **Raumebenen:** Die Kinder vereinbaren ein Signalinstrument für Raupen, die am Boden kriechen, und ein Instrument für Schmetterlinge, die durch den Raum flattern. Je nachdem, welches Instrument spielt, bewegen sich die Kinder auf einer höheren oder tieferen Raumebene.
- **Raumrichtungen:** Vogelschwarm: Die Kinder fliegen kreuz und quer durch den Raum. Ein Kind hat eine Rassel in der Hand. Wenn es diese spielt, folgen alle Kinder dem „Leitvogel". Hört die Rassel auf zu spielen, verteilen sich die Vögel wieder und die Rassel wird an ein anderes Kind weitergegeben.
- **Raumerkundung:** Wie klingen die Gegenstände des Zimmers, in dem ich mich aufhalte? Welche Töne macht ein Heizkörper, wenn ich ihn mit einem Stab bespiele? Was fällt mir bei meiner Klangwanderung auf? Welcher ist mein Lieblingsklang?

➤ In dem Lied „Tiger-Tanz" auf S. 62 (kinästhetische Wahrnehmung) besteht auch die Möglichkeit, den Raum zu erkunden.

- **„Geordnetes Chaos":** Alle Kinder bewegen sich zur Livemusik durch den Raum. Ein Kind gibt die Richtung vor. Nach einer kurzen Pause laufen alle in die andere Richtung. Schließlich dürfen die Kinder in verschiedene Richtungen laufen. Bei hoher Konzentration und durch Übung können die Kinder flexibel reagieren und es entsteht ein lustvolles Durcheinander.
- **Begriffsbildung:** Jedes Kind erhält 5 Materialien. „Lege ein Material zwischen andere, davor, dahinter, darunter, darüber, gegenüber. Diese Begriffe können

auch in Bewegung dargestellt werden. Freie Fortbewegung im Raum: Auf ein Signal hin stellen sich alle Kinder zwischen 2 Fenster, Matten, Türen, Kinder …

- **Linienfangen:** In diesem Fangenspiel bewegen sich alle auf vorgegebenen Linien oder selbst gebauten Straßen.
- **Raumhälften:** Freie Fortbewegung im Raum, auf ein Signal hin, treffen sich alle Gruppenmitglieder in einer Hälfte. Welche Hälfte wird nicht vorgegeben.
- **Raumklänge:** Die Gruppenmitglieder erkunden den Raum: Wie klingt die Wand, der Boden, ein Fensterrahmen? Jede Person sucht ein Lieblingsgeräusch aus und spielt es vor. Danach spielen alle Teilnehmenden, die einen hellen Klang gefunden haben. Die „Dunklen" spielen danach. Ist es möglich, eine Reihung vom hellsten zum dunkelsten Klang zu machen?
- **Räumliche Distanz:** Jedes Kind hat sich ein Instrument ausgesucht und sitzt in einem Reifen. Von da aus versucht es, akustisch Kontakt zu anderen Kindern aufzunehmen („telefonieren"). Der Platz, an dem der Reifen liegt, kann verändert werden.
- **Planeten:** Betrachten wir das Universum aus großer Distanz, sehen wir viele Planeten, die eng beieinander sind. Die Gruppenmitglieder bewegen sich eng aneinander, ohne sich zu berühren (schnell, langsam). Später versuchen sie, sich mit dem größtmöglichen Abstand zu bewegen.
- **Nachtlichter-Glühwürmchenlied:** Mittels Taschenlampen erkunden die „Glühwürmchen" den Raum. Sie beleuchten Wände, Decke und Boden. „Wie sieht mein Gesicht aus, wenn ich es von unten (oben, seitlich …) beleuchte?" Zu Beginn des Tanzes wird ein Licht nach dem anderen aufgedreht (Signal von der Triangel). Dann tanzen die Glühwürmchen zunächst nur an der Wand, bevor sie im Raum versuchen, andere Glühwürmchen zu erwischen. Später finden sich die Glühwürmchen an einem vorher bestimmten Ort zusammen und tanzen gemeinsam. Zuletzt ziehen sich die Glühwürmchen wieder an die Wand zurück. Dann knipsen sie, eines nach dem anderen, ihr Licht aus. Die Experimente, die am Anfang gemacht wurden (Hand, Boden, Gesicht beleuchten), fließen in den Tanz ein!

14

Zur Vertiefung:

- Wie kann Rhythmik durch Raumerlebnisse Lebensgestaltungskompetenz fördern?
- Erstellen Sie einen Plan von dem Gruppenraum Ihrer momentanen Praxisstätte. Wie sieht Ihr alternativer Wunschplan aus?

11.2 Zeit

Zeit ist die vom menschlichen Bewusstsein wahrgenommene Form der Veränderung.

Unser Zeitempfinden hatte seinen Ursprung im Erfassen der Wiederholungen und Erneuerungen in der Natur: Tag und Nacht, Sommer und Winter, Saat und Ernte. An solchen Phänomenen orientieren sich viele Menschen noch heute und erlangen Sicherheit und Selbstbewusstsein. Die Relevanz der Zeit zeigt sich auch

in unserer Sprache: Gezeiten, beizeiten, Zeit seines Lebens, Zeitvertreib, Zeitdruck, Zeitabschnitt, Zeitgeist, Zeitbombe, Zeitalter, Zeitaufwand, Zeiteinteilung, Zeitersparnis, Zeitgefühl, Zeitgenosse, zeitig, zeitweise, Zeitpunkt, Zeitschrift ...
Das Phänomen Zeit wird von zahlreichen Wissenschaften beleuchtet: Philosophie, Ökonomie, Theologie. Im Folgenden geht es um eine kurze Beschreibung des Phänomens aus musik- und bewegungspädagogischer Sicht:
Tempo, Dauer, Metrum und Rhythmus sind zeitliche Parameter, die sowohl den musikalischen als auch den körperlichen Bewegungsfluss charakterisieren. Die zeitliche Ausdehnung eines Tones, einer Bewegung, einer Pause wird mit Dauer bezeichnet. **Durch Musik und Bewegung kann Zeit erfahren und gestaltet werden;** etwa durch lustvolle Bewegung, die gleichzeitig unsere Geschicklichkeit fördert, oder durch die Entwicklung von Musik, die uns zum Hinhören verleitet. **Sinnvolle Zeitgestaltung ermöglicht Handlungskompetenz.** Wenn wir unsere Zeit strukturieren, aber auch dahinschweifen lassen, genießen, aber auch mit Pflichten erfüllen, wenn wir Zeit finden für Spannung und Lösung, für Aktivität und Passivität, wenn wir Zeit bewusst und lustvoll gestalten, können wir unser Leben bereichern.

Zeit wird unterschiedlich gestaltet: schnell – langsam, kurz – lang, regelmäßig – unregelmäßig.

11.2.1 Entwicklungsförderung durch Zeitwahrnehmung

„Augenblick verweile, du bist so schön!"
Goethes Faust

Kinder erleben kurze Zeitspannen oft viel länger als Erwachsene. Eine Minute kann sehr lange dauern, Stunden sind kaum abschätzbar, von einem Geburtstag zum nächsten scheinen sich Welten zu verändern. Aufgrund der kürzeren Lebenszeit, die Kinder hinter sich haben, wird Dauer länger empfunden. Warten lernen ist ein Prozess, der besonders schwierig, aber auch bedeutsam ist. Wer Geduld entwickelt, kann gelassener im Leben stehen. **Auch Erwachsene erleben Zeit unterschiedlich.** Erfüllte Zeit vergeht rasch, wenn wir uns langweilen, scheint die Zeit subjektiv nicht zu vergehen.
In der Rhythmik wird Zeit durch Musik und Bewegung ausgefüllt, der Mensch hat die Möglichkeit, sich nicht als Opfer der Zeit zu sehen, sondern frei zu entscheiden und zu handeln. Dabei gibt der Körper einen Handlungsrahmen vor: Unser Leben ist an innere Kreisläufe wie Atmung und Blutzirkulation gebunden. Aus diesem individuellen Rhythmus entsteht unser ureigenes Grundtempo. Unterschiedliche Tempi werden in der Rhythmik-Einheit erprobt. Langsame und schnelle Fortbewegungsarten werden erfunden, begleitet und gemeinsam gestaltet. **Kinder haben ein höheres Grundtempo als Erwachsene.** Ihr Herz schlägt schneller, ihre Ruhe und Aktivitätsphasen sind kürzer, ihre Schritte sind kleiner. Bei der Planung von Angeboten sollte dieser Umstand beachtet werden.

Das individuelle Tempo eines Menschen kann nur schwer verändert werden, denn es ist typisch für sein Temperament, seine Lebensweise. Wenn ein Mensch viel schneller oder langsamer handeln soll als sein Grundrhythmus es vorgibt, können Schwierigkeiten und Unstimmigkeiten entstehen.

11.2.2 Sensibilisierung durch Zeiterfahrung

In Michael Endes Buch „Momo" werden Besonderheiten, die Zeit ausmachen, fantasievoll beschrieben.

In unserer heutigen Gesellschaft ist Zeit besonders wertvoll. Wer viel Zeit besitzt (junge Menschen), wird als modern, bewunderns- und nachahmenswert angesehen. Zahlreiche Seminare vermitteln, wie Zeit am besten eingeteilt werden kann.

Wer sich Zeit nimmt, Zeit hat, Zeit wissentlich für etwas in Anspruch nimmt, setzt seine begrenzte Zeit bewusst ein und erhöht somit Lebensqualität.
Kinder sind schon sehr früh Zeitdruck ausgesetzt. Viel öfter hören sie „Beeile dich!" als „Lass dir Zeit!". In der Rhythmik sollen Kinder und Erwachsene die Möglichkeit haben, zu erleben, wie es ist, Zeit zu haben, Zeit zu gestalten. Dies kann bewirkt werden durch Spiele, Gestaltungen von Musik und Bewegung, aber auch durch die Haltung der Lehr- und Erziehungsperson.

Heranwachsenden Zeit zu lassen soll ihnen ermöglichen, Aufgabenstellungen mit Geduld und Sorgfalt zu lösen.

Spielvorschläge zum Thema Zeiterfahrung

- **Schnell – langsam:** Laufen und Schleichen im Wechsel. (Welche Tiere, Fahrzeuge, Tätigkeiten sind langsam? Welche sind besonders schnell?) Einzelne Musikinstrumente unterstützen die Bewegung. Welches Lied wollt ihr ganz langsam oder ganz schnell singen? Wie schnell/langsam kannst du dich bewegen?

6 8

- **Immer schneller:** Im Kreis: Eine Person macht eine Bewegung vor, die Nachbarin bzw. der Nachbar macht sie nach. Die nächste Person macht die Bewegung ein bisschen schneller nach, die nächste noch schneller …

19

- **Eisenbahn:** Dieses Fahrzeug verändert ständig sein Tempo …

17

- **Metrisch – ametrisch:** Die Kinder erzählen mittels Instrumenten eine Geschichte von einer Roboterfamilie und ihren Nachbarn, der Familie Wackelpudding. Wer will, setzt die Geschichte spontan in Bewegung um.
- **Minutenland:** Eine Uhr mit Sekundenzeiger wird eine Minute lang beobachtet. Dauert eine Minute lang oder kurz? Was können wir noch eine Minute lang machen? (Laufen, liegen, flüstern, musizieren …) Welche Tätigkeiten erscheinen lang, welche kurz?
- **Tempovariation:** Zu zweit: A gibt einen kurzen Bewegungsablauf vor, B wiederholt die Bewegung in einem beliebig anderen Tempo. Bewegungen können auch in Zeitlupe oder Zeitraffer gemacht und von Instrumenten begleitet werden. Was passiert, wenn sich eine Person in Zeitlupe bewegt und auf eine andere trifft, die sich im Zeitraffer fortbewegt?

- **Filmszene:** In Kleingruppen soll eine Lieblingsfilmszene dargestellt werden. Sie soll zunächst im Zeitraffer, danach im normalen Tempo und zuletzt in Zeitlupe dargestellt werden. Einfacher ist es, die Szene zuerst langsam, dann in gemäßigtem Tempo und schließlich schnell zu zeigen.

Zeitraffer und Zeitlupe nicht zu lange üben, da oft eine große Spannung auftritt. Nicht vergessen zu atmen!

- **Massage:** Zu dritt: Ein Gruppenmitglied liegt am Rücken, die anderen beiden bewegen die Gliedmaßen der liegenden Person behutsam und in verschiedenen Tempi. Welches Tempo ist angenehm?

➔ vgl. Spielvorschläge in „Rhythmik fließt … eine Reise ins Ungewisse?" S. 27

Zur Vertiefung:

- Welche subjektiven Zeitempfindungen haben Kinder? Welche haben Erwachsene?
- Wie fühlen Sie sich, wenn Sie Zeit sinnvoll ausfüllen?
- Was empfinden Sie als kurzweilig, was als langweilig? Beschreiben Sie Ihr Zeitempfinden im Zusammenhang mit unterschiedlichen Aktivitäten!
- Nennen Sie 3 weitere Spielvorschläge mit metrischen und drei mit ametrischen Bewegungen bzw. Klängen!

Im Folgenden wird die Planung einer Rhythmik-Einheit für Kinder vorgestellt. Mittels eines Materials werden Bewegungen untersucht, die langsamer und schneller werden.

*~°

Planung einer Rhythmik-Einheit für Kinder

Thema: Bewegungen, die schneller bzw. langsamer werden (accelerando, ritardando).

Verlauf im Überblick: Vom gemeinsamen Singen eines Liedes, das langsamer bzw. schneller wird, über das Veranschaulichen physikalischer Phänomene mittels Reifen zur Gestaltung eines Reifenmusikstückes gelangen, dessen einzelne Elemente immer schneller werden.

~ **Lernziele:** Physikalische Phänomene benennen, Reaktionsschulung, Koordinationsschulung.

1

° **Erziehungskompetenzen:** Kreativitätsförderung, akustische und visuelle Wahrnehmungssensibilisierung.

Material: Mundharmonika, Reifen, Begrüßungslied

Verlauf	Intentionen, pädagogische Absichten	Methodische Hinweise
1. Begrüßungskreis: Gemeinsames Begrüßungslied singen (z. B. Buch S. 141). Dann singt die Gruppenleitung alleine und wird dabei immer langsamer. „Was habe ich gemacht? Können wir das Gegenteiltun?" Gemeinsam das Lied singen und immer schneller werden.	* Einstieg, vertrautes Lied singen ~ Akustische und verbale Einführung in die Thematik	In der Mitte liegt ein Reifenstapel. „Was kennt ihr, das immer schneller bzw. immer langsamer wird?" Pferd, Ventilator, Mixer …
2. Jedes Kind nimmt sich einen Reifen und sucht einen Platz im Raum. Freie Fortbewegung zur Musik. Wenn die Musik aus ist, springt jedes Kind in seinen Reifen.	* Dynamischer Wechsel, ~ Auflockerung Reaktionsschulung	Auf Rutschgefahr bei schnellem Fußkontakt mit dem Reifen aufmerksam machen.

3. Variante: Die Musik wird immer langsamer bzw. immer schneller, bevor sie aufhört. Die Kinder können somit abschätzen, wann die Musik zu Ende ist.	~ Thema melodisch vertiefen, Reaktionsschulung ° Akustische Wahrnehmungssensibilisierung	
4. Experimentierphase mit den Reifen. Jedes Kind zeigt ein Produkt.	*° Kreativitätsförderung, sich exponieren	Freiwillig!
5. Die Spielleitung dreht den Reifen, alle beobachten ihn. Was passiert? Vorgang wiederholen und mit Körperinstrumenten begleiten.	* Rationaler Wechsel ° Wahrnehmungssensibilisierung: genau beobachten ~ Bewegungsbegleitung, Thema mittels Material vertiefen	Verbale Beschreibung: „Was passiert mit dem Reifen?"
6. Die Kinder suchen einen Platz im Raum und drehen ihren Reifen. Kurz bevor er liegt, springen sie in den Reifen.	*~ Koordinationsschulung, Vertiefung des Themas	
7. Die Kinder drehen den Reifen. Während sich der Reifen bewegt, laufen sie. Wenn der eigene Reifen am Boden liegt, kommt das Kind zurück und springt in den Reifen.	* Dynamischer Wechsel Koordinationsschulung Akustische und visuelle Wahrnehmungssensibilisierung	„Was muss ich tun, damit sich der Reifen lange dreht?" „Woran bemerkst du, dass der Reifen bald am Boden liegt?"
8. Reifenorchester: Aufstellung in einer Reihe: Ein Kind dirigiert und zeigt, welches Kind seinen Reifen drehen darf.	*°~ Gemeinsame Gestaltung von Accelerandos	Jedes Kind muss genug Platz haben! Variante: Ohne Dirigentin/Dirigenten: Der Reihe nach einsetzen. Oder: Jedes Kind entscheidet selbst, wann es einsetzt.
9. Reifen werden wie zu Beginn positioniert. Die Kinder können sich aussuchen, ob sie zum Abschluss auf ihrem Rücken etwas spüren wollen, das immer langsamer oder immer	*° Sensitiver Ausklang ~ Verbalisierung der Thematik	Pferd? Ventilator? Mixer?

Kraft kann Masse verändern.

Raum und Zeit sind Bedingungen, die auf uns einwirken, Kraft geht von uns selbst aus und kann eigenständig dosiert und verwaltet werden.

11.3 Kraft

Wie viel Kraft in unserem Leben eingesetzt wird, zeigt die deutsche Sprache: kraftvoll, kräftig, kraftlos, Krafteinsatz, Kraftausdruck, Kraftakt, Kraftaufwand, Kraftwerk …

Jeder Bewegung liegt ein Kraftimpuls zugrunde. Kraft bedeutet nicht nur das Zusammenziehen und Entspannen von Muskeln, **Kraft** kann auch geistige Anstrengungen beinhalten und **wirkt im Sinne des Rhythmischen Prinzips zwischen Spannung und Lösung, Aktivität und Passivität.** Kraft äußert sich demnach im Ruhen und Sammeln, im Handeln und Bewegen.

Kraftvolle oder kraftlose Bewegungen sind abhängig vom Energieaufwand und der Intensität, mit der Muskeln angespannt werden. Je nachdem entstehen Bewegungen wie: gespannt – gelöst, zart – kräftig, weich – hart, leicht – schwer, flüchtig – energisch.

Auch in der Musik treten unterschiedliche Kräfte auf. In jeder Phase, in jedem Rhythmus und jeder harmonischen Wendung (Kadenz) gibt es betonte und weniger betonte Töne.

11.3.1 Entwicklungsförderung und Sensibilisierung durch die Dosierung von Kraft

Wer seine Kräfte wahrnimmt, kann auch sensibler damit umgehen.

Wenn Kinder eine Bewegung erlernen, benötigen sie zunächst viel Kraft. Erst wenn der Vorgang gut koordiniert ist, wird Kraft ökonomisch eingesetzt. **In der Rhythmik wird das Spiel mit den Kräften lustvoll und vielfältig angeboten, damit die eigenen Kräfte wahrgenommen und effektiv eingesetzt werden können.** Mit Musik und Bewegung soll erfahren werden, wie Kräfte wirken und wie sie verwendet werden können. Ein ökonomischer Umgang mit unseren Kräften, ein Wechselspiel zwischen Spannung und Entspannung, zwischen Anspannen und Lockern, ermöglicht lebensfreundliches Haushalten mit unseren Energien.

Spielvorschläge zum Thema Kraft

17

- **Hart – weich:** Die Kinder suchen Instrumente für harte und weiche Bewegungen. Je nach Musik bewegen sie sich entsprechend. Variante: Zur harten Musik werden weiche Bewegungen gemacht. Erweiterung: 2 Gruppen stehen einander gegenüber und bewegen sich allmählich aufeinander zu. Eine Gruppe bewegt sich zur harten, eine zur weichen Musik. Während sich eine Gruppe bewegt, ist die andere „eingefroren". Die Kinder sollten einmal in die Rolle der „Harten" und einmal in die der „Weichen" schlüpfen.

20

- **Schwer – leicht:** Welche Bewegung kann Schwere vermitteln, welche Leichtigkeit? Zu zweit: Ein Gruppenmitglied denkt sich eine kraftvolle Bewegung aus. Diese soll von einer anderen Person so variiert werden, dass sie leicht und locker aussieht. Beide Gruppenmitglieder sollen beide Bewegungen ausprobieren. Welche Bewegung ist angenehmer? Wo treten kraftvolle Bewegungen in

Natur und Alltag auf? Zur Musik auf der Begleit-CD kann zum Thema schwer – leicht improvisiert werden.

- **Laut – leise:** „Wer kann ganz leise oder ganz laut gehen? Welche Tiere oder Menschen bewegen sich so?" Mit den Füßen (Händen, Fingern) machen die Kinder möglichst laute und möglichst leise Geräusche. Danach wird eine Kette geformt, in der jede Person ein bisschen lauter ist als die vorherige. „Mit welchen Gegenständen können wir laute bzw. leise Geräusche machen? Was ist ein Flüsterkonzert? Was ein Brüllkonzert?"
- **Gespannt – gelöst:** Bewegungen, die normalerweise viel Körperspannung benötigen, sollen mit möglichst wenig Kraftaufwand durchgeführt werden. Lockerungsübungen können ausnahmsweise einmal so gestaltet werden, dass sie mit großem Kraftaufwand gemacht werden.
- **Stop and Run:** Bei einem Autorennen müssen die Fahrzeuge immer wieder in die Box. Auch in den Kurven muss gebremst werden. Auf geraden Strecken kann jedes Auto zeigen, wie schnell es sein kann. Das Einbauen von plötzlichen Stopps (wenn die Rennstrecke fotografiert wird) und Zeitlupenwiederholungen beanspruchen Gleichgewichtssinn und Standfestigkeit.
- **Unveränderlich:** Einige Kinder nehmen eine bequeme Position im Raum ein. Die anderen gehen durch den Raum und versuchen, die „Statuen" zum Lachen zu bringen. Die Statuen dürfen nicht berührt werden.
- **Lockerung:** Ein Kind liegt auf dem Boden und wird von einem anderen Kind sanft bewegt. Einzelne Körperteile werden ein wenig vom Boden abgehoben und gelockert.

Zur Vertiefung:

- Welche Kraftanstrengungen außer den muskulären gibt es?
- Wie kann Kraft sinnvoll eingesetzt werden?

11.4 Form

Form bezeichnet den Umriss, die äußere Gestalt und den inneren Aufbau eines Gefüges.

In der deutschen Sprache existieren zahlreiche Wörter, die mit „Form" in Verbindung stehen: Formalist, Formalität, formieren, formatieren, formbar, formell, formlos, formal, formalisieren, Formationstanz, Formel, Förmlichkeit, Formsache, Formular, Formulierung …
Form leitet sich vom lateinischen „forma" ab und bedeutet auch „Gestalt".
In allen Künsten hat Form einen ordnenden Einfluss.

Sprache wird geformt durch Satzzeichen, Musik durch Melodie, Harmonie, Rhythmus und Tempo. Bewegung wird geformt durch Spannung und Entspannung, Bilder durch Punkt, Strich und Fläche. Motive und Themen können bildnerisch und darstellerisch verarbeitet werden. Wiederholung, Kontrast, Erweiterung, Variation, Ein- und Mehrstimmigkeit sind gestaltbildende Prinzipien in Musik und Bewegung.

11.4.1 Entwicklungsförderung durch die Gestaltung von Formen

F.W.A. Fröbel, der Begründer des „Kindergartens" (1840), wählte als typische Spielgaben: Würfel, Walze und Kugel. Diese zieren auch heute noch sein Grab.

Formen faszinieren uns Menschen schon sehr früh. Manche Kinder sitzen stundenlang vor der Waschmaschine, weil sie die Kreisdrehung gerne beobachten, andere sind von Linien begeistert und sehen daher dem Wasserhahn beim Fließen zu, oder sie lassen Gegenstände fallen, um die **Falllinie** zu beobachten. Gegenstände werden in Reihen aufgestellt, Triangeln (Dreiecke) werden mit den Fingern nachgefahren und abgezeichnet.
Die eigenständige Gestaltung einer musikalischen, zeichnerischen oder darstellerischen Form bestärkt Kinder und Erwachsene in ihrem **Ausdrucksvermögen. Dadurch, dass die Form wiederholt und variiert werden kann,** entsteht eine Struktur. Durch das Zeichnen und Darstellen von Formen können **Gemütszustände abgebildet** werden. Es gibt geschlossene und offene Formen, harmonische und aggressive, kleine und große, introvertierte und extrovertierte Formen.

Spielvorschläge zum Thema Form

- **Groß – klein:** Welche Tiere sind groß? Welche klein? Wie bewegen sie sich? Ein Lied zum Thema große und kleine Tiere befindet sich auf S. 206 (Tierlied Kapitel Stimme; Spielvorschläge zur Erarbeitung von Liedern). Eine direkte Umsetzung des Liedes in Bewegung während des Singens bietet sich an. Kleine Schritte sind fast immer schneller als große.
- **Statuen:** Die Kinder bewegen sich frei im Raum. Auf ein Signal hin verwandeln sie sich in Statuen (breit, schmal, rund, gerade, verdreht, krumm, klein, groß ...).
- **Raumform:** Freie Fortbewegung im Raum. Auf ein Signal hin wird ein Stern, eine Linie, eine Gasse, ein Kreis ... gebildet. Sitzend? Stehend? Liegend? Kann sich die Form auch fortbewegen ohne sich zu verändern?
- **Schallformen:** Jeder Klang hat eine Form. Welche Zeichen gibt es für meine Töne? Wie können Schallformen aufgezeichnet und hörbar gemacht werden? (Tumult, Welle, Linie, Punkt, Mosaik ...)

- **Musikalische Strukturen** hören: Die Gruppenmitglieder lauschen einer Musik. Eine Person hält einen Gegenstand in der Hand. Ändert sich die Musik, wird der Gegenstand weitergegeben.
- **Ecke – Kurve – Linie:** „Wer kann Ecken laufen (Haken schlagen wie ein Hase), Wellenlinien oder gerade Striche? Wer kann sie aufzeichnen oder blind ertasten? Wo finden wir in der Natur Ecken, Geraden, Linien?"

- **Gleiche Formen:** Die Kinder legen mit Schnüren drei Formen. Die erste und die letzte Form soll gleich sein. Wer mag die Form abzeichnen? Wer mag sie mit dem Körper darstellen? Welches Instrument passt zu welcher Form?
- **Kreis:** Ein Kind steht in der Mitte eines Kreises und zeigt eine Körperform. Die anderen machen die Form nach.
- **Modellieren:** Zu zweit: Ein Gruppenmitglied formt den Körper einer anderen Person. Diese soll erraten, welche Tätigkeit oder welcher Gefühlszustand gemeint ist. Erweiterung: Die „passive" Person wird aktiv und bringt nun die andere Person in genau dieselbe Position.
- **Formhören:** Die Teilnehmenden bewegen sich frei durch den Raum zur Musik. Wenn ein musikalischer Abschnitt beendet ist, gibt jede Person einen Gegenstand weiter (Uhr, Ring, Socken ...). Bei jedem neuen Abschnitt wird der Gegenstand, der nun in der Hand liegt, weitergegeben.
- **Formspüren:** Zu zweit: Eine Person malt einer anderen eine Form auf den Rücken.
- **Blinde Form:** Die Gruppenmitglieder reichen sich die Hände, machen einen Kreis und schließen die Augen. Die Spielleitung sagt verschiedene Formen an, die mit geschlossenen Augen dargestellt werden sollen. Einzelne Sterne im Universum, Dreieck, Linie, Sonne ... Zwischendurch können die Augen „zur Kontrolle" geöffnet werden.

Zur Vertiefung:

- Welche Formen begegnen Ihnen im Alltag? Welche in der Kunst?
- Wie kann Form Ausdrucksvermögen strukturieren?

11.5 Übersicht über die Parameter von Musik und Bewegung (vgl. Witoszynskyj 1999, S. 22)

	Musik/Sprache	Bewegung
Raum	Klangraum: vorne – hinten, daneben, rechts – links	Bewegungsraum: vorne – hinten, daneben, rechts – links
	Tonhöhe: hoch – mittel – tief	Raumpositionen: oben – Mitte – unten
	Melodieverlauf: auf-, absteigend	Raumwege: geradlinig – kurvig Raumebene: senkrecht – waagrecht – schräg
	Tonabstände: Intervalle: eng – weit, groß – klein	Raumdimensionen: eng – weit, groß – klein, nah – fern
Zeit	Tondauer: kurz – lang	Bewegungsdauer: kurz – lang
	Tempo: schnell – langsam	Bewegungstempo: schnell – langsam
	Tempoveränderungen: accelerando – ritardando, metrisch – ametrisch, Notenwert, Rhythmus, Pause	Tempoveränderungen: schneller – langsamer werden, kontinuierliche – unterbrochene, regelmäßige – unregelmäßige Bewegung, Pause
Kraft	Tonstärke: laut – leise, Spannung – Entspannung, crescendo – decrescendo	Krafteinsatz: stark – sanft, Spannung – Entspannung, stärker werden – schwächer werden
	Akzente, Schwerpunkte: schwer – leicht	Bewegungsimpulse: kräftig – zart, weich – hart, flüchtig – energisch
	legato – portato – staccato	rund – eckig (spitz)
Form  „Ballrondo"	Musikalische Formen: Motiv, Phrase, Liedform, Rondo Sprachliche Formen: Prosa, Gedichte	Bewegungsformen, Bewegungsabläufe, Tanzformen
	Wiederholung, Variation, Erweiterung, Kontrast	Wiederholung, Variation, Erweiterung, Kontrast

12 Die Rolle der Lehr- und Erziehungsperson

Alles Verständnis fängt mit Bewunderung an.

J. W. v. Goethe

Der Begriff Lehr- und Erziehungsperson umfasst Rhythmikerinnen und Rhythmiker sowie Kindergartenpädagoginnen und -pädagogen.

12.1 Mögliche Beeinflussungsfaktoren von Verhaltensweisen der Pädagoginnen und Pädagogen

Für die Unterschiedlichkeit von Verhalten gibt es eine Vielzahl an Ursachen:

- **Soziokulturelle Faktoren:** Orientierung an **Wertvorstellungen** und **Normen der Gesellschaft** oder einer Untergruppe (Freunde, Eltern, Kolleginnen und Kollegen). **Trends** (Modeerscheinungen) und **Medien** beeinflussen Verhaltensweisen ebenso. Maßgeblich sind auch **Staatssystem** (totalitär, demokratisch) und Religion.
- **Ökonomische Faktoren:** Die Wirtschaftsordnung beeinflusst das Verhalten von Lehr- und Erziehungspersonen. Wie viel Geld wird in Rahmenbedingungen investiert? Welche Auswirkungen hat es, wenn ökonomische Gedanken die Bezahlung von Bildung bestimmen?
- **Individuelle Faktoren: Persönlichkeitsmerkmale** beeinflussen das Verhalten im Unterricht maßgeblich!
- **Zielgruppenbezogene Faktoren:** Das **Verhalten der Kinder bzw. Schülerinnen und Schüler** wirkt sich auf die Haltung der Lehr- und Erziehungsperson aus.
- **Situative Faktoren:** Befindlichkeit und momentane Stimmung wirken sich auf das Verhalten von Pädagoginnen und Pädagogen aus. (vgl. Hobmair 1996)

Wenn eine geringe Anzahl von Kindern in einem gut ausgestatteten Raum betreut wird, entstehen andere Verhaltensweisen als bei schlechten Ressourcen und vielen Kindern, die gemeinsam betreut werden.

12.2 Förderliche Verhaltensweisen

Da sich der Mensch sein Leben lang verändert, wandeln sich auch seine Verhaltensweisen. Im Umgang mit Menschen sind wir ständig herausgefordert, uns nach bestem Wissen und Gewissen zu verhalten. Menschliches Verhalten wird ein Leben lang geübt, erprobt und erweitert. Im Folgenden wird eine Auflistung angeboten, die Orientierungshilfe für Pädagoginnen und Pädagogen sein kann. Durch die Reihung der Verhaltensweisen soll keine Bevorzugung einzelner Fähigkeiten vorgenommen werden. Angesichts der Vielzahl von förderlichen Merkmalen kann hier keine vollständige Auflistung erstellt werden.

12.2.1 Fachkompetenzen

Pädagogische Kompetenzen: Methodische, didaktische Kenntnisse, Einblick in die Fachliteratur, Theorie und Praxis verknüpfen, Planungsbeteiligung der Gruppenmitglieder zulassen, klare Aufgabenstellungen mit Handlungsspielraum anbieten, in ungewohnten Situationen mehr Verstärkung anbieten als im Alltag; Korper, Geist und Seele ansprechen, variable Angebote bereitstellen, damit jedes Gruppenmitglied angesprochen wird; jede Person entsprechend ihrer Entwicklung fördern und fordern; auf die Qualität, nicht auf die Quantität von Angeboten Wert legen (weniger ist oft mehr).

Musikalische Kompetenzen: Instrumentale, musiktheoretische Kenntnisse, Fähigkeit zum variablen Einsatz der Stimme (singen, rufen, flüstern, erzählen …)
Körperliche Fähigkeiten: Auf den eigenen Körper achten, Bewusstheit über Vorbildwirkung, nonverbal kommunizieren, tänzerische Fähigkeiten, den Körper musikalisch bewegen und einsetzen.

12.2.2 Persönliche Fähigkeiten

Kognitive Fähigkeiten: Bereitschaft zum lebenslangen Lernen, Transparenz (Handlungsprozesse sollen durchschaubar sein), Relevanz (im Moment bedeutsame Angebote bereitstellen), konstruktive, informative Kritikfähigkeit, Konsequenz, organisatorische und konzeptionelle Fähigkeiten
Emotionale Fähigkeiten: Optimismus, Unvoreingenommenheit, Offenheit, Freundlichkeit, Humor, Mut, Liebesfähigkeit
Soziale Kompetenzen: Flexibilität, Reflexionsfähigkeit, Verantwortung übernehmen, aber auch Führung abgeben, Konfliktfähigkeit, Motivationsfähigkeit, Geduld, Frustrationstoleranz (Diskrepanzen nicht von vornherein ablehnen), Kompromissbereitschaft, Gruppenmitgliedern Selbsttätigkeit zugestehen, sie ernsthaft einbeziehen, Vertrauen, individuelle Zuwendung und Anerkennung zeigen, Schwächen der Gruppenmitglieder schützen, Förderung von Problemsensitivität (Fragen ist erwünscht!), auf eigenes und fremdes Wohlbefinden achten, Hilfsbereitschaft, Echtheit, Aufrichtigkeit, Verlässlichkeit, Partnerschaftlichkeit, Respekt, Toleranz, Fairness.

> In Monsieur Bernards Klasse fühlten sie zum ersten Mal, dass sie existierten und Gegenstand höchster Achtung waren: Man hielt sie für würdig, die Welt zu entdecken.
>
> Albert Camus, Der erste Mensch

Wahrnehmungsfähigkeit: Einfühlungsvermögen, Probleme und Begabungen der Gruppenmitglieder erkennen, zuhören, sensibel reagieren auf Körperhaltungen und ihre Botschaften, Gruppenmitglieder vor Fehlhaltungen bewahren, einen Überblick haben über das Geschehen in der Gruppe.
Kreative Fähigkeiten: Eigeninitiative, Ideenreichtum, Fähigkeit zur Selbstpräsentation, Neugier, Gelegenheiten schaffen, wo kreative Verhaltensmöglichkeiten der Gruppenmitglieder möglich sind, ungewöhnliche Ideen anerkennen und schätzen, gemeinsam träumen, fantasieren.

Das Rollenbild von Pädagoginnen und Pädagogen ist vielfältig: Sie können Spielgefährtinnen und Spielgefährten, Beobachterinnen und Beobachter, Zuhörerinnen und Zuhörer, Spielleiterinnen und Spielleiter, Helferinnen und Helfer, Vorbild oder Bezugsperson sein.

In jedem Lern- und Erziehungsprozess werden Fragen gestellt:
- Wie können Entwicklungsprozesse der Gruppenmitglieder bestmöglich unterstützt werden?
- Was steht im Vordergrund? Das eigene Konzept? Oder wird versucht, Bedingungen zu schaffen, die die Bedürfnisse der Zielgruppe aufnehmen?
- Wie flexibel und kreativ kann sich die Gruppenleitung auf die Gegebenheiten einstellen?

Wir können als Lehr- und Erziehungsperson nicht direkt auf andere Menschen einwirken. Wir können uns aber bemühen, bestmögliche Angebote zu machen. Jedes Gruppenmitglied kann diese Angebote eigenständig aufgreifen und seine Entwicklung beeinflussen. **Jeder Mensch nimmt auf, was er kann und muss.**

12.3 Distanz halten und Glaube, Hoffnung, Liebe entgegenbringen – ein Widerspruch?

Die Persönlichkeit der Lehr- und Erziehungsperson ist ein wesentliches Kriterium für Bildung. Wohlwollend und freundlich soll sie den Gruppenmitgliedern entgegentreten. Dennoch dürfen Teilnehmende nicht mit Freunden verwechselt werden. Der **Wissens- und Erfahrungsvorsprung sowie die Rolle der Gruppenleitung unterscheiden die Lehr- und Erziehungsperson von den Teilnehmenden,** machen sie bisweilen sogar einsam in ihrer Exponiertheit, obwohl sie von so vielen Menschen umgeben ist. Jede Pädagogin und jeder Pädagoge muss selbst entscheiden, wie viel „Persönliches" in den Beruf hineingetragen wird. Verlockend kann es sein, sich zu verbünden, ehrenvoll kann es empfunden werden, Freundschaft angeboten zu bekommen. Die Lehr- und Erziehungsperson darf allerdings nicht erwarten, dass alle Gruppenmitglieder sensibel umgehen können mit der Vertrautheit, die ihnen entgegengebracht wird. Erzählungen aus der Privatsphäre können missverstanden oder falsch interpretiert werden und vom eigentlichen Bildungsgeschehen ablenken.

Aufgabe der Lehr- und Erziehungsperson ist es nicht, Freundinnen und Freunde zu gewinnen, sondern den **Gruppenmitgliedern freundlich, aber auch mit einer gewissen „Abstinenz" zu begegnen. Bildungsauftrag ist es, zum eigenständigen Denken anzuregen, selbst Wertungen vorzunehmen** und **Verantwortungsbewusstsein für das eigene Handeln zu übermitteln.** Wertschätzung und Diskretion der Lehr- und Erziehungsperson können eigenständiges Verhalten bestärken.

Trotz der Distanz, die Gruppenmitgliedern entgegengebracht werden soll, ist es möglich, ihnen liebevoll zu begegnen:

Wirkung durch Beispiel und Liebe

Zur Bildung gehört Freude am Forschen und Entdecken, der **Glaube** an die, die es besser wissen, und das Lernenwollen von denen, die anders denken, das verstehende Aufnehmen und Weiterentwickeln des Unvollkommenen. Eine Chance pädagogischer Führung besteht in der Ermunterung zu genauem Wahrnehmen und Unterscheiden, wo ein Manko vorliegt, in der Ermunterung zum Treffen von Entscheidungen, wo Entscheidungen vermieden werden.

> Wir wissen, dass jeder Mensch, wenn man ihn liebt, sich wie verwandelt fühlt, wie entfaltet, und dass auch dem Liebenden sich alles entfaltet, das Nächste, das lange Bekannte. Vieles sieht er wie zum ersten Male. Die Liebe befreit es aus jeglichem Bildnis. Max Frisch, Tagebuch 1946 –1949

Pädagogische Absichten sollen von **Hoffnung,** nicht von Erwartung geleitet werden, denn Erwartung ist auf Wiederholung der Bedürfnisse der Lehr- und Erziehungsperson gerichtet, während Hoffnung auch Neues, Unvorhergesehenes in Betracht zieht. Erwartung fordert vom anderen eine Gegenleistung. Hoffnung lässt mehr Freiraum.

Wer Vertrauen, Glaube, Hoffnung und **Liebe,** aber auch Trauer, Sehnsucht und Schmerz erfahren hat und seine Gefühle differenziert wahrnehmen kann, wird auch glaubwürdig, hoffnungsvoll und liebenswürdig zur Bildung anderer beitragen. (vgl. Stummer 1999, S. 261 ff.)

Zur Vertiefung:
Welche der genannten Fähigkeiten wünschen Sie sich von einer Gruppenleiterin oder einem Gruppenleiter? Sind es die gleichen, die Sie im Umgang mit Kindern anstreben? Nennen Sie die 10 Eigenschaften, die für Sie am wichtigsten sind!

12.4 Skeptisches zur Rolle von Pädagoginnen und Pädagogen
oder: auf der Suche nach der „Eier legenden Wollmilchsau"

Kann von Pädagoginnen und Pädagogen verlangt werden, dass sie über mehr Fähigkeiten verfügen als durchschnittliche Menschen? Sind Lehr- und Erziehungspersonen begabter, besser ausgebildet und bezahlt, motivierter und daher auch angesehener als andere Berufsgruppen?

Der oben genannte Tugendkatalog stellt eine Fülle von erstrebenswerten Qualitäten dar. Ist es realistisch, dass ein Mensch über die meisten dieser Fähigkeiten verfügt?
Manche Tiere liefern Eier, andere Fleisch und von wieder anderen erhalten wir Milch. Die „Eier legende Wollmilchsau" wurde noch nicht erfunden. Die Natur sieht ein solches Wesen nicht vor. Auch wenn Lehr- und Erziehungspersonen nicht mit einem Fantasietier verglichen werden können, so zeigt die Metapher doch, dass an Pädagoginnen und Pädagogen **sehr hohe Ansprüche** gestellt werden. Ansprüche, die nicht an Rahmenbedingungen und Bezahlung gestellt werden.
Demokratische Systeme sehen Meinungspluralismus vor. Jede Person soll ihre Meinung frei äußern und argumentieren können. Kritikfähigkeit und selbständiges Denken kann aber nur von Menschen erwartet werden, die eine Erziehung mit solchen Wertvorstellungen genossen haben. Ist es möglich, dass jede Person ihre Meinung äußert, wenn Unterricht vor 25 Personen stattfindet? Können Lehr- und Erziehungspersonen den Interessen von 25 Menschen nachkommen, sie ansprechen und in einen Dialog treten? Welche Wertvorstellungen treten beim Unterricht von Großgruppen in den Vordergrund?

Aufgabe der Lehr- und Erziehungsperson ist es, Neugierde und Experimentierfreudigkeit und somit die Eigendynamik der Kinder zu bestärken und zu bewahren. Positive Grundvoraussetzungen, die in jedem Kind zur Entwicklung angelegt sind, werden dadurch unterstützt.

In der Rhythmik sind Pädagoginnen und Pädagogen in der glücklichen Lage, während einer Einheit mit höchstens 15 Teilnehmenden zu arbeiten. Bei einer solchen Gruppenanzahl ist es eher möglich, mit Fähigkeiten und Fertigkeiten der Teilnehmenden umzugehen, spontan auf Veränderungen zu reagieren und die eigenen Kräfte sinnvoll und kreativ einzusetzen. Es gilt, die **Stärken** der Kinder zu **fördern** und ihre **Schwächen** zu **verstehen. Das Bedürfnis zu lernen, sich zu entwickeln ist in jedem Kind von Grund auf angelegt.** Die Lehr- und Erziehungsperson hat die Aufgabe, **diesem Bedürfnis entgegenzukommen.**
Der Beruf von Lehr- und Erziehungspersonen zeichnet sich durch viele Mängel aus (Bezahlung, Gruppengröße, Räumlichkeiten, Material ...). Junge Menschen zu bestärken und ihnen zur Seite zu stehen, ihre Spontanität und Unvoreingenommenheit zu erleben, kann jedoch auch erfrischend, faszinierend und bereichernd sein.

Zur Vertiefung:

- Was bedeutet Meinungspluralismus?

- Wie können Kritikfähigkeit und Selbständigkeit gefördert werden?
- Auf S. 280 ff. findet sich die Möglichkeit, Unterricht und eigene Angebote zu reflektieren. Füllen Sie die Evaluationsbögen aus und diskutieren Sie!

13 Rhythmik zwischen Therapie und Pädagogik

Rhythmik wird einerseits als pädagogische Arbeitsweise, andererseits als therapeutisches Verfahren angesehen. Die Grenzen zwischen Pädagogik und Therapie sind fließend. Im Folgenden wird versucht, eine Abgrenzung zwischen beiden Disziplinen vorzunehmen.

Jedes Kind ist ein Künstler. Das Problem besteht darin, wie es ein Künstler bleiben kann, wenn es aufwächst!

Pablo Picasso

13.1 Die Frage nach der Unterscheidung von Therapie und Pädagogik

Um Therapie und Pädagogik voneinander zu unterscheiden, bedarf es zunächst einer Beschreibung der einzelnen Bereiche.

13.1.1 Therapie

Therapie ist die Bezeichnung für Kranken- bzw. Heilbehandlung. Das Wort wurde und wird hauptsächlich dem Fachbereich der Medizin zugeordnet. **Ziel** einer Behandlung ist die **Beseitigung einer Krankheit bzw. die Beeinflussung eines Krankheitsverlaufes.** Menschen erhoffen sich von einer Therapie die Aufhebung von subjektiv empfundenen bzw. objektiv vorhandenen Leidenszuständen. Therapie wird aufgrund einer genauen, auf die Symptome ausgerichteten Diagnose eingeleitet.

Ziel: Leidensdruck verringern, beseitigen.

Eine Therapie orientiert sich in zwei Richtungen: nach vorne, zum anderen, neuen, unbekannten, vermeintlich besseren Zustand und nach rückwärts, weg vom alten, bekannten.
Aufgrund der zahllosen Bedürfnisse und Ansprüche unserer heutigen Gesellschaft gibt es auch **viele verschiedene Arten von Therapie.** Manche widmen sich ausschließlich dem Körper, andere dem Geist. Einige Therapieformen erkennen den Menschen als Einheit von Leib, Geist und Seele an und versuchen, eine ganzheitliche Heilung vorzunehmen.
Bei der Behandlung eines Menschen gibt es nur **selten ein einziges, mögliches Verfahren.** Heilung passiert auf verschiedenen Ebenen, dementsprechend kann auch Therapie unterschiedlich angesetzt werden. Wichtig ist, dass die **Ursachen für eine Krankheit untersucht** werden, damit ihre **Symptome, aber auch ihre Auslöser behandelt** werden können.
Therapie ist planvoll eingesetzte, zielgerichtete, an den Ursachen und Symptomen orientierte Hilfestellung von fachlich gut ausgebildeten Personen.

Zur Vertiefung:
- Welche Ziele verfolgt Therapie?
- Nennen Sie Ihnen bekannte Therapierichtungen!

13.1.2 Pädagogik

Im Allgemeinen wird Pädagogik verstanden als **Theorie der Erziehung** (Hillenbrand 2002), als eine **Theorie von Lehren und Lernen. Themen der Pädagogik** sind Reflexionen zu den Grundfragen der Erziehung (Anthropologie, Ethik), Fragen verschiedener Methoden der Erziehung und des Unterrichtes, Institutionen, Handlungsformen und deren Wirkung sowie Reflexionen über Erziehungspersonen.

Das **Verhältnis zwischen Theorie und Praxis** der Erziehung soll in einem **Diskurszusammenhang** (Gedankenaustausch) stehen, das heißt, Theorie und Praxis sollen einander ergänzen und erweitern.

Die Frage als Dialogbasis. Die Frage als Grundhaltung menschlicher Existenz. Was bewegt uns? Woraus bestehen wir?

Nach Heitger (1983) sieht die Pädagogik einen **radikalen Respekt vor dem Subjekt** vor, damit es Selbständigkeit und Mündigkeit erlangen kann. Die Beziehung zwischen Lehr- und Erziehungsperson und Kind soll am Wohl des Kindes orientiert sein. Die Parteinahme für das heranwachsende Individuum unterstützt seine Entwicklung. **Grundlage** dieser Pädagogik ist **das Dialogische.** Der Dialog ist eine angemessene Form, um dem Subjekt entgegenzutreten. Im Dialog entscheidet sich jede einzelne Person frei, persönlich, selbständig, selbstverantwortlich für oder gegen eine Handlung. Erziehung kann somit immer mehr durch Selbsterziehung abgelöst werden. Innerhalb des Dialoges kommt es zu vielen Fragestellungen. Diese werden einander mitgeteilt, verglichen und nach Möglichkeit beantwortet. Erst mit Eigeninitiative und Anstrengung kann ein Lernprozess in Gang gebracht werden. Lernen ist insofern unbequem, als es uns Verantwortung auferlegt über das erworbene Wissen. Wissen und Haltung (Verantwortung) gehören zusammen.

Pädagogisches Paradoxon: Kinder werden geführt, um einmal selbst zu steuern, sie brauchen Sicherheit, um diese verlassen zu können. Widersinnig ist das nur, wenn die pädagogische Arbeit nicht auf den Entwicklungsstand des Kindes abgestimmt ist. (Wenn Kindern für ihren Entwicklungsstand zu viel oder wenig Verantwortung auferlegt wird.)

Ziele der Pädagogik sind Autonomie, Selbstbestimmung, Kritikfähigkeit, Friedfertigkeit, Freiheit, Mündigkeit, Rücksicht, Respekt, Distanz.
Seit jeher wurden hohe Ansprüche von Politik und Gesellschaft an die Pädagogik gestellt. Bildung wird jedoch nur dann sinnvoll vermittelt, wenn gesellschaftliche und politische Erwartungen nicht an erster Stelle des Aufgabenkatalogs stehen. **Die Pädagogik sollte den schwierigen Versuch unternehmen, unabhängig** von ihren Geldgebern **zu agieren,** um nicht dem Zeitgeist, aktuellen Trends oder einer politischen Strömung ausgeliefert zu sein. Pädagogische Ziele sollten jedoch auch Werte sein, die Gesellschaft und Staat ein Anliegen sind. Denn schließlich sind Mündigkeit, Kritikfähigkeit und Souveränität Werte, auf die ein demokratischer Staat und seine Gesellschaft angewiesen sind.

Erziehung bewegt sich im Spannungsfeld zwischen Freiheit und Zwang, Individuum und Gesellschaft, Anpassung und Mündigkeit.

Zur Vertiefung:
- Was sind die Themen der Pädagogik?

- Was sind ihre Ziele?
- Was ist ein Diskurszusammenhang?
- Was ist gemeint mit Pädagogik des Dialogs?

13.1.3 Therapie – Pädagogik: eine Gegenüberstellung

In dieser Gegenüberstellung wird der Versuch unternommen, Unterschiede und Gemeinsamkeiten von Therapie und Pädagogik zu beschreiben. Wann ein Mensch krank und wann er gesund ist, wann er „erziehungsbedürftig" oder „wohlerzogen" ist, ist nur in extremen Situationen feststellbar.
Hautkrankheiten etwa zeigen sichtbare Symptome, über depressive Verstimmungen oder wann die „gsunde Watschn" „notwendig" ist, lässt sich streiten. Das Ergebnis verantwortungsvoller pädagogischer und therapeutischer Diagnostik ist Ausgangspunkt für pädagogisches und therapeutisches Handeln.

Therapie		Pädagogik
Störungen sind vorhanden.	Ausgangsposition	Biologische, emotionale Abhängigkeit
Nicht jeder Mensch bedarf einer Therapie. Wer sich dazu entschließt, tut das freiwillig. Therapie liegt dann vor, wenn ein Leidenszustand behandelt wird.	Frage nach der Notwendigkeit	Kinder bedürfen der Erziehung. Diese Abhängigkeit ist zunächst naturgegeben und verringert sich im Laufe der Kindheit. Kinder entscheiden sich nicht freiwillig für Erziehung, sie werden erzogen.
Wahlmöglichkeit: „Ich lasse mir helfen." (Meist ist die Hilfe notwendig.)	Frage nach der Freiwilligkeit	Keine Wahlmöglichkeit: Erziehung „passiert" durch sozialen Kontakt, soll aber zur Eigenständigkeit führen.
Bearbeitet Defizite (der Pädagogik), mildert, beseitigt Störungen. Wiedererlangung von Gesundheit (Gesundheit = erfülltes und gelungenes Leben)	Ziele: Auf das Leben hinführend, um sich (Therapie und Pädagogik) letztlich überflüssig zu machen.	Versucht, mündige Menschen hervorzubringen. Förderung der Möglichkeit zur Selbstbestimmung; Bildung
Meist abschätzbar. Vor allem die Heilung von Knochenbrüchen, Gelenksverletzungen und muskulären Erkrankungen ist statistisch belegt.	Erfolg	Bleibt offen: Erziehung hat Versuchscharakter. Ob ein Angebot, eine Aussage langfristig aufgenommen wird oder nicht, ist meist unabsehbar.

Therapie		Pädagogik
Orientiert an der Biografie des Patienten.	Inhalte	Kulturell-gesellschaftlich relevante Themen
Variable therapeutische Mittel: Psychotherapie: Dialog Schulmedizin: Skalpell …; Tanztherapie: Körper	Mittel	Variable Erziehungsmittel: Dialog, aber auch (Rhythmik-) Material, Musik, Bewegung
Anzahl der Patienten meist sehr klein.	Anzahl der Beteiligten	Anzahl der Kinder meist sehr groß. Anzahl der Erziehenden für ein Kind ist im Laufe der Zeit auch groß (Eltern, Lehrende, Freunde, Verwandte …).
Klinik, Praxis	Institutionen	Gesellschaft, Schule, Kindergarten, Elternhaus, Freunde …
Einheiten meist konzentriert und zeitlich begrenzt.	Zeitrahmen	Sofort nach der Geburt sehr konzentriert, mit der Zeit immer weniger. Erziehung soll zum lebenslangen Lernen ermuntern.
Verständnis für die Störung, für das Leiden aufbringen.	Verständnis: Den Menschen dort abholen, wo er ist.	Das Kind verstehen und versuchen, ihm bei seiner Entwicklung beizustehen.
Versuch, herauszufinden, warum eine Störung vorliegt.	Die Frage nach dem Warum.	Die Frage nach dem Warum stellt sich nicht. Beispiel: Dickes Kind – liebevoller Umgang mit dem Kind. Bei Verdacht auf Störung: Therapieempfehlung. Die Lehr- und Erziehungsperson kann sich nicht anmaßen, zu wissen, warum das Kind dick ist.
Störung bearbeiten, um Reifung zu ermöglichen.	Reifung	Reifung fördern; wenn dies nicht möglich ist, wird Therapie notwendig.

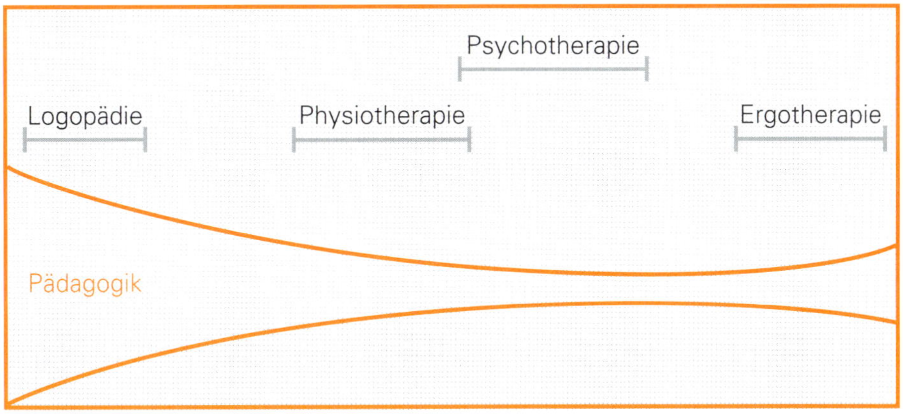

Gegenüberstellung: Therapie – Pädagogik im Leben eines Menschen

13.2 Rhythmik als therapeutisches Verfahren

Rhythmik kann als **therapeutisches Verfahren** angesehen werden, **wenn nach Einholung von ärztlichem und therapeutischem Rat gezielte Handlungsweisen und Hilfestellungen zur Verringerung von Leidensdruck angewendet werden.** In der Rhythmik wird Wert gelegt auf die Zusammenarbeit mit anderen Therapieformen, damit eine umfassende Behandlung vorgenommen werden kann. Die **erzieherischen Fähigkeiten und Fertigkeiten,** die in der Rhythmik vermittelt werden, **können auch therapeutische Intentionen haben, wenn zielgerichtet auf die Behebung von Ursachen und Symptomen von Krankheiten hingearbeitet wird.** So können spastische Verkrampfungen spielerisch gelockert, ein schwacher Muskeltonus gestärkt oder Sprachstörungen durch den Einsatz von Musik behoben werden.

Pädagogische Intentionen werden zu therapeutischen Zielsetzungen, wenn dem Handeln ein Leidensdruck zugrunde liegt und aufgrund einer Diagnose zielgerichtete Maßnahmen von gut ausgebildeten Personen gesetzt werden.

Grundprinzip der Rhythmik ist es, auf den Stärken der Teilnehmenden aufzubauen und dadurch zu verdeutlichen, dass jeder Mensch Fähigkeiten besitzt, die einzigartig sind. In der Rhythmik wird den Menschen angeboten, diese Stärken zu erweitern und somit größeren Handlungsspielraum zu erlangen.

Eine der weltbesten Schlagzeugerinnen – die Schottin Evelyn Glennies – ist gehörlos und nimmt Rhythmen über die Haut (Füße, Wange, Hände) wahr. Sie kompensiert ihre Schwäche durch eine außergewöhnliche Stärke.

In vielen Aufgabenstellungen der Rhythmik gibt es kein „Richtig" und kein „Falsch". Lösungen können stark, sanft, hell, dunkel, groß, klein sein und werden je nach persönlichen Fähigkeiten entwickelt.

Das therapeutische Verfahren Rhythmik arbeitet mit wenigen Klienten in regelmäßigen Zeitabständen für eine relativ kurze Zeitspanne (etwa eine Stunde). Die Mittel der Rhythmik haben therapeutische Wirkung:

Aufgrund der Tatsache, dass **Musik,** vor allem rhythmische Phänomene, schon vom ungeborenen Kind wahrgenommen wird, besteht die Möglichkeit, an Erlebnisse aus der frühesten Kindheit anzuschließen. Selbst wenn ein Mensch in seiner Kindheit eine Störung erfahren musste, so gibt es doch davor die pränatale Phase, die höchstwahrscheinlich ungestört verlief. **Über Musik können Therapeutinnen und Therapeuten in Kontakt treten** und anknüpfen an vorgeburtliche Empfindungen. Durch die Musik kann **nonverbal, präverbal kommuniziert** werden. So können sich Herzgeräusche oder die Stimme der Mutter beruhigend auswirken, die hörbar gemachte Zirkulation des Blutes wird als angenehm erlebt.

Musik als therapeutisches Mittel, um Kontakt herzustellen

Musik synchronisiert die Atmung, lenkt ab von Schmerz und verbessert die Immunreaktion. Musik wirkt in die Vergangenheit, mithilfe von Musik kann aber auch Zukunft gestaltet werden. Eine Auseinandersetzung mit der Umwelt kann durch Musik als bereichernd erfahren werden.

Bewegung als therapeutisches Mittel, um Körper, Seele und Geist anzusprechen.

Bewegung ist ein Grundbedürfnis jedes Menschen und kann stärkend, lockernd, reinigend, anregend, kräftigend, sensibilisierend, persönlichkeits- und gesundheitsfördernd sein. Spannung und Entspannung äußern sich durch Bewegung, werden in der Rhythmik spielerisch erprobt und stellen einen Bezug zu psychischen und physischen Spannungen im Alltag eines Menschen her. Mithilfe von Bewegung und verschiedenen Materialien kann das Ausdrucksvermögen gestärkt und Geschicklichkeit erprobt werden. Durch die **Entwicklung von Bewegungsfähigkeiten** werden aber auch geistige Entwicklungsprozesse angeregt. **Behinderungen** können somit **umfassend behandelt werden.**

Im Kindergarten hat die Lehr- und Erziehungsperson selten Zeit, sich intensiv mit ausschließlich einem Kind zu beschäftigen. Therapeutische Maßnahmen sollten daher an entsprechendes Fachpersonal delegiert werden. Nach Absprache mit den Fachkräften können im Kindergarten allerdings einzelne Übungen aus den Therapiesitzungen mit dem Kind wiederholt und somit vertieft werden.

Auch die Ziele der Rhythmik können therapeutisch unterstützen: In der Rhythmik werden viele Angebote gemacht, bei denen die Augen geschlossen werden können. Wer sich dazu entscheidet, die Augen zu schließen, kann sich, wie in der frühesten Form seines Daseins, mithilfe von Hör- und Tastsinn zurechtfinden. Dieser Zustand wird freiwillig ausgeführt und ist jederzeit veränderbar. **Vertrauen in die eigene Orientierungsfähigkeit wird hergestellt.**

Weitere Zielsetzungen der Rhythmik (Soziales Lernen und Kreativitätsförderung) helfen, Menschen in therapeutischen Prozessen zu unterstützen. Ziel ist es, durch Begleitung **soziale Kontakte angenehm zu erleben und Selbstbewusstsein durch kreative Ausdrucksmöglichkeiten** zu stärken.

Musik bringt Selbstheilungskräfte in Gang

Kreativität und Ausdruckskraft, der Wunsch, sich auszudrücken, ist eine mächtige Kraft, die jedem Menschen zugänglich ist. Für **Pablo Casals,** er war Cellist, Dirigent und spielte Klavier, war die Musik, sein Bedürfnis, sich auszudrücken, treibender Motor seines Lebens.

Ein Mann, der an seinem Lebensabend Hilfe benötigte, um sich anzuziehen, der geschwollene Finger und eine gebückte Haltung hatte, dessen Atem schwer ging, setzte sich ans Klavier. „Seine Finger öffneten sich langsam und streckten sich den Tasten entgegen, wie der Keim einer Pflanze sich ins Sonnenlicht richtet. Sein Rücken straffte sich. Er schien freier zu atmen. Nun berührte er mit seinen Fingern sanft die Tasten. Dann erklangen die ersten Takte von Bachs „Wohltemperiertem Klavier", gespielt mit einer unglaublichen Sensibilität und Beherrschung. (...) Sein ganzer Körper schien mit der Musik zu verschmelzen, er war nicht mehr steif und eingesunken, sondern geschmeidig und anmutig und frei von rheumatischen Verkrümmungen." (Cousins 2008, S. 55f)

Kreativität, der Wille sich auszudrücken, zu leben, kann Heilungsprozesse und Wohlbefinden nachhaltig beeinflussen. Bei kreativen Prozessen (in der Rhythmik) werden Endorphine ausgeschüttet, die auf den Körper eine schmerzstillende Wirkung haben, entspannend und anregend wirken. Wenn der Wunsch und Lebenstrieb des Menschen, sich kreativ zu entfalten, ausgelebt werden darf, werden wir belohnt durch Wohlgefühl. Dieses Wohlbefinden bestärkt uns wieder zu neuen, produktiven Taten.

Wer kennt nicht das Gefühl, etwas geschafft zu haben? In der Rhythmik werden **Frei- und Spielräume** angeboten, um herauszufinden, wie und wodurch sich die Teilnehmenden ausdrücken wollen. Musik und Bewegung, Stimme und Material werden eingesetzt, um Ausdruckskraft freizusetzen.

Zur Vertiefung:

- Mit wem wird im therapeutischen Verfahren der Rhythmik zusammengearbeitet?
- Wann werden pädagogische Zielsetzungen zu therapeutischen Maßnahmen?
- Wie können die Mittel der Rhythmik therapeutisch wirken?

13.3 Rhythmik als pädagogische Arbeitsweise

Die pädagogische Arbeitsweise der Rhythmik wurde in den vorangehenden Kapiteln ausführlich beschrieben. Im Folgenden werden einige Aspekte noch einmal erwähnt.

Die Ziele einer dialogischen Pädagogik werden in der Rhythmik insofern verfolgt, als die Freiheit, selbst Entscheidungen zu treffen, gegeben ist, Kritikfähigkeit erwünscht und gefragt ist und Friedfertigkeit, Rücksicht, **Distanz und Respekt durch verschiedene Gruppenkonstellationen erprobt und erfahren** werden.

Soziales Lernen als pädagogisches Ziel

Rhythmik unterstützt Reifungsprozesse, indem Menschen **umfassende** Prozesse der **Wahrnehmungssensibilisierung** angeboten werden, um sich zu einer sensiblen, umsichtigen und aufmerksamen Persönlichkeit zu entwickeln.

Wahrnehmungssensibilisierung als pädagogisches Ziel

Wenn Kreativitätsförderung in der Rhythmik angeboten wird, so besteht die Möglichkeit, **durch differenziertes Ausdrucksvermögen Autonomie und Selbsttätigkeit** zu erlangen. Wer sich gut verständigen kann, stärkt sein Selbstbewusstsein und kann eigenständig seine Anliegen vorbringen und gestalten.

Kreativitätsförderung als pädagogisches Ziel

Rhythmik orientiert sich nicht am Defizit, sondern an dem, was ein Mensch kann, auf welcher Entwicklungsstufe er sich befindet. **Positive Eigenschaften** treten in den Vordergrund und sind **Ausgangspunkt der pädagogischen Arbeit.** Diese Pädagogik ist integrativ. Sie sondert nicht aus, sondern greift vorhandene Stärken auf, um darauf aufbauend Lern- und Erziehungsprozesse in Gang zu setzen.

Zur Vertiefung:

- Nennen Sie 3 pädagogische Zielsetzungen der Rhythmik!

13.4 Häufig auftretende Beeinträchtigungen und Behinderungen

Je früher interveniert wird, umso größer ist die Chance, dass sich noch keine negativen Muster stabilisiert haben. Einfühlsam handeln hat dabei höchste Priorität.

Bereits im Kindergarten treten häufig Störungen auf, die als abnorm zu bezeichnen sind. Der Lehr- und Erziehungsperson kommt die wichtige Aufgabe zu, Initiativen zu setzen, um den Leidensdruck des Kindes und seiner Umgebung zu verringern. Elterngespräche und Überweisungen an Therapieeinrichtungen sowie die Förderung und Integration des Kindes innerhalb der Gruppe sind schwierige, aber wesentliche Aufgaben im Kindergarten.

13.4.1 Verhaltensstörungen

Verhaltensstörungen von Mädchen äußern sich weit weniger auffällig als Verhaltensstörungen von Buben.

Wenn das **Verhalten** eines Menschen **langfristig von kulturellen und entwicklungsspezifischen Erwartungen abweicht,** wird es als **gestört, auffällig** oder **originell** bezeichnet. Behandlungsbedürftigkeit liegt vor, wenn deutliche Abweichungen vom Lebensalter und der jeweiligen Kultur vorherrschen, die die Bewältigung des Alltags einschränken. Die **Ursache** für das Verhalten kann **organisch oder milieubedingt** sein. Meist sind bei einer Verhaltensstörung **mehrere Bereiche betroffen.**

Ein Kind, das unter Verhaltensstörungen leidet, beeinträchtigt nicht nur seine Umgebung, **hauptsächlich und ununterbrochen ist es selbst mit seiner Beeinträchtigung konfrontiert.** Soziale, emotionale, kognitive und sprachliche Entwicklungen können bei einer Verhaltensstörung betroffen sein und Einschränkungen bedeuten.

„Buch der Begriffe. Wörterbuch zu Sprache, Behinderung und Integration." (Integration Österreich) Hier werden zahlreiche Begriffe zum Thema „Behinderung" beschrieben und erklärt.

Pädagogische Interventionen bauen auf einen Dialog zwischen Lehr- und Erziehungsperson und Kind. Es wird versucht, einen individuellen Zugang zu finden, besondere Interessen und Vorlieben herauszufinden, aber auch alltägliche Situationen gemeinsam zu bewältigen. Kontinuität im immer wiederkehrenden Suchen des Dialogs ist wichtiger Bestandteil von Erziehung. Ehrlichkeit, emotionale Wärme, Wertschätzung und Einfühlungsvermögen sind wichtige Merkmale eines Dialogs.

Oft ist der Kindergarten die erste außerfamiliäre Institution, die mit einem Kind in Kontakt tritt. Lehr- und Erziehungspersonen obliegt daher die schwierige Aufgabe, Eltern anzusprechen und auf die Behandlungsbedürftigkeit ihres Kindes hinzuweisen. Oft ist es leichter, in solchen Situationen wegzuschauen, um die Eltern nicht mit unerfreulichen Nachrichten zu konfrontieren. Im Interesse des Kindes muss die Kindergartenpädagogin bzw. der Kindergartenpädagoge aber alle Anstrengungen unternehmen, um „das schwächste Glied in der Kette" zu schützen und zu stärken.

Zur Vertiefung:

- Suchen Sie ein „schwieriges" Kind aus Ihrer Praxisstätte und versuchen Sie, mit diesem Kind etwas zu unternehmen, das Ihnen beiden gefällt!

Hyperaktivität

Für dieses Phänomen gibt es unterschiedliche Bezeichnungen:
- Minimale Cerebrale Dysfunktion (MCD)
- Aufmerksamkeits- und Hyperaktivitätsdysfunktion (ADHD)

Hyperaktivität (vgl. Hillenbrand 2002) bedeutet übermäßiges Tätigsein. Bei diesem Phänomen geht es um **Störungen der Aufmerksamkeit,** die häufig verbunden sind mit motorischer Überaktivität, aber auch mit Wahrnehmungs- und Sprachstörungen, Schwierigkeiten bei Konzentration und Handlungssteuerung. Diese setzen früh in der Entwicklung ein und sind oft situationsunabhängig.

Impulsive Kinder können Impulse vermitteln.

Grundlegende Symptome sind:
- **Aufmerksamkeitsstörungen:** Das Kind nimmt viele Reize wahr (Reizoffenheit), kann Unwichtiges jedoch nicht aussondern („Reizfilterschwäche"). Es wird somit leicht abgelenkt und benötigt immer wieder neue Anstrengung, um sich einer Aufgabe erneut zuzuwenden. Ungeteilte Aufmerksamkeit ist möglich, wird aber nur unter erheblicher Anstrengung aufgebracht, weil Ablenkungen viel stärker erlebt werden. Konzentration ist daher oft nur für kurze Zeit möglich.
- **Impulsivität:** Das Kind folgt Ideen, die es hat, augenblicklich und wägt nicht ab, ob seine Handlungen situationsangemessen sind. Die Feinmotorik ist nicht sehr gut entwickelt, dafür besteht eine Vorliebe für großräumige Bewegungen.
- **Erhöhtes Aktivierungsniveau:** Das Kind hat grundsätzlich einen höheren Muskeltonus, ist prinzipiell mehr angespannt als andere Kinder. Dieser Zustand wird durch akustische und visuelle Reize zusätzlich erhöht.

Aggression

Prinzipiell wird Aggression vom lateinischen „aggredere" abgeleitet und bedeutet „herangehen, angreifen, berühren". ➜ vgl. „Soziales Lernen: Konflikte" S. 85
Aggression kann verstanden werden als positive, aktive Form der Kontaktaufnahme oder als feindliche, oft ungesteuerte Annäherung, die zur Gewalt führen kann. Aggression kann positive und negative Antriebskraft sein. **Prinzipiell ist Aggression** ein Verhalten, das als **notwendiger Gegenpol zu Freundlichkeit und Gefälligkeit** angesehen wird.
Unter krankhafter Aggression wird ein **Verhalten** verstanden, **das Personen oder Gegenständen Schaden zufügt oder eine Beschädigung beabsichtigt.**
Als Verhaltensstörung kann Aggression dann bezeichnet werden, wenn ein Mensch physische oder psychische Gewalt längerfristig, in verschiedenen sozialen Kontexten, in nicht entwicklungsgemäßer Weise und mit großer Häufigkeit an den Tag legt.
Aggression kann aktiv, direkt oder indirekt (zusehen, etwas nicht verhindern), physisch oder psychisch vollzogen werden, nach außen oder nach innen (Autoaggression) gerichtet sein. (vgl. Hillenbrand 2002)

Zur Vertiefung:

- Welche Symptome haben hyperaktive Kinder?
- Wann wird Aggression als Störung angesehen? Gibt es auch bereichernde Aspekte von Aggression?

13.5 Hilfestellungen

> Wer meint, alle Früchte würden gleichzeitig mit den Erdbeeren reifen, versteht nichts von den Trauben.
>
> Paracelsus

In der Rhythmik wird versucht, **verhaltensgestörte Kinder in kleine Gruppen zu integrieren.** Hier soll die Möglichkeit geschaffen werden, dass Bedürfnisse wie raumgreifende Bewegungen, impulsive Handlungen und kurzweilige Spannungsveränderungen erlaubt sind. **Wenn ein Kind merkt, dass es mit all seinen Stärken und Schwächen angenommen wird, kann es auch besser an ihnen arbeiten.** Viele Angebote der Lehr- und Erziehungsperson werden nicht sofort umgesetzt, manche wirken erst nach Wochen, Monaten oder Jahren.
Im Folgenden werden einige Empfehlungen für die Arbeit mit verhaltensauffälligen Kindern angeboten:

Mehrere Faktoren beeinflussen Verhaltensweisen. Gleiche Ursachen können verschiedene Auswirkungen haben.

Prinzipiell geht es um eine Offenheit den Kindern gegenüber. Verhalten entsteht aus einer Vielzahl von Einwirkungen. Selten ist eine Ursache allein Auslöser für ein Symptom. Meist ist eine große Anzahl von Ereignissen ausschlaggebend für Verhalten. Durch diese Vielheit entsteht eine Chance: Verschiedene Einflüsse, verschiedene Ansichten lassen auch unterschiedliche Lösungen und Förderungsmöglichkeiten zu.

Zur Vertiefung:

- Erinnern Sie sich an ein Ereignis, das Sie vor kurzem erlebt haben. Welche Faktoren beeinflussten Ihr Erleben?
- Erinnern Sie sich an ein Ereignis, bei dem Sie ein anderer Mensch maßgeblich beeinflusst hat. Es kann vor vielen Jahren stattgefunden haben. Wie wirkt diese Begebenheit heute?

- **Danuser-Zogg, Elisabeth: „Die Welt be-greifen". Bewegungsarbeit und Rhythmik mit geistig behinderten Kindern (Academia), Sankt Augustin 2002**
- **Neira-Zugasti, Helga: „Rhythmik als Unterrichtshilfe bei behinderten Kindern" (Jugend & Volk), München 1981**

- **Regeln:** Verhaltensgestörte Kinder brauchen eine **feste, freundliche und konsequente Führung. Regeln sind Orientierungsmöglichkeiten,** die es einzuhalten gilt, sofern sie sinnvoll und nachvollziehbar sind.
- **Kontinuität: Wenn Regeln aufgestellt werden, sollten sie dem Kind genau erklärt werden. Dabei kann auch gemeinsam überlegt werden, was geschehen soll, wenn das Kind die Regel nicht einhält.** „Was soll geschehen, wenn du nicht mehr im Morgenkreis sitzen kannst?" In der entscheidenden Situation können Hilfestellungen geleistet werden, indem das Kind an die Vereinbarung erinnert wird.
- Wenn **Kontakt** zum Kind hergestellt werden soll, ist es zielführend, **durch Nähe** und eventuell durch sanften Körperkontakt eine Verbindung herzustellen. Durch Zurufe aus der Ferne wird nur der Lärmpegel erhöht und es besteht die Möglichkeit, dass das Kind durch andere Reize abgelenkt ist und eine Aufforderung nicht wahrnehmen kann.

- **Entwicklungsgemäßheit:** Ein **Angebot** sollte **nicht aufgrund des Alters eines Kindes ausgewählt werden, sondern aufgrund seines individuellen Entwicklungsstandes.** Aufgabenstellungen, die das Kind bewältigen soll, können von **kleinen Pausen** (Bewegungsmöglichkeit) unterbrochen werden und sollten **mit einem Erfolgserlebnis** für das Kind **enden.**
- **Ganzheitliche Förderung:** Die Entwicklung von Gehirn und Hand verläuft parallel und bedingt sich wechselseitig. **Sensomotorische Übungen** können lustvoll vermittelt werden und **helfen, die Entwicklung von Kognition und Feinmotorik voranzutreiben.** ➔ vgl. „Wahrnehmung" S. 44; „Bewegung" S. 157
- **Stereotypien durch Musik und Bewegung beeinflussen:** Vorhandene Handlungsmuster aufgreifen, variieren in Tempo und Dynamik, vergrößern, ins Gegenteil umwandeln, mit der Stimme begleiten, mit anderen Personen durchführen, musikalisch unterstützen …
- **Kritische Selbstreflexion** hilft, die Handlungsfähigkeit zu bewahren. Wie können Rahmenbedingungen verändert werden? Wie kann ich mit der Handlungsweise des Kindes bestmöglich umgehen?
  ➔ vgl. „Qualitätsüberprüfung" im Anhang S. 280

17 23 20 22

Zur Vertiefung:

- Welche positiven und negativen Erfahrungen konnten Sie mit verhaltensauffälligen Kindern machen? Beraten Sie einander in Kleingruppen und berichten Sie davon in der Teilgruppe!

13.5.1 Humor als pädagogisches und therapeutisches Prinzip

Humor spiegelt Offenheit und Vitalität wider.

Humor leitet sich vom lateinischen „humores" – Feuchtigkeit, Körpersaft, Säftemischung – ab. Diese **Säftemischung** war nach antiker Auffassung **ausschlaggebend für das Temperament eines Menschen.** Ausgewogenheit der Körpersäfte macht demnach einen humorvollen Menschen aus. Im Humor werden alle Seelenkräfte wirksam und er ist **herzlicher Ausdruck einer lebensbejahenden Grundhaltung.**

> „Ich liebe mir den heit'ren Mann am meisten unter meinen Gästen; wer sich nicht selbst zum Besten haben kann, der ist gewiss nicht von den Besten."
>
> J. W. v. Goethe

Im Humor tritt eine menschliche und ungeheuer sympathische Haltung hervor: **Im Bedeutsamen und im Nichtigen wird Liebenswertes, Komisches oder Absurdes entdeckt und zum Ausdruck gebracht.** Eine solche Haltung spiegelt Versöhnlichkeit und Beziehungsreichtum wider.

Humor kann auch eine Auflehnung gegen Regeln, Konventionen und Zwänge sein. Schon vor 500 Jahren waren Kasperl und Harlekin kritische Beobachter von gesellschaftlichen Normen. Sie verletzten unbekümmert Regeln und bekämpften erfolgreich Tod und Armut. Durch Schlauheit und Dreistigkeit führten sie Könige und Adelige an der Nase herum und erwarben die Sympathien der armen Bevölkerung.

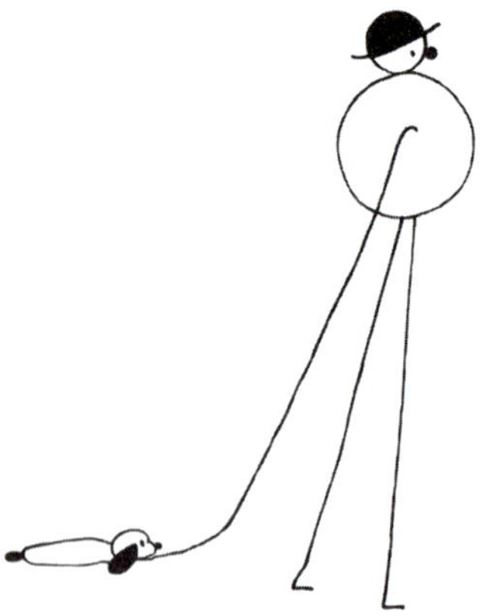

Im Humor wird oft deutlich, dass Menschen einen durch Reflexion erworbenen Abstand zu sich und ihren Problemen haben. **Heitere Gelassenheit gegenüber der eigenen Unzulänglichkeit zeichnet humorvolle Menschen aus.** Sie sind in der Lage, Schwächen einzugestehen und wirken dadurch sympathisch. **Humorvolles Verhalten ist ansteckend, lädt zum Lachen ein und verführt charmant zur Solidarität.** Oft sind es humorvolle Bemerkungen, die eine gespannte Situation auflockern, die eine steife, förmliche Runde zum Lachen bringen.

Humor bringt Entspannung, Auflockerung, Heilung mit sich. Lachen fördert die Durchblutung, das Immunsystem wird gestärkt, Muskelverspannungen gelöst, der Atemvorgang wird unterstützt. Marianne Frostig, Pädagogin, Psychologin, Sozialarbeiterin und Rhythmiklehrerin, bezeichnet Freude als bestes Gegenmittel gegen emotionale Störungen. Das erhebende Gefühl der Freude lässt uns bis zur Decke springen, den Kopf nach oben recken, die Mundwinkel in die Höhe ziehen. Dieser Gemütszustand wirkt gegen Schwermut, Trauer und Resignation.

Klinik-Clowns und „Rote Nasen" tragen in Krankenhäusern maßgeblich zur Heilung junger Patienten bei.

Humor bringt nicht nur Heilung mit sich, Humor hilft auch Lehrenden und Erziehenden, mit schwierigen Situationen umzugehen, Abstand zu bewahren und Kraft zu schöpfen.

Wie kann Humor den Alltag erhellen?

Zunächst stellt sich die Frage, **was das Komische ist,** das uns Menschen zum Lachen bringt: Wir amüsieren uns köstlich, wenn **Unerwartetes** eintritt, wenn **Regeln** und Erwartungen **durchbrochen** werden. Menschen wirken komisch, wenn sie **übertreiben** (charmant, aber verletzlich oder ungeschickt sind), wenn **Kontraste verknüpft** werden (wenn sich eine ehrgeizige mit einer faulen Person unterhält) oder wenn **minimale Handlungen mit großem Aufwand durchgeführt werden.** (Eine Hand klebt am Boden fest und kann nur mit größter Anstrengung und Kreativität gelöst werden.) Humorvolle Interventionsmöglichkeiten sind:

• • Überraschung • • Übertreibung • • Absurdität • • Imitation • • Spiegelung • •
• • Schaffung einer imaginär-symbolischen Handlung (Bühne, geschützter Rahmen)

Humorvolles Verhalten in der Rhythmik

„Lachen ist der Ausbruch plötzlicher Verzückung"
Thomas Hobbes

In der Rhythmik gibt es einen unausgesprochenen Grundsatz: Humorvolles Verhalten ist „oberstes Ziel". Viele gelungene Gestaltungen sind humorvoll und daher von guter Qualität. Das heißt nicht, dass ernste Gestaltungen schlecht sind. Jedoch: Etwas Lustiges darzustellen, bedarf auf jeden Fall des Mutes. Denn ein schlechter Scherz wird vom Publikum stärker sanktioniert als eine langweilige Darbietung.

Humor birgt Reflexionsvermögen, Kreativität, Wahrnehmungsvermögen und Abstraktionsvermögen in sich. Humorvolles Verhalten ist gekennzeichnet von einer feinfühligen Erfassung und Darstellung von Situationen. Spielerisch besteht die Möglichkeit, mittels Musik, Bewegung, Stimme und Materialien humoristische und ernste Experimente anzustellen, theatralisch zu übertreiben, mit musikalischen oder tänzerischen Überraschungen aufzuwarten oder die Stimme, viele Muskeln und das Gemüt durch einen Lachanfall aufzulockern.

13.6 Angrenzende Bereiche an die Rhythmik

Rhythmik ist ein Verfahren, das viele künstlerische, pädagogische und therapeutische Systeme tangiert. Im Folgenden werden einige „verwandte" Methoden beschrieben.

13.6.1 Orff-Schulwerk

Carl Orffs Idee zur Erziehung durch Musik ist über 70 Jahre alt. In seiner **elementaren Musik- und Tanzerziehung** geht es um eine **ganzheitliche Förderung des Menschen mittels Musik und Bewegung.** Unter elementar versteht Orff **ursprünglich, zu den Elementen gehörig, naturhaft.** Für seine Methode entwickelte der **Dirigent und Komponist** ein **eigenes Instrumentarium,** die Orff-Instrumente: Stabspiele (Glockenspiele, Xylophone, Metallophone) und das kleine Schlagwerk (Rasseln, Handtrommeln ...). Wie in der Rhythmik wird mit Reimen und Liedern, rhythmischen Pattern und einfachen Bewegungssequenzen experimentiert und gestaltet. Musik, Tanz und Sprache werden als verwandte Kommunikationsformen angesehen, die durch das Phänomen Rhythmus verbunden sind. Carl Orff entwickelte eine **Sammlung von Liedern und Texten,** die er als Grundlage seiner Methode ansah. Mit diesem **Orff-Schulwerk** können Behinderte und Hochbegabte, Kinder und Erwachsene gefordert und gefördert werden.
Jaques Dalcrozes Rhythmik und Carl Orffs elementare Musik- und Tanzerziehung weisen viele Ähnlichkeiten auf. Im Folgenden wird versucht, eine Abgrenzung vorzunehmen.

Unterschiede zwischen Rhythmik und elementarer Musik- und Tanzerziehung

In der Rhythmik hat Improvisation einen hohen Stellenwert. Fertige Gestaltungen haben allerdings vergleichsweise weniger Bedeutung. Während **Dalcroze leidenschaftlicher Pädagoge** war, kann Carl **Orff als begeisterter Komponist** gesehen werden, der sich auch der Pädagogik widmete. Das Zustandekommen von **künstlerischen Ergebnissen steht bei Orff im Vordergrund.** Dalcroze hingegen entwickelte seine Methode, um Musik besser zu verstehen, um musikalische Phänomene durch Bewegung zu üben und somit zu begreifen. Während **Orff** mit seinem **eigenen Instrumentarium** experimentierte, setzte **Dalcroze** fast ausschließlich das **Klavier** ein. Die Rhythmik wurde um die Jahrhundertwende vom 19. zum 20. Jahrhundert entwickelt, Carl Orff realisierte seine Ideen erst zwischen **1924 und 1935.** Heute ähneln sich beide Methoden stark. Jede einzelne Lehrerpersönlichkeit prägt und formt die Methode der Rhythmik oder die der elementaren Musik und Tanzerziehung.

13.6.2 Musikalische Früherziehung

Nach Johannes Beck-Neckermann (2002) ist die „Musikalische Früherziehung" (MFE) eine **künstlerisch-pädagogische Arbeitsweise,** die den **Menschen in den Mittelpunkt ihrer Handlungen** stellt. In der **MFE** werden **zahlreiche Orff-Instrumente** eingesetzt, auch mit **Alltagsgegenständen und Naturmaterialien** wird musiziert. MFE unterscheidet sich geringfügig von der Rhythmik und zwar dadurch, dass sie **hauptsächlich für Kinder** konzipiert ist.
Bewegungsschwerpunkte werden in der MFE selten angeboten. Die **Bewegung ist Mittel,** um musikalische und persönlichkeitsbildende Fähigkeiten und Fertigkeiten zu entwickeln, sie **unterstützt die musikalische Ausbildung.**

13.6.3 Musiktherapie

Musiktherapie ist ein **kommunikatives Verfahren, das Musik als nicht sprachliches Ausdrucks- und Verständigungsmittel** einsetzt, wodurch Menschen Kommunikation erleichtert werden kann. Als rhythmische und sensorische Therapie eingesetzt besteht die Möglichkeit, **Störungen zu lindern oder zu beheben.** Der akustisch-klangliche Sinneskanal knüpft an frühe Dialogformen an und erreicht vorsprachliche Erlebniswelten. Traumatische Erfahrungen können ebenso thematisiert werden, wie Begleiterscheinungen von körperlicher Krankheit. In der Musiktherapie gibt es **verschiedene Arbeitsweisen:**

- **Musiktherapeutische Selbsterfahrung:** Persönlichkeitsentfaltung, Förderung von Kreativität und seelischer Gesundheit
- **Einzelmusiktherapie:** Psychotherapeutisches Verfahren
- **Gruppenmusiktherapie:** Entstehende Gruppendynamik ist treibende Kraft.

Die Musiktherapie wird in vielen Bereichen eingesetzt: Sonder- und Heilpädagogik (Sozialpädagogik, bei Suchtverhalten), Medizin (Psychiatrie, Geriatrie, Pädiatrie, Innere Medizin, Neurologie, Onkologie), im Gefängnis, zur Sterbebegleitung ...
(vgl. Schneemeyer 1999)

13.6.4 Motopädagogik/Mototherapie

Eine Wurzel der Motopädagogik ist die Rhythmik.

Dieses Verfahren wird als Modell der Persönlichkeitsbildung über motorische Lernprozesse angesehen. **Ernst Kiphard** (1980)**, Begründer der Motopädagogik,** geht davon aus, dass ein enger **Zusammenhang zwischen motorischen und kognitiven sowie affektiven Entwicklungsvorgängen** besteht.

Enger Zusammenhang zwischen Körper, Geist und Seele

Ein wichtiger Begriff in der Motopädagogik sowie in der Mototherapie ist die **Psychomotorik.** Die Psychomotorik geht davon aus, dass durch **vielseitige Bewegungs- und Wahrnehmungserfahrungen Grundlagen für eine harmonische Persönlichkeitsentwicklung** geschaffen werden. Bewegungserlebnisse stabilisieren und stärken die Persönlichkeit. So, wie das Rhythmische Prinzip der Rhythmik zugrunde liegt, dient die Psychomotorik der Motopädagogik und der Mototherapie als grundlegendes Gedankengut.

In der psychomotorischen Erziehung geht es darum, das Kind zu befähigen, sich sinnvoll mit sich selbst, seiner dinglichen und personalen Umwelt auseinanderzusetzen. Motopädagogik kann Förderung in verschiedenen Bereichen anbieten:

Kinder definieren sich über Bewegungsfähigkeit. Geschickte, bewegliche Kinder werden mehr bewundert, anerkannt, geschätzt.

Alle drei führen zu **Handlungskompetenz,** die Lebensqualität hervorruft.

Wie in der Rhythmik findet der **Unterricht meist in Gruppen** statt, **das Verfahren baut auf den Stärken der Kinder auf und ist bemüht um eine ganzheitliche Förderung.** In der Motopädagogik werden mittels Geschichten fremde Welten geschaffen, die gestaltet und bereist werden. Manchmal werden einzelne Stationen angeboten, durch die sich die Kinder bewegen. Im Freispiel dürfen die Kinder mit Material eigenständig experimentieren. In der Motopädagogik wird im Gegensatz zur Rhythmik **selten Musik** eingesetzt, außerdem wird **hauptsächlich mit behinderten, verhaltensauffälligen und entwicklungsgestörten Kindern gearbeitet.**

Bewegungserlebnisse können helfen, motorische Schwächen auszugleichen und das seelische Gleichgewicht zu stabilisieren.

Zur Vertiefung:

- Wählen Sie ein Fachgebiet aus, das an die Rhythmik angrenzt, und beschreiben Sie es! Welche Ähnlichkeiten, welche Unterschiede bestehen?

14 Kunst

> Was bleibt von der Kunst? Wir als Veränderte bleiben.
>
> Robert Musil

14.1 Was ist Kunst?

Kunst kann uns beleben und ermutigen zum Wagnis. Sie kann Trauer verstärken oder uns beleben. Kunst ist ein vielschichtiger, weitläufiger Begriff. Im Folgenden wird die Möglichkeit geboten, durch verschiedene Kunstdefinitionen einen Eindruck dieser Vieldeutigkeit zu erlangen:

Kunst ist die Bezeichnung für das ästhetische Können und die daraus entsprungenen Werke. Diese unterscheiden sich von den Schöpfungen der Natur, aber auch von Erzeugnissen der Wissenschaft, des Handwerks und der Technik. Bei Höchstleistungen in diesen Bereichen wirken künstlerische Kräfte oft mit (z.B. Kunsthandwerk). Heinrich Schmidt, Philosoph 1982, S. 386 • • • • • Kunst gibt nicht das Sichtbare wieder, sondern macht sichtbar. Paul Klee, Maler • • • • • Kunst ist etwas, das uns auf unser Leben schauen und dieses dann in bereicherter Manier neu erleben lässt. Lloyd Newson, Choreograph • • • • • Kunst ist eine Möglichkeit, das zu bearbeiten, was einem in der Welt widerfährt, eine Möglichkeit, die Erfahrungswirklichkeit reflektierend zu gestalten. Sabine Fritsch, Tanzpädagogin; in Bannmüller; Röthig 1990, S. 101 • • • • • Alle Kunst ist ganz zwecklos. Wenn etwas nützlich ist, hört es auf, schön zu sein. Was eine Funktion hat, ist ersetzlich, unersetzlich nur, was zu nichts taugt. Theodor W. Adorno, Philosoph 1975, S. 55 f.

Zur Vertiefung:

- Suchen Sie eine Definition aus und begründen Sie Ihre Wahl!

14.2 Kunst in der Rhythmik

Ästhetik ist die Wissenschaft, die die Probleme der Kunst und des Schönen behandelt. (Meyer 1973) **Sie thematisiert Wahrnehmungen jeglicher Art, z.B. visuelle (Malerei), kinästhetische (Tanz), akustische (Musik), geistige (Literatur), emotionale Kunst. Kunst fährt „durch Mark und Bein".**

Die Rhythmikerin Alies Erdmann (1982) spricht von der tiefgreifenden Wirkung, die Kunst auf das Werden der menschlichen Persönlichkeit ausübt.

Nach D. E. Berlyne (1974) sollen zur Befriedigung ästhetischer Bedürfnisse jeweils **zwei Pole** in einem angemessenen Verhältnis zueinander stehen. **Vielfalt und Einheit, Neuheit und Tradition, Überraschung und Konsequenz** können einander bedingen und ablösen. Dieser Anspruch kommt dem Rhythmischen Prinzip nahe, nach dem Leben nur im Wechsel von Spannung und Lösung, Aktivität und Passivität ausgeglichen erlebt werden kann.
Rhythmik bedient sich einzelner Kunstsparten (Musik, Tanz, Dichtung, Malerei), um Bildung zu erzielen. In der Rhythmik wird **Erziehung und Lernen durch Kunst** angeboten, z.B. wenn klassische Musik angehört und danach in Bewegung ausgedrückt wird. Die gestalterischen Kräfte der Menschen können somit zum Ausdruck gebracht werden. Farben, Formen, Klänge und Bewegungen werden getrennt und miteinander verbunden, neu und anders zusammengefügt. Naturmaterialien werden als Musikinstrumente verwendet, Springschnüre zum Legen von Bildern eingesetzt, Zeitungen werden zu Orchesterinstrumenten. Verschiedenste **Künste** werden somit **erfahrbar** gemacht, sie **sensibilisieren unsere Wahrnehmung und bereichern das Ausdrucksvermögen.** Durch die musikalische, tänzerische, dichterische und bildnerische Auseinandersetzung

mit Raum, Kraft, Zeit und Form werden Vorbedingungen geschaffen für ästhetisches Empfinden und persönlichen Geschmack.
In der Rhythmik wird künstlerisches Gestalten verstanden als etwas, das **begriffen, geformt, bearbeitet** wird. Auch in vielen Museen und Konzertsälen wird Kunst nicht mehr in stiller Andacht bewundert. **Kunst soll erlebbar sein und einladen zum Mitgestalten und Reflektieren. In der Kunst** sind viele Prinzipien verborgen, die **Parallelen zu unserem Leben** herstellen: Kommunikation (z.B. ein musikalischer Dialog), Wiederholung, Verwandlung, Anfang, Ende, Entwicklung, Vertrautheit, Fremdheit.
In der Rhythmik wird Wert darauf gelegt, mit Vorsicht und Achtsamkeit, Genauigkeit und Hingabe zu experimentieren. Wenn ein Kind musiziert und einem Ton besondere Beachtung schenkt, ihn lang und kurz, laut und leise, mit Händen und anderen Werkzeugen anspielt, dann beginnt es, die Welt der Töne und ihre Geheimnisse zu entdecken. Für die Welt der Töne, für die Welt der Farben, für die Welt der Bewegungen bedarf es der Konzentration und Experimentierfreudigkeit, der Ausdauer und Neugierde. In der Rhythmik werden diese Fähigkeiten erprobt und können zu künstlerischen Fähigkeiten entwickelt werden.
In der Rhythmik wird demnach auch eine **Erziehung zur Kunst** angeboten. Durch die Beschäftigung mit zahlreichen künstlerischen Bereichen besteht die Möglichkeit, **Neugierde für die Vertiefung in eine Kunstsparte** zu entwickeln.

> Nur offene Ohren, Herzen und Hirne können der Kunst eine gesellschaftliche Relevanz verleihen.
>
> Friedrich Cerha, Pianist;
> in Gürtelschmied; Peschl 1989, S. 24

Was ist eine kunstvolle Arbeit? Vom künstlerischen Ausdruck eines Kleinkindes bis zum Meisterwerk eines Künstlers gibt es eine breite Skala an Wertungen. Diese Wertungen sind abhängig von Geschmack und Bildung der wertenden Person.

Zur Vertiefung:

- Was bedeutet Erziehung durch Kunst?
- Was bedeutet Erziehung zur Kunst?

14.2.1. Gestaltung von Musik in Bewegung

Gelungene Gestaltungen zeigen die Auseinandersetzung mit sich selbst und einem Thema auf und beweisen Reflexionsfähigkeit als notwendige Grundlage für einen künstlerisch-pädagogischen Beruf.

Herangehensweise:

1. **Suche nach Musik:** Welche Musik, welche Instrumente sprechen mich an? Warum? Was möchte ich damit ausdrücken? Was wollte der Komponist ausdrücken? Ist die musikalische Form in Bewegung umsetzbar? Ist die Dauer des Musikstückes adäquat? (ca. 3 Minuten – kurz und gut ist besser als lang und bang). Andere mögliche Ausgangspunkte: ein Gefühl, ein Material, ein Statement.
2. Suche nach einem **Arbeitstitel/Thema** für mein Stück. Welches Material setze ich ein? (→ vgl. S. 227 f.) Kostüme? Live-Musik? Stimme? Sprache?
3. Einfach **„darauf-los-improvisieren".** Bewege ich mich gerne zu dieser Musik?
4. **Arbeitsphase:** Möchte ich eine Geschichte erzählen, Emotionen ausdrücken, streng musikalisch Musik interpretieren?

5. **Genaue Analyse der Musik:** Grafische Darstellung von Höhen und Tiefen, Dauer, Dynamik und Form. Wie gehe ich in der Bewegung auf diese musikalischen Gesetzmäßigkeiten ein? Musik soll nicht ausschließlich 1:1 interpretiert werden. Der/Die Bewegende kann Kontrapunkte setzen, Musik als atmosphärisches Mittel einsetzen, aber auch rhythmisch „verdoppeln" oder durch Instrumente, Stimme oder Sprache anreichern. ➔ vgl. S. 254
6. **Technisches Hilfsmittel:** Improviastion vor der Video-Kamera, danach Video-Analyse. Zum Thema Improvisation ➔ vgl. S. 112 ff.
7. **Formale Struktur:** Einstieg (sanft, spektakulär, mit/ohne Musik, unter einem Material versteckt ...), Behandlung des Themas (sanfte/dynamische Sequenzen, Wiederholungen, motivische Arbeit, Abwandlungen ...), Abschluss (Rückkehr zum Anfang? Ruhig, kraftvoll, Einbeziehung des Publikums ...)

Musik- und Bewegungsstudien können angesehen werden als künstlerische Herausforderung, als Möglichkeit zur persönlichen Weiterentwicklung.

Vorschläge für Beurteilungskriterien:

- Ein selbst gewähltes Thema wird durch Musik und Bewegung deutlich dargestellt.
- Eigene, persönliche Anteile werden in der Gestaltung durch Musik und Bewegung zum Ausdruck gebracht.
- Kreativer, außergewöhnlicher Einsatz von Sprache/Stimme, Instrumenten, Material, Kostümierung
- Sorgfältig ausgewählte und zum Thema passende Musik
- Musikalische Interpretation (motivische Arbeit, Wiederholungen, Einstieg, Höhepunkt, Ausklang, Kontrapunkt zur Musik, Intention bzw. Temperament der Musik aufgegriffen ...)
- Bewusster Umgang mit Raum, Zeit, Kraft, Form (z.B.: Wird nur in einer Ecke des Raumes getanzt oder wird der Raum gut genützt? Wechseln kraftvolle, dynamische Bewegungen, sanfte, feinmotorische Bewegungen ab?)
- adäquate Dauer

14.3 Kunst im Kindergarten

Kunst übt bedeutsamen Einfluss auf unser Leben aus. Deshalb sollte auch im Kindergarten Kunst vermittelt werden. **Kunst kann erfahren werden durch Betrachten, Nachempfinden und Gestalten.**

Zirkus, Theater und Konzertbesuche, gemeinsame Leseabende sowie das Einladen von Kunst schaffenden Personen in den Kindergarten hinterlassen bei Kindern bleibende Eindrücke. Wird eine Veranstaltung besucht oder im Haus geplant, ist es notwendig, die **Kinder einzustimmen.**

Um Kunst zu verstehen und aufnehmen zu können, bedarf es **Vorinformationen.** Geschichten können besprochen, Zeichnungen zum Thema angefertigt werden. Für Besucher kann ein passendes Einstimmungsritual gesucht werden. Wichtig ist es, dass Veranstaltungen ausgewählt werden, die kindgerecht sind. **Prinzipiell sollte die Leitung einer Kindergruppe eine Veranstaltung, die sie**

mit den Kindern anschauen will, kennen, um die Gruppe einzustimmen und um zu beurteilen, ob das Stück für die Kinder ihrer Gruppe geeignet ist. Der **Zeitrahmen der Veranstaltung** (Anfahrts- und Wartezeiten vor der Darbietung miteinbeziehen!) **sollte die Konzentrationsfähigkeit der Kinder nicht überfordern.**

Im Folgenden werden einige Fragen gestellt, die bei der Auswahl von Veranstaltungen helfen können:

- Welchen Informationsgehalt hat das Stück? Wie werden seine Themen (z.B. Gewalt, Liebe, Moral) behandelt? Können die Kinder von der Aufbereitung der Informationen profitieren? Inwiefern?
- Werden mehrere Sinne oder nur die visuelle Wahrnehmung der Kinder angesprochen?
- Wie wird Musik eingesetzt?
- Wie werden Farben und Formen eingesetzt?
- Wie werden verbale und nonverbale Kommunikationsformen eingesetzt? (deutlich, subtil, originell, plakativ …)
- Werden die Kinder miteinbezogen? Gibt es Möglichkeiten, zwischen Kunstschaffenden und Kindern Kontakt herzustellen, Fragen zu stellen? Gibt es Bewegungsmöglichkeiten für die Kinder?
- Gibt es Spannungswechsel in dem Stück oder verläuft es gleichförmig? Leistet sich das Stück auch langsame und leise Passagen?
- Kann das Stück in Staunen versetzen? Gibt es Geheimnisse, die sorgsam gehütet werden?
- Welche Impulse erhalten Sie persönlich durch das Stück?

Ausstellung und Präsentation der eigenen Werke

Das Nachempfinden von Kunst, das Hervorbringen eigener Ideen sollte im Kindergarten ebenfalls eine wichtige Rolle spielen. Bildnerischen und darstellerischen Gestaltungen der Kinder sollte viel Zeit und Aufmerksamkeit geschenkt werden. Im verstehenden, reflektierenden Dialog bemerkt das Kind, dass seine Persönlichkeit Interesse erweckt, es fühlt sich ernst genommen. Die Lehr- und Erziehungsperson hat die Möglichkeit, das Kind durch seine künstlerischen Darstellungen anders, neu kennenzulernen.

Bahnbrechende Künstler wurden von ihren Zeitgenossen oft nicht verstanden.

Durch die vielfältigen Darstellungs- und Erscheinungsformen der Kunst wird uns **Pluralität und Vielheit** nähergebracht. **Kunst** kann verstanden werden als **Ort der Reflexion, aber auch als Ort des Widerstandes** gegen die Gesellschaft. Sie richtet sich **gegen** den allgegenwärtigen Trend des Einschleifens, des **Uniformierens von Differentem,** Unterschiedlichem. Kunst darf keine Vereinheitlichung erfahren, auch wenn wir uns sicher fühlen beim Klassifizieren, Schubladisieren, „über einen Kamm scheren". In unserer heutigen chaotischen, instabilen Welt ist die **Anerkennung von Dissens** wichtiger als die Beschwörung von Konsens. Oft ist es ehrlicher, Divergenzen zuzugeben und mit ihnen umzugehen, als Beschönigungen vorzunehmen. Wenn wir erfahren, welche Freiheiten in der

> Scharf und milde,
> grob und fein,
> vertraut und seltsam,
> schmutzig und rein,
> der Narren und Weisen
> Stelldichein:
> Dies alles bin ich, will ich sein,
> Taube zugleich, Schlange und
> Schwein.
>
> Friedrich Nietzsche

Kunst bestehen, können wir **Großzügigkeit und Vielheit besser in unser Leben integrieren und es somit bereichern.**

Zur Vertiefung:

- Nach welchen Kriterien suchen Sie Veranstaltungen aus?
- Wie möchten Sie Kunst vermitteln?
- Welche Möglichkeiten bieten Sie Kindern, um künstlerisch tätig zu sein?
- Wie erfahren Sie selbst Bereicherung durch Kunst?

Anhang

1 Qualitätsüberprüfung

1.1 Fragebogen zur Feststellung von Unterrichtsqualität

Name: freiwillig auszufüllen!
Klasse:

A. Fachinhalte

A.1 Wie ist der Unterricht aufgebaut?
(Mehrfachnennungen möglich)
- O abwechslungsreich
- O nicht zum Ziel hinführend
- O „immer dasselbe"
- O gut strukturiert
- O Sonstiges:

A.2 Womit beschäftigt sich das Fach?

A.3 Inhalte (Mehrfachnennungen möglich):
- O Die Inhalte sind für meine Person anregend.
- O Die Inhalte sind für meine Fachkompetenz (Berufspraxis) anregend.
- O Der Nutzen der Inhalte ist für die spätere Berufspraxis erkennbar.
- O Sonstiges:

A.4 Es wurde in geeigneter Weise über Ziele, Inhalte, Methoden und Beurteilungskriterien informiert:
- O ja
- O nein

A.5 Was haben Sie dazugelernt?

A.6 Die Anforderungen sind:
- O gering
- O richtig
- O hoch
- O zu hoch

A.7 Die Vermittlung des Lehrstoffs war
(Mehrfachnennungen möglich):
- O unverständlich
- O verständlich
- O schwer verständlich
- O gut verständlich
- O chaotisch
- O gut strukturiert
- O Sonstiges:

A.8 Wie wurden Themen behandelt?
- O zu ausführlich
- O unzureichend
- O im richtigen Maß
- O ausführlich
- O Sonstiges:

A.9 Hatten Sie Vorwissen über manche behandelten Themen? Wenn ja, über welche?

A.10 Gibt es Themenbereiche, die weiterentwickelt werden sollen?

A.11 Was kann/soll verändert werden?

B. Persönlicher Bereich

B.1 Wurden Aufgabenstellungen klar formuliert?

B.2 Wie war das Verhalten der Lehrperson?
(Mehrfachnennungen möglich)

- ○ offen
- ○ kreativ
- ○ flexibel
- ○ kompromissbereit
- ○ motivierend
- ○ freundlich
- ○ verständnisvoll
- ○ ablehnend
- ○ unpünktlich
- ○ chaotisch
- ○ respektlos
- ○ ungerecht
- ○ Sonstiges:

B.3 Wurden Interessen der Teilnehmerinnen und Teilnehmer miteinbezogen? Wenn ja, inwiefern? Wenn nein, inwiefern?

B.4 Fühlen Sie sich wahrgenommen in Bezug auf Ansprache, Korrektur ...?

B.5 Wie war Ihr grundsätzliches Interesse am Unterricht?

- ○ sehr hoch
- ○ hoch
- ○ mittel
- ○ niedrig
- ○ nicht vorhanden
- ○ Sonstiges:

B.6 Beschreiben Sie Ihr Engagement im Unterricht:

B.7 Beschreiben Sie das Engagement der Lehrperson im Unterricht:

B.8 Wurden Sie dazu angeregt, Ihre Meinung selbständig und kritisch zu bilden und sie zu äußern?

- ○ nie
- ○ oft
- ○ selten
- ○ Sonstiges:

B.9 Wie haben Sie sich weiterentwickelt? Welche Schwierigkeiten hatten Sie? Welche Stärken haben Sie entwickelt?

B.10 Wünsche an die Lehrperson (Entspricht das Fach Ihren Erwartungen?):

2 Beobachtungsbogen für Kinder

2.1 Feststellung von Zufriedenheit während einer Rhythmik-Einheit

Beobachtung bedeutet planvolles Auswählen von Wahrnehmungen. Es geht um eine Beschreibung dessen, was zu sehen ist, und darum, dass möglichst wenig interpretiert wird. Die Kindergartenpädagogin bzw. der Kindergartenpädagoge wird häufig als erste Person außerhalb der Familie mit auffälligen Verhaltensweisen der Kinder konfrontiert. Gezielte therapeutische Verfahren müssen von Fachkräften durchgeführt werden. Den Kindergartenpädagoginnen und -pädagogen fällt die wichtige Aufgabe eines Elterngespräches und der Überweisung zu. Um Zufriedenheit während einer Rhythmik-Einheit festzustellen, bedarf es der Beobachtung der eigenen Person und der Beobachtung der Kinder.

2.2 Beobachtung der eigenen Person

1. Wie ist es Ihnen bei diesem Angebot gegangen? An welche Gefühle erinnern Sie sich?
2. Haben Sie den Eindruck, dass Sie gut vorbereitet waren?
3. Hat Ihr Verhalten gegenüber den Kindern den eigenen Rollenvorstellungen entsprochen? Welche Rollen konnten klar und flexibel genutzt werden, welche wurden vermieden? (Lehrperson, Mitspielerin und Mitspieler, Beobachterin und Beobachter, Helferin und Helfer, Vorbild ...)
4. Wurde die vorbereitende Organisation zufriedenstellend durchgeführt und die Sozialform (Gruppenkonstellation) adäquat gewählt?
5. Haben Sie sich verständlich ausgedrückt? Wurden Ihre Anleitungen ausschließlich verbal vorgenommen oder haben Sie auch gezielt nonverbal (z.B. mittels Musik, Körpersprache) kommuniziert?
6. Entsprachen die Aufgaben dem Leistungsniveau der Kinder?
7. Konnten Sie spontan Veränderungen vornehmen, wenn ein Angebot nicht zur Situation passte?
8. Haben Sie die Kinder ehrlich gelobt?
9. Wie wurde Unzufriedenheit oder Ärger von Ihnen ausgedrückt?
10. Konnten Sie sich in schwierigen Situationen selbst schützen bzw. abgrenzen?
11. Was hat Ihnen Spaß gemacht? Warum?
12. Setzen Sie gerne Live-Musik ein?
13. Durch welche Angebote könnte diese Rhythmik-Einheit sinnvoll ergänzt werden?
14. Wie geht es Ihnen jetzt? Welche Gefühle haben Sie?
15. Welche Schlussfolgerungen können gezogen werden?

2.3 Beobachtung der Kinder

Vorüberlegungen:

Wahrnehmung ist immer subjektiv. Eigenwahrnehmung und Fremdwahrnehmung können stark differieren. Die Beziehung zwischen Beobachterin bzw. Beobachter und Kind ist immer „gefärbt" von äußeren Umständen.
Die Person eines Kindes lässt sich beschreiben durch Entwicklungsstand und Fähigkeiten, Interessen, Begabungen und Defizite, die Beziehung zur Pädagogin bzw. zum Pädagogen und zu anderen Kindern.

Primäre Rückmeldungen können empfangen werden über Gesichtsausdruck, Körperhaltung, Augen und verbale Äußerungen.

Beobachtungsbereiche:

Kognitives, motorisches, affektives, kreatives und soziales Verhalten, Wahrnehmungsfähigkeit, äußeres Erscheinungsbild, Sprach-, Spiel-, Musik- und Lernverhalten.

Einzelbeobachtungen können nach den genannten Kriterien durchgeführt werden, im Folgenden geht es um die **Beobachtung der gesamten Gruppe:**

1. Wie reagierten die Kinder auf die Rhythmik-Einheit (Gesichtsausdruck, Gestik)? Welche Angebote weckten besonderes Interesse?
2. Wodurch war das Interesse der Kinder feststellbar?
3. Konnten Sie Bedürfnisse der Kinder erkennen und auf sie eingehen?
4. Durften sich die Kinder viel bewegen?
5. Welche Musik haben Sie eingesetzt? Wie reagierten die Kinder darauf?
6. Wobei konnten sich die Kinder entspannen?
7. In welcher Situation durften sich die Kinder frei entscheiden?
8. Konnten die Kinder Anregungen der Pädagogin bzw. des Pädagogen mit ihren eigenen Ideen und Erfahrungen in Verbindung bringen und weiterentwickeln? Hatten die Kinder die Möglichkeit, selbständig Gestaltungen zu erzeugen?
9. Welche Auswirkungen hatte das Angebot auf einzelne Kinder und auf die Atmosphäre in der Gruppe? Wie war die Stimmung der Kinder während der Rhythmik-Einheit?
10. Haben alle Kinder oder nur einige von dem Angebot profitiert?
11. Konnten einige Kinder besondere Fähigkeiten einbringen? Sind Einzelne besonders aufgefallen? Wie?
12. Wie haben Sie sich gegenüber aggressiven oder schüchternen Kindern verhalten?
13. Konnten durch das Verhalten der Kinder Themen erkannt werden, die die Kinder beschäftigen? Wie könnte man diese demnächst einbringen?
14. Gibt es verbale oder nonverbale Äußerungen der Kinder, an die Sie sich jetzt erinnern?

Literatur und andere Medien

1 Literaturnachweis

- S. 274 Adorno, Theodor W.: Einleitung in die Musiksoziologie (Suhrkamp), Frankfurt 1975
- S. 48 Ayres, Jean: Bausteine der kindlichen Entwicklung (Springer), Berlin, Heidelberg 1998 (3. Aufl.)
- S. 274 Bannmüller; Röthig: Grundlagen und Perspektiven ästhetischer und rhythmischer Bewegungserziehung (Klett), Stuttgart 1990
- S. 129 Bastian, Hans Günther: Musik(erziehung) und ihre Wirkung (Schott), Mainz 2000
- S. 272 Beck-Neckermann, Johannes: Handbuch der musikalischen Früherziehung (Herder), Freiburg 2002
- S. 274 Berlyne, D. E.: Konflikt, Erregung und Neugier (Klett-Cotta), Stuttgart 1974
- S. 72 bm:bwk: Bundesministerium für Bildung, Wissenschaft und Kultur, Abteilung für geschlechtsspezifische Bildungsfragen: Broschüren zum Thema geschlechtssensible Pädagogik für jede Zielgruppe; anfordern bei: doris.guggenberger@bmbwk.gv.at
- S. 35/87 Bönsch, Manfred: Grundlegung sozialer Lernprozesse heute (Beltz), Weinheim, Basel 1994
- S. 105/107/109/112 Braun, Daniela: Handbuch Kreativitätsförderung (Herder), Freiburg 1999
- S. 33/219 Ciompi, Luc: Die emotionalen Grundlagen des Denkens (Vandenhoeck & Ruprecht), Göttingen 1997
- S. 264 Cousins, Norman: Der Arzt in uns selbst (Stb), Darmstadt 2008
- S. 82/89 Dreikurs, Rudolf; Grey, Loren: Kinder lernen aus den Folgen (Herder), Freiburg 2002 (32. Gesamtauflage) 2002
- S. 157 Duden – Das Herkunftswörterbuch, Mannheim 2001
- S. 176 Edleditsch, Helga: Entdeckungsreise Rhythmik (Don Bosco), München 1998
- S. 90 Elschenbroich, Donata: Anleitung zur Neugier. Grundlagen japanischer Erziehung (Suhrkamp), Frankfurt 1996
- S. 75/90/92/131/217/220 Elschenbroich, Donata: Weltwissen der Siebenjährigen (Kunstmann), München 2001
- S. 274 Erdmann, Alies: Humanitas Rhythmica (Bonvier Verlag Herbert Grundmann), Bonn 1982
- S. 23 Frohne, Isabelle: Das Rhythmische Prinzip (Eres), Lilienthal 1981
- S. 126 Gardner, Howard: Kreative Intelligenz (Campus), Frankfurt/Main 1999
- S. 190 Gembris, Heiner: Grundlagen musikalischer Begabung und Entwicklung (Wißner), Augsburg 1998
- S. 105 Goleman, Daniel; Kaufman, Paul; Ray, Michael: Kreativität entdecken (Carl Hanser), München, Wien 1998
- S. 92 Gomringer, Eugen: Konstellationen (Rowohlt), Reinbek bei Hamburg 1969
- S. 107 Guilford; Hoeptner: Analyse der Intelligenz, Weinheim 1992
- S. 275 Gürtelschmied, Christine; Peschl, Wolf (Hrsg.): Begegnung mit Musik; Musikerziehung in einer veränderten Umwelt (Schendl), Wien 1989
- S. 105 Gutjahr, Elisabeth: Der Mythos Kreativität oder Die Erfindung des Selbstverständlichen (Verlag für Wissenschaft und Bildung), Berlin 1996
- S. 92 Hartmann, Waltraut: Bildungsqualität im Kindergarten (öbv&hpt), Wien 2000
- S. 32/35/260 Heitger, Marian: Beiträge zu einer Pädagogik des Dialogs (ÖBV), Wien 1983
- S. 260/267 Hillenbrand, Clemens: Einführung in die Verhaltensgestörtenpädagogik (Ernst Reinhardt), München 2002
- S. 44/50/139 Hirler, Sabine: Kinder brauchen Musik, Spiel und Tanz (Ökotopia), Münster 1998
- S. 50 Hirler, Sabine: Wahrnehmungsförderung durch Rhythmik und Musik (Herder), Freiburg 1999 (4. Auflage)
- S. 116/158/255 Hobmair, Hermann (Hrsg.): Psychologie (Stam), Köln 1996
- S. 166/219 Horak, Grete und Karl: Tiroler Kinderleben in Reim und Spiel (Eigenverlag des Instituts für Tiroler Musikforschung), 1986
- S. 76 Illichmann, Adolf: Arbeitsbuch Psychologie (Deuticke), Wien 1990
- S. 16/69 Jank, Werner; Meyer, Hilbert: Didaktische Modelle (Cornelsen), Berlin 1991
- S. 47/272 Kiphard, Ernst: Motopädagogik Band 1 (modernes lernen), Dortmund 1980
- S. 34 Krawitz, Rudi: Pädagogik statt Therapie (Klinkhardt), Bad Heilbrunn 1997
- S. 108/146 Kreusch-Jacob, Dorothée: klang werkstatt für kinder (Don Bosco), München 2002
- S. 68 Kückelhaus, Hugo: Organismus und Technik, Frankfurt 1979
- S. 34/104/105 Lahmer, Karl: Kernbereiche der Psychologie (Dorner), Wien 2000
- S. 123 Lionni, Leo: Seine eigene Farbe (Middelhauve), Köln 1990
- S. 217 Merkt, Irmgard: Lied und Singen interkulturell (westermann), Zeitschrift Praxis Copy 6/95
- S. 274 Meyers Enzyklopädisches Lexikon (Bibliographisches Institut), Mannheim 1973
- S. 130 Moog, Helmut: Musizieren mit Behinderten (Lang), Frankfurt 1991
- S. 38 Niederle, Charlotte (Hrsg.): Methoden des Kindergartens 2 (Landesverlag), Linz 1993
- S. 223 Oerter, Rolf: Psychologie des Spiels (Beltz), Weinheim, Basel 1999
- S. 107 Pimmer, Hans: Kreativitätsforschung und Joy Paul Guilford 1897–1987 (Akademischer Verlag), München 1995
- S. 123 Puchner, Willy: Ich bin (Quell), Stuttgart 1997
- S. 17 Richter, Christoph (Hrsg.): Instrumental- und Vokalpädagogik (Bärenreiter), Kassel, Basel, London 1994
- S. 82/88/89 Rogge, Jan-Uwe: Eltern setzen Grenzen (rororo), Reinbeck 1995
- S. 274 Schmidt, Heinrich: Philosophisches Wörterbuch (Körner), 1982

- S. 272 Schneemeyer, Gerda: Erfahrungsmöglichkeiten von Kindern durch das Spielen von Trommeln und Rhythmusinstrumenten, Diplomarbeit an der Universität Wien 1999
- S. 87/225 Schneider, Ernst: Vom Umgang mit dem Fremden (Moritz Diesterweg), Frankfurt/ Main 1996
- S. 100/ 134 Seeliger, Maria: Das Musikschiff (Con Brio), Regensburg 2003
- S. 110 Seitz, Rudolf: Fantasie und Kreativität (Don Bosco), München 2001
- S. 67 Sommer, Christina: Die Integration des Geruchssinns in die Rhythmik. Seminararbeit an der Universität für Musik und Darstellende Kunst, Wien 2000
- S. 183 Stocks, Daniela: Die Disziplinierung von Musik und Tanz (Verlag für Sozialwissenschaften), Opladen 2000
- S. 175/ 257 Stummer, Elisabeth: Autogenes Training unter dem Gedanken von Bildung (Edition Praesens), Wien 1999
- S. 121 Utton, Peter: Hörst du es auch? (Breitschopf), Wien 1995
- S. 208 Vahle, Fredrik: Guck, der kleine König kommt (Patmos), Düsseldorf 2002
- S. 33 Vester, Frederic: Leitmotiv vernetztes Denken (Heyne), München 1988
- S. 225 Witoszynskyj; Schindler; Schneider: Erziehung durch Musik und Bewegung (öbv&hpt), Wien 1999
- S. 47 Zießler, Michael: Die Einheit von Wahrnehmung und Motorik (Lang), Frankfurt/Main 1995
- S. 50/161 Zimmer, Renate: Handbuch der Bewegungserziehung (Herder), Freiburg 1993
- S. 79 Zugasti, Neira in: Stocker, Edith (Hrsg.): Rhythmik, Fachzeitschrift des Berufsverbandes für Rhythmik in der Schweiz, Ausgabe Nr. 1 Juni 2002
- S. 218 www.netdream.tsn.at

2 Liednachweis

- S. 62 Tigertanz, Text und Musik: Birgitta Stummer
- S. 66 Müller, Müller, Sackerl, Volksgut in: Zoder, Hildegarde: Kinderlied und Kinderspiel aus Wien und Niederösterreich (Österreichischer Schulbücherverlag), 1924
- S. 122 Wim-Wams, Text und Musik: Birgitta Stummer
- S. 137 Froh zu sein bedarf es wenig, August Mühling (1776–1847) in: Dawidowicz, Anton (Hrsg.): Komm, sing mit! (Helbling), Innsbruck 1962, oder: Frank; Glatz; Lhotka; Bruckner: Die gold'ne Brücke. Überlieferte Tänze für Kinder und Jugendliche im Pflichtschulalter (Arbeitsgemeinschaft Volkstanz Steiermark), Graz 1997
- S. 141 Seid willkommen, Heinz Lemmermann in: Steiner, Lucie: Kurzspiele für die Stimme (Gustav Bosse), Regensburg 1991
- S. 150–151: Rhythmische Reime zur Bewegungsbegleitung; erstellt von Martin Petraschek und Birgitta Stummer
- S. 168 Spannenlanger Hansl, Volksgut in: Horak, Grete und Karl: Tiroler Kinderleben in Reim und Spiel (Eigenverlag des Instituts für Tiroler Musikforschung), 1986
- S. 198 Scherenschleifen, Volksgut in: Zoder, Hildegarde: Kinderlied und Kinderspiel aus Wien und Niederösterreich (Österreichischer Schulbücherverlag), 1924
- S. 204 Silbensalat, Text: Birgitta Stummer
- S. 208 Tierlied, Melodie: Karl Karow, Text: Birgitta Stummer
- S. 210 Hallo, Text und Melodie: Petra Horvath
- S. 209 Heja hey, Text und Melodie: Birgitta Stummer
- S. 212 Liese und Pankratz, Text und Melodie: Birgitta Stummer
- S. 215 Malaisha, Text und Melodie: Dollar Brand, Miriam Makeba, Arrangement: Bernhard Cronenberg, Pablo Winiger
- S. 219 He – i – ti, Volksgut aus der Steiermark und Vorarlberg: Haager, Max (Hrsg.): Das Jodlerbuch (Styria), 1936

3 Musiknachweis

- S. 28 AGB – Arbeitsgemeinschaft für Gruppen-Beratung: Tänze für die Gruppe (URSOAICA), München 1993
- S. 28 Ratz Fatz G´sang und G´Schwatz (Extraplatte)
- S. 54 Beermann; Breucker; Grönig: Tänze für 1001 Nacht (Buch und CD); (Ökotopia), Münster 1996, bes. Track 5
- S. 27 Chapman, Tracy: New Beginning (Warner Music), 1995, bes. Track 9 „Give me one Reason to stay here"
- S. 123 Die Knödel: Verkochte Tiroler (RecRec Music), Zürich 1993, bes. Track 3: Landler
- S. 122, 138 Djingalla 1 und 2, Bewegungsmusik von Henner Diedrich und Ansgar Buchholz (Uccello), Bad Lippspringen 1998 und 2001, bes. Track 3: Der springende Punkt
- S. 208 Erste Allgemeine Verunsicherung: Watumba (EMI), 1991, bes. „Hip hop"
- S. 219 Hubert von Goisern: Trad (EMI), 2001
- S. 198 Janosa, Felix: Das Rap Huhn (Eres)
- S. 179 Jones, Norah: Come away with me
- S. 185 Ratz Fatz Schwarze Katz (Extraplatte)
- S. 215 Makeba, Miriam: Pata Pata (Warner Music), 1999
- S. 54/156 Meyerholz, Ulrike; Reichle-Ernst, Susi: Heisse Füsse Zaubergrüsse (Zytlogge), Bern 1998, Glühwürmchentanz: Track 5, Kuschel-Spring-Tanz: Track 1
- S. 201 Meyerholz, Ulrike; Reichle-Ernst, Susi: Einfach lostanzen (Zytlogge), Bern 1992, bes. hart – weich, Track 11
- S. 95 Penguin Cafe Orchestra: Live (Virgin EG Records), 1988, bes. Track 1, 13
- S. 98, 102, 231 Saint-Saens, Camille: Karneval der Tiere (Roger Willemsen), Eichborn 2003
- S. 186 Sarholz, Margit; Meier, Werner: Tiger-Rap und Gummi-Twist (Sternschnuppe), 1997, bes. Track 9: Topfklopfer-Techno
- S. 179 Sting: The living sea (A&M Records), 1995
- S. 179 Sting: Ten Summoner's Tales (A&M Records), 1993
- S. 139 Vivaldi, Antonio; Interpretation: Kennedy, Nigel: The four seasons (EMI Classic), 1997, bes. Gewittertracks 5, 6

4 Bildnachweis

- S. 16 Universität Tübingen, Institut für Klassische Archäologie
- S. 104 Tanzende Musen (mit freundlicher Genehmigung des Wedgwood Museums Trust, Staffordshire, England)

Alle anderen Bilder privat.

Musik- und Literaturempfehlungen, Filme und Internetadressen

1 Musikempfehlungen

- Budde, Pit und Betkas, Ahmet: iftah ya simsim (Ökotopia), Münster 1999
- Café del Mar (Mercury, Universal)
- Hering, Bernhard und Wester, Martin: Einfach lostanzen Begleit-CD zum Buch: Einfach lostanzen (Studio Klangraum Mainz), 1992
- Kreusch-Jacob, Dorothée: Kids! Songs, Raps und coole Töne (Patmos), Düsseldorf 1998
- Outback: Baka (Hamilcar Music ASCAP), 1990
- Paul Winter Consort: Spanish Angel (Earth Music Productions), 1993
- Putumayo: World Playground, 1999

2 Literaturempfehlungen

2.1 Rhythmik, Elementare musikalische Erziehung

- Beck-Neckermann, Johannes: Handbuch der musikalischen Früherziehung (Herder), Freiburg 2002
- Bankl/Mayr/Witoszynskyj: Lebendiges Lernen durch Musik, Bewegung, Sprache (G&G Verlagsgesellschaft 2009), Wien 2009
- Bühler, Ariane; Thaler, Alice: Selber denken macht klug; Rhythmik, ein gestalterisches Verfahren in der Heilpädagogik (Edition SZH/SPC), Luzern 2001
- Danuser-Zogg, Elisabeth: Musik und Bewegung; Struktur und Dynamik der Unterrichtsgestaltung (Academia Verlag), Sankt Augustin 2002
- Danuser-Zogg, Elisabeth: Die Welt be-greifen; Bewegungsarbeit und Rhythmik mit geistig behinderten Kindern (Academia), Sankt Augustin 2002
- Edleditsch, Helga: Entdeckungsreise Rhythmik (Don Bosco), München 1998
- Fink-Klein; Peter-Führe; Reichmann: Rhythmik im Kindergarten; Erlebnisreiche Spielformen mit Musik – Bewegung – Sprache (Herder), Freiburg 1995
- Flatischler, Reinhard: Der Weg zum Rhythmus (Synthesis), 1990
- Frohne, Isabelle: Das Rhythmische Prinzip; Grundlagen, Formen und Realisationsbeispiele in Therapie und Pädagogik (Eres), Lilienthal 1981
- Giger, Peter: Die Kunst des Rhythmus. Der musikalische Rhythmus in Theorie und Praxis (Schott), 1993
- Glathe, Brita: Rhythmik Lernspiele (Kallmeyer), Seelze/Velber 1994
- Glathe, Brita; Krause-Wichert, Hannelore: Rhythmik und Improvisation (Kallmeyer), Seelze/Velber 1997
- Herdtweck, Waltraud: Die Rhythmik Werkstatt (Don Bosco), München 2003
- Hirler, Sabine: Kinder brauchen Musik, Spiel und Tanz (Ökotopia), Münster 1998
- Hirler, Sabine: Mit Rhythmik durch die Jahreszeiten (Herder), Freiburg 2004
- Konrad, Rudolf: Erziehungsbereich Rhythmik (Gustav Bosse), Regensburg 1984
- Kreusch-Jacob, Dorothée: klang werkstatt für Kinder; Miteinander Instrumente bauen und Musik machen (Don Bosco), München 2002
- Kreusch-Jacob, Dorothée: Finger spielen – Hände tanzen (Don Bosco), München 2003
- Kreusch-Jacob, Dorothée: Zauberwelt der Klänge; Klang-meditationen mit Naturton-Instrumenten (Kösel), München 2002
- Krimm-von Fischer, Catherine: Rhythmik und Sprachanbahnung (Edition S), Heidelberg 2002
- Müller, Elmar: Das Trommelerlebnisbuch; Klanggeschichten und Rhythmusexperimente (Don Bosco), München 2003
- Neira-Zugasti, Helga: Rhythmik als Unterrichtshilfe bei behinderten Kindern (Jugend und Volk), München 1981
- Niermann, Franz (Hrsg.): Elementare musikalische Bildung (universal Edition), Wien 1997
- Nykrin; Haselbach; Regner: Musik und Tanz für Kinder. Unterrichtswerk zur Früherziehung (Schott), Mainz 1985
- Ribke, Juliane; Dartsch, Michael (Hrsg.): Facetten elementarer Musikpädagogik (Con Brio), Regensburg 2002
- Ring, Reinhard; Steinman, Brigitte: Lexikon der Rhythmik (Bosse), Kassel 1997
- Seeliger, Maria: Das Musikschiff; Kinder und Eltern erleben Musik. Von der pränatalen Zeit bis ins vierte Lebensjahr (Con Brio), Regensburg 2003
- Wagner, Elisabeth: Orff Instrumente kennenlernen (Don Bosco), München 2001
- Widmer, Manuela: Spring ins Spiel; Elementares Musiktheater mit schulischen und außerschulischen Gruppen (Fidula), Boppard 2004
- Witoszynskyj; Schindler; Schneider: Erziehung durch Musik und Bewegung (öbv&hpt), Wien 1999

2.2 Kindergartenspezifische Fachliteratur

- Bezdek, Ursula, Monika und Petra haben zahlreiche wertvolle Bücher zum Thema Jahreszeiten herausgegeben. (Don Bosco)
- Im Carlsen Verlag sind einige „Kniebücher" erschienen. Sie sehen aus wie Kalender, die auf den Tisch gestellt werden können. Auf der Rückseite jedes Blattes ist Text abgedruckt, vorne sind Bilder zu sehen. Die Gruppenleitung kann den „Kalender" auf die Knie stellen und vorlesen, während die Kinder vorne Bilder anschauen.
- Elschenbroich, Donata: Weltwissen der Siebenjährigen (Kunstmann), München 2001
- Hartmann, Waltraut: Bildungsqualität im Kindergarten (öbv&hpt), Wien 2000
- Köckenberger, Helmut; Gaiser, Gudrun: Sei doch endlich still!

Entspannungsspiele und -geschichten für Kinder (borgmann), Dortmund 1996
- Meusel, Waltraud: Rundadinella; Tänze und Spiele zu neuen Kinderliedern von Uli Führe, Wolfgang Spode und Klaus Holthaus. (Fidula), Boppard 2000

2.3 Wahrnehmungsförderung

- Bauer, Jutta: Die Königin der Farben (Beltz), Weinheim, Basel 1998
- Ende, Michael: Momo (Thienemann), Stuttgart 2002
- Hirler, Sabine: Wahrnehmung durch Rhythmik und Musik (Herder), Freiburg 1999
- Hofele, Uwe: Der Dunkelraum als Abenteuerspielplatz der Sinne; Praktische Beispiele zur Wahrnehmungsförderung. (modernes Lernen), Dortmund 1992
- Jäger, Walter: Das da draußen sind wir ... Bausteine einer Pädagogik der Wahrnehmung (modernes lernen), Dortmund 1997
- Peter-Führe, Susanne: Rhythmik für alle Sinne; Ein Weg musisch-ästhetischer Erziehung (Herder)
- Zimmer, Renate: Handbuch der Sinneswahrnehmung (Herder), Freiburg 1995

2.4 Soziales Lernen

- bm:bwk: Bundesministerium für Bildung, Wissenschaft und Kultur, Abteilung für geschlechtsspezifische Bildungsfragen: Broschüren zum Thema geschlechtssensible Pädagogik für jede Zielgruppe; anfordern bei: doris.guggenberger@bmbwk.gv.at
- Bönsch, Manfred: Grundlegung sozialer Lernprozesse heute (Beltz), Weinheim, Basel 1994
- Dreikurs, Grey: Kinder lernen aus den Folgen (Herder), Freiburg 2002
- Hansen, Gesine; Blattmann, Sonja: Ich bin doch keine Zuckermaus, Buch + CD (Donna Vita),
- Rogge, Jan-Uwe: Eltern setzen Grenzen (rororo), Reinbek 1995

2.5 Kreativitätsförderung

- Braun, Daniela: Handbuch Kreativitätsförderung (Herder), Freiburg 1999
- Gardner, Howard: Kreative Intelligenz (Campus), Frankfurt/Main 1999
- Goleman, Daniel; Kaufman, Paul; Ray, Michael: Kreativität entdecken (Carl Hanser), München, Wien 1998
- Gutjahr, Elisabeth: Der Mythos Kreativität oder Die Erfindung des Selbstverständlichen (Verlag für Wissenschaft und Bildung), Berlin 1996
- Seitz, Rudolf: Fantasie und Kreativität (Don Bosco), München 2001

2.6 Tanz- und Bewegungserziehung

- AGB (Ausbildungsinstitut für Gruppe und Bildung): Tänze für die Gruppe; Unsere 12 beliebtesten Gruppentänze auf CD und MC. Mit Tanzbeschreibungen von Bernhard Weiser. (Ökotopia), München 1993
- Beermann; Breucker; Gröning: Tänze für 1001 Nacht (Ökotopia), Münster 1996
- Friebel, Volker; Kunz, Mariann: Meditative Tänze mit Kindern; In ruhigen und bewegten Kreistänzen durch den Wandel der Jahreszeiten, Buch inkl. CD (Ökotopia), Münster 2000
- Friebel, Volker; Kunz, Mariann: Tanzende Gefühle – bewegte Tänze; Sinneswahrnehmung und Körpererfahrung in lebendigen Tänzen: tierische Emotionen für Kinder ab 4 Jahren. (Ökotopia), Münster 2003
- Haselbach, Barbara: Improvisation, Tanz, Bewegung (Klett), Stuttgart 1989
- Hering, Wolfgang: Kunterbunte Bewegungshits, Buch und CD (Ökotopia), Münster 2002
- Kiphard, Ernst: Motopädagogik Band 1 (modernes lernen), Dortmund 1980
- Krautscheid, Jutta: Schnellkurs Tanz; Bühnentanz von den Anfängen bis zur Gegenwart (Dumont), Köln 2004
- Mahler, Madeleine: Tanz als Ausdruck und Erfahrung (Zytglogge), Bern 1987
- Mayrhofer, Gertraud: Kinder tanzen aus der Reihe. Von Herbstdüften, Frühlingsklängen und Sommerträumen – ein Jahr voller Begegnungen, Berührungen, Bewegung und Tanz (Ökotopia), München 2004
- Meusel, Waltraud: „Rundadinella" Tänze und Spiele zu neuen Kinderliedern von Uli Führe, Wolfgang Spode, Klaus Holthaus (Fidula), Boppard 2000
- Meyerholz, Ulrike; Reichle-Ernst, Susi: Heisse Füsse Zaubergrüsse, Buch und CD (Zytlogge), Bern 1998
- Meyerholz, Ulrike; Reichle-Ernst, Susi: Einfach lostanzen, Buch und CD (Zytlogge), Bern 1992
- Zimmer, Renate: Handbuch der Bewegungserziehung (Herder), Freiburg 2004

2.7 Stimme und Sprache, Liederbücher

- Bardenhofer-Paul, Sabine: Volkslieder aus Österreich; Unsere schönsten Lieder (Krenn), Wien 2004
- Frank; Glatz; Lhotka; Bruckner: Die gold'ne Brücke; Überlieferte Tänze für Kinder und Jugendliche im Pflichtschulalter (Arbeitsgemeinschaft Volkstanz Steiermark), Graz 1997
- Goertz, Hartmann; Haid, Gerlinde: Die schönsten Lieder Österreichs (Ueberreuter), Wien 1996
- Hering, Wolfgang: Kinderleichte Kanons (Ökotopia), Münster 2002
- Hofer, Anton: Volksmusik in Niederösterreich; Sprüche, Spiele und Lieder der Kinder (Böhlau), Wien 2004
- Janosa, Felix: Das Rap Huhn; humorvolle Raps (Eres Edition), Lilienthal/Bremen 1995
- Krimm-von Fischer, Catherine: Rhythmik und Sprachanbahnung 4. Auflage (Edition S), Mörlenbach 2002
- Kühne, Norbert: Sprache fördern; Zahlreiche theoretische und praktische Hinweise zum Thema Sprache fördern (Bildungsverlag Eins), Siegburg 2004
- Lemmermann, Heinz: Die Sonnenblume. 99 Lieder für Kinder (Fidula), 1992
- Meixner, Friederike: Sprachheilpädagogische Rhythmik (Jugend & Volk), Wien 1994
- Mohr, Andreas: Praxis Kinderstimmbildung (Schott), Mainz 2004

- Münden, Gerd-Peter: Kinderchorleitung. Arbeitsmaterialien und Hilfen für eine ganzheitlich ausgerichtete, kirchliche Kinderchorarbeit (Strube), München–Berlin 1993
- Vahle, Fredrik: Guck, der kleine König kommt (Patmos), Düsseldorf 2001

2.8 Interkulturelle (Tanz-)Erziehung

- Budde, Pit: Didgeridoo und Känguru (Ökotopia), Münster
- Budde, Pit: Karneval der Kulturen; Tänze und Lieder aus Lateinamerika (Ökotopia), Münster
- Budde, Pit; Kronfli, Josephine: Karibuni Watoto; Tänze und Lieder aus Afrika (Ökotopia), Münster
- Frank; Glatz; Lhotka; Bruckner: „Die gold'ne Brücke." Überlieferte Tänze für Kinder und Jugendliche im Pflichtschulalter (Arbeitsgemeinschaft Volkstanz Steiermark), Graz 1997
- Femke van Doorn-Last: Die Welt tanzt; Kindertänze aus aller Welt (Kallmeyer), Seelze/Velber
- Femke van Doorn-Last: Kinder- und Jugendtänze (aus Europa) (Kallmeyer), Seelze/Velber
- Günther, Sybille: iftah ya simsim. Buch und CD aus dem arabischen Raum (Ökotopia), Münster 1999
- Höfele, Hartmut: In 80 Tönen um die Welt (Ökotopia), Münster
- Schreiber, Gudrun; Xuan, Chen: Zhong guo ... ab durch die Mitte. Tänze und Lieder aus China (Ökotopia), Münster

2.9 Einsatz von Material im Kindergarten

- Beudels; Kleinz; Delker: Außer Rand und Band. Wenig Kosten, viel Spaß; Geschichten mit Alltagsmaterialien (Borgmann)
- Glathe, Brita: Rhythmik Lernspiele; Viele reizvolle Übungsfolgen mit Steinen und anderen Materialien (Kallmeyer), Seelze/Velber 1994
- Jäger, Walter: Das da draußen sind wir ... Bausteine einer Pädagogik der Wahrnehmung (modernes lernen), Dortmund 1997
- Peter-Führe, Susanne: Rhythmik für alle Sinne; Ein Weg musisch-ästhetischer Erziehung (Herder)

2.10 Rhythmik in der Sonder- und Heilpädagogik

- Danuser-Zogg, Elisabeth: Die Welt be-greifen. Bewegungsarbeit und Rhythmik mit geistig behinderten Kindern (Academia), Sankt Augustin 2002
- Frohne, Isabelle: Das Rhythmische Prinzip. Grundlagen, Formen und Realisationsbeispiele in Therapie und Pädagogik (Eres), Lilienthal 1981
- Krimm-von Fischer, Catherine: Rhythmik und Sprachanbahnung (Edition S), Heidelberg 2002
- Meixner, Friederike: Sprachheilpädagogische Rhythmik (Jugend & Volk), Wien 1994
- Neira-Zugasti, Helga: Rhythmik als Unterrichtshilfe bei behinderten Kindern (Jugend & Volk), München 1981
- Scheiblauer, M.: Die musikalisch-rhythmische Erziehung im Dienste der Heilpädagogik, in: Festschrift zum 60. Geburtstag von H. Hanselmann. Erlenbach/Zürich 1945
- Stabe, Roswitha: Rhythmik im Elementar-, Primär- und Sonderschulbereich (Paul Haupt), Bern 1996

3 Zeitschriften

- Entdeckungskiste – Fachliteratur für anwendbare Pädagogik (Herder). Jedes Heft behandelt ein Thema auf vielfältige Weise, z.B.: Integration, Dschungel, Märchen, Abschied ...
- Kindergarten heute – Zeitschrift für Erziehung (Herder)
- Musik-Praxis – Erziehung durch Klang und Rhythmus in Kindergarten und Grundschule (Fidula/Holzmeister), Boppard/Rhein
- Rhythmik (Berufsverband Rhythmik Schweiz), Zürich
- Rhythmik in der Erziehung (Georg Kallmeyer), Wolfenbüttel
- Unsere Kinder – Fachzeitschrift für Kindergarten- und Kleinkindpädagogik (Caritas)
- Üben & Musizieren. Zeitschrift für Musikschule, Studium, Berufspraxis (Schott), Mainz
- GEO: „Macht Musik den Menschen besser?" November 2003

4 Filme

- Die Befreiung des Körpers. Auf den Spuren von Jaques-Dalcroze und seinen Schülern. Ein Film von Norbert Göller. Zu beziehen bei: norbert.goeller@film-script.net; www.film-script.net
- Filmmusik zu: Silentium (2004) www.imdb.com/title/770386038/ (29.12.05)
- Rhythmik. Vom Klang der Bewegung. Impressionen eines Berufsbildes. Von Heide-Marie Härtel, Hanno Sauer, Hartmut Gebel. Redaktion Barbara Schultze, Hartwig Maag. Deutsches Tanzfilminstitut im Auftrag des Bundesverbands Rhythmische Erziehung. Veröffentlicht 2002
- „Rhythmik" (schwarzweiß, 35mm und 16mm, 20 Minuten) Rhythmik als Erziehung und Unterricht für Kinder und Jugendliche. Regie: Reni Mertens und Walter Marti, Kamera Ernest Artaria, Produktion: Teleproduktion Zürich 1956
- Rhythmus ist Leben. Einblicke in den Studiengang Rhythmik an der Hochschule der Künste Biel (Schweiz). Ein Film von Kurt Dreyer. Kontakt: Hochschule der Künste Bern
- Rythmiques. Ein Film von Séverin Bolle im Auftrag der Association Suisse des Professeurs de Rythmique Jaques-Dalcroze (ASPRYJAD), 2004
- Rhythm is it! Ein Film von Thomas Gruber und Enrique Sanchez Lansch. Mit Simon Rattle und den Berliner Philharmonikern. Boomtownmedia, Berlin 2004
- Stomp Out Loud. Regisseur: Sophie Clarke-Jervois; Hersteller: Warner Music Group Germany 1998
- Touch the Sound. Ein Film von Thomas Riedelsheimer. Produktion: Filmquadrat, München 2002
- Vom Schwinden der Sinne. Norddeutscher Rundfunk 1992

5 Internetadressen

Rhythmik im deutschsprachigen Raum: www.rhythmik.at, www.rhythmik.de, www.rhythmik.ch
Internationaler Rhythmikverband: www.fier.com
Berufsverbände: www.rhythmik.at, www.rhythmik-netzwerk.de, www.rhythmik-bre.de, www.rhythmik-nrw.info, www.rhythmik.ch

Ausbildungen, Institute und Rhythmikstudios: www.mdw.ac.at/mbm, www.moz.ac.at, www.studieren.de, www.rhythmix.de, www.rhythmik.ch/ausbildungen.html, www.rhythmikstudio.at, www.rhythmik-online.de, www.akademieremscheid.de, www.bw-rhythmik.de, www.bundesakademie-trossingen.de, www.rhythmikon.de, www.sabinehirler.de, www.rhythm-net.de
Rhythmikarchive: www.rhythmik.net, www.rhythmik-hellerau.de
Angrenzende Bereiche: www.psychomotorik.com, www.motopaedagogik.at, www.rosalia-chladek.at, www.filz.at, www.taketina.com, www.lebenshilfe.de, www.kulturrat.de, www.musikrat.de, www.tanzpaedagogik.at, www.wikipedia.de
Kindergartenspezifische Kontakte: www.kindergartenpaedagogik.de, www.kigaportal.com, www.kiga-fachverlag.de, www.entdeckungskiste.com, www.fidula.de

Fremdworte: Glossar

abstrakt: theoretisch, ohne unmittelbaren Bezug zur Realität
adäquat: passend, angemessen, entsprechend
affektiv: gefühlsbetont
Aggression: Überfall, Angriff, aber auch: an eine Sache herangehen
Akkord: Zusammenklang
akustisch: das Gehör betreffend, klangmäßig, auditiv; akustische Reize sind physikalische Reize
Akzent: Betonung
Animation: organisierte Sport- und Freizeitaktivitäten für Urlauber; Belebung, Bewegung der Figuren im Trickfilm
anonym: ohne Nennung des Namens, ungenannt
Anthropologie: die Lehre vom Menschen und seiner Entwicklung
Apartheid: Rassentrennung in Südafrika
Artikulation: (deutliche) Gliederung des Gesprochenen
Askese: Enthaltsamkeit
Assoziation: Gedankenreihe, Gedankenverknüpfung
Ästhetik: Wissenschaft von den Gesetzen der Kunst, besonders vom Schönen; das Schöne, Schönheit
auditiv: das Gehör betreffend, auditive Prozesse sind physiologische Prozesse
Autonomie: Selbständigkeit

Barriere: Hindernis
Brainstorming: „Geistesblitz", das Sammeln von spontanen Einfällen, um die beste Lösung eines Problems zu finden
Buddhismus: indische Volksreligion

cerebral: das Gehirn betreffend
Cluster: ungeordnete Menge, Klanggebilde, das durch Übereinanderstellung von kleinen Intervallen entsteht

Didaktik: Lehre vom Lehren und Lernen, Unterrichtslehre, -kunde, Theorie der Bildungsinhalte, Methode des Unterrichtens
Dimension: Ausdehnung, Bereich
Diskurs: Gedankenaustausch, Unterhaltung, heftiger Wortstreit, Wortwechsel
Domäne: Spezialgebiet
Dualismus: Zweiheit, Gegensätzlichkeit
dynamisch: die Kraft betreffend
Dysfunktion: gestörte Funktion, Funktionsstörung eines Organs, für den Bestand eines Systems schädlicher Sachverhalt

Eigeninitiative: Handeln aus eigenem Antrieb
elementar: grundlegend, wesentlich, einem Unerfahrenen bekannt, naturhaft, ungebändigt, ungestüm
Emotion: Gemütsbewegung, seelische Erregung, Gefühlszustand
Empathie: Fähigkeit, sich in andere hineinzuversetzen
Ethik: die Lehre vom moralischen Wollen und Handeln des Menschen.
etymologisch: den Wortstamm betreffend
Exotik: Anziehungskraft, die vom Fremdländischen ausgeht
Experiment: Versuch, Test, Probe, Untersuchung
explorieren: erforschen, untersuchen, erkunden
Expression: Ausdruck
Expressionismus: Kunstrichtung und musikalischer Ausdrucksstil Anfang des 20. Jahrhunderts

Flexibilität: anpassungsfähiges Verhalten

Geriatrie: Altersheilkunde
Glossar: Wörterverzeichnis mit Erklärungen
Gruppendynamik: wechselseitige Steuerung des Verhaltens der Mitglieder einer Gruppe
gustatorisch: den Geschmackssinn betreffend

haptisch: greifbar, den Tastsinn betreffend
Harmonie: Wohlklang, ausgewogenes Verhältnis
Hinduismus: indische Volksreligion

Identität: die als „Selbst" erlebte innere Einheit der Person
Imagination: Einbildung(skraft)
Imitation: Nachahmung
Improvisation: unvorbereitetes Handeln
impulsiv: einem plötzlichen Einfall folgend
Individuum: Einzelwesen
Inkubation: Bebrütung von Vogeleiern, das Sichfestsetzen von Krankheitserregern im Körper, Tempelschlaf in der Antike (um Heilung oder Belehrung durch den Gott zu erfahren)
Installation: Einbau, Anschluss (von technischen Anlagen), das Überspielen eines Computerprogramms auf eine Festplatte
Instanz: zuständige Stelle (z.B. bei Behörden)
Integration: Eingliederung
intellektuell: den Intellekt betreffend, verstandesmäßig; geistig
Intelligenz: geistige Fähigkeit, Klugheit
Interaktion: aufeinander bezogenes Handeln zweier oder mehrerer Personen, wechselweises Vorgehen
interkulturell: mehrere Kulturen betreffend

Interpretation: Auslegung, Erklärung, Deutung (von Texten), künstlerische Wiedergabe von Musik
intervenieren: vermitteln, dazwischentreten
Intuition: nicht auf Reflexion beruhendes Erkennen, Eingebung, ahnendes Erfassen
involviert: einschließen, betreffen
Isolation: Absonderung, Vereinsamung, Abkapselung, Abgeschnittenheit eines Gebietes

Kadenz: Akkordfolge als Abschluss oder Gliederung eines Musikstücks, improvisierte oder vom Komponisten ausgeschriebene solistische Paraphrasierung eines Themas am Schluss eines Konzerts, die dem Künstler die Möglichkeit bietet, sein virtuoses Können zu zeigen.
Kinästhesie: Empfindung der eigenen körperlichen Bewegung, Bewegungsgefühl, Muskelempfindung
„Knuddliwu“: Massagegerät (Foto auf S. 57)
kognitiv: die Erkenntnis betreffend
Kommunikation: Verständigung untereinander
Kompetenz: Urteilsfähigkeit
komplex: umfassend, zusammenhängend
Komposition: Zusammensetzung, Zusammenstellung aus Einzelteilen, Musikstück, Aufbau eines Kunstwerks
Konsequenz: Zielstrebigkeit, Beharrlichkeit
Konsum: Verbrauch, Verzehr, Genuss
Kontrapunkt: Technik des musikalischen Satzes, in der mehrere Stimmen gleichberechtigt nebeneinanderher geführt werden; etwas, das einen Gegenpol zu etwas anderem bildet
Konzentration: Zusammenziehung, (geistige) Sammlung, Gehalt einer Lösung
Konzept: Entwurf, Plan, Programm
koordinieren: aufeinander abstimmen, ordnen
Kreativität: das Schöpferische, Schöpferkraft

Mechanik: Wissenschaft von der Bewegung der Körper unter dem Einfluss äußerer Kräfte oder Wechselwirkungen, Getriebe, Triebwerk, Räderwerk, automatisch ablaufender, selbsttätiger Prozess
mehrdimensional: Ausdehnung auf mehreren Ebenen
Metapher: bildhafte Übertragung
Methode: planmäßiges und folgerichtiges Verfahren, Vorgehensweise
Metrum: Zeitmaß, Tempo; Gegenteil: ametrisch: frei im Tempo
Motorik: Gesamtheit aller Bewegungsabläufe eines Organismus
Mousiké: Musenkunst

nonverbal: nicht mithilfe der Sprache
Norm: Richtschnur, Regel; sittliches Gebot oder Verbot als Grundlage der Rechtsordnung; Größenanweisung in der Technik

olfaktorisch: den Geruchssinn betreffend
Ökologie: Lehre von den Beziehungen der Lebewesen zur Umwelt
Ökonomie: Wirtschaftlichkeit, sparsames Umgehen mit etwas, rationelle Verwendung oder Einsatz von etwas
Organismus: gesamtes System der Organe, tierisches oder pflanzliches Lebewesen, größeres Ganzes, Gebilde, dessen Teile oder Kräfte zusammenpassen, zusammenwirken
Ostinato: ständig, „hartnäckig“ wiederkehrendes Bassmotiv

Pädagogik: Erziehungslehre, -wissenschaft
paradox: widersinnig, in sich einen Widerspruch enthaltend
Parameter: Faktoren, Dimensionen, Bestandteile; in der Musik: Tonhöhe, Tondauer …
Partitur: übersichtliches Liniensystem, das Takt für Takt in Notenschrift eine Zusammenstellung aller zu einer Komposition gehörenden Stimmen zeigt
Percussion: Schlag, Stoß, Erschütterung, aber auch Schlag(werk)-instrumente
Perspektive: Betrachtungsweise, Sichtweise, Blickwinkel, Aussicht für die Zukunft
Phänomen: Erscheinung(sform)
Physiologie: die Lehre von normalen Lebensvorgängen, Funktionen des menschlichen Organismus
Pluralität: Mehrheit, Vielfältigkeit
Polarität: Vorhandensein zweier Pole, Gegensätzlichkeit bei wesenhafter Zusammengehörigkeit (z.B. Spross und Wurzel einer Pflanze)
Potenzial: Leistungsfähigkeit
pränatal: vorgeburtlich
Präsenz: Anwesenheit, Gegenwärtigkeit, das Dabeisein, körperliche Ausstrahlungskraft
Prestige: Ansehen, Geltung
produktiv: ergiebig, viel hervorbringend, leistungsstark, schöpferisch, fruchtbar
Prozess: Verlauf, Ablauf, Hergang, Entwicklung
Psychosomatik: die seelisch-körperliche Wechselwirkung betreffend

Recherche: Nachforschung, Umfrage
Reflexion: Rückstrahlung von Licht, Schall, Wärme u.a.; Vertiefung in einen Gedankengang, Betrachtung
Repertoire: Fundstätte, Vorrat einstudierter Theaterstücke, Bühnenrollen, Partien, Kompositionen
Reproduktion: Wiedergabe
Relevanz: Wichtigkeit
Rezeptoren: Reizempfänger der Sinne, Ende einer Nervenfaser, spezialisierte Zelle in der Haut und in inneren Organen zur Aufnahme von Reizen
Rhythmus: regelmäßige Wiederkehr, geregelter Wechsel, Zeit-, Gleichmaß; taktmäßige Gliederung
Ritual: (religiöser) Brauch, Zeremoniell
robust: stark, kräftig, derb, widerstandsfähig, unempfindlich

selektiv: ausgewählt
Sensibilisierung: Empfindsamkeit fördern, Verfeinerung
Sensomotorik: durch Reize bewirkte Gesamtaktivität in sensorischen und motorischen Teilen des Nervensystems und des Organismus
sensorisch: auf die Sinne bezogen

Sequenz: Aufeinanderfolge von etwas Gleichartigem, Folge, Reihe, Wiederholung eines musikalischen Motivs auf höherer oder tieferer Tonstufe
Solidarität: Zusammengehörigkeitsgefühl, Gemeinsinn
Souveränität: Unabhängigkeit
sozial: gemeinnützig, menschlich
Spektrum: Bandbreite
Spezifikum: Besonderes, Entscheidendes
Spontanität: Handeln ohne äußere Anregung, aus eigenem, inneren Antrieb, unmittelbare Reaktion
Symptom: Krankheitszeichen: charakteristisches Merkmal für eine bestimmte Krankheit

Takt: Zeit-, Tonmaß, Zeiteinheit in einem Musikstück
taktil: das Tasten betreffend
Theorie: System wissenschaftlich begründeter Aussagen zur Erklärung bestimmter Tatsachen oder Erscheinungen und der ihnen zugrunde liegenden Gesetzmäßigkeiten
Toleranz: Großzügigkeit, Duldsamkeit, Großherzigkeit

Uterus: Gebärmutter

Variabilität: Veränderlichkeit, Vielfältigkeit
Vestibularapparat: Gleichgewichtsorgan im Ohr
visuell: optisch, das Sehen betreffend
vital: lebenskräftig

Wahrnehmung: Aufnahme eines Reizes und darauf folgende Reaktion, Erkenntnis, Nutzung einer Gelegenheit, eines Vorteils

Zivilcourage: mutiges Verhalten, mit dem jemand seinen Unmut über etwas ohne Rücksicht auf mögliche eigene Nachteile zum Ausdruck bringt

Stichwortverzeichnis

Seiten, die das Wort definieren, wurden fett hervorgehoben. Seiten, die Spielvorschläge zum Wort anbieten, wurden farbig hervorgehoben.

Affekt 33, 162
Aggression 88f., 224, **267**
aufwärmen 169

Begrüßung, Begrüßungslieder **28, 60, 63, 99, 141, 156, 166, 186, 218, 294**
Benennen **63, 200f., 202**
Beobachtung 53, **92f.,** 275f., 281
Bewegung 20f., 22, 24f., **28–30,** 47f., **63,** 69, 70, **94–96, 115, 123f.,** 142, 149–151, **151–156, 157–187,** 198, **209, 233–238,** 244, 275ff.
Bewegungsbegleitung 142, **149–152, 152–156, 235f.**
Bildung **31f.,** 255, 257
Bodypercussion **26, 27**

elementar 271
Elternarbeit **74, 100–102, 165, 190, 218**
Emotion 34, 129, 256
Entspannung **95, 120, 140, 173–183, 214**
Entwicklungsförderung 48, 110f., 130, 159f., 190ff., 223, 241, 246, 250, 252
erleben **200f.**
erkennen **200f.**
erzählen **68, 119,** 178, **194**
Erziehungsprozesse, Erziehungskompetenzen 24, 25, 32, **35f., 40**
Experimentieren, Experimentierphasen **60, 101, 111, 118f., 147, 167, 214,** 226, 229, 235f.

Fähigkeiten 24, 49, 110, **118f.,** 133, **137f.,** 163f., **164f.,** 198f., 226, 256
Fertigkeiten 24f., **33,** 79, 110f., **118f.,** 133, **137,** 159, 163f., **164,** 198, 226
Feinmotorik 159, 164, **166**
Form 37, **54, 60, 70, 99,** 136, **138,** 164, 184, 240f., **251–253,** 254
Fortbewegung **70, 84, 95, 124, 142, 150–153, 169, 203, 292f.**
führen – folgen **93, 93–96, 103, 294**

geschlechtssensible Pädagogik **71–74,** 166
Grenzen **81–84**
Grobmotorik 159, 164

Haltung 164, **170–173,** 193
Humor **269f.**
Hyperaktivität **267**

im Freien **57f., 161f., 243f.**
Improvisation **97, 112–114, 114f., 120, 147f., 213, 215, 216, 235**
Instrumente **56, 90, 97, 101f., 115f., 123f.,** 132, **136–139, 139–146, 147–156,** 205, **235f., 247,** 271f.
interkulturelle Erziehung **217f., 218f.**

Jaques-Dalcroze **16f.,** 68, 271

Klangfarbe **136**
Klanggeschichten 29, **119, 205**
Knuddliwuh **59, 63f.**
Kommunikation **28,** 76, 97 149, **154f.,** 189f., **233**
Konflikt **85–90, 91**
Koordination 47, **63,** 130, **156,** 158, 162, **186f.,** 198, **209, 249**
Körperhaltung **170**
Kraft 89f., 135, **230,** 236f., **250, 250f.,** 254

Kreativität 22, 24, 36, 83, **104–126, 139, 154–156, 186f.,** 228, **235f.,** 256, 264f.
Kreis **27f., 50f., 56, 58, 66, 94f., 103, 123ff., 148, 166, 173, 202, 211f., 214, 253**
Kunst **274–278**

Lärm 135f., **208**
Lehr- und Erziehungsperson 31f., **255–259**
Lernen 23, **33f.**
Lied **56, 62, 119, 122, 137, 141,** 142, **168, 186,** 191f., **198, 206f., 208–215, 236f.**
Live-Musik 131, **141, 154**

Massagebälle 176, 182, **230**
Material 27, **51, 58f., 118–120, 153, 220–238**
Medien **224f.**
methodische Hinweise **38f.**
Metrum **21, 27, 28,** 68, **69, 138, 186f., 204**
Mousiké 3, 16, 128
Motopädagogik **272**
Motorik 47f., **158, 159, 164–166,** 272
Musen 3, 104, 108, 128
Musical **136f.**
Musik 16f., 21f., 24f., **27–29, 53f., 59f., 62, 65, 70, 84, 94, 97–99, 118–125, 128–156, 166f., 186f.,** 189, 198, **208–215, 235–237,** 240, 254, 264, 275f., **292ff.**
musikalische Früherziehung 272
Musiktherapie 272

Natur 20f., **57, 119,** 161f., 183, 229f., **232,** 243
nonverbale Kommunikation **27,** 76, **97–99,** 149, **154f.,** 189f., **235**

Ostinato **21, 97,** 289
Orff-Schulwerk **271f.**

Pädagogik 259–269
Percussion 21, 26, **27f., 115,** 143, 289
Polarität/Gegensätze 21–23, 36, 93, 110, 113, 135f., 153, **156,**168, 294
Prozesswechsel 36f., 41f .
Psychomotorik 272

Raum **51f., 58,** 135, **153f.,** 164, **233–237, 240–245,** 254
Reflexion 72, **92f.,** 280–282
Rhythmik-Einheiten 22f., **30–42, 59, 63, 100–103, 124, 139, 154, 156, 166, 171, 186, 210, 213, 233, 235f., 248**
Rhythmisches Prinzip **22–24, 30,** 36, 74, 84, 93
Rhythmus **18–29,** 42
Ritual **37f., 141**
Rolle 72f., **80, 97,** 117

Scheiblauer 17, 200, 228, 240
Schwungtuch **99–103, 230, 233–236**
Sensomotorik **48f.**
sensorische Integration **48f.**
Sexualität, sexueller Missbrauch **64**
Singen **137, 186f., 188–194, 202, 206f., 208–215**
Soziales Lernen 22, 24, 36, **75–103,** 133, 163
Spiel(vorschläge) **27–28, 50f., 53f., 56, 58, 61f., 63f., 65f., 67f., 69f., 71, 74, 84, 90f., 93f., 95–101, 114, 115–117, 118, 124, 137–139, 147f., 152–156, 164–173, 180, 196, 201–204, 208–216, 229–238, 243f., 247f., 250–253**
Spontanität 41
Sprache **188–219**
Stimme **188–219**
Stress **173f.**

Takt **21, 114, 124f., 137, 210f.**
Tanz **54, 62f., 115, 122–125, 156, 183–186,** 275f., **293f.**
Tempo **28,** 150f., 246f., **247,** 254
Therapie **259–271**

Verkehrserziehung **70f.,** 243

Wahrnehmung(ssensibilisierung) 22, 24f., 35f., **44–75, 95f.,** 108, 133, **154f., 166f., 172f.,** 173–183, 200–204, **233–236, 244, 248**
Wahrnehmung, auditive **55–57**
Wahrnehmung, gustatorische **67f.**
Wahrnehmung, kinästhetische **60–64, 233–235**
Wahrnehmung, olfaktorische **67f.**
Wahrnehmung, taktile **57–60**
Wahrnehmung, vestibuläre **65f.**
Wahrnehmung, visuelle **53f.**
Wasser **58f., 103f., 243, 292**
Werte 35
Willkommenslieder **141, 292**

Zeit 31, 135, **236f.,** 240f., **245–249,** 254

Zur Begleit-CD

Mitwirkende

Konzeption: Birgitta Stummer
Komposition, Aufnahmeleitung: Friedrich Keil
Flöten: Cordula Bösze
Flöte, Congas: Julia Denk
Cello, singende Säge: Maria Frodl
Klarinetten, Saxophone: Klaus Gesing
Gitarre, Bass, Akkordeon: Rose Radke
Schlagzeug, Percussion, Sounds: Uli Soyka
Gesang: Friedrich Keil, Rita Krahwinkler,
Christian Oswald, Karin Winge
Tontechnik: Marius Schebella
Tontechnische Assistenz: Lukas Ossberger
CD-Covergestaltung: Kerstin Zipfel

Konzept

Auf dieser Begleit-CD werden Anregungen aus dem Buch akustisch erweitert und ergänzt. **Ideen und Spielvorschläge** werden **musikalisch umgesetzt** und somit **akustisch veranschaulicht.**

Fritz Keil hat nach dem Konzept der Autorin **anspruchsvolle, farbenreich instrumentierte Kunstmusik für Kinder** komponiert. Es handelt sich um moderne, zeitgenössische Musik, die Kleinkinder anspricht und sich zur Begleitung Rhythmisch-musikalischer Erziehung eignet. Keil greift außerdem immer wieder auf Elemente der **österreichischen Volksmusik** zurück, indem er überliefertes Liedgut auf spielerische Art und Weise paraphrasiert.

Um Musik frisch und neu erlebbar zu machen, ist es immer wieder erforderlich, die **musikalischen Bauteile** etwas zu **„verrücken".** (Ungerade Taktfolgen alternieren mit geraden Takten, überraschende Harmoniefolgen wechseln vertraute ab.)

Die Bauteile der Musik sollen im Doppelsinn des Wortes verstanden **„MERKWÜRDIG"** klingen, so als ob ein **vertrautes Ambiente** plötzlich **neu beleuchtet** wird. Die Kinder werden durch das **Ineinandergreifen von Vertrautem und Fremdem** zum sensibleren Reflektieren eingeladen. Der Widerspruch zwischen Einfachheit und Komplexität wird unter diesen Umständen nicht aufgelöst, sondern erlebbar gemacht.

Beschreibung der Musikstücke

Lieder

1. Begrüßung (S. 38, 141, 236, 248)
Geeignet für den Einstieg in eine Rhythmik-Einheit. Es geht hier um die freundliche, vertrauensvolle Kontaktaufnahme. Während das Lied gespielt wird, kommen die Kinder herein, halten sich bei den Händen, gehen im Kreis und singen gemeinsam:

Schön, dass du heute hier bist!
Er und sie, ich und du, alle gehören dazu.
Sei willkommen und sei begrüßt!

2. Seegang – Gesang (S. 102, 233)
Hier geht es um die Darstellung des Meeres. Eingesetzte Materialien: Großes Schwungtuch, Reifen, die als Boote dienen. Einige Kinder stehen mit ihren Reifen auf dem Schwungtuch, andere Kinder bewegen das Tuch. Während das Lied gesungen wird, erzeugen die Kinder große und kleine Wellen mit dem Tuch oder segeln im Reifen (bei Sturm schneller als bei einer Flaute) über das Meer. Im Lied wiederholen sich sehr einfache Phrasen und symbolisieren stimmungsvoll das Immerwiederkehren der Wellen. Hier wird „Meeressprache" eingesetzt: „Wuhbalalei, Wuhbalalei". Der einfache Text lädt zum mitsingen ein. (Stilisierte) Wind- oder Wellengeräusche begleiten den Meeresausflug stimmungsvoll. Während des großen Sturmes auf dem Meer wird das Tuch wild geschwungen, die Boote kämpfen gegen den hohen Seegang an. Wenn der Sturm abflaut, tritt mithilfe der „Meeressprache" wieder Beruhigung ein.

Fortbewegung

3. Das Rennen (S. 65, 70, 94, 98, 115, 138, 165, 169, 229, 230, 251, 253)
Ein Stück, in dem unerwartete und unterschiedlich lange Stopps in eine schwungvolle Laufmusik eingebaut sind. Die Stopps sind eindeutig, überraschen die Kinder und dauern unterschiedlich lange an. Dieses Stück kann als Aufwärmmusik eingesetzt werden und in vielen Rhythmik-Einheiten Verwendung finden. Als Vorstellungsbild bietet sich ein Pferderennen an. Bei den Stopps werden die Jockeys und ihre Pferde wie auf einem Foto mit einer imaginären Kamera „festgehalten". Ist die Stille zwischen den einzelnen Bewegungsteilen wirklich geräuschlos? Das offene Ende unterstützt die konzentrative Spannung der Kinder.

Welche Tiere sind hier in Bewegung?

4. Gehen: Kamele
(S. 59, 70, 97, 123, 138, 151, 169, 170, 230, 232)

5. Hüpfen: Affenkinder (S. 70, 97, 123, 151, 169, 230, 232)

6. Schleichen: Raubtiere
(S. 70, 97, 123, 151, 169, 230, 232, 247)

7. Galopp: Zebras (S. 70, 97, 123, 151, 169, 230, 232)

8. Laufen: Verfolgungsjagd von jungen Hyänen
(S. 59f., 70, 97, 123, 138, 151, 169, 230, 232, 247)

9. Gehen: Kamele (S. 70, 97, 123, 151, 169, 230, 232)

10. Fliegen: wilde Drachen
(S. 70, 97, 123, 138, 151, 169, 230, 232)

Rätsel: Einzelne Fortbewegungsarten werden kurz angespielt. Welche der zuvor genannten Tiere (bzw. Fortbewegungsarten) sind gemeint? Diese Bewegungsideen können in vielen Rhythmik-Einheiten eingesetzt werden. Kinder können mit der anregenden Musik ihren Bewegungsdrang abbauen, ihre Koordination schulen und fantasievoll Lieblingstiere darstellen. Es steht natürlich jeder Kindergruppe frei, den Fortbewegungsarten je nach Geschmack individuell Tiere zuzuordnen.

Tänze

11. Schütteln (S. 63, 115, 123, 185, 252)
Wechsel zwischen ruhigem Gehen im Kreis und wildem Schütteln des Körpers oder einzelner Körperteile. Die Kinder können mithilfe dieser Musik Körperteile spüren, benennen und willkürlich bewegen. Während des Gehens im Kreis fragt die Gruppenleitung: „Welchen Körperteil wollt ihr ausschütteln?" Der jeweilige Körperteil wird geschüttelt, wenn der Melodieteil zum perkussiven Teil wechselt. Alle Teilnehmenden bleiben stehen und schütteln so lange, bis die „Gehmusik" wieder ertönt. Bei diesem Tanz können auch Eltern spontan eingeladen werden, mitzumachen.

12. Topfklopfer-Techno: (S. 185, 186) Text: Werner Meier; Musik: Werner Meier, Wolfgang Lohmeier. Originalfassung erschienen auf der CD: „Tiger-Rap und Gummi-Twist", ISBN 3-932703-32-4, Sternschnuppe Verlag, Ottenhofen
Stimmungsvolle, ruhige Melodie, klare Struktur. Das ganze Stück hindurch wechselt ein $^8/_8$-Takt einen $^7/_8$-Takt ab. Orientierungsmöglichkeit: Trommelostinato. Einfache Schrittfolge (siehe S. 125), die die Teilnehmenden im Laufe des Tanzes variieren können.

13. 4 Bilder: Reise um die Welt (S. 54, 115, 123, 139, 185, 252)
Im A-Teil dieses Rondos begeben sich alle gemeinsam auf die Reise und gehen gemütlich (zu zweit) im Kreis. Die 4 Bilder, die während der Reise angeboten werden, können wie folgt beschrieben werden:
Dichtes Dschungelgrün – wilder Cowboygalopp in der Steppe – sanftes Ozeanblau – Geisterschloss.
Jedes Kind entscheidet sich für ein Bild. Darstellung in Kleingruppen. Die Kinder, die gerade keine Darstellung präsentieren, verstärken die Bilder akustisch mittels Musikinstrumenten oder sie klatschen und feuern die Cowboys an, beschwören das Ozeanblau mit Chiffontüchern oder verstecken sich vor den Geistern. Es empfiehlt sich, das ganze Musikstück zunächst anzuhören und die Kinder nach ihren Assoziationen zu befragen.

14. Nachtlichter – Glühwürmchenlied (S. 54, 185, 245)
Beginn: Abendstimmung bei Mondschein. Das Anspielen von 14 Triangelklängen ermöglicht ein spannungsvolles Aufdrehen von Taschenlampen. Danach folgt ein Melodieteil, zuletzt klangvolles Abdrehen der Lichter (signalisiert durch 9 Triangelklänge). Im Melodieteil können im abgedunkelten Zimmer Raumerfahrungen mit den Taschenlampen gemacht werden. (z.B.: alle leuchten die Decke an, alle leuchten in eine Ecke, in das eigene Gesicht ...) Wer möchte, kann das bekannte Lied auch mitsingen!

15. Valse False: Gruppentanz (S. 124, 185)
Stimmungsvolle, ruhige Melodie, klare Struktur. Das ganze Stück hindurch wechselt ein $^8/_8$-Takt einen $^7/_8$-Takt ab. Orientierungsmöglichkeit: Trommelostinato. Einfache Schrittfolge (siehe S. 125), die die Teilnehmenden im Laufe des Tanzes variieren können.

16. Rhythmischer Tanz (S. 28, 185, 252)
Ein dynamischer Teil, in dem sich Menschen oder Tiere wild bewegen, wird von einem Klatschrhythmus im $^5/_4$-Takt abgewechselt. Die Kinder werden gefragt, was sie gerne tun. Einzelne Vorschläge der Kinder werden im raumgreifenden Bewegungsteil bzw. im Rhythmusteil umgesetzt. Der einfache Rhythmus kann variantenreich dargestellt werden: Dieser Rhythmus wird gepatscht, geklatscht, gesprochen, getrommelt oder gestampft. Jedes einzelne Kind wird mit dem Rhythmus (auf einem

beliebigen Körperteil) begrüßt: „Tschey – tschey – hi – cu – ley – ba." Der Rhythmus kann auch auf der Wand, dem Boden, sanft auf dem Kopf oder auf einem anderen Rücken gespielt werden. Außerdem kann es sein, dass Menschen oder Tiere in diesem Rhythmus hüpfen, tanzen, kochen, essen, schleichen ... Zur Verabschiedung werden die Kinder gefragt: „Wo soll ich den Rhythmus für dich spielen?" Tanzform: Rhythmus – Melodie – Rhythmus – Melodie – Rhythmus – Melodie – zum Abschluss können die Kinder noch einmal den Rhythmus selbst darstellen.

Gegensätze

17. Roboter – Wackelpudding (S. 74, 135, 138, 182, 201, 247, 250, 252, 269)
2 metrische, harte Roboterphasen wechseln sich ab mit 2 ametrischen, weichen Wackelpuddingphasen. Es geht darum, Wahrnehmung zu sensibilisieren und einzelne Bewegungsqualitäten herauszuarbeiten. Wenn die Musik zunächst angehört wird, können die Kinder gefragt werden: „Was ist das für eine Musik? Welche Tiere, Menschen oder Fabelwesen bewegen sich da?"

18. Was machen die Tiere vor dem Winterschlaf? (S. 74, 135, 156)
Ruhige „Kuschelmusik" wird von dynamischer „Springmusik" abgewechselt. Hier kann mit folgendem Vorstellungsbild gearbeitet werden: Es ist Herbst. Nach einem unbeschwerten Sommer rotten sich die Tiere zusammen, bauen eine Höhle und kuscheln sich aneinander. Da taucht noch einmal die Sonne auf und die Tiere laufen ins Freie. Als es draußen kalt wird, kriechen die Tiere in ihre kuscheligen Höhlen und machen es sich bequem. Sie bereiten sich auf eine lange Ruhezeit vor.

19. Eisenbahn (S. 135, 232, 247)
Ein alter Zug setzt sich langsam in Bewegung und wird allmählich schneller. Hin und wieder geht ihm die „Luft" aus und er wird langsamer. Der Zug wird von einem Vogel begleitet, der den alten Zug anfeuert. Schließlich führen die Gleise den Zug in den Dschungel, wo ihn die Urwaldbewohner stoppen. Ab jetzt dient der alte Zug den Tieren als Wohnung ...

20. Leicht – schwer: Liese und Pankratz (S. 74, 115, 135, 168, 182, 210, 212, 250, 252, 269)
In diesem Musikstück wird die Melodie von Liese und Pankratz instrumental bearbeitet. Die Kinder suchen sich aus, welche der Figuren sie in Bewegung darstellen wollen.

21. Dance (S. 62, 95f., 171)
Diese einfühlsame Musik unterstützt Schülerinnen und Schüler, wenn sie sich gegenseitig („blind") durch den Raum führen: zuerst sanft und zaghaft, später mit mehr Schwung.

22. Das Mädchen und das Ungeheuer (S. 74, 122, 135, 182, 252, 269) (Hopsen – drehen) Tanz zur Geschichte auf S. 121 Zunächst ist das Ungeheuer unter dem Boden zu hören. Danach hopst Sophie unbekümmert durch den Raum. Später ist das Ungeheuer schon deutlicher zu hören. Es dreht sich wild. Sophie hopst wieder unbekümmert durch den Raum. Schließlich kommt das Ungeheuer zum Vorschein und dreht sich wild, frisst Sophies „Wim-Wams" und verschwindet wieder im Boden. Immer wieder klingt das Lied auf S. 122 an.

23. Löwe und Singvogel: (S. 74, 98, 135, 218, 251, 252, 269) In diesem Stück geht es darum, Spannungen und Ängste abzubauen. Durch die Identifikation mit „bösen", starken Raubtieren fühlen sich Kinder oft ebenso mächtig wie sie große Tiere erleben. Die „Singvogel"-Musik dient der Lockerung und Entspannung.

Entspannung, Ruhe, Ausklang

24. Chanson: Entspannungsmusik (S. 58, 95 f., 120, 180, 202, 230)
Zum Entspannen oder In-den-Schlaf-Schaukeln.

25. Stille: Konzentrationsübung: Wie hört sich das an? Kann Stille beschrieben werden? Probiert selbst, Stille zu erzeugen! Wie klingt Stille im Gruppenraum? Wie klingt Stille im Schnee? Im Wald?

26. Abschied: Lied (S. 38)

> Auf Wiedersehn, wir gehn' jetzt raus!
> gebt euch die Hand zum Gruß,
> denn für heut' ist Schluss.
> Auf Wiedersehn, kommt gut nach Haus!

Im Kreis gehen, bis der Gesang hörbar wird. Dann hinsetzen und mitsingen. Gesten unterstützen die Worte. Beim 2. Mal: „Auf Wiedersehn, kommt gut nach Haus!" Hände reichen und erst loslassen, wenn die Musik verklungen ist.

Abfolge der Musikstücke auf der Begleit-CD

1. **Begrüßung** (2:18)
2. **Seegang – Gesang** (3:34)
3. **Das Rennen** (4:38)
4. **Bewegungsrätsel: Gehen** (1:49)
5. **Hüpfen** (1:34)
6. **Schleichen** (0:48)
7. **Galopp** (0:36)
8. **Laufen** (1:18)
9. **Gehen** (1:04)
10. **Fliegen** (1:48)
11. **Schütteln** (3:28)
12. **Topfklopfer-Techno** (3:58)
    Text: Werner Meier; Musik: Werner Meier, Wolfgang Lohmeier.
    Originalfassung erschienen auf der CD: „Tiger-Rap und Gummi-Twist",
    ISBN 3-932703-32-4, Sternschnuppe Verlag, Ottenhofen
13. **4 Bilder: Reise um die Welt** (5:12)
14. **Nachtlichter – Glühwürmchenlied** (4:55)
15. **Valse False** (5:44)
16. **Rhythmischer Tanz** (2:38)
17. **Roboter – Wackelpudding** (2:13)
18. **Was machen die Tiere vor dem Winterschlaf?** (3:00)
19. **Eisenbahn** (2:26)
20. **Leicht – schwer: Liese und Pankratz** (1:56)
21. **Dance: Führen – Folgen** (6:10)
22. **Das Mädchen und das Ungeheuer** (2:14)
23. **Löwe und Singvogel** (2:51)
24. **Chanson – Entspannung** (5:09)
25. **Stille** (1:02)
26. **Abschied** (1:24)

Gesamt: 73:58

Die Autorin

Mag. Birgitta Stummer unterrichtet als Musik- und Bewegungspädagogin an einer Wiener Bildungsanstalt für Kindergartenpädagogik. Außerdem bietet sie Rhythmik für Kinder im Alter von 2 bis 12 Jahren an, leitet einen Kinderchor und „Rhythmische Fortbildungen" für Kindergartenpädagoginnen und -pädagogen. Veröffentlichungen im In- und Ausland. Birgitta Stummer ist Mutter von zwei Kindern.

Rhythmik ist vielfältig und wandelbar. Ich freue mich über Anregungen zu diesem Buch unter: **www.rhythmik-buch.at**